# K반도체 대전략

위기와 기회가 공존하는 다음 10년,
대한민국은 어떻게 반도체 초강국이 될 것인가

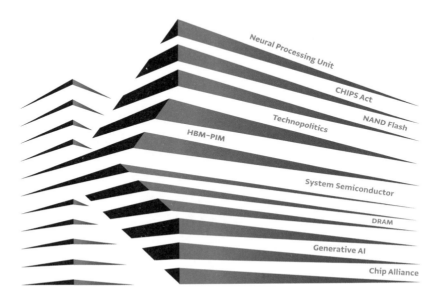

Neural Processing Unit

CHIPS Act

Technopolitics

NAND Flash

HBM-PIM

System Semiconductor

DRAM

Generative AI

Chip Alliance

# K 반도체 대전략

권순용 지음

위즈덤하우스

**일러두기**

· 달러, 엔, 유로 등 외환의 원화 표기는 해당 통계의 기준이 되는 시점의 환율을 따랐다.
· 외래어 인명과 지명은 국립국어원 표준국어대사전 외래어 표기법 및 용례를 따랐다. 단 표기가 불분명한 일부는 실제 발음을 따라 썼다.

# 새로운 전쟁과 새로운 전략

미국 남서부, 멕시코와 국경을 맞대고 있는 애리조나주는 제대로 '대자연'을 체험할 수 있는 곳이다. 땡볕이 내리쬐고 거대한 협곡과 고원으로 가득한 그랜드캐니언국립공원을 지나 온갖 수종의 나무들로 푸르른 국유림에 이르면, 누구라도 자연과 하나 되는 감각을 느낄 수 있다.

그런데 국유림 바로 아래 있는 챈들러Chandler시로 발걸음 옮기는 순간 전혀 다른 풍경을 마주하게 된다. 그곳에는 계속되는 공사로 끊임없이 자기 자신을 확장하는 거대한 공장 지대가 있다. 여의도만 한 부지에 가득 들어찬 크고 작은 공장들은 금속성 은빛을 번쩍이고, 그 사이사이로 거대한 성조기들이 펄럭이는 모습은 국립공원과 국유림만큼이나 어떤 '미국다움'을 드러낸다. 바로 이곳이 미국을 대표하는 반도체 기업 인텔의 최전선인 '오코틸로Ocotillo 캠퍼스'다.*

1968년 설립된 인텔은 자체 개발한 반도체를 스스로 생산 및 판매하며 완벽한 수직계열화를 구축했다. 그 '제국'의 수도에 해당하는 것이 바로 오코틸로 캠퍼스다. 1979년 모습을 드러낸 오코틸로 캠퍼스에는 반도체를 생산하는 공장이 원래 두 개 있었는데, 인텔의 성장과 비례해 공장의 수를 네 개까지 늘렸다. 그러다가 2021년 두 가지 중대한 '사건'을 계기로 현재 두 개를 추가 건설 중이다.

첫 번째 사건은 인텔의 '파운드리foundry 선언'이다. 파운드리는 타이완의 TSMC나 삼성전자의 파운드리 부문(이하 삼성 파운드리)처럼 반도체 생태계에서 위탁 생산을 맡는다. 지금까지 수직계열화에 치중해왔던 인텔로서는 사업 영역을 확장한 셈인데, 여기에는 2010년대를 지나며 겪은 위기가 영향을 미쳤다. 반도체가 들어가는 전자 제품이란 곧 (개인용) 컴퓨터를 의미하던 2000년대까지만 해도 인텔은 적수가 없었다. 당시 거의 모든 컴퓨터는 마이크로소프트의 소프트웨어(윈도)와 인텔의 하드웨어(CPU)를 두 축 삼아 작동했다. '인텔 인사이드Intel Inside'라는 캐치프레이즈는 그 자체로 컴퓨터의 성능을 보장하는 보증서 역할을 했다. 그런데 2000년대 중반 등장한 스마트폰이 인텔의 발목을 잡았다. 인텔은 스마트폰을 비롯한 각종 모바일 기기의 두뇌 역할을 하는 APApplication Processor 시장에서 참패하고 말았

---

*  반도체 기업들은 거대한 규모의 공장이나 시설을 흔히 '캠퍼스'로 부른다. 삼성전자와 SK하이닉스 또한 이 용어를 사용한다.

다. 기존 CPU 시장의 규칙이 AP 시장에서는 전혀 통하지 않았기 때문이다. 그 결과 인텔의 위상과 규모는 모두 크게 쪼그라들었으니, 이를 만회하고자 2021년 위탁 생산이라는 새로운 분야에 진출했던 것이다.**

 인텔의 파운드리 선언이 철저히 시장의 이유에서 비롯되었다면, 두 번째 사건은 훨씬 복잡한 맥락을 지닌다. 2021년은 2018년부터 시작된 미·중 갈등의 분기점이 된 해다. 그해 2월 새로 미국 대통령이 된 조 바이든은 (약간의 과장을 섞어) '경제 전쟁'을 '전쟁'으로 다시 정의했다. 미국은 자신들이 중국에 '갈취'당하는 것을 넘어 '위협'당한다고 인식하기 시작했다. 그리고 이 '신냉전'의 핵폭탄으로 지목된 것이 머리카락 두께보다 작은 반도체였다. 2021년 4월 미국은 자국의 반도체 제조 역량을 키우기 위해 500억 달러(약 55조 8600

---

**  전력 소모를 크게 걱정하지 않아도 되는 CPU는 성능을 높이는 데만 집중해도 된다. 또한 과거 컴퓨터가 가진 위상 덕분에 가격이 높아도 소비자가 이해했다. 반면에 AP는 배터리에 의지하므로 성능을 높이는 것만큼이나 전력 소모를 줄이는 것이 중요하다. 아울러 가격이 너무 비싸면 소비자에게 외면당한다. 하지만 인텔은 CPU를 개발하듯 AP를 개발했고 이는 시장에서의 경쟁력 상실로 이어졌다. 아울러 CPU 시장을 독점하다시피 한 인텔은 그보다 훨씬 다양한 경제주체가 존재하는 AP 시장에서 생태계를 꾸리는 데 익숙하지 않았다. 결국 고객사들에 외면당하며 인텔의 AP는 설 자리를 잃고 말았다. 아울러 2021년의 파운드리 선언은 사실 인텔의 두 번째 도전이었다. 인텔은 2016년 10월 LG전자가 6년여간 개발에 매진해온 AP를 위탁 생산한다고 공식 발표하며 파운드리 진출을 처음으로 시도했으나, 2017년 LG전자가 해당 계획을 전면 백지화하며 물거품이 되고 말았다. (장재웅·김한얼, 〈최고의 자원 가진 럭셔리 인텔 '효율+저력' 모바일 생태계 몰랐다〉, 《동아비즈니스리뷰》 제212호, 2016.11.; 강희종, 〈LG전자, 모바일AP 개발 중단…인텔과 파운드리 계약 없던 일로〉, 《아시아경제》, 2017.06.16.)

억 원)를 투입하기로 전격 발표했다. 이에 대한 미국 반도체산업협회 Semiconductor Industry Association의 환영사를 들여다보면 의미심장한 구절이 있다. "(반도체는) 국가 안보 및 중요 인프라의 근간이다."[1] 이처럼 기술과 시장, 패권이 얽히고설킨 기정학technopolitcs의 맥락에서 인텔은 오코틸로 캠퍼스 확장을 결정했다.

## 기정학의 시대

당시 인텔은 오코틸로 캠퍼스의 공장 수를 네 개에서 여섯 개로 늘리는 데 200억 달러(약 22조 3400억 원)를 투입하기로 했다. 큰돈임은 분명하지만, 사실 놀랄 정도는 아니다. 보통 반도체 공장(또는 라인)을 하나 짓는데 30~40조 원 사이가 들어가니, 인텔의 계획을 고려하면 오히려 적은 금액이다. 그런 이유로 전문가들은 네 달 정도가 지나 사람들의 관심이 수그러졌을 때 벌어진 또 다른 일에 더욱 주목했다. 국내에는 거의 소개되지 않았던 일로, 2021년 8월 오코틸로 캠퍼스에 'RAMP-C 프로젝트'가 적용되었다. 'RAMP-C'의 뜻을 알려면 미국 국방성 홈페이지에 접속해야 하는데, 'Rapid Assured Microelectronics Prototypes using advanced commercial Capabilities'의 약자다. 직역하면 '발전된 상용화 공정을 활용해 미세 전자장치의 시제품을 신속히 보증하는 것' 정도가 된다. 한마디로 미군이 사용할 최첨단 반도체를 오코틸로 캠퍼스의 새로 지어지는 공장들에서 생산하겠다는 뜻이다. 러우전쟁을 보라. 우크라이나나 러시아 모두 드론부터 휴대용 대전차 미사일까지 온갖 무기에 들어갈 반도체를 구하느라 필사적이다. 즉 반도체란 "국가 안보의 근간"이고, 이 사실을 미국은 2021년에 이미 알고 있었던 것이다.[2]

　비슷한 시기에 반도체와 관련된 최신 과학기술을 소개하는 책을 쓰고 있던 나는 이런 상황이 몹시 우려되었다. 2021년 한국에서 반도체 산업과 관련된 가장 큰 화두는 '10만 전자'였다. 실제로 삼성전자를 필두로 대부분의 반도체 기업이 역대 최고 매출을 기록하며 대호황을 누렸다. 파티는 끝나지 않을 것처럼 보였고, 누구도 반도체를 둘러싼 국제 정세가 심상치 않다는 것을 지적하지 않았다.

　하지만 모든 파티가 그러하듯 그 끝은 예고 없이 갑작스레 찾아왔다. RAMP-C 프로그램이 발표되고 정확히 1년 뒤인 2022년 8월 바이든 대통령의 서명으로 '반도체 및 과학법CHIPS and Science Act'(이하 반도체법)이 정식으로 발효되었다. 이로써 잠에서 깬 사자 미국이 전 세계에 전한 메시지는 분명했다. "미래는 미국에서 만들어질 것이다."[3] 앞으로 벌어질 일은 자명하다. 미국은 중국의 반도체 굴기를 분쇄하기 위해 수단과 방법을 가리지 않을 것이고, 아울러 미국 중심으로 반도체 산업을 재편할 것이며, 이에 동조하지 않는 국가들은 중국 꼴을 면치 못하게 될 것이다.

　미국이 정말 자신들의 목표를 달성하게 될지는 시간이 좀 더 지나 봐야 알겠지만, 최소한 단기적인 '성과'는 벌써 나타나고 있다. 우선 최첨단 반도체는 물론이고, 그 생산에 필요한 최첨단 제조 장비의 중국 유입이 완전히 막혀버렸다. 과장이 아니라 밀수가 아니라면 사실상 불가능한 실정이다. 무엇보다 미국의 자국 반도체 기업 밀어주기가 점점 노골화되고 있다. 2023년 11월 반도체법의 최대 수혜자가 인텔이라는 기사가 쏟아졌다. 이유는 간단하다. RAMP-C 프로젝트로 인텔은 국가 안보와 직결되는 기업이 되었기 때문이다. 한편 인텔은 (미국이 중국으로의 유입을 틀어막는 사이에) 최첨단 제조 장비를 확보하는 데서도 다른 경쟁자들을 따돌리고 있다.[4] 지금까지 살펴본 대로 사실 이 모든 일은 2021년에 예고된 것이었다.

2021년 11월 첫 책을 출간하고 감사하게도 많은 사랑을 받았지만, 급박히 돌아가는 반도체 산업의 맥락을 총체적으로 분석하고, 한발 앞서 제시하는 일이 필요하다는 생각이 머릿속을 떠나질 않았다. 이를 위해서는 단순히 몇몇 유명한 반도체 기업의 놀라운 신기술을 설명하는 데서 한발 더 나아가야 하지 않을까. 즉 유력한 반도체 기업들(또는 빅테크 기업들)의 기술 초격차와 시장 전략, 세계 각국의 패권과 미래 비전, 인공지능으로 대변되는 시대정신을 종합해야만, 한국 반도체 산업의 다음 10년을 책임질 묘수가 드러나지 않을까. 이런 고민 끝에 이 책을 쓰게 되었다.

## ⟜─ 대전략의 퍼즐 ─⟞

책은 총 4부로 구성된다. '1부 위기의 K 반도체'는 반도체 산업의 주요 3개국이 어떻게 한국을 위협하는지, 또는 한국과 어떤 협력 관계를 맺을 수 있는지 살펴본다. 우선 미국 반도체법의 배경과 내용, 그 진정한 목적을 밝혀낸다. 반도체법은 사실 '중국'만을, 또 '반도체'만을 표적으로 삼지 않는다. 인공지능으로 수식되는 인류 문명의 다음 단계에서도 패권을 차지하겠다는 미국의 원대한 미래 비전이 반도체법에 담겨 있다. 이를 이해하지 못하면 한국은 반도체법에 제대로 대응할 수 없다. 관련해 중국은 기술 굴기를 포기하지 않으며 끊임없이 자강을 추구하고 있다. 이를 위해 기술이나 기기, 인재를 '훔치는' 부정한 방법을 택하기도 하므로, 철저한 경계가 필요하다. 또한 중국이 실제로 자강을 이루었을 때 달라질 반도체 산업의 판도에도 미리 대비해야 한다. 마지막으로 반도체 소재를 선점함으로써, 산업을 이끌지 못하더라도 뒤처지지 않는 일본의 저력을 소개한다. 연장선에서 '소재·부품·장비' 국산화의 명과 암을 짚어본다.

'2부 K 반도체의 극점 돌파'는 한국 반도체 산업이 새로운 차원에 진입할 방법을 기술 초격차와 시장 전략의 두 관점에서 살펴본다. 1부에서, 특히 중국과 일본의 예에서 살펴본 것처럼 (미국처럼 패권을 휘두를 수 없다면) 오직 기술만이 반도체 산업에서의 생존을 보장한다. 그런 점에서 기술 초격차는 목숨과 같다. 오늘날 한국의 반도체 기업들은 메모리 반도체 시장에서의 왕좌를 굳히는 한편, 시스템 반도체 시장에서 두각을 드러내기 위해 여러 최신 기술을 선보이는 중이다. 특히 인공지능 시대에 걸맞은 반도체 개발에 열심인데, 이미 세계시장에서 좋은 반응을 얻고 있다. 이러한 기술들은 로봇과 클라우드, 자율주행 자동차 시장과 연계되어 한국의 미래 먹거리 역할을 톡톡히 해낼 것으로 기대된다.

'3부 2035년을 이끌 반도체 기업들'은 세계적인 반도체 및 빅테크 기업들의 로드맵을 살펴본다. 우선 삼성전자는 2024년 들어 메모리 반도체 시장은 물론이고, 시스템 반도체 시장, 특히 AP의 설계와 양산에서도 두각을 드러낼 것으로 보인다. 아울러 삼성전자는 TSMC를 뛰어넘기 위해 최신 공정을 도입하는 데 사활을 걸고 있다. 사실상 기술 격차가 크지 않은 상황에서, 삼성전자가 어떤 전략으로 반전의 계기를 마련할지 두고 볼만하다. 그 외 애플과 구글, 테슬라 같은 빅테크 기업, ASML과 엔비디아라는 '슈퍼 을', 기타 다크호스들이 반도체 생태계 안에서 맡고 있는 역할을 알아본다. 특히 이들이 하나도 빠짐없이 반도체 기업, 한발 더 나아가 인공지능 기업으로의 변신을 준비하고 있다는 데 관심을 둘 필요가 있다. 이는 한국의 반도체 기업들에 도전이자 기회가 될 것이다.

마지막 '4부 남겨진 과제'는 한국 반도체 산업의 발목을 잡고 있는 문제와 그 해결책을 살펴본다. 한국은 반도체 산업에 투신할 인재가 부족하고, 지원도 부족한 상황이다. 하물며 반도체 기업에 대한 보조금 지급과 세제 혜택이라는 '글로벌 스탠더드'는 정쟁의 대상이다. 다만 최근 들어 정부 차원의 지원과 한국 반도체 기업들의 연구·개발 및 설비 투자가 확대되는 추세라 우려보다는 기대가 크다.

결과적으로 한국 반도체 산업이 따를 '대전략'의 퍼즐이 조금씩 맞춰지고 있다. 우선 기업들이 2022년 말부터 시작된 불황기를 오히려 기회 삼아 기술 초격차와 시장 전략을 탄탄히 준비해놓았다. 여기에 정부의 지원까지 더해진 만큼, 두 날개가 모두 준비된 셈이다. 마지막으로 인공지능 시대라는 순풍까지 불고 있으니, 2024년을 기점으로 다시 한번 날아오르리라고 기대해볼 만하다.

## ○⎯ 한국과 반도체 산업 ⎯○

이는 수출형 경제구조를 가진 한국에 매우 반가운 소식이다. 실제로 한국의 수출액 가운데 20퍼센트 정도를 반도체 홀로 책임진다. 그다음으로 꼽히는 석유제품이나 자동차의 점유율이 10퍼센트가 채 안된다는 점을 고려하면, 독보적인 수준이다.[5] 그런 점에서 반도체 불황의 끝은 곧 한국 경제에 중요한 모멘텀이 될 수 있다.

반도체는 한국 내부의 지역 경제도 활성화한다. 삼성전자의 거대한 반도체 공장이 있는 경기도 화성시가 좋은 예다. 해당 공장은 2000년부터 가동을 시작했는데, 당시 화성시의 인구는 18만 명에 불과했다. 그런데 20여 년간 무려 다섯 배 이상 늘어 2023년 12월 100만 명을 돌파했다. 지역민의 평균연령은 38.8세이고, 지역내총생산은 전국 1위인 81조 원으로 자타가 인정하는 '가장 젊은 부자 도시'다. 화성시가 이처럼 도약한 배경에는 삼성전자의 반도체 공장을 필두로 꾸려진 폭넓은 산업 생태계가 있다. 거기에는 세계적인 반도체 기업들도 포함된다. 최첨단 제조 장비 시장을 이끄는 네덜란드의

ASML과 ASM, 일본의 도쿄 일렉트론Tokyo Electron이 화성시에 생산 시설과 연구·개발 시설을 마련한 상태다.[6]

이처럼 한국에서 반도체 산업은 국가 경제와 개인의 삶 모두에 큰 영향을 미치고 있다. 개인적으로 많은 한국인이 반도체 산업의 전문가가 되길 바라는 이유다. 그러려면 넓은 시야가 필수다. 가령 한국뿐 아니라 전 세계의 반도체 산업은 2020년과 2021년의 호황 직후인 2022년부터 성장세가 얼어붙기 시작해 2023년에는 역성장을 하고 말았다. 그런데 2024년에는 다시 크게 반등할 것으로 점쳐지고 있다. 이러한 급락은 펜데믹의 종식, 인플레이션과 금리 인상, 미·중 대결과 러우전쟁, 반도체법과 인공지능 발전 등 산업 안팎의 수많은 사건과 주체가 상호 작용한 결과다. 이 모두를 아우를 줄 알아야만 흔들림 없이 위기를 관리하고 기회를 잡을 수 있다. 기술과 시장, 기업과 정부, 한국과 세계를 넘나들며 반도체 산업과 관련된 다양한 이야기를 '대전략'이라는 큰 틀 아래 맞춤해놓은 이 책이 시야를 넓히는 계기가 되길 바란다.

여담이지만 2023년 6월 반도체 산업의 성지인 미국 실리콘밸리를 다녀왔다. 당시 그곳에서 삼성전자가 자신들의 파운드리 기술력을 선보이는 '삼성 파운드리 포럼 2023'을 개최했는데, 감사하게도 초청받았기 때문이다. 꿈에만 그리던 곳을, 그것도 한국 반도체 산업의 자존심인 삼성전자와 함께 방문한 만큼 머무는 내내 기분이 매우 좋았다. 실제로 실리콘밸리에서 삼성전자의 협조를 받아 제작한 여러 콘텐츠 속 내 얼굴을 보면 미소가 떠나질 않는다.

감동을 품고 귀국하는 비행기 안에서 내가 이렇게나 반도체 산업에 애정이 컸다는 사실에 새삼 놀랐다. 생각해보면 나는 내가 만든 콘텐츠를 보고 반도체 관련 학과에 진학했다거나 반도체 기업에 입사했다는 사람들을 만날 때 가장 큰 기쁨을 느낀다. 그들의 활약으로 한국 반도체 산업은 더욱 높이, 또 멀리 뻗어나갈 것이다. 이것이 내 나름의 '선한 영향력'이라고 믿는다.

사실 너무나 어렵고 힘든 시기다. 파티는 끝났고 값을 치러야 할 때가 왔다. 이러한 상황에서 든든한 버팀목이 되어줄 것으로 믿었던 반도체 산업마저 2023년 최악의 시기를 보냈다. 게다가 안보와 연결되며 격렬한 패권 다툼의 장이 되어버렸다. 이처럼 한 치 앞을 내다볼 수 없는 혼란한 상황에서 지난 5년여간 여러 전문가를 만나고 수많은 자료를 공부하며 얻은 지식과 지혜를 짜내 이 책을 썼다. 반도체 산업을 공부하고 싶은 사람, 유망한 반도체 기업에 투자하고 싶은 사람, 반도체 산업이 좌우할 국가들의 명운과 패권의 미래가 궁금한 사람 모두에게 도움이 되기를 바란다. 무엇보다 한국 반도체 산업과 한국의 생존 전략이 궁금한 사람이라면, 이 책에서 구체적인 실마리를 찾을 수 있으리라고 감히 기대해본다.

2024년 1월
권순용

차례

## 1부 위기의 K 반도체

# 4부 남겨진 과제

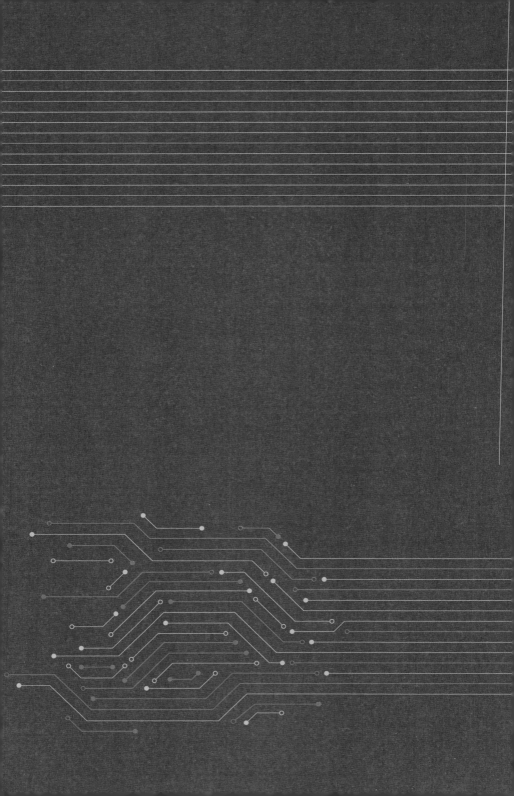

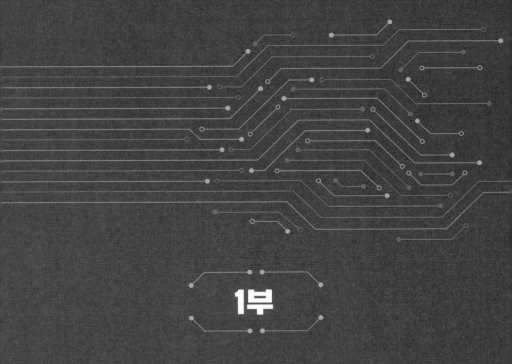

# 1부

# 위기의 K 반도체

# 1장

## 절대 강자 미국의 귀환

### 진격의 반도체법

"반도체법의 목표는 미국의 경제 안보를 보호하는 것."
○─ **미국 국립표준기술연구소**

반도체법은 단지 중국만을 표적으로 삼고 있지 않다.
명확하게 다른 국가들을 노린다고는 할 수 없지만,
이인자를 만들지 않겠다는 것만큼은 명확하다.

# 기지개 켜는 미국과
# 최악의 시나리오

2023년 놀라운 일이 벌어졌다. 세계적인 자연과학 학술지 《네이처》가 매년 발표하는 각국의 연구 성과 순위, 즉 네이처 인덱스에서 중국이 미국을 제치고 1위에 오른 것이다. 네이처 인덱스는 우수 논문의 개수count와 기여도share를 모두 평가하는데, 불과 5년 전인 2017년만 해도 중국의 연구 성과는 미국의 절반에도 미치지 못했다. 얼마든지 '조작'이 가능한 중국 국내 순위가 아니라 세계적으로 공인된 순위인 만큼, 정말 '굴기'라 평가할 만하다.[1] 더욱 놀라운 사실은 중국의 연구 성과가 대부분 인공지능, 전기자동차, 2차 전지 같은 첨단 산업과 관련된다는 것이다.

그런데 반도체만큼은 다르다. 전문가들은 미국이 중국을 '박살 내버렸다'고 평가한다. 중국은 반도체에도 천문학적인 돈을 쏟아붓고 있는데, 왜 다른 분야와 달리 성과를 내지 못하고 있을까.

미국은 반도체의 절대 강자다. 일본, 한국, 타이완, 중국 등 여러 나라가 그 아성에 도전해왔고, 또 도전하고 있지만, 여전히 압도적 우위를 자랑한다. 이를 이해하기 위해서는 우선 반도체 산업의 특징을 이해할 필요가 있다. 반도체 산업은 무엇을 만드는지에 따라 메모리 반도체와 시스템 반도체(비메모리 반도체)로, 생산 과정 중 어떤 부문을 담당하는지에 따라 팹리스fabless와 파운드리로 나뉜다. 메모리 반도체란 데이터를 기록하고(쓰고) 필요할 때 꺼내는(읽는), 즉 가장 기본적인 역할을 담당하는 반도체다. 이 분야는 전 세계에서 한국이, 특히 삼성전자와 SK하이닉스가 가장 잘한다. 메모리 반도체의 대표 주자인 D램과 낸드플래시 모두 두 기업이 석권하는 중이다.*

---

\* 　메모리 반도체는 크게 램(Random-Access Memory, RAM)과 롬(Read-Only memory, ROM)으로 나뉜다. 데이터가 휘발되지만 수정이 자유로운 램은 D램(Dynamic RAM)과 S램(Static RAM)으로 또 나뉘는데, 전자는 구조가 매우 단순하고, 후자는 매우 빠르다는 장점이 있다. 이때 구조가 단순하다는 것은 그만큼 개발 난도가 낮아 생산성이 좋고, 성능을 높일 여지가 크다는 것으로, 실제로 D램은 S램보다 발전 속도가 빠르다. 다음으로 롬은 데이터가 휘발되지 않지만 수정할 수 없는데, (램과는 다른 방식으로) 수정할 수 있게 개발된 것이 바로 낸드플래시(NAND Flash)다. D램과 낸드플래시의 장단점을 비교하면 이렇다. D램은 처리 속도가 빠르지만 용량이 적고, 전원이 꺼지는 순간 기록한 데이터가 휘발된다. 반면에 낸드플래시는 비교적 느리지만 용량이 크고, 전원이 꺼져도 데이터가 휘발되지 않는다.

2023년 3분기 기준 두 기업의 전 세계 메모리 반도체 시장 점유율은 D램의 경우 73.2퍼센트(삼성전자 38.9퍼센트, SK하이닉스 34.3퍼센트), 낸드플래시의 경우 51.6퍼센트(삼성전자 31.4퍼센트, SK하이닉스 20.2퍼센트)에 달한다.[2]

시스템 반도체란 데이터를 계산하고 이해하는 반도체다. 컴퓨터에 쓰이는 CPU와 스마트폰이나 스마트워치처럼 크기가 작은 전자제품에 쓰이는 AP가 대표적이다. 인간의 뇌에 해당하는 만큼, 워낙 중요한 데다가 그만큼 고부가가치 상품이다 보니, 2022년 기준 반도체 시장의 76.12퍼센트를 시스템 반도체가 차지했다. 이 분야는 전 세계에서 미국이 가장 잘한다. 같은 기간 미국의 전 세계 시스템 반도체 시장 점유율은 54.5퍼센트에 달했다. 한국은 3.3퍼센트로 주요국 중 최하위에 머물렀다.[3]

'생산 fabrication 시설'이 '없다less'는 뜻의 팹리스는 반도체를 설계하는 분야고, '주조 공장foundry'이 어원인 파운드리는 제공받은 설계도대로 반도체를 생산하는 분야다.** 구글, 애플, 엔비디아, AMD, 퀄컴, 심지어 테슬라까지 우리가 아는 대부분의 빅테크 기업은 팹리스다. 창조하는 분야기 때문에 고도의 전문성이 필요하고, 무엇보다 파운드리에 일거리를 주는 만큼 반도체 공급망에서 매우 중요한 위치

---

** 주의할 점은 반도체를 단순히 생산한다고 해서 모두 파운드리가 아니라는 것이다. 가령 자체적으로 설계한 반도체를 스스로 생산하는 것은 파운드리가 아니다. 파운드리는 외부 팹리스에 주문을 받아 위탁 생산을 한다.

를 차지한다. 그렇다고 파운드리가 중요하지 않다는 말은 아니다. 사실 TSMC, 삼성전자, SK하이닉스, 인텔 등 극소수의 기업을 제외하면 반도체를 생산할 수 있는 곳은 많지 않다. 설계는 해도 만들지는 못하는 것이다. 레시피는 있는데, 주방이나 요리사가 없는 것과 마찬가지다. 이때 전 세계에서 가장 뛰어난 요리사가 바로 타이완의 TSMC와 한국의 삼성전자다. 2023년 3분기 기준 전 세계 파운드리 시장의 57.9퍼센트를 TSMC가, 12.4퍼센트를 삼성전자가 차지한다.[4] 참고로 삼성전자, SK하이닉스, 인텔처럼 팹리스이자 파운드리인 기업은 종합반도체 기업이란 뜻의 IDM Integrated Device Manufacturer으로 부르기도 한다.

팹리스나 파운드리는 아니지만, 반도체 제조 장비를 공급하는 기업들도 가치가 점점 상승하고 있다. 아무리 훌륭한 요리사라도 맨손으로는 요리할 수 없지 않은가. 좋은 칼과 도마, 프라이팬 등이 필요할 것이다. 이러한 도구들을 잘 만드는 기업으로는 네덜란드의 ASML과 ASM, 미국의 어플라이드 머티리얼즈 Applied Materials와 램 리서치 Lam Research, 일본의 도쿄 일렉트론 등이 있다.

미국이 반도체의 영원한 강자인 이유는 이 모든 분야의 기술적·산업적 기반을 닦았기 때문이다. 반도체 자체가 미국의 벨연구소에서 최초로 개발되었다(1947년). 최초로 반도체를 양산한 것도 미국의 텍사스 인스트루먼트 Texas Instruments다(1961년). 반면에 중국은 아직 어느 분야에서도 두각을 드러내지 못하고 있다.

1부 | 위기의 K 반도체

▶ 전세계 반도체 시장점유율

● 미국 ● 한국 ● 일본 ● 타이완 ● 중국

2022년 기준
6040억 달러
(약 766조 4900억 원)

출처 OMDIA

## ▼ 전 세계 D 램 시장 점유율

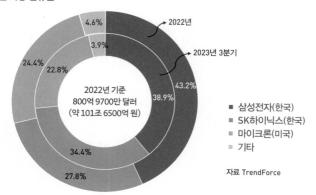

2022년
2023년 3분기

4.6%
3.9%
24.4%
22.8%
43.2%
38.9%

2022년 기준
800억 9700만 달러
(약 101조 6500억 원)

34.4%
27.8%

■ 삼성전자(한국)
■ SK하이닉스(한국)
■ 마이크론(미국)
■ 기타

자료 TrendForce

## ▼ 전 세계 낸드플래시 시장 점유율

2022년
2023년 3분기

4.4%
4.5%
11.6%
12.5%
31.4%
33.4%
18.6%
14.5%

2022년 기준
600억 4400만 달러
(약 76조 2000억 원)

16.9%
13.6%
20.2%
18.4%

■ 삼성전자(한국)
■ SK하이닉스(한국)
■ WDC(미국)
■ 키오시아(일본)
■ 마이크론(미국)
■ 기타

자료 TrendForce

## ▼ 전 세계 시스템 반도체 시장 점유율

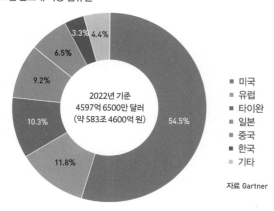

3.3% 4.4%
6.5%
9.2%
10.3%

2022년 기준
4597억 6500만 달러
(약 583조 4600억 원)

54.5%

11.8%

■ 미국
■ 유럽
■ 타이완
■ 일본
■ 중국
■ 한국
■ 기타

자료 Gartner

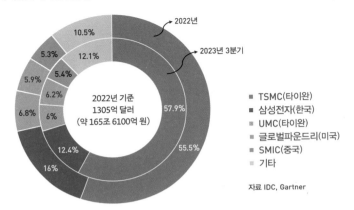

**▼ 전 세계 파운드리 시장 점유율**

2022년

2023년 3분기

10.5%
5.3%
5.9%
6.2%
5.4%
12.1%
6.8%
6%
12.4%
16%
57.9%
55.5%

2022년 기준
1305억 달러
(약 165조 6100억 원)

- TSMC(타이완)
- 삼성전자(한국)
- UMC(타이완)
- 글로벌파운드리(미국)
- SMIC(중국)
- 기타

자료 IDC, Gartner

**▼ 전 세계 팹리스 시장 점유율**

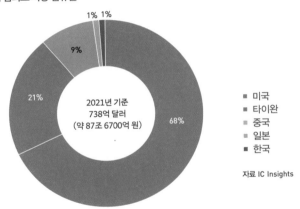

1% 1%
9%
21%
68%

2021년 기준
738억 달러
(약 87조 6700억 원)

- 미국
- 타이완
- 중국
- 일본
- 한국

자료 IC Insights

삼성전자와 SK하이닉스는 메모리 반도체 분야의 절대 강자다. 특히 SK하이닉스는 2023년 들어 D램과 낸드플래시 모두에서 점유율을 높이는 데 성공했다. 다만 메모리 반도체 시장보다 세 배 이상 큰 시스템 반도체 시장에서 두 기업의 점유율은 미미한 수준이다. 아울러 삼성전자는 파운드리 시장의 명실상부한 이인자지만, TSMC와 격차가 점점 벌어지고 있어 우려를 사고 있다.

참고로 시스템 반도체 및 팹리스 시장의 경우 지적재산권과 직결되는 분야인 만큼, 개별 기업들이 자세한 수치를 공개하지 않는 경향이 강하다.

# ⌒— 중국이 넘볼 수 없는 단 하나, 반도체 —⌒

반도체는 인류가 개발한 가장 미세한 기술이다. 비유하자면 머리카락보다 100만 배 이상 작은 캔버스에 그림을 그리는 것과 같다. 크기만 문제는 아니다. 생산 과정도 매우 복잡한데, 웨이퍼 제조부터 산화, 포토, 식각, 증착, 금속 배선, 검수, 패키징까지 수많은 공정을 거쳐야 한다.

그래서 많은 전문가가 반도체를 '종합예술'이라고 평가한다. 공정이 복잡다단한 만큼, 국경을 넘어 수많은 기업과 종사자가 협업해야 하기 때문이다. 예를 들어 애플의 경우 미국에 있는 연구원들이 반도체를 설계하면, 그 설계도를 타이완의 TSMC에 보낸다. 그러면 TSMC는 네덜란드의 ASML이 개발한 노광 장비와* 일본의 도쿄 일렉트론에서 공급받은 각종 소재 등을 조합해 설계도에 맞춰 반도체를 생산한다.

---

\*    반도체의 핵심 공정 중에 '포토 리소그래피(Photo Lithography, 이하 포토)'가 있다. 반도체 소자의 회로를 웨이퍼에 새기는 공정인데, 워낙 미세하다 보니 빛을 이용한다. 그 과정을 간단히 설명하면 이렇다. 웨이퍼 위에 빛에 반응하는 감광액을 얇게 펴 바르고, 회로가 인쇄된 투명한 유리인 마스크(mask)를 올린다. 이후 빛을 쏘면 감광액이 반응하며 웨이퍼에 양각(회로가 인쇄된 마스크)이나 음각(회로 외 영역이 인쇄된 마스크)으로 회로가 새겨진다. 이 전체 과정을 담당하는 것이 바로 노광 장비다. 한편 반도체가 점점 작아지고, 그만큼 회로도 미세해지면서 빛을 세밀하게 조절하는 기술이 중요해졌는데, 그러면서 각광받은 노광 장비 기업이 바로 ASML이다. ASML은 기존 포토 공정에서 사용하는 심자외선(Deep UltraViolet, DUV) 노광 장비보다 세밀한 작업이 가능한 극자외선(Extreme UltraViolet, EUV) 노광 장비를 개발해, 관련 시장을 독점하고 있다. 특히 7나노 이하 반도체 공정의 경우 ASML의 EUV 노광 장비가 필수다.

다시 말해 반도체 개발은 기술 강국들과의 교류 없이는 애초에 불가능하다. 반도체 기술과 산업의 '원조'인 미국은 이를 잘 이해하고 있다. 즉 미국은 자신의 협력 네트워크를 총동원해 중국을 고립시킬 수 있다. 2018년 불붙은 미국과 중국의 무역 전쟁이 그러한 고립의 전초전이었다면, 2022년 8월 발효된 미국의 반도체법은 전면전의 시작을 알렸다. 이로써 중국의 반도체 굴기는 힘을 잃고 있다. 중국 혼자 반도체를 개발하겠다는 것은 전 세계를 홀로 상대하겠다는 것과 같다. 아무리 많은 돈을 쏟아부어도 혼자서는 아무것도 할 수 없다. 반도체 개발은 국제 협력이 필수고, 그 협력의 열쇠를 쥔 국가가 바로 미국이다.[5]

실제로 중국의 반도체 굴기는 가파르게 고꾸라지고 있다. 2023년 중국의 반도체 설비 투자 규모는 전년 대비 65퍼센트 이상 급감할 것으로 예측된다. 2026년까지 넓혀보면 -11.2퍼센트로 오히려 역성장할 전망이다. 한마디로 중국은 반도체 개발의 숨통만 간신히 유지하고 있다.[6]

미국이 중국의 반도체를 집중 공략하는 것은, 반도체가 고사하면 다른 분야도 함께 고사할 수밖에 없음을 잘 알기 때문이다. 오늘날 세계시장에서 경쟁하는 수많은 상품은 모두 반도체를 기반으로 한다. 스마트폰 전쟁도 결국 반도체 전쟁이다. 삼성전자의 갤럭시 S와 애플의 아이폰 간 경쟁은 그 AP인 삼성전자의 엑시노스Exynos(또는 퀄컴의 스냅드래곤Snapdragon)와 애플의 A 시리즈 간 경쟁이다. 디스플레이의 핵심도 LEDLight-Emitting Diode고, 전기자동차의 핵심도 전장 반도체다.* 반도체 없는 곳이 없다.

　중국도 이를 잘 알고 있기 때문에 반도체 굴기를 완전히 포기하지 못하고 있다. 어떻게든 반도체를 개발하려 한다. 실제로 성공한 사례도 있다. 중국을 대표하는 스마트폰 기업인 화웨이의 7나노 AP '기린9000s'가 대표적이다.** 기린9000s는 화웨이 산하 팹리스인 하이실리콘HiSilicon에서 설계하고, 중국 최고의 파운드리인 SMICSemiconductor Manufacturing International Corporation에서 양산했다. 이렇게 만들어진 기린9000s는 2023년 8월 출시된 화웨이의 최신 스마트폰 '화웨이 메이트Mate 60 프로'에 탑재되며 세상을 놀라게 했다. 물론 7나노 반도체를 첨단으로 보기에는 애매하다. 스마트폰 시장의 두 거인인 삼성전자와 애플은 3나노 반도체를 넘어 2나노 반도체를 향해

---

\* 　LED는 전기신호를 광신호로 바꿔주는 발광 소자로, 반도체의 일종이다. 전장 반도체는 (전기자동차를 포함한) 자동차에 들어가는 각종 전자장치에 쓰이는 반도체다.

\*\* 　'나노'는 '나노미터'를 가리킨다. 1나노미터는 10억분의 1미터로, 인간의 머리카락은 8나노미터 정도다. 그렇다면 반도체는 무엇을 기준으로 몇 나노인지 구분할까. 반도체는 전자의 흐름을 제어하는 '트랜지스터(transistor)'로 구성되는데, 트랜지스터의 핵심 요소는 '게이트(gate)', '채널(channel)', '소스(source)', '드레인(drain)'이다. 게이트와 채널은 위아래로 맞닿아 있고, 채널 양옆에 소스와 드레인이 각각 있다. 이때 게이트에 전압을 가하면 소스에서 채널을 지나 드레인으로 전자가 흐른다. (전자의 흐름을 제어한다는 점에서 게이트를 '문'에, 전자가 다니는 길이라는 점에서 채널을 '통로'에 주로 비유한다.) 바로 이 전자가 이동하는 거리, 즉 게이트의 폭이자 채널의 길이가 몇 나노인지 결정한다. 이 길이가 짧을수록 트랜지스터가 작아지는 것이므로 하나의 반도체 안에 더 많이 집적할 수 있다. 또한 전자가 더욱 빨리 이동하므로 그만큼 데이터 처리도 빨라지고 전력 소모는 줄어든다. 여러모로 성능이 좋아지는 것이다. 이로써 작은 나노는 곧 고성능을 의미하게 되었다. 다만 최근의 '3나노', '2나노' 등은 엄밀한 물리적 길이라기보다는, 그 정도에 해당하는 성능임을 나타내는 마케팅 용어다.

가고 있다. 다만 미국의 대對중 반도체 규제가 본격화된 시점에 생산해냈다는 데 의의가 있다. 그렇다면 중국은 미국을 따돌릴 수 있을까. 속사정을 알고 보면 쉽지 않다는 것을 알 수 있다. 기린9000s는 오래전 중국이 수입한 ASML의 구형 노광 장비를 개조해 만든 것으로 알려졌다. 이러한 방법은 임시방편일 뿐 오래 지속되기 어렵다.

## ⌒⎯⎯ 역사에서 배우다 ⎯⎯⌒

지금의 중국과 비슷한 노력을 한 나라가 있었다. 바로 일본이다. 1988년까지만 하더라도 전 세계 반도체 시장에서 일본의 점유율은 40퍼센트를 웃돌았다. 일본의 반도체 산업이 전성기를 구가하던 1980년대, 규슈 지역에서만 전 세계 반도체 생산량의 10퍼센트가 만들어졌다. 당시 규슈는 '실리콘 아일랜드'로 불렸다. 이처럼 미국의 기술로 만든 제품을 미국에 팔며 승승장구하던 일본은 '미국을 이길 수 있다'는 착각에 빠지고 말았다. 이를 지켜보던 미국은 1980년대 중후반 들어 일본의 반도체와 전자 제품들에 보복 관세를 부가하기 시작했다. 그러자 일본의 수출 경쟁력이 순식간에 무너졌다.

일본은 여전히 후유증에 시달리고 있다. 2021년 6월 일본 경제산업성이 발표한 〈반도체 전략〉 보고서는 "2030년 세계시장에서 일본 반도체 기업의 점유율은 0퍼센트가 될지 모른다"라고 위기의식을 드러냈다.[7]

과거(일본)와 현재(중국)의 사례에서 알 수 있는 사실은 명확하다. 적어도 반도체와 관련해서는 미국과 척을 져서는 안 된다. 이 분야에서 미국에 반하는 국가는 살아남지 못했다. 그것이 역사적 사실이다.

미국의 반도체 독주는 비단 구글, 애플, 엔비디아, 인텔 같은 빅테크 기업들에서만 비롯되지 않는다. 이들을 뒷받침하는 장비 및 소재 기업들, 이 모두가 협력할 수 있도록 판을 짜고 지원하는 정부가 함께 힘을 보태고 있다. 산업 생태계가 튼튼하고, 이들이 오랫동안 쌓아온 인적·물적 자원이 막강하기 때문에 누구도 함부로 도전할 수 없다. 이것이 반도체법 뒤에 웅크린 미국의 진면목이다.

2023년 4월 유럽연합EU마저 미국과 손을 잡았다. 명확하게 대중 반도체 규제를 선언하는 대신 권역 내 반도체 산업 육성에 관한 법을 제정하는 '온건한' 꼴이었지만, 유럽이라는 거대한 시장에서 중국의 입지가 좁아지리라는 것은 분명해 보인다. 이로써 중국의 반도체 굴기는 다시 한번 난관에 봉착했다. 원래 EU는 대중 반도체 규제에 함께하자는 미국의 요청에 응하지 않았으나, 운동장이 기울기 시작하면서 판단을 재고하기 시작했다. 같은 달 일본에서 열린 G7 외교장관 회의에서는 반도체의 중국 의존도를 낮추자는 의견이 모이기도 했다. 물론 EU가 당장 미국 정도로 높은 수준의 대중 반도체 규제를 펼칠지는 의문이지만, 반도체 전쟁에 뛰어든 만큼 중국과의 충돌은 피할 수 없을 것이다. 《칩 워》의 저자 크리스 밀러Chris Miller는 이렇게 평했다. "중국의 모든 중요 기술은 언제 깨질지 모르는 외국산 실리콘 위에 서 있다."[8]

## 잠에서 깬 사자

미국의 대중 반도체 규제는 매우 집요하고 세밀하다. 2023년 2월 미국 상무부는 반도체법의 세부 내용을 발표했다. 핵심은 간단하다. '반도체 기업들이여, 더는 중국에 투자하지 말라. 대신 미국에 투자하라. 그런 기업들에는 미국 정부가 직접 보조금을 줄 것이다!' 상무부는 보조금의 규모를 390억 달러(약 51조 6000억 원)로 책정했다.[9]

같은 달 상무장관인 지나 러몬도Gina Raimondo는 조지타운대학교에서 특강을 하며, 반도체 관련 전공자 수를 10년간 세 배까지 늘리겠다고 밝혔다. 존 F. 케네디 전 미국 대통령이 인간을 달로 보내겠다고 선언한 1961년 이후 10년간 물리학 박사는 세 배, 공학 박사는 네 배 늘었다는 것이 그 근거였다. 이어서 러몬도는 미국 반도체 산업의 부활을 달 탐사선 발사 계획을 통칭하는 '문 샷moon shot' 프로젝트에 비유했다.[10]

미국은 일본을 무너뜨린 이후 반도체 분야에서 독주하지 않았다. 대신에 국제적 분업의 길을 택했다. 그 안에서 중국이 맡은 역할은 미국이나 일본이 개발하고 한국이나 타이완에서 양산한 첨단 반도체를 수입한 다음 다른 부품들과 조립해 전자 제품을 생산하는 것이었다. 그런데 2010년대 들어 중국이 굴기를 선언하며 미국에 도전했다. 잠든 사자의 코털을 건드린 격이었다. 이에 미국의 전략이 바뀌었다. 압도적 일인자의 자리를 되찾는 것. 반도체법은 그 신호탄에 불과하다.

반도체법의 주요 내용은 크게 다섯 가지다. 첫째, 예상보다 수익을 많이 내면 보조금을 토해낼 것, 둘째, 미국 정부가 반도체 시설에 접근할 수 있도록 할 것, 셋째, 중국에 투자하지 말 것, 넷째, 미국에 시설을 짓고 미국인을 채용할 것, 다섯째, 가격을 낮춰 치킨게임을 하지 말 것. 이처럼 반도체법은 단지 중국만을 표적으로 삼고 있지 않다. 명확하게 다른 국가들을 노린다고는 할 수 없지만, 이인자를 만들지 않겠다는 것만큼은 명확하다. 특히 두 번째 조건은 기술 유출의 우려가 크다. 한국으로서는 지정학적 특성상 중국에 투자하지 말라는 것도 치명적이다. 삼성전자와 SK하이닉스는 이미 중국에 68조 원을 쏟아부어 만든 공장들이 있다. 이런 상황에서 중국과 거래를 끊으면 손해가 막심하다. 설상가상으로 SK하이닉스는 2020년 인텔에서 중국 공장을 인수했는데, 2021년 1차 대금으로 70억 달러(약 8조 3200억 원)를 지급했고 2025년까지 잔금 20억 달러(약 2조 5900억 원)를 추가로 내야 한다.[11]

　　사실 삼성전자나 SK하이닉스 정도 체급의 기업에 미국의 보조금은 있으면 좋지만 없어도 그만인 돈이다. 삼성전자의 경우 1997년부터 텍사스주 오스틴Austin시에 파운드리 공장을 운영 중인데, 반도체법이 구체화되기 전인 2021년에는 그 근처의 테일러Taylor시에 추가로 공장을 짓기 시작했다. 당시 새 공장 건설에 책정된 금액만 170억 달러(약 20조 1100억 원)였는데, 이 정도 규모라면 미국 정부에서 1~3조 원의 보조금을 받을 것으로 보인다. 대세에 영향을 미칠 만한 금액은 아닌 것이다.

한마디로 돈은 문제가 아니다. 하지만 삼성전자가 그 돈이 필요 없다고 중국에 투자한다면 어떻게 될까. 미국은 세금이나 인허가, 특허 등으로 트집을 잡아 삼성전자에 치명적인 피해를 입힐 것이다. 한발 더 나아가 한국과 미국 사이에 외교적 갈등이 불거질 수도 있다.[12] 2019년 한국은 일본과 수출규제 사태로 홍역을 치렀다.* 미국과의 갈등은 파괴력이 분명 그 이상일 것이다.

개별 기업들의 관계가 틀어지는 것 또한 문제다. 전 세계 시가총액 10대 기업 중 3위 사우디 아람코(석유)와 8위 버크셔 해서웨이(투자), 10위 일라이 릴리(제약)를 제외하면, 1위 애플, 2위 마이크로소프트, 4위 구글, 5위 아마존, 6위 엔비디아, 7위 메타(옛 페이스북), 9위 테슬라 등 모두 반도체와 관련된 곳들이다. 공교롭게도 이들은 모두 미국 기업으로, 삼성전자와 SK하이닉스의 주요 고객사들이다. 즉 미국과의 관계가 틀어진다는 것은 주요 고객사들을 모두 잃는다는 것과 마찬가지다. 애플만 해도 아이폰에 삼성전자의 메모리 반도체(그리고 삼성디스플레이의 OLED)를 장착하고 있다. 그 규모가 구체적으로 공개된 적은 없지만, 애플의 D램 수요 가운데 절반을 삼성전자가 공급한다는 분석도 있다. 이런 이유로 2023년 9월 중국이 아이폰 금

---

\* 당시 한국과 일본의 갈등은 정치적 이유로 불거졌다. 2018년 10월 한국의 대법원은 일본제철(당시 신일철주금)에 강제징용의 피해자인 한국인 네 명에게 각각 배상금 1억 원을 지급하라고 판결했다. 2019년 2월에는 세계무역기구(WTO)가 한국의 후쿠시마 수산물 수입 금지 조치를 인정해주었다(1년 전에는 일본에 유리한 결정이 내려졌는데 뒤집혔다). 이러한 일들이 정치적 갈등으로 비화하며 해결될 기미가 보이지 않는 상황에서, 2019년 7월 일본 경제산업성이 반도체 및 디스플레이 소재의 한국 수출 제한을 전격 발표했다.

지령을 내리자 애플의 주가가 추락한 것은 물론이고, 삼성전자도 타격을 입을 것이라는 분석이 쏟아졌다.[13]

이처럼 미국의 빅테크 기업들과 한국의 반도체 기업들은 끈끈하게 연결되어 있다. 얼핏 보면 우리가 을, 저들이 갑 같지만, 꼭 그렇지만도 않다. 메모리 반도체, 디스플레이, 2차 전지는 한국이 세계 최고다. 따라서 천하의 미국일지라도 갑자기 한국을 버리기는 어렵다. 하지만 서서히 한국의 지분을 줄이며 타이완이나 일본 같은 대체재를 선택할 수는 있다. 그때 기업부터 근로자와 투자자까지, 한국이 입을 피해가 얼마나 클지는 굳이 글로 옮길 필요가 없을 것이다.

## ○──── 미국은 어떤 그림을 그리는가 ────○

미국 국립표준기술연구소National Institute of Standards and Technology는 반도체법의 목적을 이렇게 밝히고 있다. "미국 반도체 산업을 활성화하고 미국의 경제 안보를 보호하며, 미국의 리더십을 보존하고 좋은 일자리를 만들어내며, 미국을 중심으로 한 강력한 공동체를 형성하는 것." 미국의 결연한 의지가 느껴지지 않는가. 반도체법은 단순히 반도체 분야에 관한 법이 아니다. 패권국으로서 미국이 그리는 미래 비전의 핵심 열쇠다.

미국 주도로 반도체 질서가 재편될 것은 틀림없어 보인다. 다시 말하지만 미국의 목표는 한국이나 타이완, 일본을 망하게 하는 것이 아니다. 다만 미국이 원하는 대로 큰 그림을 그리겠다는 것이다. 그 그림 안에서 미국은 반도체 설계를, 일본은 반도체 소재 공급을, 한국과 타이완은 반도체 양산을 담당한다. 이들이 미국의 뜻대로 똘똘 뭉쳐 (미국 땅에서) 반도체 공동체를 꾸리자는 게 반도체법이다. 여기에 협력한다면 미국은 '아량'을 베풀 용의가 있다. 실제로 미국은 반도체법을 발효하며 한국과 타이완, 일본에 대중 반도체 수출을 1년간 유예해주었다. 그 1년이 지난 2023년 9월에는 삼성전자와 SK하이닉스가 중국에 있는 반도체 공장에 미국산 장비를 반입할 수 있도록 해주었다. 유예 기간을 연장해준 것으로, 전문가들은 사실상 무기한 유예로 본다. 한국을 덮쳤던 불확실성이 어느 정도 해소된 것이다.[14] 물론 마냥 안심할 수는 없다. 바로 뒤에서 자세히 이야기하겠지만, 미국은 반도체법의 고삐를 점점 강하게 조이고 있다.

한국뿐 아니라 타이완과 일본도 정치적·경제적 논리로 굉장히 어려운 상황에 놓여 있다. 타이완 같은 경우는 군사적으로도 중국과 일촉즉발의 상황이지 않은가. 한편 중국은 한국을 향해 "미국 군화 속 깔창"이라고 거칠게 비난하는 중이다. 반도체법으로 심화한 혼란 속에서 우리는 무엇을 어떻게 해야 할까. 현실적으로 당장은 미국과 보조를 맞출 수밖에 없을 것이다. 동시에 '반도체 전쟁에 우방은 없다'는 사실을 기억해야 한다.[15]

# 반도체법은 무엇을 정조준하는가

　실제로 '우방' 미국의 압박이 점점 거세지고 있다. 반도체법은 상무부 소속의 산업안보국Bureau of Industry and Security, BIS에서 진두지휘하는데, '안보'라는 명칭에서 반도체법을 대하는 미국의 태도가 잘 드러난다. 2023년 10월 BIS는 반도체법 확대 조치를 발표했다. 내용은 크게 세 가지로, 첫째, 첨단 반도체의 수출 통제 확대, 둘째, 첨단 기기 관련 반도체의 수출 통제 확대, 셋째, 중국 인공지능 기업 제재 확대다. 이 조치는 화웨이가 기린9000s를 장착한 최신 스마트폰을 내놓은 지 두 달 만에 전격 발표되었다. 미국의 의도는 명확하다. 중국을 더욱 강하게 옥죄겠다는 것이다.

몇몇 전문가는 화웨이가 ASML의 노광 장비를 사용한 것으로 추측한다. 노광 장비는 빛을 쏘아 웨이퍼에 반도체 설계도를 새기는데, ASML의 기술력이 단연 독보적이다. 2나노 반도체 생산이 초읽기에 들어간 오늘날, ASML의 노광 장비는 대체 불가능하다. 이런 점에서 미국은 반도체법을 준비하며 가장 먼저 ASML의 노광 장비가 중국에 들어가지 못하도록 하는 데 열을 올렸다. 실제로 ASML이 미국과 손잡으며 많은 이가 중국 반도체 산업의 몰락을 점쳤다. 하지만 중국은 과거에 수입해놓았던 ASML의 구형 노광 장비를 개조해 7나노 반도체를 생산하는 데 성공했다. 구형 노광 장비를 쓴 탓에 수율이 떨어지고 그만큼 생산 단가가 치솟아 시장 경쟁력도 떨어지겠지만, 중국은 막대한 보조금으로 이를 상쇄할 수 있다. 미국으로서는 닭 쫓던 개가 지붕 쳐다보는 꼴이 된 것이다.

이런 상황은 우리에게 어떤 교훈을 주는가. 상황은 언제든 바뀔 수 있다는 것이다. BIS의 반도체법 확대 조치는 한국 기업들에 베풀었던 유예 조치를 건들지 않는다. 하지만 중국은 도생하려 끊임없이 몸부림칠 것이고, 그럴수록 미국 또한 대중 반도체 규제를 강화할 것이다. 그 불똥이 한국에 튀지 않으리라는 보장은 없다. 실제로 이번 확대 조치는 장기적으로 한국 반도체 기업들에 영 좋지 못한 내용을 품고 있다.

## ─○── 반도체법과 인공지능 ──○─

BIS는 자신들의 긴 제재 목록에 중국의 인공지능 기업 13곳을 콕 짚어 추가했다. 반도체가 첨단 산업과 직결된다는 점에서 이 조치 자체는 특별할 게 없어 보인다. 문제는 그 이면에 숨은 미국의 진정한 속셈이다. 궁극적으로 미국은 인공지능 개발에 필수적으로 사용되는 HBMHigh Bandwidth Memory의 중국 수출을 막으려 하고 있다. 그런데 HBM은 한국의 미래 먹거리 중 하나다. 한국 반도체 기업들은 D램과 낸드플래시에 강하다는 인식이 일반적이다. 틀린 말은 아니지만, HBM의 등장으로 판도가 크게 바뀔 것으로 보인다.

HBM이란 D램들을 탑처럼 쌓아 올린 메모리 반도체를 말한다. 당연히 면적당 기억 능력이 매우 높을 수밖에 없다. 단층집보다는 20층짜리 아파트에 더 많은 사람이 들어갈 수 있는 것과 같은 이치다. 게다가 전력 소모도 적다. D램들에 구멍을 뚫은 다음 전선 역할을 하는 구리를 흘려 넣는 방법으로 만들기 때문에 누수되는 전력이 없다. 연장선에서 데이터 전송 속도도 매우 빠르다.* 물론 그만큼 만들

---

*   보통 반도체를 구성하는 소자들은 구리 배선, 즉 '와이어(wire)'를 이용해 연결하는데, 직관적이고 간편한 방법이지만, 반도체 구조가 복잡해질수록 와이어가 너무 많아져 서로 간섭하거나 물리적으로 연결할 공간이 부족해지는 문제가 발생한다. 하여 와이어를 없애고 소자들에 구멍을 뚫은 다음 구리를 충전, 즉 흘려 넣음으로써 연결하는 방식이 개발되었는데, 이를 'TSV(Through Silicon Via)'라고 한다. TSV는 소자와의 접촉면이 와이어보다 넓은 만큼 전력 공급이 효율적이고 신호 전달이 빠르다. 또한 소자를 안정적으로 쌓을 수 있어 집적도를 크게 높일 수 있다.

기도 어렵고 비싸다. 따라서 지금까지는 굳이 HBM을 쓰지 않았다. 대부분의 연산은 CPU와 D램의 조합만으로 감당할 수 있었기 때문이다.

그런데 인공지능이 고도화되면서 상황이 달라졌다. CPU 연산의 특징은 '직렬'이다. 비유하자면 매우 똑똑한 일꾼 한 명이 문제를 하나씩 풀어나간다. 따라서 연산할 것이 많아지면 아무리 똑똑한 CPU라도 느려질 수밖에 없다. 10차선 고속도로가 갑자기 1차선으로 좁아진다면? 그래서 자동차가 한 대씩만 지나갈 수 있다면? 제한 속도가 200킬로미터라도 전쟁 같은 교통 체증이 발생할 것이다. 인공지능 개발에 쓰인 CPU가 딱 이런 상황이었다. 이때 구원자로 나타난 것이 그래픽 처리에 쓰이던 GPU다. CPU와 달리 GPU 연산의 특징은 '병렬'이다. 한 번 더 비유하자면 적당히 똑똑한 수천 명의 일꾼이 비교적 단순한 문제를 각자 풀어낸다. CPU보단 덜하더라도 역시 똑똑한 데다가 동시에 수천, 수만 번의 연산을 수행할 수 있는 만큼, GPU의 사용처는 점점 다양해지고 있다. 단순 계산을 수천, 수만 번 반복해야 하는 비트코인 채굴이 대표적이다.[16]

오늘날 개발되는 인공지능 또한 단순 계산을 무수히 반복하는 것이 기본이다. 인간의 물음에 가장 알맞은 답을 찾아낼 때까지 엄청난 양의 데이터를 스스로 학습하고 피드백하고 다시 학습하는 과정을 끊임없이 반복한다. 이는 CPU보다는 GPU에 특화된 작업이다. 그런데 데이터의 양이 점점 늘어나다 보니 기존의 D램보다 더욱 빠르게 데이터를 기록하고 꺼내올 메모리 반도체가 필요해졌다. 그것이 바로 HBM이다. 이 때문에 오늘날 대부분의 인공지능 개발은 GPU와 HBM의 조합으로 이뤄진다.

이때 가장 눈여겨보아야 할 점은 한국이 HBM의 종주국이란 사실이다. HBM 연구는 2010년대 초반부터 시작되었다. 당시는 삼성전자와 SK하이닉스, 미국의 마이크론 테크놀로지Micron Technology(이하 마이크론)가 삼파전을 벌였는데, 결과적으로 한국의 두 반도체 기업이 HBM의 기술 표준을 점했다. 그중에서도 세계 최초 개발에 성공한 SK하이닉스가 좀 더 앞서 나가고 있다. 현재 전 세계 HBM 시장은 SK하이닉스가 50퍼센트 안팎, 삼성전자가 40퍼센트 안팎, 마이크론이 10퍼센트 안팎을 차지하고 있다. 물론 HBM 시장의 규모 자체는 아직 작다. 전체 D램 시장의 10퍼센트에 불과하다. 하지만 인공지능 고도화 덕분에 다른 어떤 반도체 시장보다 강하게, 또 빠르게 성장할 것으로 예상된다.[17]

## ∽──── 인공지능 패권 ────∾

문제는 중국이 미국과 더불어 인공지능계의 'G2'라는 점이다. 최근 10년간의 논문 수만 24만 편으로 미국의 15만 편을 크게 추월한다. 2021년에는 인공지능 관련 논문 인용 실적에서 미국을 제쳐 세계를 놀라게 했다. 'Made in China'가 'Made in USA'를 누른 것이다. 2023년 6월에는 좀 더 흥미로운 보고서가 발표되었다. 한국경제인협회가 인공지능 관련 3대 지수 중 하나인 '글로벌 AI 지수'를 분석한 것으로, 인프라, 연구 수준, 정책 등 다양한 요소를 평가한 결과, 미국이 100점으로 1위를, 중국이 61.5점으로 2위를 차지했다. 둘 사이의 격차가 크긴 하지만, 3위 싱가포르부터는 40점대라 미국과 중국이 독주 중임을 알 수 있다. 참고로 한국은 40.3점을 받아 6위에 올랐다.[18]

중국의 이러한 행보가 미국에 좋게 보일 리 없다. 우선 인공지능은 막강한 전력이 될 수 있다. 가령 인공지능은 인공위성이 보낸 이미지의 화질을 높이고 인간보다 정확히 분석해 적의 주요 시설을 쉽게 찾아낼 수 있다. 이는 먼 미래의 이야기가 아니라, 바로 지금 벌어지고 있는 일이다. 중국 또한 인공지능의 이러한 힘을 잘 알고 있다. 실제로 지난 2018년 시진핑 주석은 인공지능을 '신형군사공격역량新型軍事打擊力量'이라 칭했다.[19]

이런 이유 때문에 BIS가 중국의 인공지능 기업들을 정조준한 것이다. 즉 미국의 반도체법은 단순히 반도체 전쟁의 범위를 넘어, 중국의 인공지능 역량(여기에서 파생될 미국에 군사적으로 맞서려는 의지) 자체를 꺾어버리겠다는 더 큰 목표를 가지고 있다. 당분간은 미국의 기조가 쉽게 바뀌지 않을 것으로 보인다. 실제로 BIS의 조치 이후, 엔비디아가 반도체법을 피하고자 성능을 낮춰 지금까지 잘 팔아온 인공지능 반도체인 A800과 H800의 중국 수출이 중단되었다. 이로써 엔비디아는 A800의 2024년 인도분에 해당하는 대금 50억 달러(약 6조 4700억 원)를 날릴 판이다.[20]

물론 미국의 압박이 아무리 거세지더라도, 중국이 인공지능 개발을 포기할 리 없다. 당분간 관련 분야의 역량이 크게 위축될지 모르지만, 기린9000s의 경우처럼 인공지능 개발에 필요한 첨단 반도체도 어떻게든 자체 개발, 생산하려 할 것이다. 전문가들은 이러한 상황이 전체 반도체 산업에 악영향을 끼칠 것으로 예상한다. A800과 H800의 예처럼 기업들은 중국이라는 큰 시장을 놓치지 않기 위해 반도체법을 우회할 반도체 개발에 뛰어들 것이다. 딱히 첨단 반도체도 아니면서 너무나 다양한 표준과 성능의 반도체가 우후죽순 개발되면, 그 자체로 반도체 산업의 비효율성을 키울지 모른다. 한마디로 정작 필요한 반도체 생산에 차질이 빚어질 수 있다는 것이다.[21]

## ○── 한국에 불똥이 튀다 ──○

눈치 빠른 독자라면 이미 알아차렸겠지만, 이보다 더 큰 문제, 특히 한국에 직접적으로 영향을 미치는 문제가 있다. 바로 HBM 시장의 축소다. 앞으로 인공지능 개발은 GPU와 HBM이 주도할 것이 자명하다. 미국의 다음 목표가 HBM의 대중 수출 금지란 추측이 무성한 이유다. 실제로 BIS의 보고서에는 HBM이 중국으로 수출되는 데 '주의'가 필요하다는 의견이 담겼다. 정말로 중국 수출이 막힌다면, HBM을 반도체 전쟁의 다음 수로 생각 중인 한국으로서는 재앙일 수밖에 없다.

HBM은 미래 성장성을 떠나 당장의 수익성이 매우 좋다. 전체 D

램 대비 판매 물량은 아직 1퍼센트밖에 안 되지만, 매출 비중은 10퍼센트에 달할 정도다.[22] 한마디로 메모리 반도체 시장 자체를 키울 수 있는 것이 HBM이다. 다만 이러한 장밋빛 전망이 현실이 되려면, HBM의 반도체 시장 안착이 선행되어야 한다. 반도체는 기본적으로 기술 개발과 인프라 구축에 막대한 비용이 들어가기 때문에, 수요가 충분치 않으면 생산 단가가 치솟아 시장 경쟁력을 잃는다. 1억 원짜리 반도체로 작업하면 열흘 걸릴 일이 있는데, 시간을 사나흘 줄이자고 100억 원짜리 반도체를 쓸 리 없다. 결국 100억 원짜리 반도체의 수요가 줄어들면, 그 가격이 1000억 원까지 오르는 악순환이 반복된다. 이런 이유로 인공지능 대국 중국의 HBM 수요를 잃는 것은 한국에 매우 아쉬운 일이 될 것이다.

그렇다면 한국은 어떻게 해야 할까. 많은 전문가가 반도체 전쟁 이전의 시기로 되돌아갈 수 없음이 점점 분명해지는 상황에서 현실적인 판단을 해야 한다고, 즉 미국과 더 가깝게 지내야 한다고 주장한다. 소위 말하는 '블루 팀'의 일원이 되어야 한다는 것이다. 연장선에서 HBM의 중국 시장을 잃는다고 해도, 미국과 유럽 시장 또한 매우 크고, 해당 분야에서 한국이 독보적인 위치를 차지하고 있는 만큼 큰 타격이 없을 것으로 보는 시각도 있다.[23] 모두 일리 있다. 하지만 다시 한번 강조하건대 HBM 시장은 이제 막 날개를 펼치는 중이다. 두 날개가 모두 있어야 제대로 비상할 수 있다. 이런 상황에서 중국이라는 한쪽 날개를 포기할 수밖에 없다면, 그 대안을 철저히 준비해야 할 것이다.

## 2장

# 기술 굴기에 목숨 건 중국

## 기술 및 인재 독주

"자연과학 분야에서 중국은 2022년 미국을 제치고
1위에 올랐다(논문 기여도 기준)."
○— 네이처 인덱스

중국은 한국을 엄청난 속도로 추격하고 있다.
그 중심에 천인계획이 있다.
짐 싸서 중국으로 떠나는 인재들을 붙잡을
제도적 장치가 필요하다.

# 중국의 기술 독주는
# 왜 멈추지 않는가

미국이 이렇게까지 열심히 중국을 누르려고 하는 것은, 그만큼 중국의 굴기가 심상치 않기 때문이다. 잠시 반도체 이야기는 접어놓고 최근 화제인 2차 전지 이야기를 해보자.* 2차 전지는 쉽게 말해 충전할 수 있는 배터리다. 가장 효율이 좋은 2차 전지가 리튬을 사용한 것인데, 전기자동차 사용이 본격화된 2010년대 중반부터 그 수요

---

\*     사실 반도체와 2차 전지는 완전히 구분되는 분야가 아니다. 전기자동차 등에 쓰이는 고성능 2차 전지에는 제어 장치의 일부로 반드시 반도체가 들어간다.

가 폭발적으로 늘었다(오늘날 2차 전지라 하면 대부분 리튬 이온 배터리를 가리킨다). 그런데 현재 쓰이는 2차 전지는 안전성에 문제가 있다. 이를 해결한 완성형의 2차 전지가 바로 전고체 배터리다.* 꿈의 배터리로 불리는 전고체 배터리의 개발과 상용화에 세계 각국이 매달리고 있다. 한국도 예외는 아니다. 2023년 4월 산업통상자원부는 앞으로 7년간 무려 20조 원을 투자한다고 밝혔다.[1]

전고체 배터리 경쟁에서 가장 앞선 나라는 일본이다. 2000년 1월부터 2022년 3월까지 전 세계에서 전고체 배터리 관련 특허를 가장 많이 취득한 기업은 도요타로, 무려 1331건에 달한다. 10위까지 순위를 넓혀보면 무려 여섯 곳이 일본 기업이다.[2] 사실 일본은 1990년대부터 전고체 배터리를 연구했기 때문에 특허가 많을 수밖에 없다.

흥미로운 점은 전기자동차 시장에서 일본의 존재감이 매우 약하다는 것이다. 2022년 기준 각국의 전기자동차 판매량을 살펴보면, 중국이 500만 대를 돌파하며 1위, 유럽이 162만 대로 2위, 미국이 80만 대로 3위, 한국이 16만 대로 4위다. 일본은 6만 대로 한국의 약 3분의 1 수준에 불과하다. 기업으로 따져보면 어떨까. 같은 기간에 전기자동차를 가장 많이 판 기업은 중국의 BYD(187만 대)고, 두 번째로 많이 판 기업은 미국의 테슬라(131만 대)다. 10위권에 든 일본 기업은

---

* 2차 전지는 리튬 이온이 양극재와 음극재 사이를 오가며 전기를 충전하고 방출한다. 이때 양극재와 음극재 사이에서 리튬 이온의 통로가 되는 것이 전해질인데, 2차 전지의 전해질은 액체다. 따라서 물리적으로 불안정하다. 반면에 전고체 배터리는 말 그대로 전해질이 고체다. 하여 매우 안정적이고 기존의 2차 전지보다 에너지 효율도 좋다.

한 곳도 없다. 이런 이유에서라도 일본은 전고체 배터리에 목숨을 걸고 있다. 판도를 뒤엎을 '게임 체인저'라고 생각하는 것이다. 실제로 도요타가 개발 중인 전고체 배터리는 전기자동차의 주행거리를 두 배 늘리면서 충전 시간은 3분의 1까지 단축할 것으로 예측된다.[3]

이야기가 여기에서 끝난다면 중국이 아니라 일본이 굴기한다는 내용이 될 것이다. 하지만 반전이 있다. 전고체 배터리에 국한하지 않고, 리튬 이온 배터리의 뒤를 이을 차세대 배터리 전체로 넓혀본다면 중국이 일본을 압도한다. 2022년 기준 중국의 차세대 배터리 관련 특허는 5486개로, 일본(1192개), 미국(719개), 한국(595개)을 모두 크게 앞지른다. 단순히 개수가 많은 것이 아니다. 특허의 질을 평가해 수치화한 결과에서도 중국은 4930점으로 미국(2630점)과 일본(2260점)보다 높다.[4]

## 속도를 높이는 중국의 추격

그렇다면 반도체 산업에서 중국의 위치는 도대체 어느 정도일까. 한국과 비교하며 중국의 객관적인 전력을 알아보자. 우선 2022년 기준 한국 수출액의 19.3퍼센트가 반도체에서 발생했다. 약간의 차이는 있으나 매년 20퍼센트 안팎을 차지하니, 한국 경제는 반도체 없이 설명할 수 없다. 반도체 산업이란 시작하기는 어렵지만 일단 자리 잡으면 철옹성과 같다. 기술도 기술이지만 인프라 구축에만 천문학적인 비용이 들어가기 때문이다. 가령 ASML의 EUV 노광 장비는 종류에 따라 한 대에 2000억 원이 넘기도 한다.

문제는 중국의 추격이 심상치 않다는 것이다. 일단 한국이 선도하는 메모리 반도체 시장을 살펴보자. 메모리 반도체는 설계가 복잡하지 않다. 어차피 데이터 기록이 목적인 반도체이므로 책장처럼 비슷한 구조가 반복된다. 이런 이유로 메모리 반도체 시장에서 중요한 것은 기술력보다는 가격이다. 삼성전자와 SK하이닉스는 오래전부터 관련 인프라를 구축해왔고 수율을 높여왔기 때문에 누구보다도, 심지어 중국보다도 싸게 메모리 반도체를 공급할 수 있다.

그런데 아쉽게도 메모리 반도체 시장은 그리 크지 않다. 2022년 기준 전 세계 반도체 시장 규모는 6040억 달러(약 766조 4900억 원)였는데, 그중 메모리 반도체 시장은 23.9퍼센트만을 차지했다. 아무리 삼성전자와 SK하이닉스가 전 세계 D램 시장의 73.2퍼센트를, 낸드플래시 시장의 51.6퍼센트를 차지하더라도, 애초에 메모리 반도체 시장 자체가 작기 때문에 몸집을 키우는 데 한계가 있다. 실제로 한국은 전 세계 반도체 시장에서 2013년 일본을 제친 이후 2위를 유지 중인데, 2018년을 제외하면 점유율이 20퍼센트를 넘지 못하고 있다. 확장이 안 되는 것이다.[5]

결국 노른자는 시스템 반도체 시장이다. 이 분야는 창의성과 기술력이 절대적이다. 데이터의 연산과 처리, 제어와 가공을 모두 담당하는 두뇌 역할을 하기 때문에, 고성능 시스템 반도체는 부르는 게 값이다. 당연히 시장 규모도 클 수밖에 없다. 그런데 안타깝게도 한국의 시스템 반도체는 매우 약하다. 관련 시장의 3.3퍼센트를 차지하는 수준이다. 이 정도면 주요 반도체 생산국 중 최하위다. 반면에 중국은 어떨까. 놀랍게도 우리보다 시스템 반도체를 잘 만든다. 시장 점유율은 2022년 기준 6.5퍼센트로 우리의 두 배에 달하고, 관련 특허는 2021년 기준 1만 3087개나 된다.[6]

메모리 반도체 시장의 경우 한국의 입지가 아직 굳건하지만, 그렇다고 방심할 수 없다. 중국의 기술력이 매우 빠른 속도로 높아지고 있기 때문이다. 특히 낸드플래시는 정말 간발의 차다. 실제 양산되는 제품들을 보면 그 격차가 1~2년이 채 되지 않는 것으로 분석된다. 중국은 2022년 기준 1018억 달러(약 129조 1900억 원) 규모의 메모리 반도체를 수입했다. 그중 절반 가까이가 한국산이었다. 만약 이것을 전부 내수로 소화한다면, 삼성전자와 SK하이닉스는 심각한 타격을 입을 것이다. 물론 이러한 상황을 한국의 반도체 기업들도 잘 알고 있다. 특히 2019년 삼성전자는 향후 10년간 시스템 반도체 부문에 약 133조 원을 투자한다는 '반도체 비전 2030'을 선포했다. 2021년에는 투자 규모를 171조 원으로 늘렸는데, 그 성과가 벌써 나타나고 있다. 2022년 기준 삼성전자의 시스템 반도체 매출은 전년 대비 31.3퍼센트나 증가한 29조 9300억 원이었다. 2018년과 비교하면 115.2퍼센트 늘어난 것으로, 2030년에는 시스템 반도체 시장에서도 1위를 차지하겠다는 삼성전자의 계획이 실현될지 두고 볼만하다.[7]

# 자연과학 대국

이처럼 중국의 반도체 굴기는 한국 최고의 반도체 기업인 삼성전자를 긴장케 할 정도다. 그들의 반도체 굴기는 처음 계획된 수준에는 도달하지 못했더라도, 한국에 충분히 위협이 될 만한 수준에는 도달했다. 사실 이는 중국이 오랫동안 자연과학 분야에서 경쟁력을 강화한 결과다. 인정하기 싫겠지만 중국의 자연과학 실력이 한국을 앞선 지는 오래다. 네이처 인덱스에서 국가별 자연과학 논문의 기여도를 살펴보면, 중국은 2022년 미국을 제치고 1위에 올랐다. 2017년에는 중국의 기여도가 미국의 절반에도 미치지 못했으니, 중국의 성장 속도가 무서울 정도다. 참고로 2022년 한국의 기여도는 중국의 10퍼센트도 안 되었다.

▼ 자연과학 논문 기여도 추이

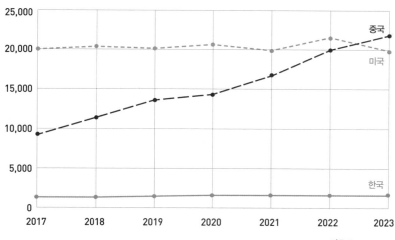

자료 Nature Index

논문의 개수를 따져보면 이러한 차이가 더욱 극명하게 드러난다. 반도체와 직접적으로 연관된 물리학 분야의 주요 학술지들만 살펴보자. 2022년 8월부터 2023년 7월까지 1년간 《ACS 나노》와 《어드밴스드 머티리얼스》에 중국은 936개와 1281개, 미국은 449개와 419개, 한국은 138개와 157개의 논문을 각각 실었다. 다른 분야의 학술지들도 상황이 비슷하다. 누구나 네이처 인덱스 홈페이지(nature.com/nature-index)에서 찾아볼 수 있다.

이처럼 중국의 성장은 양적·질적으로 모두 '미친' 수준이다. 무엇보다 중국 정부의 전방위적인 지원이 뒷받침한 결과로, 단순히 돈을 퍼붓는 데 그치지 않는다. 철저하고 엄격한 검증 과정을 통해 연구 부정행위를 걸러내고, 질이 낮은 학술지는 블랙리스트에 올려 불이익을 가한다. 연구원 처우도 신경 써 그 수가 많이 늘었는데, 2021년 기준 230만 명에 달했다. 당시 미국의 연구원 수는 160만 명, 한국의 연구원 수는 47만 명이었다.[8]

현실적으로 보아 한국이 중국을 이기기란 거의 불가능하다. 다만 나는 개별 기업이나 연구원의 기술력이 떨어진다고는 생각하지 않는다. 부족한 것은 국가 차원의 전략이다. 2023년 8월 한국 정부는 2024년 연구·개발 예산을 발표했는데, 전년 대비 13.9퍼센트 삭감된 21조 5000억 원에 불과했다(이후 삭감 폭이 더 늘어 전년 대비 16.6퍼센트가 줄게 되었다). 이에 맞추려다 보니 몇몇 사업 예산은 90퍼센트 이상 감액되기도 했다. 눈여겨볼 점은 '국가연구개발 중장기투자전략 (2023~27년)'에 따라 원래는 전년 대비 소폭 증가할 예정이었다는 것이다. 이것이 정책 결정권자의 한마디에 뒤집힌 것이니, 누가 한국에서 마음 놓고 연구·개발에 집중할 수 있을까. 물론 분야를 막론하고 불합리한 점을 개선할 필요는 있다. 다만 그것이 묻지도, 따지지도 않고 예산부터 삭감하는 식이어선 곤란하다. 제대로 된 평가를 건너뛴 졸속 행정으로 평가할 수밖에 없다.[9]

이러한 전략 부재가 더욱 치명적인 이유는 미국이나 중국에 비해 한국의 국력이 약하기 때문이다. 이들이 무언가를 강하게 요구할 때 한국의 선택지는 극히 제한적이다. 앞서 설명한 반도체법이나 2022년 8월 발효된 '인플레이션 감축법Inflation Reduction Act, IRA'이 좋은 예다. IRA는 미국에서 최종 조립된 전기자동차에만 보조금 7500달러(약 970만 원)를 지급하도록 한다. 현대자동차로서는 가격 경쟁력을 반강제로 잃게 된 것이다.[10] 미국이 그렇게 하겠다는데, 한국이 무얼 할 수 있을까. 이는 경제 논리가 아니라 힘의 논리가 반영된 문제이므로, 협상이나 타협이 극히 어렵다. 하루빨리 미국의 요구 조건을 충족시키는 것이 현실적이다.*

---

\*      실제로 현대자동차는 조지아주에 짓고 있는 전기자동차 공장의 완공 시점을 2025년에서 2024년으로 앞당겼다. 그때까지는 자체 보조금을 고객들에게 제공하고, IRA와 상관없이 보조금을 받을 수 있는 리스 차량, 법인 차량, 중고 차량 등을 판매하는 데 집중할 계획이다. 이러한 전략 덕분에 현대자동차의 미국 내 전기자동차 판매량은 테슬라에 이어 2위 자리를 굳건히 지키고 있다. 당시 한국 정부는 IRA의 파급력을 미리 경고받고서도 긴급히 대응하지 못해 비판받았고, 이후에도 한국산 전기자동차보다는 배터리에 더 신경 쓰는 행보를 보였다. (허원석, 〈현대차그룹 전기차 3분기 미국서 '훨훨', IRA 돌파 여정 반환점 잘 돌았다〉, 《비즈니스포스트》, 2023.10.17.; 김미나, 〈'미 전기차 보조금' 제외에 대통령실 "타격 안 커…배터리는 수혜"〉, 《한겨레》, 2023.04.18.)

미국과 중국이 자국중심주의를 따르는 한 반도체 산업은 국제 정세와 얽히고설키게 된다. 가뜩이나 저 두 국가가 한창 경제 전쟁을 벌이는 이때 우리에게 필요한 것은 슬기로운 외교 전략, 또는 압도적인 힘이다. 하지만 전자는 한국의 지정학적 특성상 갖추기가 쉽지 않다. 그렇다면 후자가 답이 될 수 있다. 이때 힘이란 무엇인가. 바로 기술력이다. 특히 반도체 산업은 기술력이 모든 것을 좌우한다. 아무리 을이라도 기술력만 있다면 '슈퍼 을'이 될 수 있다. 쉬운 일은 아니겠지만 현재 상황에서 거의 유일한 현실적인 대안이라 본다. 40년 전 삼성전자가 반도체를 개발하겠다고 선언했을 때 전 세계가 비웃었다. 하지만 역사는 그때의 선택이 틀리지 않았음을 증명한다. 그때 해냈다면 지금도 할 수 있다.

앞으로 한국 정부는 반도체 기업들이 마음 놓고 기술력을 키울 수 있는 환경을 조성해주어야 한다. 기술력을 중심으로 펼쳐지는 반도체 전쟁에서 승기를 놓치면 이후에는 따라잡을 수가 없다. 그렇다면 급박하게 돌아가는 전시 상황에서 가장 빠르게 효과를 얻을 방법은 무엇일까. 바로 반도체 전쟁의 최전선에서 몸 바쳐 일하는 연구원들을 대우해주는 것이다. 그들도 사람인지라 급여든 연구 환경이든 무언가 아쉽다면 언제든 욕망에 따라 움직일 수 있다. 그리고 그 종착지로 가장 선호되는 곳 가운데 하나가 바로 중국이다.

# 02

# 중국은 어떻게 인재를 빨아들이는가

2022년 10월 반도체 기술을 미국과 중국에 빼돌린 혐의로 삼성전자의 전·현직 연구원들이 무더기로 재판에 넘겨졌다. 2023년 1월에는 이름이 알려지지 않은 대기업과 중견기업의 전·현직 직원 여섯 명이 반도체 기술을 건넨 대가로 중국 기업에 취업했다가 적발되었다. 지난 20여 년간 이렇게 첨단 기술을 유출하다가 적발된 사례만 552건에 이른다. 이 중 70퍼센트가 넘는 사건에 중국이 연루되어 있는데, 최근 5년간의 피해액만 27조 원에 달한다. 특히 반도체 기술을 유출하는 사례가 급격히 늘고 있어 주의가 요망된다.[11]

더욱 심각한 사실은 기술뿐 아니라, 그 기술을 익히고 개발하는 인재까지 유출되고 있다는 것이다. 정확한 수치로 파악된 적은 없지만, 중국으로 넘어간 반도체 연구원의 수가 상당할 것으로 예상된다. 실제로 중국의 반도체 굴기를 이끈 CXMT ChangXin Memory Technologies에만 그런 이들이 50명가량 있다고 한다.[12] 대부분 임원급으로 한국 반도체 기업들의 노하우를 체화한 이들이라는 점에서 더욱 뼈아프다. 이처럼 중국의 반도체 산업은 한국의 인재들을 통해 성장했고, 앞으로도 그러할 것이다.

인재를 유혹하는 가장 쉽고 간단한 방법은 바로 돈이다. 현실적으로 돈의 유혹 앞에서 애사심이나 애국심이 흔들리지 않을 사람은 그리 많지 않을 것이다. 엄밀한 조사는 아니지만, 한번은 내 유튜브 채널에서 "산업스파이로 몰릴지라도 많은 돈을 준다면 중국행을 택하겠습니까?"라는 질문을 던져보았는데, 2만 5000명의 응답자 중 무려 69퍼센트가 그러겠다고 답했다. 참고로 내 유튜브 채널의 구독자 수는 65만 명 정도인데, 통계를 내보면 그중 80퍼센트가 만 25세 이상의 경제활동 인구에 속한다.

중국은 오래전부터 이를 알고 차근차근 준비해왔다. 중국공산당의 고위급 인사들은 1953년부터 여름마다 베이다이허北戴河에 모여 국가의 대소사를 논의했는데, 과학기술 발전에 관한 안건이 빠지지 않았다. 2001년부터는 아예 과학기술 분야의 전문가들을 초청해 함께 이야기를 나누었다. 그 과정에서 국가가 직접 나서 인재를 키우겠다는 발상을 하게 되었고, 드디어 2008년 외국에서 선진 문물을 익힌 중국인 전문가 1000명(또는 2000명)을 10년 이내에 육성하겠다는 '천인계획'을 공식화했다. 이후 2010년에 그 첫 '결과물'인 70명의 과학자가 베이다이허에 모였는데, 그중에는 한국에서 경험을 쌓은 이도 있었다. 당시 부주석이었던 시진핑은 이들에게 국빈급 의전을 베풀었다. 그때부터 중국은 더욱 가열하게 막대한 자본을 쏟아부어 인재를 유치하고 있다. 다른 나라가 수십 년에 걸쳐 쌓은 노하우와 기술이 순식간에 중국으로 흘러 들어가고 있는 것이다.[13]

## ◦—— 천인계획이라는 블랙홀 ——◦

천인계획은 인재 중의 인재만 목표로 삼는다. 연구 성과와 권위가 확실히 검증된 박사학위를 가지고 있거나, 세계적인 대학과 연구 기관에서 교수, 전문기술직, 관리직 이상의 직책을 맡은 경험이 있어야한다. 독자적으로 개발한 특허가 있으면 더 좋다. 심지어 나이 제한도 있는데 55세를 초과해서는 안 된다.

이 정도 기준에 들어간다는 것은 곧 세계적인 전문가라는 뜻이다. 그런 사람이 대체 왜 산업스파이가 될 걸 뻔히 알면서도 중국행을 택할까. 그 혜택이 상상을 초월하기 때문이다. 도의적 책임감을 잊을 정도로 말이다. 2010년 밝혀진 내용을 보면 1인당 100만 위안(약 1억 7000만 원)의 정착금을 포함해 주택, 의료 서비스, 교육 서비스 등 12가지 혜택을 제공한다. 이를 수행하는 서비스 센터가 따로 있는데, 중국 정부가 직접 관리한다. 10년도 더 지난 오늘날에는 혜택 수준이 더 높아졌을 것이다. 최근 중국은 '1-3-9 조건'이란 것을 내걸고 있는데, 일단 중국으로 오기만 하면 기존에 받던 1년 연봉의 아홉 배를 3년간 보장해주겠다는 것이다.[14] 이러한 조건에 눈이 멀어 미국 국적까지 포기하며 중국으로 간 전문가가 있을 정도다.*

2020년에는 하버드대학교 화학·생물화학과 교수이자 나노 기술의 세계적 권위자인 찰스 리버Charles Lieber가 중국에서 수백만 달러를 받았다가 검찰에 기소되었다. 그는 우한기술대학교에서 매달 5만 달러(약 5400만 원)를 받았는데, 생활비로 15만 달러(약 1억 6300만 원)를 추가로 챙겼다. 무엇보다 자신이 천인계획에 가담한 일을 숨긴 것이 문제였다. 결국 리버는 2023년 유죄를 선고받았다. 한때 유력한 노벨상 후보로 꼽혔던 그는 자신의 선택을 후회한다고 고백했다.[15]

리버가 기소된 해에 한국에서도 사건이 터졌다. 40년 가까이 삼성전자에서 일하며 사장까지 올랐던 한 '삼성맨'이 중국 반도체 기업의 부회장직을 수락했다가 논란이 되었다. 여론의 질타에 결국 중국행을 철회했지만 삼성전자로서도, 한국으로서도 가슴을 쓸어내려야 했다.[16]

---

* 비슷하게는 중국 출신 인재를 기술 선진국으로 유학 보내거나 세계적인 빅테크 기업에서 일하게 한 다음 돌아오게 하는 경우도 있다. 이들에게도 외국 전문가의 경우와 동일한 혜택이 제공된다. 천인계획이 시작된 2008년부터 2016년까지 중국으로 돌아온 인재가 6000명에 달한다. 인재 확보를 향한 집념이 실제 결과로 이어지고 있는 것이다. (김대기, 〈"글로벌인재 유턴땐 10억원 지원"…中 '천인계획' 위력〉, 《매일경제》, 2018.02.23.)

이들을 비난하기란 쉽다. 애사심과 애국심을 버리고 중국의 돈 앞에 무릎을 꿇다니! 하지만 한번 생각해보라. 아무리 잘나가는 대기업에 다니더라도 50세 이전에는 어떤 형태로든 그만둘 가능성이 크다. 그렇게 되었을 때 자기 경력과 노후만을 생각한다면, 중국은 나쁜 선택지가 아니다.

결과적으로 중국의 천인계획은 아주 효과적으로 작동하고 있다. 짧게는 20여 년, 길게는 70여 년간 계속된 인재 영입으로 중국의 반도체 기술은 크게 고도화되었다. 가령 2019년 9월 중국의 반도체 기업인 YMTC Yangtze Memory Technologies가 64단 낸드플래시 양산에 성공해 한국을 바짝 긴장시켰다. '64단'이란 낸드플래시를 구성하는 메모리 셀을 말 그대로 64층이나 쌓아 올렸다는 뜻이다. 메모리셀을 평면상에 펼쳐놓는 것은 쉽지만, 그만큼 면적을 많이 차지해 상품으로서 경쟁력이 떨어진다. 그런 이유로 위로 쌓아 집적도를 높인다. 물론 기술이 어려운 만큼 비싸게 팔린다. 한마디로 고부가가치 기술인데, 삼성전자가 세계 최초로 선보인 2013년 이후 6년 만에 중국에 따라잡힌 것이다. 참고로 낸드플래시의 강자 SK하이닉스는 2017년 7월에 72단 낸드플래시 양산에 성공했다. 이후 2022년에 중국과 한국 모두 230단대에 도달했지만, 한국은 양산까지 성공해 간신히 우위를 지키고 있다.[17]

이처럼 중국은 한국을 엄청난 속도로 추격하고 있다. 그 중심에 천인계획이 있다. 그렇다면 짐 싸서 중국으로 떠나는 인재들을 붙잡을 제도적 장치가 필요하지 않을까. 이 문제가 해결되지 않으면 상황은 더욱 나빠질 것이다.

## 어떻게 막을 것인가

혹자는 산업스파이를 강력하게 처벌하는 것이 방법이 될 수 있다고 주장한다. 하지만 이는 근본적인 해결책이 아니다. 일이 터진 후에 수습하는 것이기 때문이다. 실제로 2023년 12월 또 다른 삼성맨이 구속되는 사건이 벌어졌다. 2015년 삼성전자를 떠난 그는 2016년 설립된 CXMT에 합류했는데, 그 과정에서 14나노 D램의 핵심 기술을 넘긴 것으로 밝혀졌다. 의미심장하게도 CXMT는 중국에서 최초로 D램 양산에 성공한 반도체 기업이다. 현재 17나노 공정이 가능한 수준으로 알려졌다.[18] 이처럼 '처벌'에 초점을 맞추는 것만으로는 소 잃고 외양간 고치는 일이 반복될 수밖에 없다.

그보다는 더욱 간단하고 상식적인 방법이 있다. 한국에서 연구하는 것이 손해가 아님을 피부로 느끼게 해주면 된다. 여기에는 두 가지 방법이 있다. 임금처럼 연구자 개인을 위한 처우를 개선해주는 것과 연구 예산이나 연구 시설처럼 연구 환경을 개선해주는 것이다. 전자의 경우 형평성이 중요할 텐데, 실력과 상관없이 일괄적으로 임금을 높여주는 것은 오히려 의욕을 꺾을 수 있다. 후자의 경우 국가의 의지와 지원이 필수다. 하지만 2023년 한국 정부는 연구·개발 예산을 33년 만에 이례적으로 삭감해버렸다. 정부는 중복 지원을 걷어내고, 연구 과제 선정 및 평가 과정의 효율을 높여 예산을 아낀 것이라고 설명했지만, 참으로 아쉬운 행보가 아닐 수 없다.

2016년 연구자들의 온라인 커뮤니티인 BRIC에서 이공계 박사 1005명을 대상으로 '이공계 인력의 두뇌 유출'에 대한 설문 조사를 진행했다. 전체 응답자의 61퍼센트가 해외 연구 경험이 있다고 밝혔는데, 그중 무려 94퍼센트가 만족("만족", 또는 "매우 만족")한다고 답했다. 불만족스러웠다고 답한 이는 단 세 명에 불과했다. 연장선에서 전체 응답자의 47퍼센트가 한국보다는 해외에서 취업하겠다고 답했다. 그들은 한국을 기피하는 이유로 "만족할 만한 처우와 대우를 해주는 곳이 없다"(43퍼센트), "본인 전공 분야에 대한 채용이 적다"와 "취업 경쟁자가 너무 많다"(44퍼센트)를 꼽았다.

가장 핵심인 이공계 인재가 자꾸 한국을 떠나는 이유에 대해서는 전체 응답자의 59퍼센트가 "지나친 단기 실적주의와 연구 독립성 보장의 어려움"을 꼽았다. 그다음으로 꼽은 것은 "일자리 부족"(41퍼센트)이었다. 그들은 한목소리로 정부와 학계가 "안정적인 일자리 확대"와 "선진국 수준의 대우와 보수"를 위해 노력해야 한다고 답했다.[19] 나는 이들의 목소리에 답이 있다고 생각한다.

한마디로 인재 유출을 막기 위해 시급한 것은 고용 안정성과 충분한 임금이다. 그렇다면 국가 차원에서 연구자들이 일할 곳을 늘려주고, 최대치의 임금을 보장해주며, 연구를 장기적으로 이어갈 수 있게 보호해주면 어떨까. 내가 계속해서 국가를 호명하는 것은, 현실이 그렇지 못하기 때문이다. 2023년 초에 만난 어느 반도체 기업 대표는 내게 "중국 정부는 명운을 걸고 반도체 산업을 육성하는데, 한국 정부의 지원은 '찌질'한 수준"이라고 거칠게 토로했다. 실제로 2022년 8월부터 논의된 '조세특례제한법 일부 개정안', 소위 'K칩스법'은 정쟁에 휘말리며 해를 넘긴 2023년 3월에야 최종적으로 국회의 문턱을 넘을 수 있었다.[20]

사실 인재 유출은 시대 불문, 나라 불문 끊임없이 일어나고 있는 일이다. 과거 한국도 일본의 연구자들을 많이 데려왔다. 샤프의 연구자가 삼성디스플레이에 입사하는 식이었다. 그런 식으로 삼성 그룹에서 영입한 일본인 연구자의 수는 2002년부터 2013년까지 485명에 달하는데, 그들의 공헌이 매우 컸다고 한다.[21]

과거에는 인재가 일본에서 한국으로 이동했다면, 이제는 한국에서 중국으로 이동하는 모양새다. 그렇다면 한국이 일본의 전철을 밟게 될지 모른다. 일본은 반도체 경쟁에서 한국에 졌다. 소재에는 강하지만 반도체 자체를 개발하고 생산하는 능력은 크게 뒤처졌다. 이를 만회하고자 2022년 11월 도요타, 소니, 소프트뱅크 등 여덟 개 기업을 모아 라피더스Rapidus라는 '반도체 연합'을 구성했지만 쉽지 않아 보인다. 일본의 실수를 답습하지 않으려면 지금이라도 정치 논리를 떠나 전 국가적인 역량을 모아야 한다.

# 3장
## 순순히 몰락하지 않는 일본

소부장 국산화의 현실

"일본의 반도체 소재 공급망은 자급자족이 가능하다."
○─ 미국 싱크탱크 CSET

일본은 반도체 소재 시장의
압도적 일인자가 되어 기사회생했다.
소재 개발은 기초과학 성격이 강하므로
우위를 점하는 순간 경쟁자들을 크게 따돌릴 수 있다.

# 일본은 침몰하고 있는가

2022년 5월 《사이언스》의 홈페이지에 흥미로운 기사가 올라왔다. 일본에 관한 기사였는데, 제목은 〈연구 활성화를 다시 시도하고 있는 일본Japan tries-again-to revitalize its research〉이었다. 기사에서 구마모토대학교의 어느 중국인 교수는 "일본은 여성 연구자도 적고 외국인 연구자도 적습니다. 한마디로 변화를 무서워하죠. 젊은 연구자들에 대한 지원도 부족합니다"라고 평했다. 쉽게 말해 일본의 연구 문화는 굉장히 보수적이라는 것이다. 이에 대해 《사이언스》는 "일본의 과학 기술 쇠퇴에 대한 우려가 커지고 있다"라고 다소 강하게 우려를 표했다. 계속해서 기사는 일본 국립과학기술정책연구소의 보고서를 인용해 일본발 논문의 인용도가 20세기 후반만 해도 세계 4위였지만, 최근에는 10위까지 하락했다고 꼬집었다. 일본 문부과학성의 보고서는 더욱 충격적인 사실을 드러냈는데, 일본 내 박사학위 취득자의 수가 최근 20년간 무려 25퍼센트나 줄었다는 것이다. 연구 보조금이 10년간 거의 오르지 않아 젊은 연구자를 위한 자리 자체가 늘지 않았기 때문이다. 2016년 3월 《네이처》도 비슷한 내용의 기사를 앞서 보도했다. 당시 《네이처》는 일본 최고의 석학들과 인터뷰를 진행했는데, 모두 연구 환경이 낙후되어 있음을 우려했다.[1]

확실히 일본은 연구·개발 분야에서도 '잃어버린 30년'을 겪고 있는 듯하다. 그렇다면 일본의 과학기술 수준은 객관적으로 어느 정도일까. 네이처 인덱스로 보면 2023년 기준 세계 5위다. 1위는 중국, 2위는 미국, 3위는 독일, 4위는 영국이고, 한국은 8위다. 관련 논문의 개수와 기여도 모두 일본이 한국의 두 배쯤 된다. 연구·개발 기관의 수준은 어떨까. 한국과 일본에서 가장 순위가 높은 곳은 서울대학교와 도쿄대학교로, 각각 55위와 14위다. 이 또한 일본이 훨씬 앞서고 있다. 한마디로 일본은 무시할 만한 수준이 아니다.

그런데도 일본 내 위기감이 팽배한 것은 저러한 지수들이 점점 하락하고 있기 때문이다. 가령 네이처 인덱스가 매긴 도쿄대학교의 기여도 점수를 보면 2015년에는 527점이었으나, 현재는 379점으로 무려 150점 가까이 떨어졌다. 이러한 추세는 기업들의 연구·개발 성과를 비교해보면 더욱 극명하게 드러난다. 반도체 기업 가운데 가장 높은 순위를 기록한 것은 IBM으로 세계 5위인데, 삼성 그룹은 무려 12위다. 반면에 일본의 반도체 기업은 정말 찾아보기 어렵다. 한국의 KT와 비슷한 통신 기업인 NTT Nippon Telegraph and Telephone가 11위에, 도요타가 39위에 이름을 올렸을 뿐이다.

정리하면 일본의 과학기술은 여전히 뛰어나지만 연구·개발 성과가 점점 하락하는 추세고, 무엇보다 눈에 띄는 기업이 없다. 그렇다면 일본은 침몰하고 있는가. 나는 이 질문에 그렇다고 답하지 못하겠다. 일본에는 '강소기업'이 많이 포진해 있다. 실제로 네이처 인덱스에서 기업들의 연구·개발 순위를 살펴보면 아래로 내려갈수록 일본의 중소기업들이 잔뜩 등장한다. 이 중소기업들은 삼성전자나 SK하이닉스처럼 멋들어진 반도체를 개발하거나 생산하진 못한다. 하지만 그 반도체에 반드시 들어가야 할 각종 소재를 꽉 잡고 있다.

## ∘━ 시간을 쌓다 ━∘

소재 개발은 필요한 물질들을 찾아내거나, 그것들의 구성비를 세밀히 조정하며 합성하는 일이 큰 비중을 차지한다. 한마디로 물성 자체에 집중한다. 이러한 특징 때문에 소재는 반도체 산업에서 기초과학 성격이 특히 강한 분야다. 기초과학이란 무엇인가. 세상을 이해하는 가장 기본적인 원리와 원칙을 논하는 학문이다. 따라서 결실을 보기까지 오랜 시간이 걸린다. 하지만 결과를 손에 쥐기만 한다면 추격을 허락하지 않는다.

일본은 전통적으로 기초과학 강국이다. 기초과학 분야에서 최고의 권위를 자랑하는 노벨물리학상을 받은 일본인만 지금까지 12명이다(노벨화학상과 노벨생리학·의학상까지 합치면 27명이다). 그중 2000년 이후 수상자가 아홉 명이니, 최신 과학기술을 논할 때 일본을 빼놓을 수 없는 이유다. 물론 반도체와도 인연이 깊은데, 1973년 수상자인 에사키 레오나江崎玲於奈는 반도체의 터널 효과tunnel effect를 실험적으로 입증했고, 2014년 수상자인 아카사키 이사무赤崎勇와 아마노 히로시天野浩, 나카무라 슈지中村修二는 청색 LED를 개발했다.* 모두 첨단 반도체를 논할 때 빼놓을 수 없는 성취다.

한국보다 먼저 개화에 나선 일본은 물리학과 화학 등의 기초과학이 현대적으로 정립되던 19세기에 그 과정을 직접 경험하는 행운을 누렸다. 당시 수많은 일본인 유학생이 독일에서 상대성이론과 양자역학 등을 공부하고 논문을 썼다. 이후 일본은 1917년 이화학연구소

---

*  터널 효과는 반도체가 점점 작아지는 오늘날 반드시 극복해야 할 문제로 꼽힌다. 반도체는 기본적으로 전자의 흐름을 제어하는 장치다. 그런데 반도체가 너무 작아지면 전자가 통로, 즉 채널을 뚫고 엉뚱한 곳으로 이동한다. 거시 세계가 아닌 미시 세계의 물리법칙인 양자역학에 영향받기 때문이다. 이를 터널 효과, 또는 터널링(tunneling)이라고 한다. 터널 효과를 방지하거나 활용하면 반도체는 좀 더 효율적으로 전자의 흐름을 제어할 수 있다. 한편 청색 LED는 기존에 개발된 적색 및 녹색 LED와 함께 삼원색을 완성하는 마지막 퍼즐이었다. 빛은 파장이 짧을수록 에너지가 큰데, 삼원색 중 청색의 파장이 가장 짧다. 즉 LED가 청색을 띠려면 높은 에너지를 발산해야 하는데, 그 정도의 전류 흐름을 안정적으로 만들어내는 일이 쉽지 않았다. 한편 청색 LED는 에너지 효율을 매우 높일 수 있다는 점에서 각광받고 있다. 청색-적색-녹색 LED를 알맞게 배열하면 백색광이 나오는데, 기존의 백열등이나 형광등보다 에너지 효율이 최고 50퍼센트 더 뛰어나기 때문이다.

를 세우며 독자적으로 이론물리학을 연구하기 시작했는데, 알베르트 아인슈타인이 제1차 세계대전이 끝난 직후 방일한 것도 그들의 연구 수준이 궁금했기 때문이다.

이후 일본의 기초과학 연구는 100년이 넘도록 끊이지 않고 꾸준히 계속되었다. 한국과 비교해 먼저 시작했다는 사실보다 이 점이 더 중요하다. 가령 2015년에 노벨물리학상을 받은 가지타 다카아키梶田隆章의 공로는 중성미자에 질량이 있음을 밝혀낸 것인데, 그가 속해 있는 도쿄대학교가 입자물리학을 연구하기 시작한 것은 1910년대부터다. 도쿄대학교는 1983년에 4억 엔을 들여 중성미자 검출 장치인 가미오칸데Kamiokande를 지었다. 1996년에는 100억 엔을 들여 슈퍼 가미오칸데를 지었고, 현재는 800억 엔(약 7300억 원)을 들여 하이퍼 가미오칸데를 짓고 있다.[2] 이 정도의 시간과 비용을 꾸준히 투입해야 기초과학 역량이 쌓이는 것이다.

## ∘⌒— TSMC가 일본에 공장을 짓는 이유 —⌒∘

일본도 자신들의 장점을 잘 안다. 하여 반도체 산업에서도 기초과학 역량을 살리는 쪽으로, 즉 소재에 집중하는 쪽으로 전략을 가다듬고 있다. 실제로 일본의 반도체 소재 공급망은 타국의 도움 없이도 자급자족할 수 있는 수준으로, 전 세계 반도체 소재 시장에서의 점유율은 2020년 기준 56퍼센트에 달한다(제조 장비의 경우 29퍼센트로, 44퍼센트를 차지하는 미국에 이어 2위다).[3] 즉 일본은 반도체 산업의 상수다.

일본은 1990년대에 메모리 반도체 시장을 한국에 빼앗겼다. 특유의 장인정신 때문에 일본은 고품질 D램에 주력했는데, 개인용 컴퓨터가 보급되면서 싸고 적당한 성능의 D램이 각광받게 되었다. 이 새로운 수요를 공략한 기업이 바로 삼성전자다. 엎친 데 덮친 격으로 미국의 일본 반도체 산업 견제가 시작되며 침몰이 본격화되었다.

하지만 튼튼한 뿌리 덕분에 일본은 반도체 소재 시장의 압도적 일인자가 되어 기사회생했다. 기초과학으로서 소재 개발은 기술과 돈 이전에 시간이 쌓여야 한다. 따라서 우위를 점하는 순간 경쟁자들을 크게 따돌릴 수 있다.

오늘날 일본의 반도체 산업은 소재를 이용해 다시 날개를 피고자 한다. 소재를 무기화하겠다는 것이 아니다. 2019년의 수출규제 사태는 정치가 얽히고설킨 특수한 경우였다. 그보다는 자신들의 탄탄한 소재 공급망을 인센티브 삼아 반도체 기업들의 투자를 유치하려 한다. 실제로 2023년 5월 미국의 마이크론은 일본에 5000억 엔(약 4조 7400억 원)을 투자하겠다고 밝혔다. 한 달 뒤 타이완의 TSMC는 완공을 코앞에 둔 구마모토현 제1공장에 이어 제2공장 건설을 공식화했다.[4] 일본이 세계의 내로라하는 반도체 기업들을 끌어들이고 있는 것이다. 결론적으로 일본은 침몰하지 않는다. 경제도 연구·개발도 잃어버린 30년을 겪고 있는지 몰라도, 그들이 소재 분야에서 100년 넘게 쌓아 올린 노하우와 기술은 하루아침에 사라지지 않는다.

# 중소기업이라는 버팀목

미국 CBS에서 제작한 시트콤 〈빅뱅 이론〉의 어느 화에 이러한 장면이 나온다. 캘리포니아공과대학교와 미국항공우주국NASA의 연구자들이 양자 소용돌이 현상을 이용한 비행체 유도 기술을 개발하고 있다. 그런데 솔더solder가 없어서 연구가 제대로 진행되지 못하자 등장인물 중 한 명이 이렇게 한탄한다. "솔더는 주석과 납 비율이 60 대 40이어야 해. 하지만 지금 우리가 쓰고 있는 건 63 대 37이야!"

솔더는 반도체 소자를 접합(납땜)할 때 사용되는 합금이다. 별거 아닌 듯싶지만, 저렇게나 미세한 구성비 차이만으로도 제 기능을 못하는 아주 섬세한 녀석이다. 그리고 구성비를 잘 맞춘 솔더가 없으면, 삼성전자나 SK하이닉스는 물론이고, 애플, 엔비디아, 테슬라 등 세계 최고의 빅테크 기업들이 모두 공장을 멈춰야 한다. 그리고 이 솔더는 모두 다무라Tamura, 센주금속공업Senju Metal Industry 같은 일본의 중소기업들이 가장 잘 만든다.

참고로 가장 널리 쓰이는 솔더인 SAC305의 구성비는 주석 96.5퍼센트, 은 3퍼센트, 구리 0.5퍼센트다. 이를 잘 지키지 않은 솔더를 쓰면 반도체의 성능이 크게 떨어진다. 반도체는 기본적으로 전기신호를 전달하는 장치인데, 저항이 없는 물체는 없으므로 어느 정도 지연되기 마련이다. 특히 전기신호 지연의 50퍼센트가 접합부에서 발생한다. 즉 양질의 솔더를 쓰기만 해도 반도체의 성능을 높일 수 있는 것이다.[5]

최근에는 저온에서도 접합이 가능한 솔더 연구가 주목받고 있다. 반도체가 갈수록 작아지는 데다가, 특히 구부러지는 플렉서블flexible 반도체의 등장으로 소자 또한 더욱 섬세하게 다뤄야 하는데, 고온보다는 저온에서 접합하는 게 아무래도 안전하기 때문이다. 일반적인 솔더가 220도에서 녹는다면, 저온 접합용 솔더는 116~119도에서 녹는 걸 목표로 한다. 솔더란 기본적으로 다양한 물질을 섞은 합금이라 녹는점을 낮출 새로운 비율을 찾는 일이 매우 까다롭다.[6]

그리고 이 기술에서 가장 앞선 나라가 바로 반도체 소재 강국 일본이다. 많은 나라가 도전 중이지만, 워낙 미세한 차이에도 성능이 크게 달라지는 솔더의 특성상 기술 격차가 쉽게 좁혀지지 않고 있다.

아무리 대단한 반도체 설계도와 생산 시설을 갖춰도 솔더가 없으면 무용지물이다.

많은 사람이 반도체 및 빅테크 기업들이 내놓는 휘황찬란한 미래 기술들에 시선을 빼앗겨 소재 개발의 중요성을 망각한다. 하지만 소재는 기본 중의 기본이다. 2019년 일본과의 수출규제 사태를 계기로 한국도 드디어 소재의 중요성에 눈떴다. 당시 한국은 불화수소, 포토레지스트photoresist, 폴리이미드polyimide에서 성과를 거뒀는데,* 국가적 차원에서 강력히 지원했기 때문이다. 그렇다면 소재 분야에서도 일본을 앞지를 일만 남은 것인가.

## ◦◦── 악마는 디테일에 있다 ──◦◦

실제로 수출규제 사태 이후 한국은 반도체 소재 개발에 집중했고, 그 결과 대일 의존도가 2019년 21.2퍼센트에서 2020년 20.7퍼센트로 0.5퍼센트포인트가량 하락했다. 큰 차이는 아니지만 줄기 시작했다는 데 의의가 있다. 특히 불화수소의 경우 일본에서 수입하는 비중을 크게 낮췄다. 2018년에는 불화수소의 46.01퍼센트를 일본에서 수입

---

*     반도체는 실리콘으로 만든 원판인 웨이퍼에 설계도를 새기고 깎은 다음, 소자를 설치해 만든다. 포토레지스트는 웨이퍼에 설계도를 새길 때, 불화수소는 설계도대로 웨이퍼를 깎아낼 때 쓰인다. 폴리이미드는 일종의 얇은 플라스틱으로 소자의 보호막으로 쓰인다.

했는데, 2022년에는 7.7퍼센트만 수입했다. 그래서인지 소재 자립을 외치는 기사를 보면 보통 불화수소만 예로 든다. 사실 불화수소처럼 자체 개발하거나 새로운 공급망을 찾지 못한 포토레지스트와 폴리이미드의 경우 수입량이 거의 달라지지 않았다. 사실 국산화에 성공한 소재들은 이미 어느 정도 기술을 확보했지만, 시장성 때문에 굳이 자체 생산하지 않고 일본에서 수입했을 뿐이다. 가령 불화수소는 국내 기업이 2013년에 취득한 특허가 있다.[7] 반면에 아예 기술이 없는 소재들은 단기간에 개발할 수 없다. 돈의 문제가 아니라 기술과 노하우, 무엇보다 시간의 문제기 때문이다.

우리가 국산화에 성공했다고 자랑하는 불화수소는 냉정하게 말해 수많은 반도체 소재 중 하나일 뿐이다. 반도체를 만들기 위해서는

▼ 소재·부품·장비 수입액 추이

■ 세계 ■ 일본 ○ 일본 비중

단위 10억 달러

106.3 / 18.8%
97.6 / 16.9%
94.7 / 17%
119.1 / 15.8%
130.1 / 15.4%

20  16.5  16.1  18.9  20.1

2018  2019  2020  2021  2022

자료 산업통상자원부

▼ 반도체 핵심 소재 대일 의존도(2022년)

불화수소 7.7%
포토레지스트 77.4%
폴리이미드 33.3%

자료 산업통상자원부

수백, 수천 개의 소재가 필요하다. 이 모두를 국산화한다는 것은 가능성을 떠나 효율적이지 못하다. 결국 개발에 성공하더라도 그때까지 투입된 시간과 비용을 상쇄하기가 쉽지 않기 때문이다. 공급망을 다변화하는 것도 문제다. 일본산 소재는 오랜 기간 사용해보며 자연스레 품질 검증을 마쳤다. 그런데 갑자기 다른 나라에서 수입한 소재를 쓰면 어떤 문제가 발생할지 모른다. 더군다나 반도체는 생산 과정에서 먼지 한 톨 허락하지 않는 섬세한 제품이다. 당신이 반도체 기업을 운영한다면 이러한 위험을 굳이 감수하겠는가.

반도체 소재의 세계는 명품의 세계와 비슷하다. 바느질의 마감 처리 같은 아주 작은 부분에서 기성품과 명품의 차이가 발생하고, 그것이 곧 엄청난 가격 차이로 이어진다. 솔더 구성비의 작은 차이가 반도체 성능의 큰 차이를 낳는 것과 비슷하다. 이런 이유 때문에 소재를 선택할 때는 매우 신중할 수밖에 없다.

내가 한국생산기술연구원에서 반도체 소재를 연구하던 시절의 일이다. 각고의 노력 끝에 일본산을 대체할 만한 소재를 개발하는 데 성공했다. 자체 실험에서 놀라운 성능을 기록했고, 국내 어느 대기업의 사용 기준도 무난히 통과했다. 그런데 전혀 예상치 못한 곳에서 문제가 터졌다. 신뢰성 실험을 했는데, 연속으로 1500시간 정도 사용하자 성능이 급격히 하락했다. 물론 이 정도 시간이 지나면 어떤 소재든 성능에 문제가 생긴다. 단 일본산 소재는 하락 폭이 15퍼센트였다면, 내가 개발한 소재는 25퍼센트에 달했다. 바로 이 차이가 일본산 소재를 명품의 반열에 올려놓는 것이다. 한마디로 '악마는 디

테일에 있다.'

반도체는 너무나 섬세한 제품이라, 소재를 바꾸면 공정부터 다시 짜야 한다. 당연히 시행착오를 겪을 수밖에 없다. 어찌어찌 공정을 안정시키더라도 양산 과정에서 어떤 문제가 발생할지 모른다. 문제가 발생할 때마다 재빨리 대응하지 못하면 수율이 크게 떨어져 그대로 손해를 떠안게 된다. 이 모든 것이 결국 돈이다.

## ○── 반도체 산업의 뿌리 ──○

물론 장기적인 안목에서 반도체 소재를 국산화해야 한다는 주장이 무조건 틀렸다는 것은 아니다. 분명히 맞는 말이다. 하지만 여기에는 또 다른 문제가 있다. 보통 소재는 중견·중소기업이 연구·개발과 생산을 담당한다. 그런데 일본과 달리 한국은 그들을 기다려주지 않는다. 왜 그럴까. 다양한 이유가 있겠지만, 개인적으로 만나본 많은 연구자가 한국 정치체제의 특수성을 꼽았다. 즉 정권이 5년마다 바뀌기 때문이라는 것이다. 정권이 바뀌면 정책이 바뀌고, 그러면 지원이 끊긴다. 자본과 자원이 한정적인 중견·중소기업의 특성상 대기업처럼 자체적으로 연구·개발을 계속할 수도 없다. 5년 안에 성과를 내면 다행인데, 고도화된 반도체 산업 특성상 쉽지 않은 일이다.

이런 모든 상황을 고려했을 때 반도체 소재와 관련해 한국이 현실적으로 추구해야 할 목표는, 첫째, 전면 국산화가 아니라 공급망의 다변화다. 일본 의존도를 낮추는 것만으로도 의미가 있다. 물론 갑자기 새로운 소재를 마구 쓸 수는 없으므로, 충분한 검증 과정을 거쳐 차근차근 진행해야 할 것이다. 둘째, 꾸준한 연구·개발 지원이다. 소재는 장비나 부품과 비교해 기초과학 성격이 강한 분야다. 그만큼 성과를 내기까지 많은 시간과 비용을 투입해야 한다. 2019년 이후 한국은 공급망 다변화에 좀 더 집중해왔고, 이로써 100대 소재·부품·장비의 일본 의존도가 2018년 32.6퍼센트에서 2022년 21.9퍼센트로 감소했다. 하지만 연구·개발 지원의 경우 너무나 실망스러운 수준으로, 일본 소재 기업들의 연구·개발비는 한국 소재 기업들보다 1.6배나 많다. 반도체와 디스플레이 소재 기업들로만 좁혀보면 차이는 무려 41배까지 늘어난다.[8]

숫자는 거짓말하지 않는다. 성공할지 불확실한 데다가, 지원마저 미미한 소재 개발에 어느 인재가 투신하겠는가. 한국이 진정한 반도체 강국으로 거듭나려면 이러한 관행을 깨야 한다. 반도체 전쟁이 격화되는 오늘날, 앞으로 어떤 일이 발생할지 아무도 알 수 없다. 그만큼 모든 분야가 잘 대비되어 있어야 한다. 불화수소의 사례에서 보았듯이 우리도 할 수 있다. 삼성전자와 SK하이닉스를 뿌리에서부터 떠받치는 소재 기업들이 더욱 많아지길 기원한다.

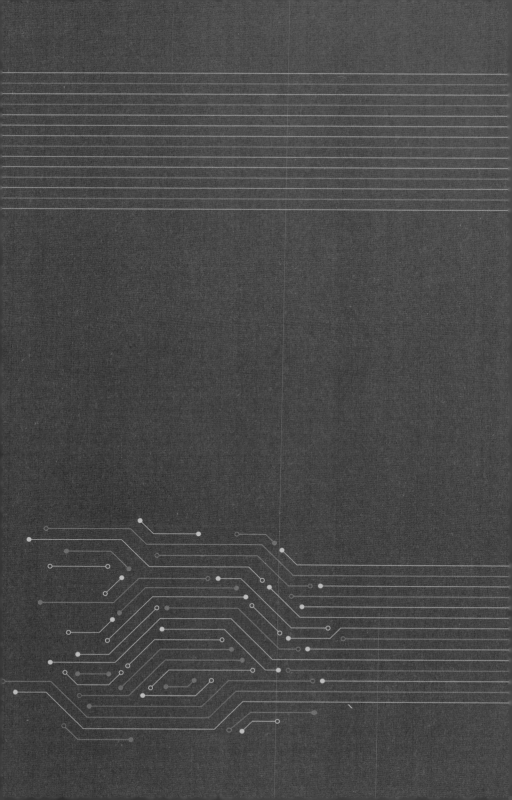

2부

# K 반도체의
# 극점 돌파

# 1장

## 기술 초격차

"특이점이 온다."
○— 미래학자 레이 커즈와일

인공지능은 우리가 모르는 사이에
세상을 변화시키고 있다.
이때 촉매제 역할을 하는 것이 반도체다.
고성능의 인공지능은 고성능의 반도체가 필수다.

# 미래에도 답은 반도체

반도체는 가장 확실한 미래다. 20세기 중반 모습을 드러낸 반도체는 방대한 데이터를 저장하고 복잡한 연산을 순식간에 해치우며 과학기술 발전을 이끌어왔다. 그 결과는 논문에 담긴 복잡한 수식들에만, 연구소 안의 낯선 장치들에만, 학자들의 엄밀한 논의에만 갇혀 있지 않다. 반도체가 맺은 열매는 평범한 우리가 바로 지금 누리는 온갖 이기로, 가령 가상화폐를 채굴하는 컴퓨터로, 휘어지는 스마트폰으로, 홀로 주행하는 전기자동차로, 수많은 사람이 접속하는 가상 공간으로 구체화되었다. 불과 20년 전만 해도 SF 영화에서나 볼 수 있었던 것들이다. 앞으로 반도체가 주도하는 변화는 더욱 빨라지고 폭넓어질 것이다. 엔비디아의 창업자이자 회장 겸 CEO인 젠슨 황 Jensen Huang은 이렇게 말했다. "지난 20년이 놀라웠는가? 앞으로의 20년은 SF 영화와 같을 것이다."[1]

결국 미래를 선점하기 위해선 반도체 산업을 선점해야 한다. 그리고 다시 한번 강조하지만, 반도체 산업의 시작과 끝은 결국 기술력이다. 미국이 반도체 산업의 패권을 지키고 있는 것은 압도적인 기술력 때문이다. 미국 기업이 보유한 기술과 제품을 쓰지 못하게 하는 것만으로도 다른 나라들의 반도체 산업을 무너뜨릴 정도다. 1980년대에 일본이 그렇게 무너졌고, 오늘날 중국이 그 전철을 밟고 있다. 똑같은 이유로 기술력이 탄탄하다면 아무리 불리한 상황에서도 흔들리지 않는다. 바로 앞 장에서 우리는 일본이 소재 기술에 힘입어 어떻게 부활하고 있는지 살펴보았다. 세계 각국이 전쟁이라 불릴 정도로 치열하게 자국의 반도체 산업 육성과 기술력 강화에 매달리는 이유다.

그 결과는 각국의 반도체 특허 수로 간단히 확인할 수 있다. 우선 독보적인 1위는 미국이다. 컴퓨터 산업의 개척자인 IBM을 비롯해 수많은 빅테크 기업이 미국에 둥지를 틀고 있기 때문이다. 그 뒤를 한·중·일과 유럽이 열심히 쫓고 있다. 한국은 2000년대 초만 하더라도 2위를 지키고 있었지만, 일본과 중국에 따라잡히며 현재 4위까지 밀려난 상태다. 다만 2022년 삼성전자가 미국 내에서 가장 많은 특허를 취득하며 역전의 발판을 마련했다. 당시 삼성전자는 6258개의 특허를 취득해 4389개를 취득한 IBM과 3024개를 취득한 TSMC 등을 가뿐히 따돌렸다. 특히 IBM이 1위를 내준 것은 1993년 이후 처음으로, 이에 대해 몇몇 전문가는 반도체 산업의 중심이 북미에서 아시아로 이동 중이라고 분석했다.[2]

그렇다면 한국의 반도체 기업들은 어떠한 기술을 갈고닦고 있는가. 그들 앞에는 두 가지 선택지가 있다. 이미 선점한 메모리 반도체 기술을 계속해서 혁신하거나, 상대적으로 뒤처진 시스템 반도체 기술을 새로 공략하는 것이다. 결론부터 말하면 두 마리 토끼를 모두 잡을 준비를 하고 있다. 이를 위해 삼성전자와 SK하이닉스 같은 유명한 대기업들뿐 아니라 많이 알려지지 않은 전도유망한 스타트업들이 총력을 기울이는 중이다. 이 중에 분명 반도체 전쟁의 승자가 나올 것이다. 지금부터 그들의 비밀 무기를 알아보자.

## ──○── 새로운 개념을 제시하다 ──○──

2021년 2월 삼성전자가 메모리 반도체와 시스템 반도체를 합친 듯한 새로운 개념의 반도체를 세계 최초로 출시했다. 이를 PIM<sub>Processing In Memory</sub>이라 하는데, 말 그대로 '연산하는 기억 장치'다. 메모리 반도체가 연산까지 수행하니 여러 가지 이점이 있다. 일단 속도가 빠르다. 메모리 반도체가 일부 연산을 수행한 다음 데이터를 넘기므로, CPU로서는 그만큼 빨리 나머지 연산을 마칠 수 있다. 연장선에서 전력을 적게 소모하고, 그만큼 발열도 적다. 요즘에는 개인용 컴퓨터 조차 고사양일 경우 전기료가 엄청나게 나오고, 여름에는 쓰지 못할 정도로 열을 내뿜는데, 이런 점에서도 PIM은 경쟁력이 있다.

물론 PIM은 비싸다. 연산 기능이 없는 동급의 D램과 비교해 가격이 10배 이상이다.[3] 하지만 성능이 뛰어난 만큼 더 적은 PIM을 구매해도 원하는 연산 속도를 구현할 수 있고, 또 냉방 시스템의 설치와 유지 비용, 전기료를 낮출 수 있으므로, 결과적으로 큰 부담은 아닐 것이다. 무엇보다 PIM을 원하는 곳은 비용보다는 성능을 더 중요하게 여기니, 바로 인공지능 분야다. PIM은 고도·고속의 연산에 강한 특성상 인공지능 개발의 두 축이라 할 수 있는 '빅데이터' 처리와 '딥러닝'에 최적화되어 있다.*

---

\* 　빅데이터란 말 그대로 엄청난 양의 데이터를 가리킨다. 좀 더 정확히는 거대한 규모, 빠른 속도, 높은 다양성을 갖춘 데이터 군집이다. 이러한 빅데이터를 효과적으로 분석할 수 있는 도구 중 하나가 딥러닝이다. 딥러닝은 인간 뉴런과 시냅스의 작동 방식을 모방한 '인공신경망(Artificial Neural Network, ANN)' 방식의 알고리즘으로 빅데이터를 분석한다. 인공신경망은 '입력층(input layer)', '은닉층(hidden layer)', '출력층(output layer)'으로 구성된다. 이때 핵심은 은닉층의 층수와 각 층에서 연산을 수행하는 '노드(node)'의 수다. 즉 은닉층의 층수가 많고 각 층의 노드가 많을수록, 입력층에서 투입된 데이터가 출력층을 향해 가는 과정에서 거치는 연산 과정이 기하급수적으로 늘어난다(노드는 이전 층의 모든 노드의 결괏값을 연산한다). 따라서 입력층에서 투입되는 데이터가 많을수록, 또 은닉층이 풍성할수록, 출력층에서 제시되는 분석 결과가 정확해진다. 참고로 분석 결과가 은닉층에서 어떠한 경로를 거쳤는지는, 전체 알고리즘을 짠 개발자도 정확히 알지 못한다. 이는 인간이 사고 과정에서 자기 뇌의 뉴런과 시냅스에서 벌어지는 일을 알지 못하는 것과 마찬가지다. 이러한 딥러닝을 포함해 여러 가지 방식으로 컴퓨터가 스스로 학습하게 하는 기술을 통틀어 머신러닝(기계학습)이라 한다. 딥러닝, 또는 머신러닝에 특화된 인공지능 반도체를 ANN 방식의 알고리즘을 지원한다는 점에서 '신경망처리장치'라는 뜻의 'NPU(Neural Processing Unit)'로 부르기도 한다.

같은 이유로 많은 전문가가 PIM에 주목한다. 한마디로 PIM이 필요한 시대가 되었다는 것이다. 어떤 시대인가. 바로 인공지능 시대다. 물론 인공지능이 '쉰 떡밥'이라고 의문을 제기하는 사람들도 있다. 그간 인공지능을 캐치프레이즈로 삼은 기술과 제품이 얼마나 많았는가. 심지어 인공지능을 접목했다는 피부 관리 서비스가 등장할 정도다.[4] 연장선에서 인공지능이 유의미하게 연구된 지도 벌써 70년이 넘었다. 1940년대 초에 인간 뉴런의 작동 방식을 가장 기본적인 기계어인 이진법으로 구현한다는 아이디어가 탄생했고, 곧 반도체가 개발되며 인공지능 개발이 급물살을 탔다. 하지만 인공지능이 인공지능답게 구현된 것은 비교적 최근의 일로, 빅데이터와 딥러닝이 본격적으로 쓰이기 시작한 2012년부터다.** 이후 인공지능의 성능이

**     2006년 이미지넷(ImageNet)이라는 프로젝트가 탄생해 현재까지 이어지고 있는데, 이미지 관련 빅데이터를 제공한다. 2010년부터는 이미지넷을 활용해 개발한 인공지능의 성능을 뽐내는 대회가 매년 개최 중이다. '컴퓨터 비전(computer vision)', 즉 인공지능이 얼마나 정확하게 시각 정보를 인식하는지 경쟁하는 대회인데, 2012년 대회에서 엄청난 사건이 벌어졌다. 그 전에는 이미지 속 대상이 무엇인지 하나하나 알고리즘에 입력하는 식으로 인공지능을 개발했다. 그러한 인공지능은 기존에 입력된 정보와 얼마나 비슷한지를 기준으로 새로운 정보가 무엇인지 판단한다. 따라서 입력하는 정보가 많아질수록 인공지능이 똑똑해진다. 가령 강아지 사진 100장을 입력할 때보다는, 1000장을 입력할 때 인공지능은 더욱 정확하게 강아지 사진을 가려낼 수 있다. 그런데 2012년에 제프리 힌턴(Geoffrey Hinton) 토론토대학교 교수가 딥러닝을 이용해 개발한 인공지능을 선보였다. 딥러닝은 스스로 학습하므로 일일이 정보를 입력해줄 필요가 없다. 단지 빅데이터만 있으면 된다. 결과적으로 힌턴의 인공지능은 15.3퍼센트의 오답률을 기록하며 경쟁자들보다 10퍼센트포인트 이상 높은 정확도를 보여주었다. 이전 대회들에서는 1퍼센트포인트 안팎의 차이로 우승자가 가려졌으니, 두 자릿수 차이는 딥러닝의 압도적인 성능을 증명하기에 충분했다. 이후 딥러닝은 인공지능 개발의 대세가 되었다. 2010년대 중반 이후 알파고부터 챗GPT까지 수준 높은 인공지능이 등장한 것 또한 모두 딥러닝 덕분이다.

크게 고도화되며 고도·고속의 연산을 뒷받침할 하드웨어 개발도 본격적으로 시작되었다. 그 결과 중 하나가 바로 PIM인 것이다.

실제로 PIM을 '인공지능 반도체'로 부르기도 하는데, 그 성능을 수치로 확인하면 단번에 수긍된다. 2019년 8월 발표된 IBM의 실험 결과를 보면, CPU를 D램과 묶었을 때보다 PIM과 묶었을 때 연산 속도는 98.1퍼센트나 빨랐고, 그러면서도 전력은 54.9퍼센트나 적게 소모했다. PIM의 성능에 놀라기는 아직 이르다. IBM의 실험은 제대로 된 PIM을 가지고 한 것도 아니었다. 진정한 의미에서 PIM이라 불릴 만한 것은 2020년 한국과학기술원KAIST에서 만들어졌다. 이후 개발 속도가 빨라져 2021년 삼성전자가 드디어 상품화에 성공했고, 2022년에는 SK하이닉스가 한 차원 높은 PIM을 공개했다. GDDR6-AiM란 이름의 이 PIM은 비슷한 사양의 D램을 사용했을 때보다 연산 속도는 16배나 높였고, 전력 소모는 80퍼센트나 줄였다. SF 영화에나 나올 법한 수치를 실제로 구현해낸 것이다.[5]

2023년 2월에는 KAIST가 반도체 올림픽이라 불리는 국제반도체회로학회International Solid-State Circuits Conference에서 한 차원 높은 PIM을 선보여 전 세계의 주목을 받았다. 이전까지 삼성전자나 SK하이닉스가 개발한 PIM은 메모리 반도체와 CPU를 딱 붙여놓았을 뿐, 완전히 합친 것이 아니었다. 책장(메모리 반도체)과 책상(CPU) 사이에 있던 긴 복도를 없앤 정도랄까. 그런데 KAIST는 세계 최초로 책장과 책상을 말 그대로 완전히 합쳐버렸다. 이로써 데이터 기록과 연산, 변환을 단 한 번에 수행하는 진정한 PIM이 탄생했다. 이 PIM의 정식 명칭은 '트리플-모드 셀Triple-Mode Cell PIM'으로, 기존 PIM보다 동 시간 대비 데이터 처리량이 15배 이상 많다. 집적도도 27배 이상으로, 훨씬 작은 크기를 자랑한다. 무엇보다 삼성전자의 상용 공정을 활용해 만든 만큼, 상품화에도 큰 문제가 없을 것으로 보인다. 한국 정부도 PIM의 가능성을 잘 알고 있다. 2030년까지 PIM을 중심으로 한 인공지능 반도체 개발에 1조 2000억 원을 지원한다는 계획이다.[6]

삼성전자와 SK하이닉스는 앞서 살펴본 HBM은 물론이고, PIM과 관련해서도 독보적인 기술력을 갖춘 상태다. 개발될 때만 해도 너무 고성능이라 오히려 외면받은 두 반도체지만, 인공지능 시대가 도래하며 드디어 빛을 발하고 있다. 지금 당장 HBM과 PIM을 구하려면 삼성전자와 SK하이닉스의 문을 두드릴 수밖에 없다. 반도체 시장에서 다시 '한국의 시간'이 오고 있는 것이다.

## 더 빠르게, 더 높게

HBM이든 PIM이든 삼성전자와 SK하이닉스가 새로운 차원의 메모리 반도체를 제시하고 있음은 분명해 보인다. 그렇다면 기존의 메모리 반도체는 그냥 두고 있다는 말인가. 절대 그렇지 않다. D램과 낸드플래시 또한 계속해서 혁신 중이다.

우선 D램은 데이터 처리 속도를 높이는 방향으로 계속해서 발전 중이다. 첫발을 내디딘 것은 삼성전자였다. 전 세계 D램 시장에서 점유율 1위를 달성한 1992년, 삼성전자는 SD램Synchronous DRAM을 선보였다. 말 그대로 '동기화'하는 D램이었는데, CPU와 주고받는 전기 신호(클럭clock)의 속도를 높여 CPU가 원하는 바로 그 순간에 데이터를 제공할 수 있었다. 오늘날 D램이라고 하면 대부분 SD램을 가리킨다(본문에서는 D램으로 통일). 이후 D램은 클럭을 높임으로써 성능을 높여왔는데, 그 핵심 기술이 2000년에 첫선을 보인 DDRDouble Data Rate이다. DDR은 D램의 클럭을 두 배 높였는데, 2003년의 DDR2는 네 배, 2007년의 DDR3는 여덟 배, 2014년의 DDR4는 16배, 2019년의 DDR5는 32배 높였다. 즉 직전 세대보다 두 배씩 높아져온 것으로, 삼성전자의 최신 DDR5 D램의 경우 1초당 7.2기가바이트의 데이터를 처리할 수 있다. 이처럼 성능이 뛰어난 메모리 반도체의 수요가 점점 늘어나는 만큼, 2024년에 DDR5 D램은 전체 D램 시장의 51퍼센트를 차지할 전망이다. 이에 2020년 10월 세계 최초로 DDR5 램을 출시하고, 이후 14나노 DDR5 D램의 최강자 자리를 굳힌 SK 하이닉스는 물론이고, 2023년 5월 12나노급 DDR5 D램을 세계 최초로 개발한 삼성전자 또한 생산량을 늘리는 중이다. 참고로 2023년의 전 세계 DDR5 D램 시장은 SK하이닉스가 46퍼센트, 삼성전자가 34퍼센트를 차지할 것으로 전망된다.[7]

 D램 발전의 핵심이 속도였다면, 낸드플래시 발전의 핵심은 용량이다. 즉 낸드플래시의 경우 핵심 부품인 메모리셀을 최대한 높이 쌓아 용량을 늘리는 게 중요하다. 그리고 현재 양산되는 낸드플래시 중 가장 고성능을 자랑하는 것들은 모두 230단대로, 2022년 11월 삼성

전자가 양산한 당시 세계 최고 수준의 236단 낸드플래시는 1테라비트의 용량을 자랑했다. 1테라비트는 0.125테라바이트인데, 낸드플래시 중에서는 굉장한 대용량이다. 현재 고성능 낸드플래시 시장은 230단대에 가장 먼저 도달한 마이크론과 삼성전자, 2023년 5월 238단 양산에 성공한 SK하이닉스가 삼분하고 있다.[8] 문제는 중국의 추격이다. 중국을 대표하는 반도체 기업 YMTC가 2022년 11월 232단의 경지에 오른 것이다. 비록 아직 양산은 못 하고 있지만, 시간문제로 보인다. 앞서 설명한 것처럼 메모리 반도체는 시스템 반도체보다 개발 난도가 낮다. 하여 우리가 앞섰다 생각하면 어느새 중국이 바짝 뒤쫓는 상황이 계속 반복되고 있다.

그런데 2023년 8월 SK하이닉스가 작심한 듯 새로운 차원의 낸드플래시를 공개했다. 무려 321단으로, 이 정도면 낸드플래시계의 '부르즈 할리파'라 불릴 만하다. 놀라운 사실은 238단을 개발한 이후로는 1년 만에, 양산한 이후로는 불과 3개월 만에 무려 80단 가까이 높였다는 것이다. 이로써 SK하이닉스는 중국을 멀찌감치 추월하는 데 성공했다. 2023년 3분기 기준 SK하이닉스는 전 세계 낸드플래시 시장의 20.2퍼센트를 차지하며 2위를 차지했다(1위는 31.4퍼센트의 삼성전자였다). 3위인 미국의 웨스턴 디지털Western Digital과는 3.3퍼센트 차이에 불과해, 많은 이가 SK하이닉스의 선전을 응원 중이다. 한편 웨스턴 디지털과 14.5퍼센트로 4위에 오른 일본의 키오시아Kioxia는 2023년 합병을 추진했다. 결과적으로 불발되었지만, 정말로 두 기업이 합병했다면 시장 점유율 측면에서 삼성전자와 1위 다툼을 할 정도로 체급이 커졌을 테다. 다만 키오시아와 웨스턴 디지털 모두 2023년 4월에서야 218단 낸드플래시를 출시하는 등 삼성전자와 SK 하이닉스보다 기술력이 부족하므로, 한계가 있다고 본다.[9]

낸드플래시의 생명은 높이(용량)다. 메모리셀을 높이 쌓지 않고 옆으로 펼쳐놓으면 자연스레 차지하는 면적이 넓어진다. 집적도가 떨어진다는 것인데, 이렇게 되면 한정된 면적의 웨이퍼에서 만들 수 있는 낸드플래시의 개수가 줄어든다. 그렇다고 메모리셀을 덜 펼쳐놓으면 낸드플래시의 성능이 떨어진다. 어떤 식으로든 손해를 보는 것이다. 반대로 집적도를 높일 수 있다면 훨씬 성능 좋은 낸드플래시를 더 많이 만들 수 있다. 당연히 수익성이 좋아질 수밖에 없다. SK 하이닉스는 321단 낸드플래시를 공개하며, 238단 낸드플래시와 비교해 생산성이 59퍼센트 높아졌다고 밝혔는데, '생산성'을 '수익성'으로 바꿔 이해해도 될 것이다.[10]

사실 낸드플래시를 위로 쌓기 시작한 것은 2013년부터로, 10년밖에 되지 않았다. 그 짧은 시간에 삼성전자와 SK하이닉스는 세계 최고의 기술력을 확보하는 데 성공했다. 321단을 쌓는 데 성공한 SK 하이닉스는 불과 4년 전만 해도 128단 낸드플래시를 양산하고 있었다. 한편 삼성전자는 2030년까지 1000단 낸드플래시 개발을 완료한다는 계획이다. 다만 삼성전자의 경우 높이 쌓는 것만이 낸드플래시의 전부가 아니라고 보는 듯하다. 메모리셀을 100층만 쌓더라도 전류가 흐르는 통로를 더 많이 만든다면, 더 높이 쌓은 낸드플래시와 비슷한 성능에 훨씬 높은 안정성을 확보할 수 있다는 것이다.[11] 삼성전자가 자신들의 생각을 어떻게 구체화할지도 '관전 포인트'다.

물론 팬데믹 전후의 '슈퍼사이클'이\* 끝나며 낸드플래시 시장도 하락세를 타고 있다. 2023년 3분기 기준 삼성전자의 낸드플래시 매출은 전년 동 기간 대비 30퍼센트 이상 쪼그라들었다. 이 때문에 삼성전자는 낸드플래시 생산량을 대폭 줄이고 있다. SK하이닉스의 상황도 크게 다르지 않다. 2023년 상반기에만 6조 원에 달하는 적자를 보고는 낸드플래시 생산량을 줄이기로 했다.[12]

그렇지만 낸드플래시는 꼭 필요한 반도체다. 특히 고성능 낸드플래시는 데이터의 양이 점점 많아지고, 그 처리 속도가 점점 빨라질 인공지능 시대의 필수품으로 꼽힌다. 업황이 좋지 않다고 기술 개발을 게을리할 수 없는 이유다. 지금 당장은 손해일지라도 미래에는 손해가 아닐 수 있다는 말이다. 실제로 2024년에는 낸드플래시 수요가 2023년 대비 16퍼센트 증가할 것으로 보인다. 인공지능 개발 경쟁이 더욱 심화하는 데다가, 무엇보다 낸드플래시가 많이 쓰이는 서버 시장이 2023년의 부진을 이겨내고 다시 날아오를 것으로 기대되기 때문이다.[13]

---

\*   슈퍼사이클이란 특정 원자재의 가격이 수년, 또는 수십 년간 꾸준히 상승하는 것을 의미한다. 다만 반도체 산업에서는 기술 발전에 따른 수요 증가의 영향으로 4~5년을 주기로 1~2년간 이어지는 가격 상승을 의미한다. 최근에는 4차 산업혁명의 시작 단계로 평가되는 2017~2018년과 팬데믹으로 전자 제품 수요가 폭증한 2020~2021년에 슈퍼사이클이 있었다.

## ⚬⟋⟍ 인공지능 반도체를 설계하다 ⟋⟍⟋⚬

지금까지 메모리 반도체 혁신과 관련된 이야기였다면, 이번에는 시스템 반도체 혁신을 알아볼 차례다. 2022년 기준 전 세계 반도체 시장 규모는 6040억 달러(약 766조 4900억 원)로, 이 중 23.88퍼센트가 메모리 반도체, 76.12퍼센트가 시스템 반도체였다. 한국이 메모리 반도체를 아무리 잘하더라도, 시스템 반도체를 공략하지 않는 한 언제든 뒤처질 수 있는 이유다. 하지만 전 세계 시스템 반도체 시장에서 한국이 차지하는 비중은 3.3퍼센트에 불과하다. 9.2퍼센트를 차지한 일본은 물론이고 6.5퍼센트의 중국보다도 낮다(미국이 54.5퍼센트를 차지해 압도적 1위다).[14]

그렇다면 삼성전자나 SK하이닉스는 왜 시스템 반도체에서 두각을 드러내지 못하고 있을까. 2021년 열린 한국시스템반도체포럼에서 이 문제가 깊이 논의되었는데, 인력 부족, 투자 부족, 인수·합병 부실, 협업 부족 등이 원인으로 지목되었다. 그중에서도 가장 큰 문제는 인재 육성 실패였다. 메모리 반도체가 책장이라면, 시스템 반도체는 뇌다. 책장에 책이 아무리 많이 꽂혀 있어도 이를 읽고 해석할 뇌가 없으면 무용지물이다. 그런데 뇌의 구조나 작동 방식은 책장과 비교도 할 수 없을 정도로 복잡하다. 그래서 뇌를 설계하려면 아주 높은 수준의 창의력이 필요하다. 기존의 틀에 의지하기보다는 백지에서 새롭게 그려나갈 능력 말이다. 그런데 한국 대기업들의 조직 문화는 창의력과 거리가 멀다.[15]

그래서일까. 놀랍게도 한국에서 시스템 반도체의 기술 초격차를 이끌고 있는 기업은 아직은 많은 이에게 생소할 스타트업이다. 이 기업은 시스템 반도체를 설계하는 팹리스로, 2021년 8월 출시한 첫 번째 제품인 '워보이WarBoy'가 당시 엔비디아의 최신 GPU였던 A2보다 더 뛰어난 성능을 보여주며 엄청난 관심을 받았다. 이처럼 실력이 탄탄한 스타트업의 뒤에는 여러 투자자가 존재한다. 실제로 돈이 흐르는 곳에 빠지지 않는 벤처 캐피털과 은행, 자산운용사 등이 2021년 이 기업에 800억 원 규모의 투자를 결정했다. 현재 1500~2000억 원의 대규모 투자를 추가로 유치 중인 이 기업의 이름은 바로 퓨리오사AIFuriosaAI다.[16]

백준호 퓨리오사AI 대표는 반도체 산업의 스타 중 한 명이다. 2021년 2월 《포브스》는 그를 기술 초격차를 주도할 10인 가운데 한 명으로 꼽았다. 2022년 5월에는 새로 취임한 과학기술정보통신부 장관이 첫 현장 행보로 퓨리오사AI를 방문했다. 그다음 달에는 윤석열 대통령이 참석한 '새정부 경제정책방향 발표 회의'에서 반도체 전문가로 SK 그룹의 최태원 회장과 나란히 초청받았다.[17]

퓨리오사AI는 인공지능 반도체를 집중적으로 설계한다. 인공지능 반도체란 사실 굉장히 포괄적인데, 앞서 설명한 HBM과 PIM도 인공지능 반도체요, 엔비디아가 자신들의 GPU에 탑재하는 반도체도 인공지능 반도체다. 즉 시스템 반도체든 메모리 반도체든 성능이 탁월해 인공지능 연산에 쓰이는 반도체가 인공지능 반도체다. 그리고 현재 인공지능 반도체의 절대 강자는 엔비디아다. 앞서 설명한 것처럼 인공지능 연산에는 CPU보다 GPU가 더 알맞다. 그런 점에서 세계 최고의 GPU 기업인 엔비디아가 인공지능 반도체 시장도 장악하고 있는 것인데, 점유율이 90퍼센트에 이를 정도다. 그런데 워보이로 증명한 것처럼 퓨리오사AI의 기술력은 엔비디아와 비등하다. 특히 전력을 덜 소모한다는 것이 강점이다. 무엇보다 퓨리오사AI는 소프트웨어를 함께 개발한다. 애플이 하드웨어와 소프트웨어를 함께 개발해 최고의 성능을 보여주는 것과 똑같은 전략이다. 실제로 2022년에는 소프트웨어만 개선해 워보이의 성능을 두 배나 높이는 기염을 토했다.

현재 퓨리오사AI는 자연어 처리와 컴퓨터 비전 성능에 초점을 맞춘 2세대 인공지능 반도체인 '레니게이드Renegade'를 개발 중이다. 그 특성상 오픈AI의 '챗GPTChatGPT' 같은 대화형 인공지능부터 테슬라의 '오토파일럿Autopilot' 같은 자율주행 인공지능까지, 다양한 인공지능에 폭넓게 적용할 수 있다. 또한 HBM 중에서도 최신인 HBM3가 포함된 시스템으로 개발되는 만큼 고성능과 저전력을 모두 잡아 경쟁력을 높일 것으로 보인다.[18]

더욱 반가운 소식은 퓨리오사AI의 워보이가 삼성전자의 상용 공정(14나노)으로 만들어졌다는 것이다. 팹리스와 파운드리가 한 나라에 함께 있다는 것은 굉장한 강점이 될 수 있다. 가령 '타이완' 하면 대부분의 사람이 TSMC만 떠올릴 텐데, 사실 타이완에는 AP 팹리스 분야의 최강자인 미디어텍MediaTek도 있다. 꼭 미디어텍이 아니더라도, 타이완은 미국 다음가는 팹리스 강국이다. 2021년 기준 전 세계 팹리스 시장의 21퍼센트를 차지했다(한국의 점유율은 1퍼센트였다).[19] 이러한 상황에서 퓨리오사AI의 등장으로 한국도 타이완처럼 팹리스와 파운드리를 아우르는 반도체 생태계 구축의 첫 단추를 채울 수 있게 되었다. 여담이지만 직접 만나본 백준호 대표는 '천생 공학자' 같은 느낌이었다. 그의 열정이라면 이러한 기대를 반드시 실현해줄 것이라 믿는다.

## 자유롭게 휘어지는 힘, 유기 소재

메모리 반도체와 시스템 반도체의 혁신을 알아보았으니, 이제는 소재 차례다. 반도체 산업에서 소재가 중요하지 않았던 적은 없다. 다만 지금은 그 어느 때보다 중요하다. '구부러지는' 세상이 왔기 때문이다.

갤럭시워치나 애플워치 같은 스마트워치를 가리켜 웨어러블 디바이스wearable device라고 한다. 말 그대로 입을 수 있는 전자 제품이라는 뜻이다. 즉 사용자가 불편함이나 거부감을 느끼지 않게 하면서도 신체에 맞닿아 각종 데이터를 취합하고 서비스를 제공하는 것이 웨어러블 디바이스다. 그런데 나는 스마트워치 정도로는 웨어러블 디바이스라고 부르기 어렵다고 생각한다. 진정한 웨어러블 디바이스라면 딱딱해선 안 된다. 옷처럼 신체에 부드럽게 밀착할 수 있어야 한다. 그러려면 무엇보다 구부러져야 한다. 스마트워치를 분해하면 보이는 기판도, 그 위의 반도체도, 반도체 안의 각종 소자도 모두 구부러져야 한다.

이것이 가능하려면 소재 수준에서 혁신이 이뤄져야 하는데, 그 중심에 유기有機 소재가 있다.[20] 실리콘 같은 무기 소재에 비해 유기 소재는 휘어지거나 늘어날 뿐 아니라, 마치 잉크처럼 인쇄(박막)할 수 있어 활용 분야가 무궁무진하다. 플렉서블 및 스트레처블stretchable 디스플레이나 태양전지는 물론이고, 얇디얇은 기판 위에 인쇄하는 것만으로 휘어지는 반도체를 만들 수 있다. 심지어 배터리 또한 유기 소재로 만들게 될지 모른다. 완벽한 웨어러블 디바이스라면 전력을 공급하는 배터리도 구부러져야 할 텐데, 그러려면 리튬이나 니켈 같은 무기 소재 대신 유기 소재를 쓸 수밖에 없다.

그렇다면 유기 소재의 시장 규모는 어느 정도일까. 2022년 기준 4조 5000억 달러(약 5710조 6400억 원)로, 연평균 8퍼센트씩 성장 중이다. 유기 반도체 시장으로만 좁혀보면 1169억 달러(약 148조 3500억 원) 규모로, 연평균 21퍼센트씩 성장 중이다. 동 기간 전 세계 반도체 시장이 6040억 달러(약 766조 4900억 원) 규모였다는 점을 생각하면 절대 무시할 수 없는 크기다.[21]

이런 이유로 세계 각국이 유기 소재 공략에 뛰어들었다. 그 경쟁에서 승기를 잡는 방법은 아주 간단하다. 유기 소재의 가장 큰 단점을 누구보다 먼저 극복하면 된다. 유기 소재는 무기 소재보다 전자 이동도가 매우 떨어진다. 전자가 잘 이동하지 못한다는 것인데, 반도체 소재로 쓰기에는 치명적인 단점이다. 관련 단위인 'cm$^2$/(V·s)'

로 나타내자면, 실리콘은 $1600cm^2/(V \cdot s)$에 달하지만, 유기 소재는 $1.5 \sim 5cm^2/(V \cdot s)$ 정도에 불과하다. 전자이동도가 이 정도로 낮다면 데이터의 저장과 연산, 반환 과정이 모두 느릴 수밖에 없다.

그런데 2021년 1월 울산과학기술원UNIST에서 유기 소재의 전자이동도를 높일 방법을 개발해 화제를 모았다.[22] 연구팀은 특정 물질 두 가지를 반응시켜 C5N이라는 화합물을 만들어냈다. 이 녀석의 전자이동도는 $996cm^2/(V \cdot s)$로, 기존의 유기 소재들보다 월등한 성능을 보여주었다. 아직은 실리콘보다 낮긴 하지만, 분명 고무적인 일이다. 연구팀은 전자이동도를 높일 추가 연구를 진행 중이다.

삼성전자도 유기 소재에 관심을 보이고 있다. 앞서 설명한 것처럼 유기 소재는 인쇄가 가능하다. 무기 소재와 달리 특수하게 처리된 용액에 녹여도 성능이 유지되기 때문이다. 이를 활용하면 인쇄하듯 반도체를 찍어낼 수 있다. 반도체의 모든 공정을 대체할 순 없겠지만, 웨이퍼에 설계도를 새기는 포토 공정 정도는 충분히 대체할 만하다. 이는 생산 비용 절감으로 이어지므로, 유기 소재는 파운드리로서 삼성전자의 숨은 한 방이 될 수 있다.[23]

물론 유기 소재를 활용한 반도체 생산은 먼 미래의 일일 것이다. 실제로 일선 현장에서는 유기 소재 연구를 포기하는 경우도 많다. 하지만 미래 가치를 생각했을 때 충분히 투자할 만하다. HBM과 PIM의 경우를 떠올려보라. 처음부터 장밋빛 미래를 약속하는 기술은 거의 없다.

# 10년 후 세상을 바꿀 2차원 소재

하나 더 소개하고픈 소재가 있다. 바로 2차원 소재다. 2차원이란 선 line이다. 즉 2차원 소재는 마치 선을 그은 것처럼, 원자 하나 정도의 아주 얇은 두께를 자랑하는 소재다(원자가 일렬로 쭉 늘어선 모습을 떠올리면 된다). 반도체가 3나노를 넘어 2나노, 1나노를 향해 점점 미세화되고 있는 만큼, 2차원 소재는 피할 수 없는 미래로 여겨진다.

가장 대표적인 2차원 소재로는 누구나 한 번쯤 들어봤을 그래핀 graphene이 있다. 그래핀은 원래 이론에 불과했는데, 2004년 영국 맨체스터대학교의 연구팀이 스카치테이프를 붙였다가 떼기만 하면 흑연에서 그래핀이 분리된다는 사실을 발견했다. 그간 그래핀을 합성하거나 분리하려는 온갖 노력이 있었는데, 번번이 실패하다가 정말 어처구니없을 정도로 간단하게 성공한 것이다. 연구팀은 이 공로를 인정받아 2010년 노벨물리학상을 받았다.

이렇게 분리된 그래핀은 놀라운 성능을 보여주었다. 구리보다 전기전도도가 100배나 높았고, 다이아몬드보다 열전도율이 두 배나 높았다. 강철보다 200배나 단단하면서도 탄성이 좋아 쉽게 구부러졌다. 원자 하나 두께의 얇은 소재라기에는 믿을 수 없을 정도의 성능이었다. 한마디로 '신의 소재'였다.

그런데도 상용화에 실패했다. 이유는 간단하다. 너무 비싸기 때문이다. 순도 높은 그래핀은 1마이크로미터에 1000달러가 넘는다. 그램 단위로 환산하면 지구상에서 가장 비싼 물질이다(그러다 보니 세계적인 투자가인 짐 로저스가 그래핀에 관심을 보이기도 했다).[24] 특히 반도체 소재로 사용하기에는 전자가 너무 잘 흐른다는 치명적인 단점이 있다. 약간 과장을 섞어 말하면 전자의 흐름을 막을 수 없을 정도다. 반도체는 전자의 흐름을 제어하는 것으로 각종 신호를 만들어 내고, 이것으로 데이터 저장과 연산, 변환을 수행한다. 따라서 애초에 전자의 흐름을 제어할 수 없다면 반도체가 아니다.

그렇다면 반도체에는 어떤 2차원 소재를 쓸 수 있을까. 그래핀을 대신해 각광받는 것이 바로 '전이금속 칼코겐 화합물Transition Metal Dichalcogenides, TMD'이다. TMD는 그래핀처럼 쉽게 합성할 수 있는 동시에, 전자의 흐름을 제어할 수 있다. 실제로 TSMC가 TMD를 활용해 1나노 이하 반도체 생산 기술을 연구 중이다. 이 기술이 충분히 성숙한다면 TSMC는 다른 어떤 파운드리보다 미세하게 반도체를 만들 수 있을 것이다.[25]

한국의 경우 반도체 기업보다는 연구소들이 2차원 소재 개발을 주도하고 있다. 2020년 6월 UNIST 연구팀과 삼성전자는 '비정질 질화붕소amorphous Boron Nitride, aBN'라는 2차원 소재를 개발해《네이처》에 발표했다.[26] 참고로 2차원 소재의 단점은 고전압과 저전류다. 그래핀 같은 특이한 경우를 제외하면, 2차원 소재는 두께가 원자 하나 크기에 불과하므로 길이 매우 좁은 고속도로와 비슷하다. 자동차(전자)가 제대로 달릴 수 없는 것이다. 그런데 aBN은 유전율誘電率을 낮춤으로써 이 문제를 해결했다. 유전율이란 전류가 외부 자기장에 영향받는 정도를 가리키는데, 쉽게 말해 유전율이 높으면 전류가 잘 흐르지 못하고, 반대로 유전율이 낮으면 전류가 잘 흐른다. 그런데 aBN의 유전율은 지금까지 연구된 2차원 소재 중 가장 낮은 수준이다. 한마디로 aBN는 전류가 제일 잘 흐르는 2차원 소재인 것이다.

UNIST 연구팀은 이러한 성과를 계속 이어가 2022년 6월 《네이처》에 새로운 2차원 소재인 '육방정계 질화붕소hexagonal Boron Nitride, hBN'를 발표했다. hBN은 '화이트 그래핀'으로도 불리는데, 그래핀처럼 육각형 구조를 띠기 때문이다. 2023년 8월에는 《네이처 커뮤니케이션스》가 역시 UNIST 연구팀이 개발한 2차원 소재인 '몰리브덴 텔루륨화 화합물Molybdenum Ditelluride, MoTe2'을 소개했다.[27]

이처럼 연구소들의 활약이 두드러지지만, 그렇다고 반도체 기업들의 공이 아예 없는 것은 아니다. 사실 한국의 2차원 소재 연구는 삼성전자가 터를 닦았다고 할 수 있다. 삼성전자는 2010년대 초반부터 그래핀을 시작으로 2차원 소재를 묵묵히 연구해왔다. 그렇게 10년을 쌓아 맺은 열매 중 하나가 UNIST 연구팀과 함께 개발한 aBN이다. 많은 전문가가 2차원 소재가 실제로 쓰일 때까지는 앞으로도 최소 10년은 걸릴 것으로 본다. 바꿔 말해 10년 뒤에는 핵심 소재로 부상하게 될 가능성이 있다. 머지않아 1나노 반도체 경쟁이 본격화될 텐데, 2차원 소재는 부피가 원자 하나 정도에 불과하다는 점에서 충분히 '게임 체인저'가 될 수 있다. 일본의 예에서 본 것처럼 소재는 손에 쥐기가 어렵지, 일단 차지하게 되면 독점적인 지위를 누릴 수 있다. 한국의 반도체 기업들이라고 2차원 소재의 가치를 모를 리 없다. 이 새로운 분야에서 새로운 가능성을 찾아내길 기원한다.

# 인공지능이라는 특이점

인공지능이라 하면 많은 사람이 SF 영화에나 나올 법한, 인간을 뛰어넘는 어떤 지성체 따위를 떠올린다. 하지만 내 생각은 다르다. 진정한 의미에서 인공지능 시대란 인공지능이 눈치채지 못할 정도로 자연스럽게 일상에 스며든 시대다. 그런 점에서 우리는 이미 인공지능 시대를 살고 있다.

일상화된 인공지능의 대표적인 사례가 '당근(옛 당근마켓)'이다. 대부분의 사람은 당근을 단지 중고 거래 플랫폼 정도로만 여길 것이다. 그런데 전문가들의 의견은 다르다. 그들은 당근이 한국의 구글이나 메타가 될 가능성을 점친다. 당근이 이렇게 고평가받는 이유는 무엇일까.

지역 경제에 기반한 '로컬 비즈니스'의 전 세계적인 성공 사례라는 점을 제외하고도, 당근의 자랑거리로 뛰어난 인공지능 시스템을 꼽을 수 있다. 오늘날 중고 거래를 하는 사람들은 전통의 강호 '중고나라'보다 당근을 선호한다. 2022년 기준 중고나라의 누적 가입자수는 2300만 명인데, 당근은 3200만 명을 넘었다. 전자가 2003년에, 후자가 2015년에 서비스를 시작했다는 점에서 엄청난 격차가 아닐 수 없다.[28] 이러한 차이는 어디에서 비롯되었을까. 마케팅부터 인터페이스까지 다양한 요소가 영향을 미쳤겠지만, 특히 당근은 인공지능을 활용해 순수한 중고 거래가 아닌 광고를 걸러냄으로써 사용자 편의성을 극대화했다.

말로만 들으면 쉬워 보이지만, 광고의 바다에서 적절한 중고 거래를 골라 추천해주는 기술은 난도가 상상 이상이다. 당근은 빅데이터와 딥러닝을 활용해 사용자가 피하는 글의 패턴을 파악한 다음, 그러한 글이 작성되면 자동으로 노출되지 않게 했다. 이 정도 기술을 실제로 적용한 국내 플랫폼은 손에 꼽는다.

당근은 2017년부터 인공지능을 활용했는데, 처음부터 광고를 88퍼센트의 정확도로 걸러냈다.[29] 지금은 광고인지 판단하고 걸러내는 데 몇 초밖에 걸리지 않는다고 한다. 인공지능이 1억 개 이상의 중고 거래 글을 학습한 결과다. 앞으로는 언제, 또 누구에게 가장 잘 팔릴 만한지도 분석해 적절히 노출해주는 것을 목표로 하고 있다.

이처럼 인공지능은 우리가 모르는 사이에 세상을 변화시키고 있다. 이때 촉매제 역할을 하는 것이 반도체다. 고성능의 인공지능은 고성능의 반도체가 필수다. 그러면 이제부터 반도체 산업과 상호 작용할 인공지능 기술들을 알아보자.


## 일상생활에 스며들다

2023년 7월 《네이처》에 날씨를 예측하는 인공지능에 관한 논문이 실렸다.[30] 작성자는 놀랍게도 미국이 벼르고 있는 화웨이 소속 연구팀이었다. 해당 연구팀은 관측된 기후 데이터를 바탕으로 날씨를 예측하는 인공지능을 만들었다.

이 인공지능의 강점은 데이터만으로도 날씨를 예측할 수 있다는 것이다. 좀 더 자세히 설명하면, 기존에는 기후 데이터를 각 요소의 물리적 원리를 반영한 각종 방정식에 대입해 얻은 결괏값에 따라 날씨를 예측했다. 그래서 슈퍼컴퓨터가 필요한 것이다. 투입되는 기후 데이터의 양이 워낙 방대한 데다가, 이를 복잡하기 그지없는 방정식들로 계산해야 하기 때문이다. 그런데 인공지능은 그러한 방정식들 없이도 작동한다. 기후 데이터 간의 관련성, 가령 구름과 비의 관계를 학습해 얻어낸 패턴과 비교하는 것만으로도 굉장히 정확하게 날씨를 예측한다. 똑같은 이유로 매우 빠르기까지 하다. 연구팀에 따르면 기존의 방정식을 활용한 날씨 예측보다 1만 배 정도 빠르다고 하는데, 특정 지역의 주간 날씨 정도는 10초 안에 예측하는 수준이다.

그렇다면 날씨 예측 인공지능은 인간의 삶을 어떻게 바꿀 수 있을까. 우선 탄소 배출량을 크게 줄일 수 있다. 유럽 국가들이 함께 운영하는 유럽중기예보센터European Centre for Medium-Range Weather Forecasts의 경우 자동차로 미국을 횡단하면 나오는 정도의 탄소를 매일 배출한다고 한다. 실제로 유럽중기예보센터가 불을 땐다는 것이 아니라, 날씨 예측용 슈퍼컴퓨터가 소모하는 전력이 그 정도의 탄소를 내뿜는 발전 과정을 통해 얻어진다는 말이다. 그런데 화웨이 연구팀이 개발한 인공지능을 쓰면 이 탄소 배출량을 1만분의 1까지 줄일 수 있다.

또한 속도가 워낙 빠르기 때문에 사람의 목숨을 구할 수 있다. 거대한 폭풍이 바닷가 마을을 향하고 있는데, 이를 30분 전이 아니라 두 시간 전에 예측할 수 있다면, 인명과 재산 피해를 최소화할 수 있을 것이다.

반도체 산업과 연관해 살펴보자면, 무엇보다 돈이 된다. 날씨 예측처럼 일상생활과 밀접한 인공지능이 더 많아지면 반도체 기업들, 특히 인공지능 반도체를 설계하고 생산하는 반도체 기업들로서는 시장을 넓힐 기회가 된다.

즉 인공지능 기술의 발달은 반도체 산업의 성장과 불가분의 관계다. 2022년 기준 전 세계 인공지능 시장의 규모는 870억 달러(약 110조 4100억 원)였는데, 2023년에는 1502억 달러(약 194조 4400억 원)에 달할 것으로 예측된다. 이후로도 매년 35퍼센트 넘게 성장할 것으로 전망되는바, 2030년이 되면 1조 3452억 달러(약 1741조 4000억 원)에

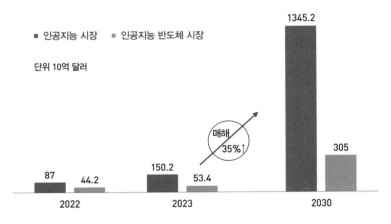

▼ 전 세계 인공지능 시장 및 인공지능 반도체 시장 추이

- 인공지능 시장   - 인공지능 반도체 시장

단위 10억 달러

1345.2

매해
35%↑

305

87    44.2    150.2    53.4

2022    2023    2030

자료 MarketsandMarkets, Gartner

이를 것으로 보인다. 2023년 한국의 인공지능 시장 규모는 2조 6000억 원으로 추산되는데, 절대 작지 않다. 한국의 인공지능 기술력은 세계 7위로 아시아에서는 중국과 싱가포르 다음이다.[31] 인공지능 기술과 반도체 산업의 시너지가 기대되는 이유다.

## ○〜── 질병 치료의 신기원 ──〜○

인공지능은 질병도 고친다. 2021년에 《사이언스》는 그해의 가장 뛰어난 연구로, 단백질 구조를 해독하는 데 걸리는 시간을 획기적으로 단축한 인공지능을 꼽았다.[32] 인체의 25퍼센트를 구성하는 단백질은 면역력과 직결된다. 간단히 말해 단백질이 부족하거나, 돌연변이를 일으키면 인간은 감기부터 암까지 다양한 질병에 걸리게 된다. 한편 외부에서 침입하는 바이러스는 대개 단백질 껍질로 자신을 보호한다. 따라서 단백질 구조를 빨리 해독할 수 있다는 것은, 인간의 면역력과 바이러스의 비밀을 그만큼 빨리 알게 될 수 있다는 의미다.

지금까지는 단백질 구조를 해독하기 위해 엑스레이나 현미경을 활용했다. 즉 눈으로 일일이 관측했다. 이렇게 얻은 데이터들을 컴퓨터의 힘을 빌려 각종 방정식과 통계로 계산하면 드디어 단백질 구조와 관련된 패턴을 얻을 수 있다. 이 패턴들을 그러모으면 질병의 치료법부터 인간 진화의 비밀까지 원하는 정보를 얻을 수 있는데, 문제는 데이터들을 추려 패턴을 얻기까지 시간이 너무 오래 걸린다는 것이다. 수백만 개의 데이터에서 패턴을 찾는 일은 직관의 영역을 벗어나므로, 복잡한 계산과 오랜 시간이 필요하다. 바로 이 지점에서 인공지능이 필요하다. 실제로 2010년부터 단백질 구조를 해독하는 데 인공지능이 동원되기 시작했다.

그중에서 가장 유명한 것이 구글에서도 인공지능 기술을 집중적으로 연구하는 구글 딥마인드Google DeepMind의 '알파폴드AlphaFold'다. 엑스레이나 현미경을 활용해 단백질 구조를 해독하는 데는 보통 몇 개월에서 길게는 몇 년까지 걸린다. 그런데 알파폴드는 이 시간을 단 며칠이나 몇 주로 단축해버렸다. 팬데믹이라는 위기 상황에서 코로나19의 단백질 구조를 분석하는 데 알파폴드를 동원했던 이유다. 특히 2020년 공개된 알파폴드2는 '알파폴드2 쇼크'라고 불릴 정도로

엄청난 성능을 자랑했는데, 이 녀석 또한 코로나19의 변이와 관련된 단백질 구조를 밝혀냈다.[33]

한편 《사이언스》가 주목했던 인공지능은 워싱턴대학교 연구팀이 개발한 '로제타폴드 RoseTTAFold'다.[34] 로제타폴드는 2021년 7월 혜성같이 등장했다. 기본적인 작동 방식은 알파폴드와 비슷하나, 분석 속도가 '미친' 수준이다. 일반적으로 수년은 걸릴 분석을 10분 안팎으로 끝낸다. 이 차이는 '차원'에서 비롯된다. 즉 알파폴드는 단백질의 2차원 구조(아미노산들의 염기 서열)를 먼저 그려본 다음, 이것들을 모아 최종적으로 3차원 구조(단백질 자체)를 만든다. 반면에 로제타폴드는 2차원 구조와 3차원 구조를 동시에 만들어 계속 비교해가며 완성도를 높인다. 그러다 보니 속도와 정확도 모두 알파폴드를 앞선다.

주목할 점은 로제타폴드에 한국의 지분이 있다는 것이다. 이 인공지능은 데이비드 베이커 David Baker 워싱턴대학교 교수와 백민경 서울대학교 교수(당시 박사후연구원)의 작품이다. 백민경 교수는 지금도 로제타폴드 연구를 계속하고 있다. 최근에는 로제타폴드의 정확도를 90퍼센트 이상 개선해 주목받았다.

후대인들은 알파폴드와 로제타폴드가 활약한 2020년을 과학사의 중요한 분기점으로 여길 것이다. 저 두 인공지능이 생명현상에 대한 이해를 한 차원 높여주었기 때문이다. 가령 한국생명공학연구원은 10대 바이오 유망 기술 가운데 하나로 단백질 구조를 분석하는 인공지능을 꼽았다.[35] 이러한 때에 한국의 연구자가 로제타폴드를 개발했다는 것은 큰 축복이다.

## ○—⌐ 컴퓨터와 연결되는 뇌 ⌐—○

날씨 예측과 질병 치료 모두 일상생활에 스며든 인공지능의 대표적인 예다. 그런데 '밀접'을 넘어 '부착'되는 수준의 인공지능 기술이 있다. 인공지능(컴퓨터)이 인간의 뇌와 곧바로 연결되어 상호 작용하는 'BCIBrain Computer Interface'다. 이를 활용하면 생각만으로 컴퓨터를 조작한다든지, 머릿속에서 인공지능과 대화를 나눈다든지 하는, SF 영화에나 나올 법한 일들을 할 수 있다.

BCI는 1970년대부터 본격적으로 연구되기 시작했다. 처음에는 장애인을 위한 연구가 많았다. 선천적인 질병이나 후천적인 사고로 말을 못 하게 된 사람이 있다고 해보자. 그 사람의 뇌에 생각을 음성으로 표현해주는 스피커를 연결한다면? 비장애인만큼 마음대로 말할 수 있게 될 것이다. 바로 이것이 초기 BCI 연구자들이 꿈꾼 세상이었다.

최근의 BCI 연구 또한 큰 틀에서 궤를 같이한다. 2020년 3월 캘리포니아대학교 연구팀은 인공지능이 뇌전증 환자의 뇌파를 분석해 글로 표현해주는 기술을 《네이처 뉴로사이언스》에 발표했다.[36] 인간이 무언가를 생각할 때 뇌는 혈류량이나 전기신호가 특정 패턴에 따라 활성화된다. 인공지능은 바로 이 패턴을 분석해 머릿속 생각을 글로 표현해냈는데, 오차율이 3퍼센트 미만이었다.

2023년 5월에는 《네이처》가 스위스로잔공과대학교 연구팀이 연구한 BCI를 소개했다.[37] 연구팀은 자신들의 BCI를 '디지털 브리지

$^{digital\,bridge}$'라고 불렀는데, 말 그대로 '다리' 역할을 하기 때문이다. 그렇다면 이 BCI는 무엇과 무엇을 연결할까. 바로 뇌와 척수다. 연구팀은 오토바이 사고로 척추를 다쳐 하반신이 마비된 환자에게 뇌와 척수를 다시 연결하는 BCI 장치를 부착했다. 그러자 10년 넘게 다리를 쓰지 못했던 환자가 일어나 걸었다. 이전에는 척수에 인위적인 전기 자극을 가해 걷게 하는 기술이 주로 쓰였는데, 그러면 기계적으로 걷기만 할 수 있을 뿐이라, 복잡한 지형지물을 돌파하지 못했다. 그런데 BCI는 뇌의 지시를 그대로 척수에 전달하므로 더욱 자연스럽게 걸을 수 있었다. 심지어 연구팀은 죽어버린 신경이 되살아나는 효과까지 확인했다.

이처럼 BCI는 수많은 사람에게 큰 희망을 주고 있다. 물론 아직 해결해야 할 문제들이 존재한다. 우선 해킹당할 위험이 있다. BCI 장치를 해킹하면 타인의 생각이나 동작을 마음대로 조작할 수 있다. 해킹은 아니더라도 중앙정부나 빅테크 기업 같은 '빅브라더'가 머릿속을 들여다볼지 모른다. 이에 대한 대비책이 반드시 마련되어야 한다.

다음 문제는 여전히 많은 BCI 장치가 침습형, 즉 신체에 부착되는 형태라는 것이다. 외과 수술을 통해 뇌나 뇌 근처에 BCI 장치를 부착하는 일은 분명 부담스럽다. 연구자들도 이를 잘 알고 있어 비침습형 BCI 장치 개발에 열을 올리고 있다. 실제로 2023년 5월 《네이처 뉴로사이언스》에 관련 연구가 소개되었다.[38] 텍사스대학교 연구팀이 기능성 자기공명영상 fMRI을 활용한 BCI 장치를 선보인 것이다. 연구팀은 fMRI로 실험 참가자들의 뇌를 스캔해 혈류량 변화를 기록한 다음, 이 데이터를 인공지능이 학습하게 했다. 그러자 인공지능은 참가자들의 생각을 정확히 글로 표현해냈다. 단순히 생각을 문자로 옮긴 수준이 아니라 맥락과 뉘앙스까지 살려서 말이다. 뇌에 전극을 꽂지 않는 비침습형 BCI 장치가 이 정도 성과를 낸 것은 처음이라 크게 주목받았다.

이처럼 인공지능과 반도체의 결합은 SF 영화와 현실의 경계를 지워버린다. 그렇다면 한국의 BCI 기술력은 어느 정도일까. 미국이나 유럽과 비교해 50퍼센트 정도에 불과하다는 게 전문가들의 평가다. 관련해 연구·개발비가 미국의 1퍼센트에 불과하다는 통계도 있다. BCI는 인공지능이 주도하는 대표적인 분야다. 소프트웨어보다 하드웨어에 특화된 한국으로서는 공략이 쉽지 않을 것이다. 하지만 전 세계 BCI 시장 규모가 2030년이 되면 54억 6300만 달러(약 7조 1000억 원)까지 커질 것으로 예측되는 만큼 포기할 수 없다.[39] 더 늦지 않게 도전을 시작해야 할 때다.

## ∘── **특이점이 온다** ──∘

지금까지 살펴본 인공지능들의 이점을 한마디로 표현해야 한다면, 나는 이렇게 말하겠다. "인공지능은 시간을 아껴준다." 빅데이터와 딥러닝을 앞세운 오늘날의 인공지능은 무엇보다 빠른 연산 속도를 자랑한다. 기존의 방식으로는 몇 년이 걸릴 일을 단 몇 초 만에 해치

운다. 그 결과를 어떻게 이용할지는 그다음 문제다. 필멸자인 우리에게는 그렇게 확보된 '추가 시간'이 너무나 소중하다.

실제로 오늘날 수많은 연구소에서 인공지능이 훌륭한 보조 연구원으로 활약하고 있다. 그들은 인간이라면 엄두도 못 낼 우주 차원의, 또는 미시 세계 차원의 계산을 도맡아 순식간에 처리한다. 가령 2018년 캘리포니아공과대학교의 한 대학원생이 블랙홀 두 개가 충돌할 때 벌어질 일을 딥러닝을 이용해 밝혀냈다. 2019년에는 애리조나대학교의 연구팀이 딥러닝을 이용해 800만 개의 가상 우주를 만들어냈다. 같은 해 뮌헨대학교의 연구팀은 자동차 배기가스 제거제나 고체 산화물 연료전지 등에 쓰이는 파이로클로르Pyrochlore의 상변태 그래프를 딥러닝을 이용해 그리는 데 성공했다. 상변태란 온도나 압력 같은 주변 환경에 따라 물질의 상태가 변하는 것을 의미한다. 그런데 사실 파이로클로르의 상변태 그래프는 이미 2017년에 그려진 상태였다. 그때는 6년이 걸렸는데, 딥러닝을 이용하니, 단 몇 주밖에 걸리지 않았다. 이런 일들을 인간의 뇌만으로, 또 이토록 빠르게 해낼 수 있을까.

이처럼 인공지능은 인간을 압도하는 연산 능력을 자랑한다. 다시 한번 강조하지만, 무엇보다 빠르다. 즉 인공지능은 인간에게 시간을 벌어준다. 이 때문에라도 미래는 곧 인공지능 시대가 될 것이다. 미래학자인 레이 커즈와일은 "2029년에는 사람과 똑같이 말하고 생각하고 감정까지 느끼는 인공지능이 탄생할 것이다. 2045년에는 인공지능과의 결합으로 인간의 육체적·지적 능력이 생물학적 한계를 뛰어넘는 시점, 즉 '특이점singularity'이 올 것이다"라고 예측했다. 이처럼 인공지능이 고도화될수록 그 수혜는 반도체 산업이 가장 먼저 누리게 될 것이 분명하다. 2023년의 전 세계 인공지능 반도체 시장 규모는 534억 달러(약 69조 1300억 원)로 추산되는데, 이는 2022년의 442억 달러(약 56조 1000억 원)보다 20.8퍼센트 증가한 것이다. 2024년에는 2023년 대비 25.6퍼센트 늘어난 671억 달러(약 86조 8600억 원)에 달할 것으로 보았다.[40] 한마디로 인공지능의 특이점은 반도체 산업의 특이점이 될 것이다. 그 사건의 지평선 너머에서 무슨 일이 벌어질지 기대되지 않는가.

# 2장

# 시장 선점

"반도체는 사람 흉내 내기를 하면서 발전해왔다."

○─ **박용인 삼성전자 사장**

로봇과 인공인간부터 클라우드와 통신,
자동차를 포함한 여러 탈 것까지
반도체와 사람이 만나는 곳에
새로운 시장이 있다.

# 로봇과 인공인간의 시대

미래는 생각보다 빠르게 도래한다. 전기자동차가 본격적으로 대중화된 것은 2010년대 중반 이후다. 이후로 10년도 채 지나지 않았는데, 이미 도로를 달리는 자동차 10대 중 한 대는 전기자동차다. 그런데 전기자동차나 자율주행 자동차의 개념 및 기술은 이미 수십 년 전부터 준비되고 있었다.[1] 그것이 언제 어떻게 시장에서 등장할지 정확하게 예측하고, 또 과감하게 베팅한 사람들은 큰돈을 벌었다. 기술과 시장의 맥을 짚는 일은 이처럼 한 박자 빨라야 한다.

하여 이번 장에서는 앞서 살펴본 반도체와 인공지능의 기술 초격차가 어떻게 시장의 판도를 바꿀지 살펴보려 한다. 첫 번째는 로봇과 인공인간이다. 2023년 1월 삼성전자가 레인보우로보틱스RAINBOW ROBOTICS라는 로봇 기업의 지분을 매입했다는 소식이 전해졌다. 당시 삼성전자의 지분율은 10.2퍼센트였는데, 이후 3월에는 14.99퍼센트까지 늘리면서 윤준오 삼성전자 부사장이 아예 레인보우로보틱스의 부사장으로 합류했다. 같은 달 한종희 삼성전자 부회장은 "로봇 사업에 총역량을 집중한다"라고 밝히며, 반도체를 이을 삼성전자의 미래 먹거리가 로봇임을 공식화했다.[2]

사실 이런 행보를 보이는 것은 삼성전자뿐이 아니다. 2020년 12월 현대자동차는 8억 8000만 달러(약 9500억 원)를 들여, 4족 보행 로봇 '스팟 Spot'과 직립보행 로봇 '아틀라스Atlas'로 유명한 미국의 로봇 기업 보스턴 다이내믹스Boston Dynamics를 인수했다.[3] 현대자동차가 갑자기 로봇을 생산하고 판매할 일은 없겠지만, 자동차의 차체자세제어장치 등에 보스턴 다이내믹스의 기술이 적용될 것으로 보인다. 그렇다면 정말로 로봇이 한국 반도체 산업의 묘수가 될 수 있을까.

우선 로봇 시장의 규모부터 살펴보자. 2022년의 전 세계 로봇 시장 규모는 390억 달러(약 49조 4900억 원)였다. 당시 전 세계 반도체 시장 규모가 6040억 달러(약 766조 4900억 원)였음을 생각해보면 그리 커 보이지 않는다. 하지만 로봇 시장은 성장 속도가 매우 빠른데, 매해 최소 17퍼센트씩 성장할 것으로 전망된다. 무엇보다 한국의 산업구조는 제조업 중심이다. 그래서 로봇, 특히 로봇 시장의 과반을 차지하는 산업용 로봇에 대한 이해와 노하우가 상당하다. 그 중심에 반도체 산업이 있다. 반도체는 매우 섬세한 제품이므로, 공정의 대부분을 로봇이 담당한다. 실제로 삼성전자와 SK하이닉스 모두 반도체 공장의 완전 무인화를 추진 중이다. 이런 이유들로 한국은 국제로봇연맹International Federation of Robotics이 정한 로봇 밀도robot density, 즉 근로자 1만 명당 로봇의 비율이 세계에서 가장 높다. 그냥 높은 정도가 아니라 세계 평균의 일곱 배에 달할 만큼 압도적으로 높다.[4]

세계에서 한국만큼 로봇을 볼 수 있는 나라가 없다. 이때 그 로봇이 만드는 것도 반도체고, 그 로봇에 들어가는 것도 반도체다. 즉 한국은 반도체 산업과 로봇 산업을 아우르는 생태계를 조성할 수 있다. 이 기회를 잘 살려야 한다.

## 로봇과 반도체

그러려면 한 가지 문제를 해결해야 한다. 이 문제는 새로운 것이 아니다. 한국의 고질적인 문제로 반도체 산업의 경우와도 일맥상통한다. 한때 한국인은 젓가락을 사용하기 때문에 손기술이 좋다는 통설이 널리 퍼졌던 적이 있다. 과학적 근거가 있는지는 영원히 알 수 없겠지만, 적어도 한국인의 (손)기술이 유독 좋다는 것은 사실은 듯싶다. 반도체 산업을 예로 들어보자. 삼성전자나 SK하이닉스는 일본에서 소재를, 미국에서 설계도를, 유럽에서 도구를 가져와 세계에서 가장 뛰어난 반도체를 만들어낸다. 최고의 레시피와 재료, 도구만 주어지면 근사한 요리를 선보이는 일류 주방장 같다. 이를 뒤집으면, 한국은 레시피와 재료, 도구가 없으면 아무것도 할 수 없다는 말이 된다. 이것이 바로 한국의 문제다.

소프트웨어를 제외한 로봇의 핵심 부품은 크게 네 가지로 나뉜다. 구동용 부품(서보 모터servo motor, 감속기 등), 제어용 부품(컨트롤러 등), 구조용 부품(엔드 이펙터end effector 등) 그리고 센서다. 이 중 가장 중요한 것이 구동용 부품으로, 보통 로봇 원가의 절반 가까이를 차지한다. 다른 부품이 아무리 뛰어나도 구동용 부품이 별로면 로봇은 제대로 움직일 수 없다.[5]

구동용 부품은 움직임의 정도나 속도를 제어하는 서보 모터와 이 모터의 출력을 조절하는 감속기로 구성된다. 직접 만나본 몇몇 업계 종사자에 따르면 서보 모터는 매우 다양한 제품이 있다고 한다. 대부분 일본제긴 하지만, 대체제가 많아 저렴하면서도 고성능의 서보 모터를 찾는 일이 그리 어렵지 않다. 문제는 감속기다. 정밀 제어를 수행하는 부품이라, 애초에 만들기가 쉽지 않기 때문이다. 감속기 또한 일본이 꽉 잡고 있는데, 일본의 하모닉 드라이브Harmonic Drive와 나브테스코Nabtesco가 양대 산맥이다. 2022년 기준 전 세계 감속기 시장은 10억 달러(약 1조 2700억 원) 규모인데, 하모닉 드라이브 홀로 70퍼센트를 차지할 정도다. 나브테스코까지 합치면 일본의 점유율은 80퍼센트를 넘나든다.[6]

또한 로봇 산업은 반도체 산업만큼이나 보수적이다. 반도체 기업들이 불화수소 같은 소재의 공급처를 쉽게 바꾸지 않으려고 하는 것처럼, 로봇 기업들도 중요 부품의 공급처를 잘 바꾸지 않는다. 로봇, 특히 산업용 로봇은 정밀한 작업을 수행하는 제품이기도 하거니와 워낙 고가라 한번 설치되면 10년이고 20년이고 웬만해서는 교체하지 않는다. 오래된 통계긴 하지만, 2016년 기준 한국에 수입된 산업용 로봇의 평균 단가는 8000만 원이었다. 설치비를 제외한 비용만이 정도니, 실제로는 1억 원이 넘는다고 보아야 한다.[7] 이런 점 때문에 소프트웨어를 업데이트하고 하드웨어를 수리하면서 최대한 오래쓰려고 한다.

결과적으로 한국의 로봇 산업은 경쟁자들보다 뒤처져 있다. 시장점유율에서는 일본에, 기술력에서는 미국에, 가격 경쟁력에서는 중국에 밀리는 실정이다. 2021년 산업연구원이 평가한 한국 로봇 산업의 경쟁력을 살펴보면, 10점 만점 기준에 7.4점을 받아 주요국 중 최하위에 머물렀다. 연구·개발 경쟁력의 경우 7.6점으로 7.5점을 받은 중국을 근소하게 따돌리며 꼴찌를 면했다. 참고로 일본, 독일, 미국이 두 항목에서 모두 1~3위를 차지했다.[8]

이런 상황에서 반도체 산업은 한국 로봇 산업의 돌파구가 될 수 있다. 앞서 설명한 것처럼 반도체 공정은 100퍼센트 자동화를 추구한다. 이래저래 로봇이 많이 들어갈 수밖에 없다. 삼성전자가 왜 로봇 기업의 지분을 인수했겠는가. 어떤 종류의 로봇을 개발할지는 모르지만, 삼성전자가 직접 만든 산업용 로봇이 삼성전자의 반도체를 만들 날이 가까워 보인다.

실제로 비슷한 전략을 따라 성장하는 기업들이 이미 존재한다.

중견기업인 제우스는 1990년대 후반 일본 기업과 함께 대형 디스플레이 패널을 운반하는 자동화 시스템을 개발하며 산업용 로봇과 관련된 노하우를 쌓기 시작했다. 이후 여러 가지 로봇을 개발하는 동시에, 이를 활용해 반도체 공정에 필수적인 장비도 생산하기 시작했다. 제우스는 웨이퍼를 세정하는 장비를 만드는데, 도쿄 일렉트론과 더불어 세계 유이의 기술력이다. 이처럼 반도체와 로봇을 쌍두마차 삼은 제우스는 2022년 매출 5100억 원을 달성했는데, 영업이익이 무려 10퍼센트 가까운 450억 원이었다. 제조업 분야의 기업으로서는 엄청난 실적이다.[9]

이처럼 반도체 산업과 로봇 산업은 가까워질수록 시너지를 낼 수 있다. 반도체 강국으로서 이는 한국에 분명 큰 기회다. 반도체 산업이 로봇 산업을 견인하게 된다면, 한국 경제의 생태계가 전반적으로 더욱 풍요로워질 것이다.

## ○── 인공인간은 무엇을 보는가 ──○

산업용이든 서비스용이든 로봇의 최종 버전은 결국 인간형일 것이다. 전통적으로 이러한 로봇을 휴머노이드라고 불렀는데, 최근에는 '인공인간artificial human'이라고도 한다. 사실 인공인간은 좀 더 폭넓은 개념이다. 즉 휴머노이드는 현실에만 존재하지만, 인공인간은 가상공간을 넘나든다. 이 개념을 가장 먼저 제시한 것은 삼성전자로,

2020년 공개한 '네온NEON'이라는 이름의 인공지능 플랫폼이 시초다. 이 플랫폼에 접속하면 인공지능이 만든 다양한 인물들과 상호 작용할 수 있다. 그들은 날씨를 알려주기도 하고, 내가 사고 싶은 옷을 대신 입어 테가 어떤지 보여주기도 한다.

정리하면 인공인간은 세 가지 단계를 거친다. 첫째, 대화가 가능해야 한다. 전문가에 따라 스마트 스피커도 인공인간의 범주에 포함하는 이유다. 둘째, 생김새나 말투 등이 사람과 같아야 한다. 인공인간의 핵심으로 인공지능을 꼽는 이유다. 셋째, 앞의 두 특징을 모두 갖춘 로봇이어야 한다.

이런 인공인간이 과연 존재할 것인가. 지금으로서는 테슬라의 '테슬라 옵티머스Tesla Optimus', 일명 '테슬라 봇'이 가장 유력해 보인다. 보스턴 다이내믹스의 아틀라스는 수준 높은 하드웨어 기술로 운동선수 같은 뛰어난 움직임을 보여주지만, 사람과 상호 작용할 만한 인공지능이 탑재되어 있지는 않다. 반면에 테슬라 봇은 인공지능 및 네트워크 기술을 극대화해 움직임은 아틀라스보다 굼뜰지 몰라도, 공장에서 인간 동료들과 함께 테슬라의 자율주행 자동차를 조립할 정도는 된다.

바꿔 말해 인공인간에게 중요한 것은 하드웨어보다도 소프트웨어다. 연장선에서 테슬라 봇의 가장 큰 장점은 '눈'이다. 3부에서 자세히 살펴보겠지만, 테슬라 봇에는 테슬라의 자율주행 자동차들에 탑재된 '테슬라 비전Tesla Vision'이 이식되어 있다. 테슬라 비전은 컴퓨터 비전의 일종으로, 인공지능이 카메라로 수집한 시각 정보를 분석해 주변 환경을 인식하는 기술이다. 보통의 자율주행 자동차는 '라이다LiDAR'라고 불리는 센서가 레이저를 쏘아 튕겨 돌아오는 시간을 계산해 주변 사물의 위치나 속도 등을 계산한다. 반면에 테슬라 비전의 작동 방식은 사람이 눈으로 보는 것과 크게 다르지 않다. 이 때문에 테슬라 봇은 사전에 일일이 알려주지 않아도 사물을 '눈'(카메라)으로 보고 직접 구분할 수 있다. 기존의 산업용 로봇과 가장 크게 구분되는 지점이다.

테슬라가 테슬라 봇을 개발하는 이유는 일론 머스크의 기벽 때문이 아니다. 돈이 되기 때문이다. 테슬라 봇이 상용화된다면 대부분의 인간 노동자를 대체할 수 있다. 로봇 노동자는 임금을 요구하지도 않고, 파업하지도 않는다. 심지어 쉬지도 않는다. 이로써 테슬라는 수익성을 크게 개선할 수 있을 것이다.

삼성전자도 '삼성 봇'을 개발한다는 소식이 있다. '핸디Handy'와 '아이ị'로 모두 서비스용 로봇이다.[10] 테슬라 봇에 비하면 여러모로 인공인간이라 부르기에 부족하고, 가장 먼저 투입할 곳이 공장도 아니다. 다만 삼성전자가 로봇을 개발하기 시작했다는 데 의의가 있다. 계속해서 강조하지만, 반도체는 초정밀 제품이다. 시간이 갈수록 점점 더 많은 공정을 로봇에 맡길 수밖에 없다. 물론 당장 보스턴 다이내믹스나 테슬라 정도의 인공인간을 만들기는 어려울 것이다. 무엇보다 하드웨어 노하우가 없다. 하지만 소프트웨어는 희망이 있다. 앞서 살펴본 HBM과 PIM 같은 삼성전자의 강력한 인공지능 반도체가 큰 역할을 할 수 있을 것이다.

# 연결되지 않으면 돈이 되지 않는다

테슬라 봇을 설명하며 스치듯 언급한 단어가 있다. 바로 '네트워크'다. 첨단 반도체가 탑재된 전자장치라도, 사람과 비교할 수 없을 정도로 뛰어난 인공지능이 적용된 로봇이라도 서로 연결되지 않으면 의미가 없다. 이는 인류 문명을 보아도 알 수 있다. 우리 인간이 서로 연결되어 상호 작용하지 않았다면 이 정도의 발전을 이룰 수 있었을까.

네트워크의 중요성을 나 혼자 외치는 것은 아니다. 삼성전자나 SK하이닉스 같은 반도체 기업부터 네이버나 카카오 같은 플랫폼 기업, 아마존이나 구글 같은 인공지능 기업까지, 빅테크 기업들은 빠지지 않고 네트워크 기술 확보에 사활을 걸고 있다. 특히 클라우드cloud가 주요 격전지다.

그렇다면 클라우드란 무엇일까. (업계에서도 클라우드에 대한 정의가 다양하므로) 간단히 설명하면, 말 그대로 '구름'처럼 존재하는 서버다. 내일 날씨가 궁금해 인터넷에 접속한다고 해보자. 네이버든 구글이든 포털에 내일 날씨를 검색하면 멀리 떨어진 서버에서 관련 데이터를 찾아 모니터 화면에 띄워준다. 즉 지구 어딘가에는 가상의 데이터를 보관한 물리적인 서버가 존재한다는 말이다. 이 서버와 컴퓨터를 연결해주는 물리적인 회선이 산 넘고 바다 건너 전 지구를 감싸고 있다.[11]

그런데 물리적인 서버와 회선은 설치에 엄청난 비용이 들고, 관리하기도 힘들다. 메타의 경우 세계 곳곳에 21개의 데이터 센터라 불리는 서버 시설을 두고 있는데, 매년 유지·보수에 들어가는 비용만 55억 달러(약 7조 1200억 원)에 달한다. 2022년 착공한 텍사스주의 데이터 센터는 완공까지 8억 달러(약 9800억 원)가 투입될 예정이다.[12] 돈이 다가 아니다. 서버가 내뿜는 고열을 식혀줘야 하고, 해저를 지나는 회선이 끊어지기라도 하면 잠수정을 투입해야 한다.

이런 어려움을 피하고자 등장한 개념이 바로 클라우드다. 클라우드는 따로 서버가 필요하지 않다. 광대한 네트워크 자체를 가상화된 서버로 사용한다. 물론 그 네트워크를 유지하기 위해 물리적인 서버가 필요하긴 하지만, 그 개수를 크게 줄일 수 있다.[13] 이 기술을 활용하면 클라우드를 컴퓨터처럼 쓸 수도 있다. 키보드와 마우스, 모니터 같은 입·출력장치를 클라우드에 연결하면, 클라우드가 데이터 저장과 연산 등 본체의 기능을 담당하는 것이다.

실제로 오늘날 많은 사람이 클라우드를 이용하고 있다. 클라우드에 파일을 업로드하면, 편집과 동시에 백업이 가능하므로 매우 편리하다. 나만 하더라도 영상이나 이미지를 편집할 때는 업무용 소프트웨어 기업인 어도비의 '어도비 크리에이티브 클라우드Adobe Creative Cloud'를, 문서를 편집할 때는 마이크로소프트의 '원드라이브OneDrive'를, 기타 데이터를 보관할 때는 구글의 '구글 드라이브Google Drive'를 이용한다. 넷플릭스나 왓챠 같은 OTT 서비스들도 모두 클라우드를 기반으로 한다. 즉 클라우드에 업로드된 콘텐츠에 각 사용자가 접근하는 식이다.

이 때문에 클라우드 시장은 확장 일로를 걷고 있다. 2022년 기준 전 세계 퍼블릭 클라우드* 시장 규모는 5458억 달러(약 692조 6400억 원)에 달했다.[14] 그렇다면 반도체 기업은 어떻게 이 거대한 시장에 연결될 수 있을 것인가. 답은 간단하다. 바로 인공지능 반도체와 모뎀(무선통신용 반도체)이다.

---

*   '퍼블릭 클라우드(public cloud)'란 기업이나 관공서 등 특정 조직의 내부에서만 쓰이는 '프라이빗 클라우드(private cloud)'와 달리 모두에게 열려 있는 클라우드를 말한다. 클라우드라 하면, 보통 퍼블릭 클라우드를 가리킨다.

또 인공지능 반도체다! 그렇다면 HBM과 PIM 기술을 가진 한국에
도 기회가 있다는 것인데, 우선 클라우드에 왜 인공지능 반도체가 필
요한지 알아보자. 클라우드에는 막대한 데이터가 여기저기에 분산되
어 있다. 이 중 사용자가 원하는 것을 재빨리 찾아주어야 하고, 작업
내용을 실시간으로 백업해야 하며, 훗날을 위해 잘 보이는 곳에 쌓아
놓아야 한다. 이는 병렬 연산에 특화된 GPU가 잘할 수 있는 일들이
다. 그런데 사용자와 데이터가 모두 많아지면서 더욱 고성능의 인공
지능 반도체가 필요해졌다. 게다가 인공지능 반도체는 효율이 매우
좋아 전력도 적게 소모한다. 거대한 규모의 클라우드 서비스를 제공
하는 기업들이 인공지능 반도체를 자체 개발하는 이유다.

대표적인 예가 아마존이다. 아마존은 '아마존 웹 서비스Amazon Web
Service'라는 클라우드 서비스를 제공 중인데, 이를 위해 엔비디아의
GPU로 구성된 슈퍼컴퓨터를 사용해왔다. 그런데 여러 이유로 인공
지능 반도체 개발에 착수했다. 사용자와 데이터가 늘어나는 것은 둘
째 치고, 애초에 그래픽을 처리할 목적으로 설계된 GPU로는 클라우
드에 가득한 텍스트 데이터나 음성 데이터를 효율적으로 처리할 수
없었기 때문이다. 2018년 11월 이러한 문제들을 해결할 아마존의 인
공지능 반도체 '그래비톤Graviton'이 드디어 첫선을 보였다. 2022년 12
월 공개한 그래비톤3E의 경우 GPU를 사용할 때보다 동 시간 대비
데이터 처리량이 2.3배 늘어났는데, 특히 영상 인식의 경우 여덟 배

나 빨라졌다. 무엇보다 전력 소모량이 크게 줄어 서비스 비용을 70 퍼센트나 낮출 수 있었다. 오늘날 아마존이 경쟁자들보다 싼값에 클라우드 서비스를 제공하는 이유다. 물론 여기에서 만족할 아마존이 아니다. 2023년 11월 아마존은 그래비톤3E보다 동 시간 대비 데이터 처리량을 75퍼센트 늘린 그래비톤4를 공개했다.[15]

한국도 클라우드 시장이 반도체 산업에 새로운 기회가 될 것임을 잘 알고 있다. 재미있는 이야기일 수 있지만, 2022년 9월 국민연금공단은 클라우드 스타트업인 메가존클라우드MegazoneCloud에 1000억 원을 투자했다. 참고로 국민연금공단은 테슬라 주식을 저점에 사서 고점에 매도한 투자의 고수다.[16] 혹자는 웃으며 넘기겠지만, 돈은 미래를 선도할 산업과 시장으로 흐른다. 나는 그렇게 믿는다.

실제로 2023년 6월 과학기술정보통신부는 인공지능 반도체 개발 지원을 골자로 한 'K-클라우드 프로젝트'를 발표했다. 이를 위해 2030년까지 8262억 원을 투자할 계획이다. 사실 한국은 인공지능 반도체에 약하지 않다. 관련된 발명 건수만 따지면 세계 3위다. 삼성전자와 SK하이닉스는 HBM과 PIM의 강자고, 퓨리오사AI의 인공지능 반도체는 엔비디아의 아성에 도전하고 있다. 다만 조각 난 아이디어를 합쳐 온전한 기술로 다듬고, 또 이를 시장에 제대로 적용할 '플레이어'가 아직 등장하지 않았을 뿐이다.[17] K-클라우드 프로젝트는 바로 이런 문제에 집중할 예정이다.

일단은 국내 클라우드 시장부터 접수할 필요가 있다. 2022년 기준 국내 클라우드 시장은 1조 7844억 원 규모로, 아마존과 마이크로소프트가 각각 62.1퍼센트와 12퍼센트를 차지하며 1위와 2위에 올랐다. 그 뒤는 7퍼센트를 차지한 네이버였다. 매년 15퍼센트 이상 성장할 것으로 예측되는 시장인 만큼 이제라도 다시 뛰어들어야 한다. 클라우드 분야는 하드웨어가 정말 중요하다. 아마존의 경우가 이를 잘 증명한다. 그런 점에서 삼성전자와 SK하이닉스 보유국인 한국에 아직 기회가 있다. 2022년 9월 캐나다를 방문한 윤석열 대통령이 딥러닝의 아버지 힌턴을 만났는데, 그 자리에서 그는 이렇게 강조했다. "인공지능 혁명은 반드시 일어납니다. 그리고 그것은 소프트웨어가 아니라 하드웨어 혁신에서 비롯될 가능성이 큽니다."[18]

## ∘— 5G에서 6G로 —∘

다음은 모뎀이다. 꼭 클라우드가 아니더라도, 무엇 하나 연결되지 않은 것이 없는 초연결 시대에 모뎀은 쓰임이 매우 많다. 게다가 한국은 무선통신 강국이다. 느린 인터넷 속도를 참을 수 있는 한국인이 과연 몇 명이나 될까. 실제로 한국은 세계에서 가장 빠른 무선통신 속도를 자랑한다. 우선 2019년 4월 한국은 세계에서 가장 먼저 5G 통신 상용화를 선포했다. 2022년 기준 휴대전화 사용자의 36.4퍼센트가 5G 통신을 이용 중인데, 그 비율이 30퍼센트를 넘는 나라는 전 세계에 한국과 이스라엘뿐이다. 물론 품질도 나쁘지 않다. 2023년 9월 한국통신사업자연합회가 측정한 세계 각국의 5G 통신 속도를 살펴보면, 한국은 다운로드와 업로드 모두에서 압도적인 1위다.[19] 한마디로 한국은 세계에서 가장 빠른 나라다.*

이처럼 빠른 속도의 중심에 모뎀이 있다. 모뎀은 원활한 무선통신을 지원하는 반도체다. 무선통신이란 전파에 데이터를 실어 주고받는 것인데, 이때 데이터를 전파에 실을 수 있도록 변환하는 일, 전파에서 데이터를 분리하는 일을 모뎀이 담당한다. 따라서 모뎀의 성능이 좋아질수록 이 모든 과정이 더욱 빠르고 정확하게 진행된다. 그만큼 전력도 더 적게 소모하므로, 에너지도 아낄 수 있다.

게다가 오늘날에는 단순히 음성과 텍스트, 이미지 외에 영상까지 무선통신으로 주고받는다. 네트워크로 연결되는 전자장치의 수도 크게 늘었다. 자율주행 자동차는 도로를 다닐 때 제조사의 서버, 정부의 도로 관리 플랫폼, GPS와 네비게이션 시스템, 위성 등과 동시에 연결된다. 이처럼 현대적인 삶에 무선통신은 필수고, 그 무선통신의 품질은 모뎀이 좌우한다.

다행인 점은 한국의 무선통신 기술력이 세계 최고 수준이라는 것이다. 2021년 기준 5G 통신의 경우 미국을 100점으로 보았을 때 97.8점으로 중국과 세계 2위를 다툴 정도다. 특허 취득 수로 따지면 4G LTE 통신 특허의 22.5퍼센트가, 5G 통신 특허의 25.9퍼센트가

---

* 이론적으로 5G 통신은 4G LTE 통신보다 20배 빠르다(연결되는 기기는 10배 많다). 하지만 정말 그렇게 체감하는 사람은 거의 없다. 이는 기술력이 부족해서가 아니라, 안테나와 중계기 같은 무선통신망 설비를 제대로 구축하지 못했기 때문이다. 통신사들은 정부에서 5G 통신 주파수 대역을 좀 더 넓혀준다면 과감히 투자할 수 있다고 주장 중이다.

2부 | K 반도체의 극점 돌파

한국 것이다. 기업별로 보면 삼성전자가 세계 1위다. 다만 특허의 양과 질을 모두 종합했을 때는 1위가 중국의 화웨이, 2위가 미국의 퀄컴, 3위가 삼성전자라는 분석도 있다.[20] 세부적인 분석이 다를 순 있지만, 최소한 한국의 무선통신 기술력이 세계에서 세 손가락 안에 든다는 것은 변함없는 사실이다.

그렇다면 시장에서는 어떨까. 2021년 기준 전 세계 5G 모뎀 시장은 8억 4300만 달러(약 1조 원) 규모로, 이후 매년 30퍼센트 가까이 성장할 것으로 예측된다. 이 시장의 과반을 차지하는 것은 미국의 퀄컴으로, 그 뒤를 타이완의 미디어텍과 삼성전자가 쫓고 있다. 2022년 3분기 기준 퀄컴의 점유율은 62.3퍼센트, 미디어텍의 점유율은 26퍼센트, 삼성전자의 점유율은 6.1퍼센트였다. 아무래도 삼성전자가 불리한 구도인데, 2023년 3월 미디어텍은 인텔의 모뎀 사업부를 인수하며, 9월 퀄컴은 애플과의 모뎀 공급 계약을 3년 연장하며 우세를 굳히고 있다.[21] 모뎀 시장에서도 한국은 실수를 반복하는 중이다. 좋은 기술을 시장에 제대로 적용하지 못하는 실수 말이다. 앞으로 계속해서 커질 모뎀 시장에서 반전을 꾀하려면 어떻게 해야 할까. 결국 다시 기술 초격차에서 시작하는 수밖에 없다. 2023년 3월 삼성전자는 '엑시노스 모뎀 5300'이라는 새 5G 모뎀을 공개했다. 4나노 공정이 적용된 이 모뎀은 1초당 10기가바이트의 데이터를 다운로드하고, 역시 1초당 3.87기가바이트의 데이터를 업로드할 수 있는 최대 속도를 자랑한다. 이는 퀄컴의 최신 5G 모뎀인 '스냅드래곤 X75'를 살짝 앞서는 정도인데, 시장 격변이 기대된다.[22]

모뎀은 아니지만, 2023년 10월 삼성전자는 자체 개발한 AP인 '엑시노스 2400'을 발표했다. 2023년 2분기 기준 전 세계 AP 시장 점유율을 보면 미디어텍이 32퍼센트, 퀄컴이 28퍼센트, 애플이 26퍼센트다. 삼성전자의 점유율은 4퍼센트밖에 되지 않는다.[23] 이에 삼성전자는 2024년에 발표할 새로운 갤럭시 S부터 퀄컴의 AP뿐 아니라 엑시노스 2400도 탑재해 잃어버린 점유율을 되찾고자 한다. 5G 통신부터 스마트폰까지, 2024년은 여러모로 '모바일 전쟁'의 원년이 될 것이다.

삼성전자는 더 먼 미래도 착실히 준비 중이다. 대표적인 예가 6G 모뎀 개발이다. 삼성전자는 2020년부터 6G 모뎀 개발에 뛰어든 상태다. 2030년이 되면 6G 통신이 상용화될 것으로 보고 미리 준비하는 것이다. 실제로 삼성전자는 2021년에 500미터 구간에서의 6G 통신 실험에 성공했고, 지금은 1킬로미터 구간에서의 실험을 준비 중이다.[24]

사실 삼성전자는 2018년 세계 최초로 5G 모뎀을 선보일 정도로 관련 기술력이 뛰어나다. 하여 초반에는 전 세계 5G 모뎀 시장을 석권했다. 하지만 미국의 퀄컴 밀어주기와 미디어텍의 공격적인 인수·합병으로 시장 점유율이 쪼그라들었다. 그래도 아직 희망은 있다. 5G 모뎀 시장은 점점 커질 것이 분명하고, 그렇다면 '기술의 삼성'이 역전할 기회가 반드시 올 것이다. 삼성전자의 5G 모뎀이 옛 영광을 되찾을 날을 기대한다.

# 모빌리티 시장에 후발 주자란 없다

2022년 6월 현대자동차 주주들의 가슴을 설레게 할 소식이 전해졌다. 머스크가 현대자동차를 "매우 잘하고 있다"라고 평했다는 것이다. 이 소식이 전해지자 반응은 반반으로 갈렸다. 현대자동차 주식을 가지고 있거나 애국심이 충만한 사람들은 머스크를 자동차 업계의 선각자로 추켜세웠고, 반대로 평소 현대자동차에 불만이 많았던 사람들은 머스크의 기행 중 하나일 뿐이라며 깎아내렸다. 과연 진실은 무엇일까.

개인적으로 구독하는 경제 전문지가 있는데, 머스크의 발언이 나오고 한 달 뒤에 〈우리가 몰랐던 현대차? 우리만 몰랐던!〉이라는 기사가 실렸다.[25] 그 기사는 흥미로운 사실을 언급한다. 현대자동차가 전기자동차 공장을 짓고 있는 조지아주의 국제공항에서 입국 심사를 통과하는 가장 쉬운 방법으로, 현대자동차 직원임을 밝히면 '프리패스'라는 것이다. 정말 "우리만 몰랐던" 현대자동차의 위상이 아닐 수 없다.

사실 현대자동차는 몇 년 전만 하더라도 서구권에선 저렴한 차 중의 저렴한 차로 여겨졌다. 도요타는 물론이고 혼다에도 밀릴 정도였다. 그런데 2020년대 들어 예상을 뛰어넘는 실적을 올리며 점점 호평받기 시작했다. 그 상승세가 계속되고 있으니, 2023년 3분기에는 북미와 유럽에서의 판매 호조에 힘입어 역대 최고 실적인 매출 41조 26억 원을 기록했다. 미국에서만 상반기에 약 79만 대(제네시스 제외)를 팔아치웠다고 한다.[25]

더욱 고무적인 것은 전기자동차의 성장이다. 현대자동차가 만드는 전기자동차도 외국에서 좋은 반응을 얻고 있다. 2022년 6월에는 《블룸버그》가 〈머스크 미안. 현대자동차가 전기자동차 시장을 조용히 잠식하고 있어 Sorry Elon Musk. Hyundai Is Quietly Dominating the EV Race〉라는 기사를 내보내기도 했다. 현대자동차는 2023년 3분기에 미국에서만 1만 9630대의 전기자동차를 팔아, 1위 테슬라(15만 6621대)와 2위 포드(2만 962대)를 바짝 뒤쫓았다(독립된 브랜드로 1802대가 팔린 제네시스까지 합치면 포드를 뛰어넘었다). 특히 전년 동 기간과 비교해 판매량이 219퍼센트 늘어났다는 점에서, IRA에 잘 대응하고 있다는 방증이

기도 하다.[26] 이러한 이유로 많은 전문가가 5년이나 10년 뒤에는 현대자동차가 테슬라를 앞지를지 모른다고 본다.

다만 아쉬운 것은 현대자동차의 연구·개발비나 확보한 특허가 경쟁자들보다 적다는 것이다. 먼저 자동차 기업들의 연구·개발비를 국가별로 총합하면, 2020년 기준 독일은 59조 원, 일본은 33조 원, 미국은 30조 원, 중국은 12조 원인 데 반해, 한국은 8조 6000억 원에 불과하다. 특히 현대자동차는 전 세계 13대 자동차 기업 중에서 매출은 4위인데 연구·개발비는 10위에 머문다. 이러한 차이는 곧바로 특허에 영향을 미친다. 2006년부터 2020년까지 자율주행 자동차 관련 특허 출원 수에서 현대자동차는 3080개로 도요타(5239개)와 소니(3630개)에 밀려 3위를 차지했다. 앞으로 전기자동차의 핵심 요소가 될 전고체 배터리의 경우 격차가 더 벌어진다. 2000년부터 2022년 3월까지 전고체 배터리와 관련해 현대자동차가 출원한 특허는 200여 개로, 1300여 개의 도요타와 비교도 할 수 없는 수준이다.[27]

정리하면 현대자동차의 비상은 기술력보다는 준수한 편의성과 저렴한 가격 등에 힘입은 결과다. 그렇다면 현대자동차는 기술력이 부족한 속 빈 강정에 불과하다는 말인가. 절대 그렇지 않다. 오히려 기회 요소가 더 많다고 본다. 오늘날 자동차는 '달리는 컴퓨터'기 때문이다. 즉 뛰어난 상품성으로 시장을 휩쓸고 있는 현대자동차의 자동차에 한국의 수준 높은 반도체를 이식하기만 하면 된다. 땅 짚고 헤엄치기와 다를 바 없다. 실제로 2023년 12월 현대자동차는 버튼만 누르면 겨울용 스노 체인snow chain이 장착되는 타이어, 구동장치와 휠을 통합한 유니휠UNI Wheel 등의 신기술을 공개했다. 이처럼 현대자동차는 언제나 미래를 준비 중이다. 여기에 반도체만 더해지면 화룡점정이 될 것이다.

## 세계는 왜 반도체 대란을 겪었나

많은 사람이 팬데믹으로 세계가 멈춘 2021년을 반도체 대란이 있었던 해로 기억한다. 모종의 인과관계를 따라 반도체 대란은 자동차 산업에 타격을 가했다. 당시 신차를 계약한 사람은 1~2년이나 기다려야 했다. 2021년 9월에는 반도체 대란으로 생산에 차질을 겪은 자동차가 1015만 대에 달했다.[28]

팬데믹과 반도체, 자동차가 어떤 관계이길래 이런 일이 벌어졌을까. 그 이유는 크게 세 가지다. 첫째, 팬데믹 때문에 신차 구매가 감소할 것으로 예측한 자동차 기업들이 전장 반도체 발주량을 줄였다. 그런데 생각보다 이른 시점에, 즉 2020년 하반기부터 자동차 시장이 빠르게 회복되었다. 마침 전기자동차나 자율주행 자동차 등 최신 기술이 잔뜩 탑재된 자동차들이 속속 출시되며 전장 반도체 수요 또한 크게 늘었다.

둘째, 전장 반도체 기술의 낙후다. 반도체 제작의 기본이 되는 실리콘 원판인 웨이퍼의 경우, 그 종류가 지름을 기준으로 12인치(300밀리미터)와 8인치(200밀리미터)로 나뉜다. 보통 첨단 반도체는 12인치 웨이퍼로 만드는데, 크다 보니 미세한 작업을 하기에 수월하기 때문이다. 물론 반도체가 많이 제작된다는 장점도 있다. 그런데 전장 반도체는 8인치 웨이퍼로 만든다. 이 공정은 사용되는 장비도 낡고 제작되는 반도체의 수도 적어 한물간 기술로 여겨지는 탓에, 삼성전자나 TSMC 같은 대형 파운드리에서 잘 취급하지 않았다. 이런 이유로 전장 반도체는 IDM에서 개발과 생산을 모두 담당했고, 따라서 원래 물량이 많지 않았다. 다만 반도체 대란을 뼈저리게 겪은 덕분인지, 2023년 10월 삼성전자는 전장 반도체 생산량을 늘리고 기술혁신에도 박차를 가하겠다고 밝혔다. TSM는 GM, 폭스바겐, 도요타, 혼다 등과 전장 반도체 공급 계약을 이미 맺은 상태로, 해당 자동차 기업들이 있는 독일과 일본에 공장까지 짓고 있다. 전장 반도체의 몸값이 얼마나 높아졌는지 확인할 수 있는 대목이다.[29]

셋째, 천재지변이다. 지진과 화재로 일본 반도체 산업의 대장으로 평가받는 르네사스 일렉트로닉스Renesas Electronics의 이바라키茨城현 공장이 파괴되었고, 텍사스주를 덮친 한파로 전장 반도체의 두 거인인 인피니언 테크놀로지스Infineon Technologies(이하 인피니언)와 NXP 반도체NXP Semiconductors(이하 NXP)의 오스틴시 공장이 가동을 멈췄다.[30]

이때의 일로 사람들은 드디어 깨닫게 되었다. 자동차에 얼마나 많은 전장 반도체가 들어가는지를 말이다. 오늘날 대부분의 자동차는 정도의 차이가 있을 뿐 'ADASAdvanced Driver Assistance Systems'를 탑재하고 있다. 직역하면 '첨단 운전자 보조 시스템'인데, 크루즈 컨트롤부터 비상자동제동장치까지 사용자를 보호하고 운전의 편의성을 높

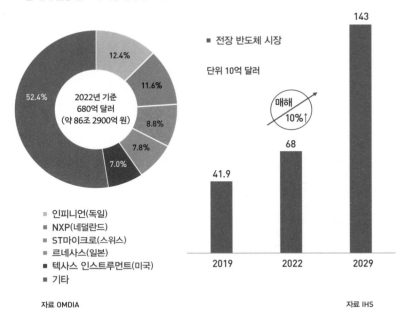

▼ 전 세계 전장 반도체 시장 점유율 및 추이

2022년 기준
680억 달러
(약 86조 2900억 원)

52.4%
12.4%
11.6%
8.8%
7.8%
7.0%

- 인피니언(독일)
- NXP(네덜란드)
- ST마이크로(스위스)
- 르네사스(일본)
- 텍사스 인스트루먼트(미국)
- 기타

자료 OMDIA

- 전장 반도체 시장

단위 10억 달러

매해
10%↑

41.9
68
143

2019    2022    2029

자료 IHS

이는 기능을 모두 포함한다. 자율주행 시스템도 ADAS의 일부다. 이 ADAS를 지원하는 전장 반도체가 일반적인 내연기관 자동차에는 300여 개가, 전기자동차에는 1000여 개가, 자율주행 자동차에는 2000개 이상이 들어간다.[31]

이런 이유로 전장 반도체 시장은 매년 크게 성장 중이다. 전 세계 전장 반도체 시장은 2019년에 419억 달러(약 48조 3600억 원) 규모였는데, 2022년에는 680억 달러(약 86조 2900억 원) 규모로 커졌다. 2029년에는 1430억 달러(약 185조 1200억 원) 규모에 달할 것으로 예측된다. 한마디로 점점 더 많은 자동차가 점점 더 많은 전장 반도체를 필요로 할 것이다. 가령 자동차의 자율주행 수준이 계속해서 올라가는 만큼 더 많은 전장 반도체가 장착되지 않겠는가. 자율주행 수준은 0단계에서 5단계로 높아지는데, 지금 자율주행 자동차라 불리는 것들은 감속과 가속, 운전대 조작을 대신 해주는 2~3단계에 해당한다. 앞으로 두세 단계나 남은 것으로, 단계가 올라갈수록 반도체 기업들의 수익도 함께 상승할 것이다. 전장 반도체 시장이 한국 반도체 기업들에 노다지인 이유다.

실제로 삼성전자는 2025년부터 현대자동차에 전장 반도체 '엑시노스 오토 V920'을 공급하기로 했다. 이 녀석은 사용자에게 자동차와 관련된 온갖 정보를 제공하는 인포테인먼트infotainment 시스템에 장착되는데, 삼성전자가 현대자동차에 관련 전장 반도체를 공급하기로 한 것은 사상 최초다.[32] 이는 반도체 기업이 자동차 시장으로 외연을 넓히는 좋은 선례가 될 것이다.

## ◦— 전장 반도체라는 기회 —◦

전장 반도체 시장의 경우 입지를 다지면 쉽게 흔들리지 않는다는 특징이 있다. 우선 전장 반도체는 만들기가 까다롭다. 한국에서 운행 중인 자동차에 달린 전장 반도체라면 여름의 폭염과 장마, 겨울의 한파와 폭설을 모두 견뎌야 한다. 이런 계절적 특징이 아니더라도 원래 전장 반도체는 자동차 특유의 고속과 고열, 먼지 등의 이물질에 강해야 한다. 게다가 전장 반도체는 사람의 목숨과 직결된다. 만약 전장 반도체가 브레이크를 작동하기 위한 전기신호를 0.01초라도 늦게 보낸다면? 이런 미세한 오류가 누군가의 목숨을 앗아갈 수 있다. 그래서 자동차 기업들은 신뢰할 만한 반도체 기업들에만 전장 반도체를 주문한다.

그렇다면 전장 반도체 시장의 지배자는 누구인가. 앞서 잠깐 언급했지만 독일의 인피니언과 네덜란드의 NXP다. 2022년 기준 인피니언의 점유율은 12.4퍼센트였고, NXP의 점유율은 11.6퍼센트였다. 3위는 스위스의 ST마이크로일렉트로닉스STMicroelectronics(이하 ST마이크로)로 8.8퍼센트의 점유율을 기록했다. 순위에서 한국의 반도체 기업들은 찾아보기 어려운데, 그나마 삼성전자가 2.2퍼센트로 12위에 이름을 올렸다(한국의 모든 반도체 기업을 합치면 3.3퍼센트를 차지했다). 전장 반도체 시장에서 한국이 부진한 이유는 간단하다. 그간 돈이 되지 않는다고 판단해 별로 관심을 보이지 않았기 때문이다.

하지만 상황이 달라졌다. 전장 반도체 시장이 매년 10퍼센트씩 꾸준히 성장할 것으로 보이자, 한국 반도체 기업들의 대응도 빨라지고 있다. 삼성전자의 행보에서는 이미 기술은 확보했으니, 시장에 진입하기만 하면 된다는 자신감이 느껴진다. 삼성전자는 2015년에 전장 반도체 개발에 뛰어들었는데, 지금은 다양한 제품을 개발한 상태다. 잘 알려지지 않은 소식이지만, 삼성전자는 이미 테슬라에 14나노 전장 반도체를 공급 중이다. 이후 4나노 전장 반도체 공급도 삼성전자가 따낼 가능성이 크다. 실제로 2023년 5월 이재용 삼성전자 회장이 미국 출장 중 머스크를 만나기도 했다. 넉 달 뒤 삼성전자는 사상 최초로 세계 최대 모토쇼인 프랑크푸르트국제모터쇼에 참가했다. 삼성전자가 갑자기 자동차를 만들 계획인 걸까. 당연히 아니다. 대신 자동차 기업들이 어떤 전장 반도체를 원하는지 묻고, 또 자신들의 전장 반도체를 홍보하기 위해서였다.[33]

삼성전자가 하드웨어에 집중한다면 SK하이닉스는 소프트웨어에 집중하고 있다. 2023년 6월 SK하이닉스는 한국 반도체 기업으로는 최초로 '오토모티브 스파이스Automotive SPICE' 2단계 인증을 받았다. '스파이스'란 'Software Process Improvement and Capability dEtermination'의 약자인데, 직역하면 '소프트웨어 (개발) 프로세스의 발전 및 역량 강화'라는 뜻이다. 즉 차량용 소프트웨어를 개발할 때 따라야 할 일종의 지침으로, 유럽의 자동차 기업들은 모두 이를 공유한다. 자세하게는 0단계부터 5단계까지 총 여섯 단계로 구성되는데, 2단계는 제품이 적절하게 만들어지고 관리됨을 보증한다. 이로써 SK하이닉스는 전장 반도체에 적합하도록 소프트웨어를 손본 낸드플래시의 유럽 수출길을 열었다.[34]

인피니언이나 NXP가 전장 반도체 시장에서 쌓아온 노하우를 무시할 수는 없다. 하지만 삼성전자와 SK하이닉스는 그보다 폭넓고, 또 깊게 반도체 기술을 연마해왔다. 따라서 자동차의 지능이 고도화될수록 오히려 삼성전자와 SK하이닉스에는 기회가 될 것이다. 한국의 반도체 기업들이 전장 반도체 시장의 문을 두드리는 이유다.

# 아날로그 반도체와 화합물 반도체

전장 반도체는 그 쓰임에 따라 여러 종류로 구분되는데, 그중 알아두면 좋을 두 가지를 소개하겠다. 하나는 이미 많이 쓰이고 있는 아날로그 반도체고, 다른 하나는 앞으로가 기대되는 화합물 반도체다.

꽤 오래전인 2010년에 박용인 삼성전자 사장(당시 부사장)이 〈이제는 아날로그 반도체다〉라는 칼럼을 발표했다. 여기에서 그는 "반도체는 사람 흉내 내기를 하면서 발전해왔다"라며 아날로그 반도체를 언급했다.[35] 그의 말에 힌트가 있으니, 아날로그 반도체란 이름 그대로 아날로그 신호를 디지털 신호로 바꿔주는 반도체다. 아날로그 신호란 빛, 소리, 압력, 온도와 같은 것들이다. 이를 전자장치가 이해할 수 있는 디지털 신호, 즉 '0'과 '1'의 조합(기계어)으로 변환하는 것이 아날로그 반도체다. 과거에는 전자장치에 입력하는 데이터의 양자체가 적었으므로 기계어 전문가가 일일이 변환해도 상관없었다. 하지만 오늘날에는 그 양이 엄청나게 늘었다. 가령 자율주행 자동차는 주행 중에 사방에 무엇이 있는지, 자신의 위치가 어디인지, 얼마나 빠르게 달리고 있는지 등을 실시간으로 파악한다. 간단히 말해 인간처럼 전자장치도 실시간으로 세상을 경험해야 하는 시대가 도래한 것이다. 이때 세상의 무수한 아날로그 신호를 순식간에 디지털 신호로 바꿔주는 기계어 전문가가 아날로그 반도체다.

사실 아날로그 반도체는 매우 흔하다. 스마트폰이나 디지털카메라에 부착된 이미지 센서가 가장 대표적인 아날로그 반도체다. 물론 아날로그 반도체 시장을 키운 것은 자율주행 자동차의 대중화다. 특히 눈 역할을 하는 카메라나 라이다에 아날로그 반도체가 주로 탑재된다. 라이다는 레이저가 반사되는 속도를 계산해 대상과의 거리를 측정하는데, 빛(레이저)을 감지하고 디지털 신호로 전환한다는 점에서 아날로그 반도체가 필요하다. 이 외에도 속도나 온도 등을 감지하는 데 모두 아날로그 반도체가 쓰인다.

이처럼 쓸모가 많으므로, 전체 전장 반도체 시장에서 아날로그 반도체 시장의 비중은 59퍼센트에 이른다. 한마디로 아날로그 반도체를 지배하는 자가 전장 반도체를 지배한다. 한국의 반도체 기업들도 이를 잘 알고 있다. SK하이닉스는 2020년을 기점으로 8인치 웨이퍼 공정을 확대하며 아날로그 반도체 생산을 두 배 가까이 늘렸다.[36]

한편 한국에는 아날로그 반도체를 설계하는 기업이 있다. 바로 2021년 5월 출범한 LX세미콘이다.* LX세미콘은 한국을 대표하는 팹리스다. 국내 매출 및 영업이익 1위를 놓친 적이 없고, 전 세계 팹리스 순위에서 한국 기업으로는 유일하게 50위 안에 든다. 이런 LX세

---

* 2021년 5월 LG 그룹에서 분리된 LX 그룹의 자회사인 LX세미콘은 사실 LG 그룹의 염원을 품은 기업이었다. 외환 위기의 여파로 1999년 LG 그룹은 LG반도체를 현대전자에 매각했다. LG 그룹은 끝까지 반대했으나, 정부의 의지가 워낙 강력해 어쩔 수 없었다. 하지만 이후로도 LG 그룹은 반도체 개발에 매진했는데, 자회사였던 실리콘웍스(Silicon Works)가 그 선두에 서 있었다. LX 그룹은 LG 그룹과 이별하며 바로 이 실리콘웍스를 품었는데, 그 과정에서 실리콘웍스는 사명을 LX세미콘으로 바꿨다. 한편 현대전자는 2001년 하이닉스 반도체로 이름을 바꾸고, 2012년 SK 그룹이 하이닉스 반도체를 인수하며 지금의 SK하이닉스가 탄생하게 되었다.

미콘의 주력 상품 중 하나가 디스플레이용 아날로그 반도체다. 2022년 기준 매출의 89.54퍼센트가 디스플레이용 아날로그 반도체에서 나왔다.[37] 이런 점에서 한국에는 이미 아날로그 반도체의 설계와 생산을 위한 생태계가 갖춰져 있다고 볼 수 있다.

사실 전장 반도체 시장의 경우와 마찬가지로, 한국은 아날로그 반도체 시장에서 아직 두각을 드러내고 있지 못하다. 2021년 739억 달러(약 87조 7900억 원) 규모를 달성한 이 시장에서 한국의 점유율은 1퍼센트 내외로 미미하다. 열 손가락 안에 든 한국 반도체 기업이 한 곳도 없을 정도다.[38] 하지만 LX세미콘의 경우에서 보았던 것처럼 기술력이 부족한 것은 아닌 만큼 앞으로의 선전이 기대된다.

다음으로 주목할 전장 반도체는 화합물 반도체다. 화합물 반도체란 특정한 성질을 얻기 위해 여러 가지 물질을 화합해 만든 반도체다. 가령 실리콘으로만 만든 반도체는 열에 약한데, 150도만 넘어가도 기능을 상실한다. 이러면 전장 반도체로 쓰기에 어렵다. 반면에 실리콘에 탄소를 결합한 '실리콘카바이드 Silicon Carbide, SiC'나 질소와 갈륨을 결합한 '질화갈륨 Gallium Nitride, GaN'으로 반도체를 만들면 각각 2000도와 1000도 이상의 고열을 견뎌낸다. 자연스레 고전압도 견딜 수 있어 사용처가 무궁무진하다. 전기자동차에서 전압을 분배하는 역할을 맡는 전력 반도체로의 쓰임이 대표적이다. 이는 업계에서 화합물 반도체와 전력 반도체를 동의어처럼 쓰는 이유기도 하다.

2023년의 전 세계 화합물 반도체 시장은 470억 달러(약 60조 8400억 원) 규모에 이를 것으로 추정되는데, 이후 매해 7퍼센트 가까이 성장할 것으로 보인다. 자동차 산업에서 화합물 반도체 수요가 계속해서 늘고 있기 때문이다. 안타깝게도 한국은 이 분야에서 매우 뒤처져 있다. 국가별 점유율을 보면 유럽이 54퍼센트, 미국이 28퍼센트, 일본이 13퍼센트를 차지하고 있는 반면에, 한국의 점유율은 1퍼센트 내외에 불과하다.[39]

하지만 2023년을 기점으로 분위기가 바뀌고 있다. 화합물 반도체가 미래 먹거리가 될 것이 분명해지자 한국 정부와 기업 모두 시장 공략에 나선 것이다. 2023년 7월 정부는 2028년까지 연구·개발에 1384억 원을 지원하기로 했다. 같은 달 삼성전자는 2025년부터 GaN 반도체를 생산한다고 발표했다. SK 그룹에서 SK하이닉스와 더불어 반도체 산업을 펼치고 있는 SK파워텍과 SK실트론은 SiC 반도체 개발에 열을 올리고 있다. SiC 반도체와 GaN 반도체는 가장 많이 쓰이는 화합물 반도체다. 반도체 산업이 전반적으로 침체를 겪은 2023년에도 전 세계 SiC 반도체 시장은 전년 대비 40퍼센트 이상 성장해 22억 7500만 달러(약 2조 9500억 원) 규모에 달할 것으로 예상된다.[40] 이런 점에서 한국의 전략은 정확하다.

## ○── 1조 센서 시대를 준비하라 ──○

지금까지 살펴본 것처럼 전장 반도체 시장은 한국 반도체 기업들에 '신대륙'이 될 것이다. 물론 해당 시장을 선점한 쟁쟁한 경쟁자들이 있지만, 그동안 쌓은 기술력이라면 첫 도전만으로도 꽤 괜찮은 성과를 거둘 수 있으리라 본다. 그러한 도전을 더욱 빛내줄 것이 바로 전장 반도체의 꽃, 센서다.

앞서 설명한 것처럼 전기자동차나 자율주행 자동차에 들어가는 전장 반도체의 수는 몇천 개에 달한다. 특히 자율주행 시스템이 고도화될수록 그 수는 기하급수적으로 늘어날 것이 분명하다. 점점 더 많아지는 센서 때문이다.

전장 반도체는 보통 자동차의 엔진, 제어·구동장치, 센서에 달린다. 그런데 엔진과 제어·구동장치는, 내연기관을 모터로 대체하는 수준의 아주 특별한 경우가 아니라면 개선은 있을지언정 완전히 새로운 무언가가 나오기 어렵다. 하지만 센서는 다르다. 센서란 인간으로 치면 일종의 감각기관이므로, 최대한 다종다양의 정보를 취합하고 전달할 수 있게 많으면 많을수록 좋다. 가령 주행 중에 앞 차와의 간격을 조절해야 한다면, 내 눈으로만 보고 판단하기보다는 거리를 측정해 경고음을 울려주는 센서에 도움받는 편이 더 안전할 것이다. 한발 더 나아가 센서가 엔진과 제어·구동장치를 적절히 조절해 자동으로 거리를 늘려주거나 줄여준다면 굉장히 편할 것이다. 이것이 바로 자율주행이다.

물론 자율주행 자동차가 아니더라도 센서가 달려 있으면 편하다. 주차의 경우를 생각해보라. 주변 사물과의 거리를 경고음으로만 알려줄 때보다 카메라와 디스플레이를 활용해 시각적으로 보여줄 때가 훨씬 편하다. 최신 자동차는 네 개의 카메라로 사방의 풍경을 촬

　　　　　　　　　　　　　　　2부 | K 반도체의 극점 돌파

영하고 합성해 마치 위에서 내려다보는 듯한 시야를 제공한다. 이를 '어라운드 뷰around view'라고 하는데, 마치 컴퓨터게임을 하듯 주차할 수 있다. 아예 차 밖으로 나와 스마트폰으로 원격 주차도 가능하고, 심지어 자동차 스스로 주차하기도 한다. 이 모든 것을 가능하게 하는 것이 센서다. 한마디로 센서는 '다다익선'이다.

무엇보다 센서는 목숨을 구한다. 앞서 설명한 ADAS의 핵심 기능으로 꼽히는 비상자동제동장치는 갑자기 끼어드는 자동차나 사람을 순식간에 파악해 자동차를 멈춰 세운다. ADAS는 운전자처럼 당황하지도 않고 반응속도가 느리지도 않다. 미국 고속도로안전보험협회에 따르면, 비상자동제동장치만 잘 활용해도 보행자 사고 확률을 25퍼센트 이상 줄일 수 있다.[41]

이런 이유로 차량용 센서 시장은 크게 성장 중이다. 2023년의 전 세계 차량용 센서 시장 규모는 270억 달러(약 34조 9500억 원)에 달할 것으로 예측된다.[42] 앞서 2022년 기준 전 세계 전장 반도체 시장 규모가 680억 달러(약 86조 2900억 원)라고 했는데, 이와 비교해보면 전체 시장에서 차량용 센서가 차지하는 비중을 가늠할 수 있다.

이를 한국의 반도체 기업들도 잘 알고 있다. 삼성전자는 2021년 7월 120만 화소의 차량용 이미지 센서를 전격 출시했다. 삼성전자는 과거에 디지털카메라를 생산하기도 했고, 또 스마트폰인 갤럭시 S를 꾸준히 개발하며 이미지 센서 노하우를 키워왔다. 이를 차량용 센서에 적용한 것이다. 2023년 9월에는 830만 화소와 300만 화소의 차량용 이미지 센서를 공개해 주목받았다. 2022년 기준 전 세계 차량용 이미지 센서 시장은 21억 8600만 달러(약 2조 7700억 원) 규모였다. 이 시장의 강자는 소니로 47.9퍼센트를 차지했다. 2위 삼성전자의 점유율은 18.1퍼센트로 나쁘지 않다. 해당 시장은 매년 9퍼센트 가까이 성장할 것으로 기대되는 만큼 삼성전자의 점유율도 계속해서 증가할 것이다. 한편 후발 주자인 SK하이닉스는 존재감이 미미한 상태지만, 인공지능 기능을 탑재한 차량용 이미지 센서 개발에 몰두하고 있다. 쉽게 말해 눈과 뇌를 합치는 것으로, 기술 개발에 성공한다면 굉장한 경쟁력을 갖출 것으로 보인다.[43]

삼성전자와 SK하이닉스가 차량용 센서 개발에 집중한다는 것은 매우 좋은 소식이다. 차량용 센서 시장은 그보다 규모가 훨씬 큰 전체 센서 시장으로 이어지기 때문이다. 많은 전문가가 2025년이면 '1조 센서' 시대가 도래할 것으로 예상한다. 전 세계적으로 센서 사용량이 1조 개를 넘는다는 것이다. 외부 정보를 감지하면 자동적으로 대응하는 스마트센서로만 좁혀도 동 시기의 세계시장 규모가 875억 8000만 달러(약 113조 3700억 원)에 이를 것으로 예측된다.[44] 앞서 2023년의 전 세계 차량용 센서 시장 규모가 270억 달러(약 34조 9500억 원)라고 했는데, 그 차이가 느껴지는가.

아쉽게도 전체 센서 시장에서 한국의 지분은 2022년 기준 5퍼센트가 채 되지 않는다. 대기업이 그간 손을 대지 않았기 때문이다. 실제로 한국에서 센서를 다루는 기업은 대부분 중소기업인데, 이들조차 스마트센서 제작 공정에 필요한 센서를 수입하는 실정이다.[45]

첫술에 배부를 수는 없다. 시간은 걸리겠지만 한국은 차량용 센서 시장에서 입지를 다진 다음 전체 센서 시장으로 진입할 것으로 보인다. 반가운 소식은 한국이 센서 관련 핵심 기술인 'MEMSMicro-ElectroMechanical Systems'를 확보했다는 것이다. '미세전자기계 시스템'이라는 명칭에서 드러나듯 MEMS는 수 마이크로미터(또는 밀리미터) 크기의 아주 작은 기계다. 실제로 '나노 머신'으로도 불리는데, 어찌나 작은지 반도체 공정을 응용해 제작한다. 어떤 목적의 센서든 보통 있는 듯 없는 듯 작게 만드는 게 핵심이므로, 그 제조에 MEMS가 꼭 필요하다. 그런데 MEMS와 관련된 특허 대부분은 스위스의 ST마이크로, 독일의 보쉬BOSCH, 미국의 인벤센스InvenSense가 보유하고 있어 기술 장벽이 매우 높다. 하지만 2000년 설립된 한국의 마이크로투나노Micro-to-Nano가 독보적인 MEMS 기술을 개발하는 데 성공했다.[46]

정리하면 한국은 전장 반도체의 핵심이 되는 아날로그 반도체, 화합물 반도체, 차량용 센서와 관련된 기술을 모두 가지고 있다. 세계를 주름잡는 자동차 기업과 반도체 기업도 즐비하다. 즉 시작하기만 하면 된다. 2024년은 그 첫발을 떼는 해가 될 것이다.

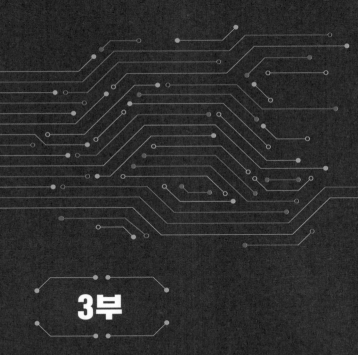

# 3부

# 2035년을 이끌 반도체 기업들

# 1장
# 위기에 강한 삼성전자
## 반도체의 절대 강자를 꿈꾸다

"비교 불가한 절대적 기술 우위와 끊임없는 혁신."
○─ **권오현 전 삼성전자 부회장**

기술 초격차는 쉬지 않아야 한다.
삼성전자의 HBM과 PIM이 빛을 보기까지
10년 이상 걸렸다.
결국 삼성전자가 위기를 돌파하는 힘은
묵묵히 갈고닦은 기술력 그 자체다.

# 위기, 위기, 위기

2022년 출시된 삼성전자의 갤럭시 S22를 나락으로 떨어트린 'GOS 사태'를 기억하는가. 삼성전자의 기술 초격차가 완전히 끝장 났다는 평가마저 나온 일대 사건이었다.

2016년부터 갤럭시 S에 기본으로 탑재되고 있는 애플리케이션 인 'GOS'는 'Game Optimizing Service'의 약자로, 직역하면 '게임 최 적화 서비스'다. 여기서 '최적화'란 어떤 의미일까. 스마트폰의 성능 이 나날이 발전함에 따라 즐길 수 있는 게임의 사양 또한 점점 높아 지고 있는데, 몇몇 게임은 너무 고사양이라 스마트폰이 제대로 지원하지 못하기도 한다. 이때 스마트폰은 고도의 연산을 수행하느라 발열이 심해지고, 다른 기능들이 저하된다. 그 결과 역설적이게도 게임조차 제대로 구동하지 못한다. 이런 사태를 막고자 고사양 게임일수록 스마트폰의 성능을 약간 떨어뜨린 채 구동하는데, 이것이 바로 최적화의 의미다.

그렇다면 GOS는 사용자의 편의성을 높여주는 것 아닌가. 어찌되었든 게임을 쾌적하게 할 수 있으니 말이다. 하지만 GOS는 두 가지 차원에서 소비자를 기만하는 결과를 낳고 말았다. 첫째, GOS 자체가 스마트폰의 성능을 떨어뜨렸다. 갤럭시 S가 업그레이드될수록 GOS도 업그레이드되며 게임뿐 아니라 온갖 애플리케이션까지 제대로 구동하지 못할 정도로 성능을 과도하게 제한했기 때문이다. 그러다 보니 보급형으로 출시된 아이폰 SE 3세대보다 갤럭시 S22의 성능이 떨어지는 웃지 못할 결과까지 발생했다. 둘째, 연장선에서 경쟁사의 스마트폰과 비교해 구동되는 게임의 질이 크게 떨어졌다. 똑같은 게임을 아이폰 사용자는 온전히 즐기는데, 갤럭시 S22 사용자는 반강제로 그러지 못하게 되었으니, 누가 납득하겠는가. 가령 시속 300킬로미터로 달릴 수 있다는 광고를 보고 스포츠카를 샀는데, 내 것만 시속 100킬로미터를 넘지 못한다면? 분노하지 않을 수 없을 것이다. 바로 이것이 2022년의 GOS 사태였다.

이 문제는 사실 갤럭시 S22의 성능에 관한 차원을 넘어선다. 더근본적으로 삼성 파운드리의 위기다. 이쯤 되면 이야기가 복잡해지지만, 찬찬히 설명할 테니 잘 따라오길 바란다. 우선 GOS 같은 애플리케이션, 즉 소프트웨어를 써야 한다는 것은 하드웨어가 받쳐주지 못하기 때문이다. 스마트폰의 핵심 하드웨어란 AP인데, 갤럭시 S22의 AP는 퀄컴의 4나노 '스냅드래곤 8 Gen 1'으로, 이것의 양산을 담당한 파운드리가 바로 삼성전자였다.

여기서부터 문제가 꼬이기 시작한다. 그러면 갤럭시 S22의 부족한 성능은 퀄컴이 설계를 잘못한 탓일까, 아니면 삼성전자가 제대로 못 만든 탓일까. 퀄컴은 자신들은 아무런 잘못이 없다는 듯 GOS 사태가 터지고 얼마 지나지 않아 '스냅드래곤 8 Gen 2'의 양산을 TSMC에 맡겨버렸다. 몇몇 전문가는 이러한 결정에 삼성전자의 낮은 수율이 영향을 미쳤을 것으로 분석했다. 수율이란 양품을 만드는 비율을 말하는데, 4나노 반도체면 공정 난도가 극악이라 수율이 낮을 수밖에 없긴 하다. 정확히 공개된 적은 없지만, 당시 삼성전자의 수율은 30~35퍼센트로, TSMC는 70퍼센트로 추측된다. 수율이 낮으면 제품 공급에 차질이 생길 수밖에 없으므로, 팹리스는 이를 중요하게 따진다. 이런 상황에서 삼성전자로서는 고객사인 퀄컴에 잘못을 물을 수도 없고, 그렇다고 영업 기밀에 속하는 수율을 공개하기도 어려웠을 것이다.[1]

이 사건으로 최소한 대중에게는 삼성전자의 평판이 떨어지고 말았다. 여기에 또 한 가지 문제가 있다. 삼성전자는 자체 개발한 AP인 엑시노스를 가지고 있다. 과거에는 엑시노스를 잔뜩 만들어 자신들의 스마트폰에 탑재했다. 이런 식으로 확보한 엑시노스 물량은 삼성전자가 삼성 파운드리에 재투자할 자금이 되었다. 그런데 스마트폰이 요구하는 사양이 점점 높아지며 2020년부터 엑시노스를 쓰기 어려워졌다. 물론 삼성전자는 엑시노스를 계속해서 업그레이드했지만, 성능과 발열을 모두 잡지 못했다. 그래서 갤럭시 S22에 퀄컴의 AP를 쓴 것이다.[2]

알궂게도 삼성전자는 GOS 사태가 터진 2022년에 '반도체 비전 2030'을 발표했다. 2030년까지 시스템 반도체 시장에서도 1위를 달성하겠다는 것인데, 파운드리가 무너지면 '말짱 꽝'이다. 삼성전자는 과연 이 위기를 극복할 수 있을까.

## ∘─── 삼성전자의 필살기 ───∘

삼성전자는 명실상부한 국민 기업이다. 2022년 기준 한국의 수출액은 6839억 달러(약 867조 8900억 원)였는데, 그중 18퍼센트가 넘는 1292억 달러(약 163조 9600억 원)가 삼성전자의 몫이었다. 국내 주식 시장을 보아도 삼성전자를 향한 한국인의 사랑(또는 애증)이 잘 드러난다. 삼성전자의 시가총액은 400조 원 안팎을 오가는데, 한국에서 두 번째로 높은 LG에너지솔루션의 시가총액이 120조 원 안팎임을 고려하면 압도적이라 할 만하다. 덩치가 이렇게 크다 보니, 삼성전자의 시가총액은 코스피 전체 시가총액의 20퍼센트 안팎에 달한다.[3] 이런 삼성전자의 위기를 논해야 한다니, 한국인의 한 명으로서 참 달갑지 않다. 그렇다면 삼성전자는 어떠한 전략으로 지금의 위기를 돌

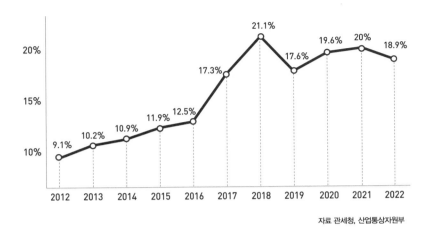

▼ 한국 수출액에서 반도체의 비중

자료 관세청, 산업통상자원부

파할 수 있을 것인가.

　나는 두 가지를 제안한다. 첫째, '마인드'가 바뀌어야 한다. 2023년 8월 삼성전자의 내부 행사에서 어느 직원이 임원에게 아이폰의 인기를 어떻게 평가하냐고 물었다. 그러자 "아이폰의 인기는 10대들의 막연한 선망"이라는 답이 돌아왔다. 이 소식을 듣고 가장 먼저 떠오른 것은 갤럭시 노트7이었다. 2016년 출시된 갤럭시 노트7은 설계상 실수로 배터리가 폭발하는 고장을 일으켰다. 한국에서만 출시 후한 달 만에 여덟 건의 폭발 사고가 일어나자, 삼성전자는 고심 끝에 갤럭시 노트7을 단종시켰다. 세상에 나온 지 54일 만의 일이었다. 이처럼 '화끈'한 대응은 사실 삼성전자의 전통이다. 1995년에는 휴대전화 불량률이 11퍼센트까지 치솟자, 시중에 풀린 모든 제품을 회수해 불태우기도 했다.[4] 이것이 바로 삼성전자가 자랑하는 '품질 경영'의 정신이다. 스마트폰 성능 비교를 위해 어쩔 수 없이 아이폰을 가지고는 있지만, 나는 평생 갤럭시를 사용해왔다. 그런 나조차 '10대들의 막연한 선망' 운운하는 모습에 실망감이 앞섰다. 경쟁자를 깎아내리기 전에 사용자의 욕구를 정확하게 파악하고, 이를 반영해 양질의 제품을 생산하겠다는 마인드를 되찾아야 한다.

둘째, 기술 초격차다. 반도체 산업은 기술력이 모든 것을 좌우한다. 기술력이 있으면 반드시 찾는 이가 있다. 우리는 앞서 삼성전자와 SK하이닉스의 HMB과 PIM에서, 일본의 소재에서 그러한 경우를 계속해서 보아왔다. 다시 한번 강조하지만, 반도체 산업의 시작과 끝은 기술력이다. 권오현 전 삼성전자 부회장이 괜히 '초격차'를 강조한 것이 아니다.

그렇다면 지금 삼성전자는 어떤 기술을 보유하고 있는가. 반도체의 핵심, 또는 근본이라고 할 수 있는 트랜지스터 단계에서 이야기를 시작해보자. 트랜지스터는 전자의 흐름을 제어하는 소자다. 오늘날 대부분의 트랜지스터는 '모스펫Metal Oxide Semiconductor Field Effect Transistor, MOSFET'으로 만들어지는데, 그 핵심 구조는 전자의 문인 게이트와 통로인 채널이다. 그런데 반도체가 점점 미세화되며 채널이 너무나 짧아졌다. 그러다 보니 전자가 채널의 벽을 뚫고 나가는 등 어디로 튈지 모르는 문제가 발생했다. 전자의 흐름을 제어하지 못하면 반도체는 기능을 상실하므로 이는 매우 큰 문제다.

이에 대해 연구자들은 채널의 길이는 짧게 유지하되, 게이트와 닿는 면의 개수를 늘린다는 '입체적인' 해결책을 제시했다. 즉 게이트가 채널을 포위하는 꼴이 되면, 짧은 채널에 전자가 와글거린다고 한들 충분히 제어할 수 있으리라는 아이디어였다. 이 해결책은 완전히 들어맞았고, 곧 채널과 게이트의 닿는 면을 늘린 모스펫들이 등장하게 되었다. 그중 닿는 면이 세 개인 것을 '핀펫Fin Field Effect Transistor, FinFET'이라고 한다. 핀펫은 2011년 인텔이 22나노 반도체를 양산하며 세계 최초로 개발했다. 그래서 10나노 이하 반도체가 양산되기 전인 2010년대 초반까지는 인텔의 시대였다. 하지만 반도체가 계속해서 미세화되며 핀펫으로도 전자의 흐름을 제어하기 어렵게 되자 채널과 게이트가 닿는 면을 더 늘릴 필요가 생겼다. 그렇게 해서 개발된 것이 바로 닿는 면을 네 개까지 늘린 'GAAGate-All-Around'다.[5] 그리고 이 GAA를 선점한 반도체 기업이 바로 삼성전자다.

2015년 김기남 당시 삼성전자 사장은 7나노 반도체까지는 핀펫으로 만들 수 있겠지만, 그 이하로는 다른 구조가 필요할 것이라며 GAA의 탄생을 암시했다. 그리고 8년여 만인 2022년 6월 삼성전자는 GAA로 3나노 반도체를 양산하는 데 성공했다. 세계 최초였다. 2022년 12월 3나노 반도체를 양산하기 시작한 TSMC는 여전히 핀펫을 사용하고 있다. TSMC가 GAA를 채택하는 건 2025년부터가 될 것으로 보인다. 삼성전자와 TSMC 모두 2025년부터 2나노 반도체를 양산하는 것이 목표인데, 그러려면 TSMC도 GAA를 채택할 수밖에 없을 것이다. 그때까지 삼성전자는 GAA에 대한 노하우를 충분히 쌓을 테고, 그렇다면 2나노 반도체는 충분히 삼성전자의 '필살기'가 될 수 있다. 이 정도면 삼성전자가 기술 표준을 선점했다고 보아도 무방하다. 업계에서 진짜 게임은 2025년부터라는 말이 나오는 이유다.[6]

## ∽─── 위기 상황에서 제시하는 새로운 패러다임 ───∽

특히 삼성전자는 GAA가 이전과는 비교할 수 없을 정도로 복잡하고 세밀하게 설계된 인공지능 반도체 양산에 필수라고 본다. 인공지능 반도체는 앞으로 반도체 산업의 주역이 될 것이다. 팹리스와 파운드리, 데이터 센터까지 모두 포함하면 2030년에는 전 세계 인공지능 반도체 시장의 규모가 3050억 달러(약 394조 8300억 원)에 이를 것이라는 전망이 있을 정도다.[7] 이런 점에서 인공지능 반도체에 주목하는 삼성전자의 판단은 틀리지 않았다.

연장선에서 삼성전자는 먼 미래를 내다보며 '뉴로모픽neuromorphic' 반도체 개발에 열을 올리고 있다. 뉴로모픽 반도체는 인간의 뇌와 비슷한 구조로 만든 반도체다. 그렇다고 무슨 생체 조직으로 뒤덮인 반도체는 아니고, 작동 방식이 뇌와 비슷하다는 것이다. 그렇다면 인간의 뇌는 어떻게 작동하는가. 컴퓨터에 빗대어 설명하면 저장과 연산을 동시에 수행한다. 그래서 동시다발적으로 정보를 받아들이고 판단하며, 이에 대해 실시간 피드백이 가능하다. 가령 똑같은 강아지를 찍은 두 장의 사진이 있다고 해보자. 그런데 한 장의 사진에는 강아지의 얼굴 부분이 얼룩져 있다. 그렇다고 해도 인간은 두 장의 사진

속 강아지가 똑같은 녀석이라는 것을 순식간에 알아차린다. 판단 과정에 '얼룩'이 지더라도, 스스로 실시간 피드백을 하며 결국 올바른 답을 찾아가기 때문이다.

뉴로모픽 반도체도 마찬가지다. 기존의 시스템은 저장과 연산이 구분되어 있다. CPU는 연산 단계마다 올바른 판단을 위해 끊임없이 램에서 데이터를 불러온다. 그렇게 하나하나 '1'과 '0', '예'와 '아니오'의 양자택일로 답을 찾아간다. 그러다가 중간에 잘못된 판단을 하면? 최종 결과가 영락없이 틀리게 된다. 그러면 처음부터 전 과정을 반복해야 한다. 반면에 뉴로모픽 반도체는 저장과 연산, 실시간 피드백을 동시다발적으로 수행하므로, 인간처럼 중간중간 잘못된 판단을 하더라도 결국 올바른 답을 찾아낸다.

그렇다. 뉴로모픽 반도체는 그 작동 방식 자체가 딥러닝과 매우 흡사하다. 실제로 앞서 설명한 NPU가 대표적인 뉴로모픽 반도체다. 이런 이유로 뉴로모픽 반도체는 인공지능 반도체의 꽃으로 불린다. 게다가 뉴로모픽 반도체는 전력 소모가 적다. CPU와 램을 구분해 유지할 필요도, 저 둘 사이에서 데이터가 오갈 필요도 없기 때문이다. 인간의 뇌가 전구 하나 켤 수 있을 15와트의 에너지만으로 작동하는 것과 비슷하다.

무엇보다 뉴로모픽 반도체는 GAA처럼 새로운 패러다임이다. 이것은 시스템 반도체와 메모리 반도체, CPU와 램 등 기존의 어떠한 반도체와도 다른 기술이다. 삼성전자도 이를 잘 알고 있고, 실제로 발 빠르게 대응하고 있다. 2021년 기준 삼성전자의 뉴로모픽 반도체 특허 신청 수는 148건으로 177건에 달한 IBM의 뒤를 이어 2위를 차지했다(SK하이닉스는 78건으로 3위에 올랐다).[8] 참고로 2017년 세계 최초로 뉴로모픽 반도체(연구용)를 선보인 인텔이 이 순위에 없다는 것이 의외라면 의외다.

2021년 9월에는 황성우 당시 삼성SDS 사장, 김기남 당시 삼성전자 부회장 등 총수급 연구원들이 이름을 올린 뉴로모픽 반도체 관련 논문이《네이처 일렉트로닉스》에 발표되었다.[9] 당시 연구팀은 인간 뇌의 신경망에서 뉴런들이 주고받는 전기신호를 측정하고 지도화한 다음, 이를 메모리 반도체에 적용하는 방법을 제안했다. 뉴로모픽 반도체란 인간의 뇌처럼 작동하는 반도체라는 점에서 꽤 설득력 있는 방법이지만, 문제는 뉴런의 접점(시냅스)이 100조 개에 달한다는 것이다. 이 엄청난 '물량'을 재현하려면 반도체 소자의 집적도를 극한의 수준까지 밀어붙여야 한다. 그리고 놀랍게도 삼성전자는 이때 필요한 기술을 이미 가지고 있다. 바로 TSV다. TSV는 소자들의 테두리를 구리 배선으로 연결하는 대신, 소자들을 탑처럼 쌓은 다음 구멍을 뚫고 구리를 충전함으로써 연결한다. 기존의 방식보다 전력 공급과 신호 전달에 탁월하고, 무엇보다 소자들의 집적도를 크게 높일 수 있다.

뉴로모픽 반도체 개발을 향한 삼성전자의 의지가 놀랍다. 물론 뉴로모픽 반도체가 하루아침에 갑자기 개발되지는 않을 것이다. 사실 뉴로모픽 반도체가 상용화되려면 앞으로 최소 5년, 길게는 10년 이상 걸릴 것으로 보인다. 하지만 반도체 산업에서 기술 초격차는 쉬지 않아야 한다. 삼성전자의 HBM과 PIM은 빛을 보기까지 10년 이상 걸렸다. 결국 삼성전자가 위기를 돌파하는 힘은 묵묵히 갈고닦은 기술력 그 자체다.

# TSMC를 넘을 수 있을 것인가

반도체 산업은 단순히 경제의 여러 하위 분야 중 하나가 아니다. 그 자체로 세계경제를 주도하거나 흔들고, 국제 정세와도 상호 작용한다. 가령 중국의 반도체 굴기에 굉장한 위기감을 느낀 미국은 2018년 이후 계속해서 경제적·정치적 방법을 총동원해 강력한 견제구를 날리고 있다. 물론 아직은 미국이 승기를 잡고 있지만 미래는 알 수 없다. 미국이 어떻게든 반도체 우군을 확보하고자 한국과 타이완, 일본을 아우르는 '칩4 동맹'을 구축한 이유다. 참고로 한국은 중국과 경제적으로 굉장히 밀접한 관계다. 전체 수출액의 4분의 1 정도가 대중 수출에서 발생할 정도다.[10] 그렇다고 반도체 산업에서 미국을 적으로 돌릴 순 없기에, 결국 2022년 12월 다소 늦게 칩4 동맹 참여를 공식화했다.

경제와 정치가 얽히고설키며 반도체 산업의 앞날이 더욱 불투명해진 상황에서 또 하나의 충격적인 소식이 전해졌다. 2022년 11월 워런 버핏이 삼성전자가 아니라 TSMC의 주식을 5조 원어치 매입했다는 것이다. 소식이 전해진 직후 TSMC의 주식은 말 그대로 날아갔다.[11] 버핏은 돈을 잃지 않는 걸 중요하게 생각하는 투자자인데, 그가 변동성이 큰 반도체 기업의 주식을 샀다는 것, 그 기업이 하필 TSMC라는 것은 생각할 거리를 안긴다.

반도체 미세화 경쟁에서 TSMC는 삼성전자보다 6개월에서 1년 정도 뒤처졌다. 하지만 기술력 자체는 흠잡을 데가 없다. 삼성전자 정도의 최신 기술은 아니지만, 어쨌든 완벽하게 첨단 반도체를 양산해낸다. 마치 애플 같다. 애플은 신기술이라고 해서 자신들의 제품에 무조건 적용하지 않는다. 그런데도 사용자에게 매우 만족스러운 경험을 안겨준다. 놀랍게도 버핏의 포트폴리오에서 가장 많은 지분을 차지하는 기업이 바로 애플이다. 애플과 TSMC 대 삼성전자. 어떤 생각이 드는가.

더욱 공교로운 점은 애플이 자신들의 반도체를 양산할 파운드리로 TSMC를 낙점했다는 사실이다. 우리가 모르는 '애플-버핏-TSMC' 동맹이라도 있는 것일까. 삼성전자는 이들과 어디서부터 어긋난 걸까.

## 삼성 파운드리의 위기

삼성전자와 TSMC는 파운드리 시장의 양대 산맥이다. 그만큼 수주 경쟁이 치열한데, 안타깝게도 삼성전자가 다소 밀리고 있는 형국이다. 2023년 3분기 기준 전 세계 파운드리 시장의 과반인 57.9퍼센트가 TSMC 차지였다. 2위 삼성전자는 12.4퍼센트로 전년 동 기간 대비 오히려 3.1퍼센트 줄어들었다. TSMC가 1.8퍼센트 늘어난 것과는 대조적이다.[12] 여기에는 수많은 원인이 얽히고설켜 있다.

일단 팬데믹의 영향으로 2022년과 2023년은 반도체 산업의 침체기였다. 2022년의 전 세계 반도체 시장 규모는 6040억 달러(약 766조 4900억 원)로 전년 대비 3퍼센트 안팎 성장하는 데 그쳤고, 2023년은 5265억 달러(약 681조 5700억 원)로 예측되는바, 오히려 13퍼센트 가까이 줄고 말았다. 분석 기관에 따라 5퍼센트 축소를 예측하기도 하는데, 정도의 차이일 뿐 결론은 바뀌지 않는다.[13] 한마디로 반도체 수요와 공급이 모두 줄었다는 것이다. 이에 가장 먼저 타격받은 부문은 파운드리다. 자연스레 수주량이 떨어지기 때문이기도 하고, 팹리스가 발주처를 줄이기 때문이기도 하다. 가령 퀄컴은 반도체 시장 호황기에 TSMC와 삼성전자에 모두 양산을 의뢰했다. 그렇게 하지 않으면 엄청난 주문량을 소화할 수 없었기 때문이다. 그런데 반도체 시장이 얼어붙으며 수요가 급락하자 퀄컴으로서는 굳이 발주를 쪼갤 필요가 없어졌다. 그리하여 자신들의 핵심 제품의 양산에 한해서는 삼성전자 대신 TSMC를 선택했다.

왜 이런 결과가 나왔을까. 기술력 때문일까. 하지만 5나노 이하 반도체를 양산할 수 있는 곳은 여전히 삼성전자와 TSMC뿐이다. 특히 삼성전자는 2023년 7월 세계 최초로, TSMC보다는 6개월 정도 빠르게 3나노 반도체 양산을 시작했다. 다만 수율에서는 약간 차이가 난다. 물론 퀄컴이 주장한 것처럼 큰 차이인지는 따져보아야 한다. 4나노 반도체의 수율은 삼성전자의 경우 75퍼센트, TSMC의 경우 80퍼센트 정도로 추정된다. GOS 사태 때 문제가 된 3나노 반도체의 수율은 삼성전자나 TSMC 모두 50퍼센트대에서 크게 벗어나지 못한 것으로 보인다.[14] 한마디로 큰 차이가 없다.

다만 공정의 신뢰도에서 삼성전자가 불리한 지점도 있다. 앞서 설명한 것처럼 7나노 이하 반도체의 경우 공정에 ASML의 EUV 노광 장비가 필수다. 그리고 지금까지 판매된 ASML의 EUV 노광 장비 중 70퍼센트 이상이 TSMC 소유다. 정확한 개수는 공개되지 않았지만, 100대 이상이라고 한다. 삼성전자는 40~50대 정도를 가지고 있는 것으로 추정된다. 연장선에서 TSMC는 설비 투자에 열심이다. TSMC는 2022년 한 해에만 설비 투자에 360억 달러(약 45조 6900억 원)를 퍼부었고, 2023년도 비슷한 규모를 유지할 것으로 보인다. 반면에 삼성 파운드리의 설비 투자 규모는 TSMC의 3분의 1 정도다. 그러다 보니 흔히 '캐파CAPA'('용량'을 뜻하는 'capacity'의 약자)라 불리는 생산량도 딱 그 정도 차이가 난다. 인력 규모도 비슷한 실정인데, 2021년 기준 TSMC의 임직원 수는 6만여 명, 삼성 파운드리의 임직원 수는 2만여 명이었다. 첨단 반도체가 필요한 팹리스라면 이러한 물적·인적 차이도 고려할 수밖에 없다. 파운드리가 얼마나 안정적으로 수율을 유지할 수 있는지와 직결되는 부분이기 때문이다.[15]

무엇보다 팹리스가 우려하는 지점은 삼성전자의 '모호함'이다. 삼성전자는 기본적으로 IDM이다. 즉 반도체를 설계도 하고, 양산도 하고, 그렇게 만들어진 반도체를 자신들의 전자 제품에, 특히 주력 제품인 갤럭시 S에 장착한다. 팹리스라면 이 과정에서 자신들의 설계 노하우가 혹시나 삼성전자에 흘러 들어가는 것은 아닌지 염려할 수밖에 없다(물론 그럴 일은 절대 벌어질 리 없다). 반면에 TSMC는 명확하다. 오직 파운드리에만 집중한다. 이러한 장점을 살려 TSMC는 2000년대부터 고객사들과 'VCAValue Chain Aggregator'라는 협력체를 구축해왔다. 이 '가치 사슬 동맹' 안에 들어간 팹리스는 실제 양산 과정에서 TSMC가 쌓은 노하우를 공유받아 최적의 설계도를 그릴 수 있다. 한마디로 TSMC는 팹리스와 파운드리를 아우르는 생태계를 구축해놓은 상태다. 여기에 더해 타이완 정부가 TSMC와 손잡은 반도체 기업들에 세제 혜택 등을 적극적으로 제공한다.* 2023년 8월부터는 독

---

\* 　타이완 정부에 TSMC는 단순히 경제적으로 중요한 기업을 넘어 전략 자산이다. 일단 TSMC의 최대 주주가 타이완 정부다. 이런 이유로 TSMC는 타이완에서만 7나노 이하 반도체를 양산한다(다만 반도체법의 영향으로 최근 미국 애리조나주에 5나노 반도체 양산이 가능한 공장을 짓고 있다). TSMC의 전 세계 파운드리 시장 점유율을 고려했을 때, 이는 타이완에 보호막 그 자체. 만약 중국이 타이완을 침공해 TSMC의 반도체 공장이 피해를 본다면, 그날로 전 세계 반도체 산업은 멈출 수밖에 없다. 이는 중국이 왜 그렇게 반도체 굴기에 목숨을 거는지에 대한 통찰도 제공한다. 중국이 첨단 반도체를 스스로 설계하고 양산할 수 있다면, 타이완을 침공해 TSMC를 끝장내면 된다. 그렇게 되면 소위 '블루 팀' 소속 국가들의 반도체 산업은 궤멸적 타격을 입을 수밖에 없다.

자적인 반도체법을 시행해 자국의 반도체 산업에 투자한 기업들의 법인세를 최대 25퍼센트까지 감면해주고 있다.[16]

바로 이러한 이유들로 퀄컴뿐 아니라 애플, 엔비디아 등이 삼성전자 대신 TSMC를 택했다.** 특히 애플의 회심은 매우 뼈아프다. 지금은 많이 잊힌 사실이지만, 사실 초기 아이폰의 AP는 삼성전자와 애플이 공동으로 설계했다. 그 외 모뎀부터 메모리 반도체까지 아이폰에 들어가는 상당수의 부품 또한 삼성전자가 개발한 것들이었다. 그런데 지식재산권을 굉장히 중요하게 생각하는 애플은 이를 매우 불편해했다. 하여 AP를 제외한 다른 부품들의 공급처를 다변화하는 동시에, 절치부심하는 심정으로 AP 설계 능력을 키웠다. 그 결과 애플은 아이폰 5의 AP를 홀로 설계할 수 있었다. 그리고 아이폰 6부터는 AP의 양산마저 TSMC에 맡기기 시작했다.[17] 한편 TSMC는 아이폰 4가 출시된 2010년부터 애플에 자신들이 얼마나 보안을 중요하게 생각하는지 적극적으로 호소해왔다. 삼성전자로서는 방심한 사이에 허를 찔렸던 셈이다.

이런 일이 반복된 결과 오늘날 전 세계 파운드리 시장의 57.9퍼센트를, 7나노 이하 반도체 생산량의 90퍼센트를 TSMC가 차지하고

---

**　**　단 팹리스의 선택은 언제나 유동적이다. 미국의 팹리스인 AMD는 2023년 7월 삼성전자를 택할 것이라는 한국 언론들의 보도에 "한국의 언론을 믿느냐"라고 일갈했다가, 11월에는 "TSMC 외 다른 파운드리를 고려 중이다"라고 말을 바꿨다. (박해리, 〈'삼성 수주설'에…AMD 대표 "한국 언론 믿느냐, TSMC와 긴밀한 관계"〉, 《중앙일보》, 2023.07.20.; 김언한, 〈삼성전자, 4나노로 AMD CPU 생산 전망…"TSMC에 반격"〉, 《한국일보》, 2023.11.15.)

있다. 반도체 기업 중 가장 먼저 시가총액 1조 달러(약 1300조 원)를 돌파한 엔비디아는 TSMC와 돈독한 관계를 형성하고 있다. 엔비디아의 인공지능 반도체인 A100(7나노)과 H100(4나노)은 오늘날 인공지능 연산과 관련해 가장 뛰어난 성능을 보여주는데, 모두 TSMC에서 양산하고 있다.[18] 참고로 챗GPT는 1만 개의 A100으로 연산을 수행한다.

## ○──── 누가 먼저 1나노 반도체에 도달할 것인가 ────○

삼성전자는 메모리 반도체 시장의 최강자지만, 팹리스 시장에서는 추격자고, 파운드리 시장에서는 TSMC에 밀리며 만년 2위에 머물고 있다. 사실 좀 더 깊이 들여다보면 문제는 더욱 심각한데, 삼성 파운드리는 내부 거래 의존도가 매우 높다. 2022년 7월 삼성증권이 분석한 자료에 따르면, 삼성 파운드리의 매출 비중을 고객사별로 정리했을 때 1위는 38퍼센트의 퀄컴, 2위는 37퍼센트의 삼성전자 팹리스 부문, 3위는 13퍼센트의 엔비디아였다. 상황이 이렇다 보니 "내부 거래를 제외하면 TSMC가 생산량 초과로 받지 못하는 물량을 겨우 받고 있는 상황"이라는 평가가 나올 정도다.[19]

한마디로 팹리스는 삼성전자보다 TSMC를 더 선호한다. 이는 삼성전자와 TSMC의 시가총액에 그대로 반영되고 있다. TSMC의 시가총액은 2020년 7월 삼성전자의 시가총액을 넘어선 이후 계속해서 커지고 있는데, 2023년 6월에는 5450억 달러(약 716조 7300억 원)를 돌파하며 세계 10위를 기록했다. 당시 삼성전자의 시가총액은 3750억 달러(약 493조 1700억 원)였다.[20]

삼성전자가 이런 상황을 타개할 방법은 두 가지로 보인다. 우선 삼성 파운드리를 독립시키는 방법이 있다. 그러면 지식재산권에 대한 신뢰성을 크게 높일 수 있다. 하지만 이는 현실적으로 쉽지 않은 일이다. 2022년 기준 삼성전자의 전체 매출은 301조 7700억 원이었는데, 그중 8.8퍼센트에 해당하는 26조 5400억 원을 삼성 파운드리 홀로 담당했다. 게다가 삼성 파운드리의 매출은 매년 15퍼센트 이상 증가하고 있다.[21] 이런 상황에서 삼성전자가 삼성 파운드리를 떼어낸다면, 가만히 두고 볼 주주가 몇 명이나 될까.

결국 이때도 기술 초격차가 해답이다. 즉 TSMC보다 먼저 2나노 이하 반도체 양산에 성공하면 된다. GAA 개발로 증명했듯이, 삼성전자는 차세대 반도체 양산 역량에서 TSMC를 한발 앞선 상태다. 2022년 6월 세계 최초로 3나노 반도체를 양산하며 GAA를 적용한 삼성전자는 2025년부터 2나노 반도체를 양산할 계획이다. 삼성전자는 자신들이 양산한 2나노 반도체가 3나노 반도체 대비 성능은 12퍼센트, 전력 효율은 25퍼센트 향상되고, 면적은 5퍼센트 감소할 것으로 자신하고 있다.[22]

물론 TSMC의 추격도 무섭다. 아직 핀펫에 머물러 있지만, TSMC 또한 2025년에 2나노 반도체를 양산할 계획이다. 더욱 눈여겨볼 점은 TSMC가 1나노 반도체 양산 계획을 수립 중이라는 사실이다. 실제로 2021년 5월 TSMC는 《네이처》에 1나노 반도체 공정과 관련된 논문을 발표했다.[23] 이 논문은 반도체가 미세화되며 주목받은 2차원 소재를 다룬다. 2차원 소재는 그 두께가 원자 하나 정도에 불과하다. 반도체 소재로서 매우 작다는 것은 큰 장점이지만, 바로 그렇기 때문에 저항이 높아진다는 단점도 있다. 전자가 이동하기 힘들다면 아무리 얇아도 반도체 소재로 사용할 수 없다. 반도체란 기본적으로 전자의 흐름을 제어하는 장치기 때문이다.

그런데 TSMC는 저항을 낮춘 특수한 2차원 소재를 개발하는 데 성공했다. 실리콘을 비스무트Wismut와 결합한 이 2차원 소재 덕분에 TSMC는 "고저항과 저전류의 어려움을 해결했다"라고 못 박았다. 참고로 보통 반도체 기업들은 신기술을 개발하고도 1~2년 정도 기다렸다가 발표한다. 즉 TSMC의 1나노 반도체 양산 계획은 적어도 2010년대 후반부터 준비되었다고 보는 게 타당하다. 실제로 TSMC는 1나노 반도체 양산 공장을 어디에 지을지도 결정해놓은 상태다. 유력한 후보지로 거론되는 곳은 타이완 북부의 룽탄구龍潭區로 이미 이곳에 거대한 규모의 발전 설비가 들어서고 있다.[24]

물론 이를 가만히 두고 볼 삼성전자가 아니다. 3나노 반도체 양산에 성공하고 4개월 뒤인 2022년 10월 삼성전자는 2027년부터 1.4나노 반도체를 양산하겠다고 밝혔다. 이를 위해 삼성전자 또한 2차원 소재 개발에 열심이다. 2020년에 이미 aBN이라는 유력한 2차원 소재를 개발해놓은 상태다. aBN은 지금까지 개발된 어떠한 2차원 소재보다도 전류가 잘 흐른다. 한편 업계에서는 실제로 1나노 반도체가 안정적으로 양산될 시기를 2029년께로 예측한다.[25] 그 선봉에 서는 기업이 우리가 앞서 살펴본 인공지능 반도체, 전장 반도체(아날로그 및 화합물 반도체, 센서), 모뎀 등의 첨단 반도체 시장을 모두 접수할 것이다.

# 다시 불붙은 패키징 전쟁

지금까지 삼성전자가 TSMC라는 막강한 경쟁자를 상대로 어떻게 분투 중인지 살펴보았다. 이제 마지막으로 삼성전자와 TSMC의 경쟁에 마침표를 찍을 가장 중요한 전장을 소개하고자 한다. 전문가들은 이곳에서 누가 승기를 잡느냐에 따라 파운드리 시장의 판도가 바뀔 것으로 본다. 바로 패키징이다.

패키징이란 말 그대로 반도체를 포장하는 공정이다. 반도체도 포장한다고? 그리고 그 포장이 파운드리 시장을 뒤흔들 만큼 중요하다고? 반도체 공정을 잘 모르는 독자라면 이런 의문이 들 것이다. 간단히 답해보자면, 우선 반도체도 포장한다. 흔히 '반도체' 하면 검은색 사각형 부품을 떠올릴 것이다. 'EMC Epoxy Mold Compound'로 불리는 그 검은색 사각형이 대표적인 '포장지'다. 그 안에 반도체의 진짜 알맹이인 각종 소자가 복잡하게 조립되어 있는데, 이를 그대로 노출하면 손상될 위험이 있다. 그래서 EMC로 감싸주는 것이다. 또한 EMC를 떠올린 사람이라면, 그 양옆, 또는 사방에서 뻗어 나온 약간은 두꺼운 금속 와이어도 쉽게 기억해낼 것이다. 이 와이어를 '리드 프레임 lead frame'이라 하는데, 반도체를 기판과 단단히 연결하는 동시에, 전력을 공급한다.

이처럼 패키징이란 반도체를 보호하는 것이다. 그런데 반도체 소자를 만드는 것도 아니고, 그 소자를 감싸는 일이 파운드리 전쟁의 승패를 가른다니, 언뜻 이해되지 않을 수 있다. 실제로 과거에는 패키징을 별로 중요하게 생각하지 않았다. 그런데 패키징 공정에서 반도체의 '가치'를 높일 수 있는 기술들이 개발되며 상황이 달라졌다. 설계도가 똑같더라도 A 파운드리가 양산한 반도체는 100퍼센트의 성능을 발휘하는 반면에, B 파운드리가 양산한 반도체는 200퍼센트의 성능을 발휘한다면? 팹리스는 당연히 B 파운드리를 택할 것이다. 패키징은 다양한 방식으로 반도체의 성능 향상에 이바지한다. 반도체를 물리적·화학적 충격에서 완벽하게 보호하는 것은 물론이고, 발열을 최소화하며, 전력 공급과 신호 전달이 더욱 효과적으로 이루어지도록 보조한다.

사실 지금까지 이러한 성능 개선은 반도체를 미세화하는 것만으로도 충분했다. 하지만 반도체가 작아져도 너무 작아지다 보니, 물리적인 한계에 도전하는 지경이 되고 말았다. 그 결과 미세화에 이전과는 비교도 할 수 없을 정도의 비용이 투입되는 상황이다. 한마디로 사업성이 떨어진다. 이런 이유로 대부분의 반도체 기업이 예전만큼 적극적으로 미세화를 추진하지 않고 있다. 2021년 7월 인텔은 7나노 반도체 양산에 실패하자 더는 '나노 경쟁'에 휩쓸리지 않겠다고 선언했다. 실제로 이후 인텔은 '나노' 대신 '옹스트롬 ångström'이란 단위를 홀로 써오고 있다(1옹스트롬은 0.1나노미터다). 이런 상황에서 반도체의 성능을 높여줄 대안으로 패키징이 떠오른 것이다.

그런데 삼성전자와 TSMC는 미세화를 포기하지 않고 있다. 기술력도, 자본도 모두 갖추었기 때문이다. 실제로 2나노 이하 반도체를 누가 먼저 양산할지 이미 경쟁이 시작되었다. 두 기업은 앞서거니 뒤서거니 하며 초접전을 벌이고 있다. 결국 파운드리 전쟁의 승패는 미세화 외의 다른 요소가 결정지을 가능성이 크다. 두 기업 모두 패키징에 주목하는 이유다.

## 웨이퍼의 TSMC와 패널의 삼성전자

삼성전자는 반도체를 아주 미세하게 만드는 공정에서 TSMC를 근소한 차이로 따돌리고 있다. 그런데 완성된 반도체를 포장하는 패키징 공정에서는 TSMC가 삼성전자를 앞서고 있다. 결론부터 말해 삼성전자는 'FOPLP Fan-Out Pannal-Level Packaging'를, TSMC는 'FOWLP Fan-Out Wafer-Level Packaging'를 채택해 끊임없이 개선 중이다. 둘 중 먼저 개발된 것은 FOWLP로, 애플이 TSMC로 돌아선 이유 중 하나기도 하다.* 이에 대항해 삼성전자가 내놓은 것이 바로 FOPLP다.

　FOWLP와 FOPLP의 차이를 간단히 설명하면, 패키징 공정에서 전자는 둥그런 웨이퍼를, 후자는 사각형 패널을 활용한다는 것이다.** 우선 FOWLP는 '다이 die'(패키징 공정을 거치지 않은 반도체)가 아직 웨이퍼 위에 있는 채로 '몰딩 molding'(다이를 에폭시로 감싸주는 과정)을 진행한다. 이 과정에서 몰딩 소재를 웨이퍼 크기만큼 펴 바르게 되는데, 그러면서 다이를 몰딩 소재 위로 옮기고 웨이퍼를 제거한다. 이후 나머지 작업(재배선과 솔더볼 solder ball 설치, 반도체별 절단)을 계속해 반도체를 완성한다. 반면에 FOPLP는 웨이퍼에서 다이를 떼어낸 다음, 그 크기에 맞춰 뚫어놓은 패널의 네모난 구멍 속에 넣고 몰딩

---

*　단적인 예로 애플이 설계한 AP는 세대 차이를 고려하더라도 삼성전자가 양산을 맡았을 때와 TSMC가 양산을 맡았을 때의 성능 차이가 매우 컸다. 삼성전자가 마지막으로 양산한 애플의 AP는 아이폰 6에 탑재된 'A8'인데, 동 시기에 출시된 갤럭시 S6에는 삼성전자가 자체 개발한 AP인 '엑시노스 7420'이 탑재되었다. 이 두 스마트폰의 성능을 비교해보니, 싱글코어 기준 둘이 비등했다. (CPU나 AP에서 실제 연산을 수행하는 부품을 코어라 한다. 싱글코어란 이 코어를 하나만 사용한다는 것이다.) 그런데 애플 AP의 파운드리가 바뀐 바로 다음 세대부터 상황이 달라지기 시작했다. 아이폰 7에는 TSMC가 양산한 'A10'이 탑재되었고, 동 시기에 출시된 갤럭시 S7에는 '엑시노스 8890'이 탑재되었는데, 싱글코어 기준 A10의 성능이 엑시노스 8890의 성능을 두 배 넘는 차이로 압도했다.

**　이때 패널로 가장 많이 쓰이는 것이 인쇄회로기판, 즉 'PCB(Printed Circuit Board)'다. 우리가 컴퓨터를 비롯한 전자장치에서 흔히 보는 초록색 기판이 바로 이것이다.

과 나머지 작업을 진행한다.*

사실 두 공정은 장단이 뚜렷하다. 우선 FOPLP는 패널을 이용하므로 반도체 안에 또 하나의 작은 기판을 설치하는 셈이다. 반면에 FOWLP는 웨이퍼를 제거하는 만큼 반도체의 두께와 부피를 크게 줄일 수 있고 발열도 최소화할 수 있다. 또한 반도체가 (FOPLP처럼 내부에 포함된 패널을 거치지 않고) 전자장치의 기판과 곧바로 연결되므로, 전력 공급과 신호 전달의 효율을 높일 수 있다. 반면에 공정이 진행되는 기본 판형이 웨이퍼 크기의 원형이므로, 생산량에서 손해를 본다. 둥그런 웨이퍼 위에 네모난 반도체를 잔뜩 올려놓으면 테두리를 따라 '데드 존dead zone', 즉 버려지는 공간이 생길 수밖에 없다.

이는 곧 FOPLP의 장점과 연결되는데, 기본 판형이 패널 크기의 사각형이므로, 데드 존이 거의 없다. 실제로 FOWLP는 웨이퍼의 공간을 85퍼센트까지 쓸 수 있지만, FOPLP는 패널의 공간을 95퍼센트까지 쓸 수 있다. 생산량에서 큰 차이가 나는 것이다. 2022년 4월 한국의 패키징 기업인 네패스Nepes는 가로세로 길이가 600밀리미터인 거대한 패널을 개발했는데, 일반적으로 쓰이는 지름 12인치(300

---

\* 다이는 복잡한 회로와 소자로 구성된, 반도체의 알맹이다. 몰딩은 이 다이를 외부 충격 등에서 보호하고자 에폭시로 감싸주는 과정이다. 재배선은 몰딩 중에 흐트러진 배선을 바로잡고, 또 강화하는 과정으로 FOWLP에만 해당한다. 솔더볼은 기판과 반도체를 연결해 전력을 공급하고 신호를 전달하는 부품이다. 솔더볼 설치까지 마쳤으면 각각의 반도체를 크기에 맞춰 잘라낸다. 참고로 솔더볼을 다이 크기를 넘지 않을 만큼만 설치하는 것을 'FI(Fan-In)'라 하고, 다이 크기를 넘어갈 정도로 설치하는 것을 'FO(Fan-Out)'라 한다. FO는 구조 특성상 전력 공급과 신호 전달에 유리하다. FO를 처음 도입한 것도 TSMC다.

밀리미터) 웨이퍼와 비교해 생산량을 다섯 배나 높일 수 있다.[26]

또한 FOPLP는 단단한 패널 위로 각종 소자를 잔뜩 쌓을 수 있어 집적도를 높이기에 유리하다. 따라서 고성능 반도체일수록 FOPLP를 적용하는 게 적절하다. 하지만 그만큼 기술 난도가 높다. 일단 다이를 웨이퍼에서 떼어내 패널에 옮기는 일이 쉽지 않다. 게다가 패널을 사용하는 만큼 열을 받으면 휘는 문제가 발생하기도 한다. 그래서 CPU나 AP처럼 연산 과정에서 열을 많이 내는 반도체에 FOPLP를 적용하는 건 위험부담이 있다.

현재 파운드리 시장에서 각광받는 것은 FOWLP다. 오늘날 TSMC는 7나노 이하 반도체 생산량의 90퍼센트를 차지하고 있다. FOPLP와 FOWLP 모두 초정밀 반도체 양산을 위한 공정인 만큼, TSMC의 점유율은 곧 FOWLP의 승리를 의미한다. 세계적인 팹리스들이 3나노 반도체 양산에 먼저 성공한 삼성전자보다 TSMC의 문을 두들기는 이유는, 똑같은 3나노 반도체라도 패키징이 FOPLP일 때보다 FOWLP일 때 성능을 극대화할 수 있다고 판단하기 때문이다.

발등에 불이 떨어진 삼성전자는 2023년 4분기부터 '공개적으로' FOWLP를 부분적으로나마 도입하는 중이다. 우선 2023년 10월 공개된 구글의 차세대 스마트폰인 '픽셀Pixel 8'의 4나노 AP인 '구글 텐서Google Tensor G3'를 FOWLP로 양산했다. 그런데 픽셀 8의 성능이 기대 이하인 것으로 나타나자, 이번에도 GOS 사태 때와 비슷한 문제가 불거졌다. 구글이 설계를 잘못한 것인지, 삼성전자가 양산을 잘못한 것인지는 시간이 지나도 알 수 없을 것이다. 다만 삼성전자가 이러한 '누명'에서 완전히 벗어나려면 단 한 가지 방법밖에 없다. 직접 설계하고 FOWLP로 양산해 2024년 선보일 4나노 AP인 엑시노스 2400만큼은 사용자들에게 전적으로 신뢰를 얻어야 할 것이다.[*27]

FOWLP를 성숙시키는 것과 동시에 FOPLP를 개선하는 것도 삼성전자의 과제다. 이를 위해 삼성전자는 2022년에만 20억 달러(약 2조 5400억 원)를 투입했고, 2023년에는 그 규모가 18억 달러(약 2조 3300억 원)에 이를 것으로 예상된다. 한편 2022년 12월에는 '어드밴스드 패키지 사업팀'을 신설해 이종 집적 패키징 기술 개발과 빅테크 기업들과의 협력 강화를 도모하기로 했다. 이종 집적이란 말 그대로 다른 종류의 반도체를 하나로 합치는 것이다.[**] CPU와 램의 역할을

---

[*]    참고로 2022년 기준 전 세계 AP 시장 규모는 352억 달러(약 44조 6700억 원)에 달했다. 이 거대한 시장을 석권하고 있는 기업은 퀄컴과 애플, 미디어텍이다. 세 기업의 2023년 2분기 기준 출하량 점유율과 매출 점유율은 각각 29퍼센트/40퍼센트, 19퍼센트/33퍼센트, 30퍼센트/16퍼센트였다. 삼성전자는 7퍼센트/7퍼센트를 기록했는데, 엑시노스 2400의 성공 여부에 따라 판도가 달라질 것으로 기대된다. 〈애플리케이션 프로세서 시장 : 세계 산업 동향, 점유율, 규모, 성장, 기회, 예측(2023-2028년)〉, 글로벌인포메이션, 2023.02.; 이나리, 〈달아오른 차세대 4나노 모바일 AP칩 경쟁, 승자는?〉, 《지디넷코리아》, 2023.11.06.)

[**]   현재 반도체를 합치는 기술로는 'SiP(System in Package)'와 'SoC(System on Chip)'가 가장 많이 쓰인다. SiP는 시스템을 패키지 단위에서 구현한다. 한마디로 여러 기능의 반도체를 패키징을 통해 하나로 묶어버리는 것이다. 가령 CPU와 GPU, D램을 하나로 묶으면 이것만으로 웬만한 기능은 모두 수행할 수 있다. SiP에서 한발 더 나아간 것이 SoC로, 하나의 반도체만으로 전체(또는 일부) 시스템을 구현한다. 즉 하나의 반도체 안에 CPU, GPU, D램 등의 기능이 모두 들어가 있는 것이다. 그만큼 기술 수준이 높지만, 공간 활용과 전력 소모에 이점이 있어 많이 쓰인다. 그런 이유로 대부분의 AP가 SoC로 만들어지는데, 애플의 A 시리즈와 M 시리즈, 퀄컴의 스냅드래곤, 삼성의 엑시노스가 대표적이다. (다만 SoC의 기술 난도와 생산 비용이 점점 높아지는 탓에 SiP도 함께 많이 쓰인다.)

모두 담당하는 인공지능 반도체가 대표적이다. 그리고 우리는 앞서 이미 그 예를 살펴보았다. 바로 삼성전자가 잘하는 PIM과 뉴로모픽 반도체다. 특히 삼성전자는 이종 집적 패키징을 실현하기 위한 필수 기술인 TSV를 보유하고 있다. TSV는 소자들을 탑처럼 쌓은 다음 구멍을 뚫고 구리를 충전해 연결한다. 이는 소자들의 테두리를 구리 배선으로 연결하는 기존의 와이어 방식보다 전력 공급과 신호 전달이 더 뛰어나다. 그래서 인공지능 반도체처럼 수많은 소자가 조밀하게 집적된 반도체일수록 TSV가 필수적이다. 또한 삼성전자는 HBM 양산에 FOPLP를 적용하려 한다. HBM의 경우 삼성전자(와 SK하이닉스)가 아니라면 마땅한 대안이 없는 상황에서 이는 FOPLP의 파운드리 시장 내 점유율 증가를 유도할 것으로 기대된다(물론 실현되기까지는 시간이 꽤 걸릴 것이다).[28]

## ◦⟋— 파운드리를 포기할 수 없는 이유 —⟍◦

사실 현재로서는 TSMC가 패키징 전쟁에서 유리한 고지를 차지했다고 보는 것이 현실적이다. 삼성전자를 깎아내리는 것은 절대 아니지만, 전문가들을 중심으로 FOPLP에 다소 회의적인 분위기가 존재하는 것 또한 사실이다.

이런 이유로 혹자는 삼성전자가 파운드리 시장에서 2등이어도 충분하지 않냐고 생각할 수 있다. 좀 더 넓게 보면 파운드리는 삼성전자의 여러 사업 부문 중 하나일 뿐이다. 일단 삼성전자는 메모리 반도체의 최강자다. 직접 설계하고 양산한 메모리 반도체로 시장을 석권하고 있다. 2023년 3분기 기준 전 세계 D램 시장의 38.9퍼센트를, 낸드플래시 시장의 31.4퍼센트를 차지했을 정도다. 아직 시장 점유율은 미미한 수준이지만, 엑시노스 같은 AP를 포함해 시스템 반도체도 직접 설계, 양산한다. 그뿐인가. 우수한 전자 제품들을 개발해 시장에서 좋은 반응을 얻고 있다. 2023년 3분기에 삼성전자의 스마트폰은 출하량을 기준으로 세계시장의 20퍼센트를 차지하며 1위에 올랐다(2위 애플의 점유율은 16퍼센트였다).* 가전제품으로 넓혀도 삼성전자의 영향력은 사라지지 않는다. 2022년 기준 전 세계 텔레비전 시장의 29.9퍼센트를 차지하며 17년 연속 1위를 거머쥐었다.[29]

반면에 TSMC는 파운드리 외길이다. 이는 TSMC의 강력한 경쟁력이지만, 동시에 가장 취약한 아킬레스건이기도 하다. 파운드리는 절대 수요를 만들어내지 못한다. 새로운 차원의 반도체를 개발하지도 못한다. 전적으로 팹리스에 의존할 수밖에 없다. 한마디로 삼성전자와 TSMC는 '체급'이 다른 것이다. 그렇다면 파운드리 시장 정도는 삼성전자가 TSMC에게 '양보'해도 되지 않을까.

나는 이러한 생각이 전적으로 잘못되었다고 본다. 인공지능 시대

---

* 매출을 기준으로 하면 43퍼센트를 차지한 애플이 1위, 18퍼센트를 차지한 삼성전자가 2위였다. 애플의 고가·고수익 전략의 효과다. (김은서, 〈애플 천하〉, 스마트폰 매출비중 43% 독차지…삼성은 18% 그쳐〉, 《CEO스코어데일리》, 2023.11.10.)

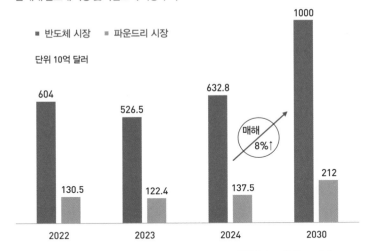

▼ 전 세계 반도체 시장 및 파운드리 시장 추이

■ 반도체 시장   ■ 파운드리 시장

단위 10억 달러

자료 Gartner, McKinsey & Company

로 접어들며 반도체 시장이 급속히 성장할 것으로 보이는 이 시점에 필요한 건 브레이크가 아니라 액셀이다. 2022년의 전 세계 반도체 시장 규모는 6040억 달러(약 766조 4900억 원)였는데, 2023년에 5265억 달러(약 681조 5700억 원)로 바닥을 치고, 2024년에는 반등해 6328억 달러(약 819조 1800억 원)에 달할 것으로 전망된다. 업계는 2030년부터 시장 규모가 1조 달러(약 1300조 원)를 넘어설 것으로 기대 중이다. 미국과 중국 등이 반도체 산업에 천문학적인 돈을 쏟아붓고 있고, 팬데믹이 끝나며 각종 전자 제품의 수요가 회복되고 있으며, 연장선에서 첨단 기술 랠리에도 다시 불이 붙고 있기 때문이다. 그렇다면 파운드리 시장도 커질 수밖에 없다. 2022년의 전 세계 파운드리 시장 규모는 1305억 달러(약 165조 6100억 원)였는데, 2023년에는 1224억 달러(약 158조 4500억 원)로 바닥을 치고, 2024년에는 반등해 1375억 달러(약 178조 원)에 달할 것으로 전망된다. 이후 매년 7.5퍼센트씩 성장할 것으로 보이는데, 이런 시장을 포기하는 것은 새의 날개를 꺾는 것과 같다.[30]

그렇게 날개를 꺾인 대표적인 기업이 바로 인텔이다. 앞서 2010년대 초반은 인텔 천하였다고 설명했다. 인텔은 20나노 안팎의 반도체를 세계에서 가장 잘 만드는 기업이었다. 하지만 인텔의 위기는 1990년대부터 시작되고 있었다. 당시는 반도체 산업에서 일본이 지고 한국이 뜨고 있던 시절이다. 미국은 새로운 파트너로서 한국을 택했고, 그래서 이런저런 반도체 기술을 아낌없이 이전해주었다. 그 대표적인 수혜자가 삼성 그룹의 창업자이자 초대 회장이며 한국 최초로 반도체 산업에 도전한 이병철이었다. 인텔의 창업자 고든 무어 Gordon Moore는 이러한 상황을 크게 염려했으나, 딱히 어떤 행동을 취하진 않았다.[31] 이후에도 인텔은 반도체 산업, 특히 파운드리가 한국과 타이완에 자리 잡는 것을 견제하지 않았다. 그렇게 20여 년이 흘러 2010년대 중반이 되자 10나노 이하 반도체 양산이 시작되었고, 인텔은 삼성전자와 TSMC에 추월당하고 말았다.

오늘날 인텔은 다시 한번 반격을 준비 중이다. 2023년 4월 인텔은 영국의 팹리스인 ARM과의 파운드리 동맹을 깜짝 선언했다. ARM은 일반 소비자에게 이름을 알린 기업은 아니다. 하지만 업계에서는 '팹리스의 팹리스'로 불릴 정도로 영향력이 막강하다. ARM

은 애플이나 엔비디아, 퀄컴이나 삼성전자처럼 자체적으로 반도체를 개발하지는 않는다. 대신에 다양한 종류의 설계도를 개발한다. 사실 대부분의 팹리스는 정말 '제로'부터 반도체를 설계하지 않는다. ARM에서 구매한 설계도로 밑그림을 그린 다음 독자적인 아이디어를 더하는 정도다. 한마디로 ARM은 갑 중의 갑이다. 이러한 전략과 독보적인 기술력으로 ARM은 반도체 설계 관련 지적재산권의 최강자 자리를 지키고 있다. 2022년 기준 세계시장의 41.1퍼센트를 차지했는데, AP로만 한정하면 90퍼센트를 넘어섰다.[32] 이러한 ARM을 손에 넣는 반도체 기업이 탄생한다면 말 그대로 '끝판왕'이 될 것이다. 실제로 엔비디아와 삼성전자 등이 ARM 인수를 시도하기도 했다. ARM은 2020년 엔비디아에 인수 비용으로 400억 달러(약 43조 3800억 원)를 요구했는데, 2022년 삼성전자와의 거래에서는 700억 달러(약 88조 8300억 원)까지 높였을 것으로 추정된다. 이처럼 엄청난 비용과 반독점 규제 등의 문제 때문에 결국 무산되고 말았다.*

인텔이 이러한 ARM과 손잡았다는 것은 정말 칼을 갈았다는 뜻

---

\*     ARM은 2016년 손정의가 이끄는 일본의 투자회사인 소프트뱅크에 320억 달러(약 38조 5300억 원)에 인수되었다. 이후 소프트뱅크는 적자를 만회하고자 2020년부터 ARM 매각을 추진했는데, 엔비디아가 그 첫 상대였다. 이후 1년 반 동안 협상했으나, 결국 무산되고 말았다. 사실 돈은 큰 문제가 아니었다. 그보다는 미국과 EU 등의 반독점 규제와 다른 반도체 기업들의 반발이 결정적 이유였다. 삼성전자와의 협상도 똑같은 이유로 무산되었다. 결국 다른 방도를 모색하던 소프트뱅크는 2023년 9월 ARM을 나스닥에 상장했다. ARM의 주가는 첫날부터 25퍼센트 폭등하며 손정의를 미소 짓게 했다. 〈김남희, 〈폭망각이었던 손정의, ARM 상장으로 부활하나〉, 《조선비즈》, 2023.09.18.)

이다. 전통적으로 IDM이었던 인텔은 자체 개발한 반도체를 스스로 생산해왔는데, 2021년 3월 위탁 생산까지 받겠다고 선언하며 파운드리 시장에 뛰어들었다. 한편 ARM은 독보적인 설계 능력을 살려 자신들만의 반도체를 개발할 계획이었다. 이로써 ARM은 인텔이 가장 잘 만들 수 있는 설계도를 제공하고, 인텔은 ARM의 첫 반도체를 양산한다는 그림이 완성되었다. 사실 ARM의 설계 능력은 의심할 여지가 없으므로, 인텔이 수준급의 양산 실력만 보여준다면 굉장히 위협적인 동맹이 될 것이 자명하다. 이 둘은 현재 18옹스트롬(1.8나노) 반도체 개발을 준비 중인 것으로 알려졌다.[33]

인텔이 파운드리로 변모한 것은 그 시장을 놓칠 수 없기도 하거니와 인공지능 시대에 초정밀 반도체 양산 능력이 얼마나 필수적인지 깨달았기 때문이다. TSMC를 예로 들면서 파운드리는 팹리스에 전적으로 의존한다고 했다. 그런데 이는 정반대도 마찬가지다. 팹리스 또한 파운드리에 의존할 수밖에 없다. 점점 더 미세화되는 첨단 반도체를 아무나 설계할 수 없는 만큼, 아무나 만들 수도 없기 때문이다. 삼성전자가 파운드리 시장에서 고삐를 더욱 죄어야만 하는 이유다.

# 2장 창조하는 애플

## 첨단 기술의 종합예술을 꿈꾸다

"아이폰은 고객들에게 별로 매력적이지 않아요.
키보드가 없잖아요."
○— **스티브 발머 전 마이크로소프트 CEO**

무언가 엄청나고 새로운 것을 보여주는 대신
이미 존재하는 것을 완벽하게 개선하고 다듬는 것이
애플이 추구하는 혁신이다.
애플은 언제나 '최초'보다 '최고'를 노려왔다.

# 아이폰을 쓴다는 건
# 이런 기술을 쓴다는 것

2023년 12월 기준 전 세계에서 시가총액이 가장 큰 기업은 2조 9944억 달러(약 3876조 3400억 원)의 애플이다. 애플의 경쟁자로 꼽히는 구글의 시가총액은 1조 7555억 달러(약 2272조 5500억 원)로 4위에 올랐다. 반도체 산업에서 이 두 기업의 공통점은 모두 팹리스라는 것이다. 이때 애플은 자신들이 설계하고 TSMC가 양산하는 AP인 A 시리즈를 아이폰에, M 시리즈를 맥북과 아이패드에 장착한다. 반면에 구글은 자신들이 설계하고 삼성전자가 양산하는 AP인 구글 텐서를 픽셀에 장착한다. 한마디로 '애플-TSMC' 동맹과 '구글-삼성전

자' 동맹이 맞붙은 형국이다.[1]

냉정하게 말하자면 현재로서는 구글과 삼성전자가 애플과 TSMC를 꺾기란 쉽지 않아 보인다. 삼성전자가 양산한 픽셀의 AP는 성능 논란에 휩싸이기 일쑤지만, TSMC가 양산한 아이폰의 AP는 매년 업그레이드되며 놀라운 성능을 과시한다. 이러한 기술적 완성도 위에 디자인부터 사용자 인터페이스까지 애플 특유의 '감성'이 더해지며 팬덤이 생겨나기 시작했다. 그들은 애플의 제품과 서비스로 구축된 생태계에 빠져들며 편리함은 물론이고 모종의 안정감과 자부심까지 느낀다. 그런 이유로 아무리 고가라도, 또 당장 쓸 일이 없더라도 '사과'가 새겨져 있다면 큰 고민 없이 구매한다. 설사 그것이 시곗줄 같은 액세서리라도 말이다. 이처럼 강력한 추종자들 덕분에 애플 제국은 공고하다. 한마디로 애플은 기술과 감성을 모두 갖춘 최강자다.

현실적으로 이런 애플을 지금 당장 꺾을 수 있는 반도체 기업이나 빅테크 기업은 없을 듯싶다. 삼성전자가 갤럭시 S뿐 아니라 갤럭시 Z를 동원해 반격을 가하고 있으나, 스마트폰 시장에서 애플의 아성은 여전히 압도적이다. 실제로 2023년 상반기 기준 전 세계 스마트폰 판매량을 보면 아이폰이 1~4위를 모두 차지하고 있다. 갤럭시는 그 뒤를 잇는데, 특히 '기함급'인 갤럭시 S는 10위 안에 단 한 종밖에 들지 못했다.[2]

결국 현실적인 전략은 애플과 공존하는 것이다. 아이폰의 심장인 AP는 애플이 설계하고 TSMC가 양산한 것이지만, 기타 핵심 부품인

D램과 낸드플래시는 삼성전자와 SK하이닉스가,* 기판은 삼성전기가, 디스플레이는 삼성디스플레이와 LG디스플레이가, 카메라는 삼성전기와 LG이노텍이 만든 것이다. 이런 식으로 계산해보면 아이폰에 들어가는 부품 가운데 무려 30퍼센트가 한국산이다.[3]

이처럼 적과의 동침을 택하기 위해서라도 한국은 애플을 더 잘 알아야 한다. 애플이 어떤 비전과 전략을 세우고 있는지 안다면, 그에 맞춰 소재·부품·장비의 공급망을 미리 마련해놓을 수 있다. 반대로 애플의 부족한 점을 파악해 기술 초격차의 발판을 마련하게 될지도 모른다. 그러니 이제부터 애플을 낱낱이 파헤쳐보자.

## ○─── 혁신의 애플, 애플의 혁신 ───○

2023년 9월 공개된 아이폰 15는 많은 부분이 발전했다. 우선 충전 단자가 자체 표준인 라이트닝Lightning에서 최근 보편적으로 쓰이는 USB-C 타입으로 바뀌었다. 이로써 애플 제품만을 위해 충전기마저 따로 마련해야 했던 불편이 사라지게 되었다. 베젤이 무척 얇아진 것도 화제였다. 아이폰 15 프로의 베젤 두께는 1.5밀리미터로, 아이폰

---

\*     아이폰 14의 경우 중국 수출용에는 원래 YMTC에서 양산한 낸드플래시를 장착할 계획이었다. 하지만 미국 의회의 강력한 반발과 반도체법 때문에 이것이 불가능해져, 애플은 삼성전자에서 더 많은 낸드플래시를 구매하게 되었다. (박종관, 〈"삼성, 아이폰에 낸드플래시 공급"…'적자' 경쟁사 타격 불가피〉, 《노컷뉴스》, 2022.11.22.)

14 프로의 2.2밀리미터보다 32퍼센트나 얇다. 이는 지금까지 나온 어떠한 스마트폰보다 얇은 수준이다. 이 외에도 카메라 성능이나 음질을 개선하는 등 크고 작은 업그레이드가 이루어졌다.

물론 가장 큰 진보는 아이폰 15 프로와 아이폰 15 프로 맥스에 사용된 새 3나노 AP인 'A17 프로'일 것이다. 이 AP는 TSMC가 양산했는데, 일반 소비자가 쓰는 전자 제품에 3나노 반도체가 적용된 사실상 첫 사례다.** 애플이 누구보다 앞서 3나노 반도체를 채택한 것은 물론 성능 때문이다. 3나노 반도체는 5나노 반도체보다 성능은 23퍼센트 개선되고, 전력 소모는 45퍼센트 감소한다는 연구 결과가 있을 정도다. 즉 배터리를 덜 잡아먹으면서도 더 좋은 성능을 보여준다. 이로써 성능과 배터리 용량 문제를 한 번에 해결한다.***4

이처럼 애플은 언제나 경쟁자들보다 한발 앞서왔다. 애플의 역사

---

**     동 시기에 출시된 갤럭시 S23은 삼성전자가 양산한 4나노 AP인 퀄컴의 '스냅드래곤 8 Gen 2'가 적용되었다. 2024년 출시될 갤럭시 S24 또한 4나노 AP가 적용된다. 삼성전자는 2023년부터 3나노 반도체를 양산 중인데, 3나노 AP와 2나노 반도체는 2025년(빠르면 2024년 말)부터 양산할 계획이다. 이로써 TSMC는 최소한 3나노 AP의 공정 노하우만큼은 삼성전자보다 2년가량 앞서 쌓게 되었다. (이나리, 〈3나노 모바일 AP 시대 본격화…파운드리, 고객사 확보에 사활〉, 《지디넷코리아》, 2023.09.14.)

***    여담이지만 전문가들은 2030년까지 3나노 반도체가 쓰일 것으로 본다. 2나노 반도체와 1나노 반도체를 양산하는 일은 지금까지와는 난도의 차원이 다르기 때문이다. 현재 3나노 반도체의 수율은 TSMC든 삼성전자든 50퍼센트 안팎인데, 2나노 반도체는 3나노 반도체보다 회로의 폭을 50퍼센트나 더 줄여야 한다. 이런 이유로 2030년까지 3나노 반도체의 수율을 끌어올리는 일과 2나노 반도체의 공정 수준을 높이는 일이 동시에 진행될 것으로 보인다. 이러한 '산업의 시간표'를 미리 꿰뚫어 볼 수 있다면 공급망 변화에 더욱 적절히 대응할 수 있을 것이다.

만 보아도 그런 예가 무수히 많다. 오늘날 많은 사람이 애용하는 무선 이어폰이 대표적이다. 2016년 애플이 에어팟을 처음 선보였을 때 그 진가를 알아챈 사람은 그리 많지 않았다. 조금만 움직여도 귀에서 쉽게 빠질 것 같다는 자못 합리적인 문제 제기부터, 저런 '콩나물 대가리'를 누가 귀에 끼고 다니겠냐는 맹비난까지, 에어팟은 모두에게 '물음표'였다. 그런데 결과는 어떠한가. 약간의 과장을 섞어 말한다면, 에어팟은 '듣는 행위'를 다시 정의하게 되었다. 가령 주변 소음을 없애주는 노이즈 캔슬링 기능은 20세기 중반 이후 여러 기업이 꾸준히 대중화를 시도했으나 번번이 실패했다. 그러다가 에어팟에 적용되며 누구나 사용하는 기능이 되었다.

지금도 애플은 다음 혁신을 준비 중이다. 그중 하나만 소개해보자면 터치스크린 키보드가 있다. 사실 별로 특별해 보이지 않는다. 그런데 이것이야말로 애플다운 혁신이다. 무언가 매우 엄청난 것, 아주 새로운 것을 보여주지는 않는다. 그보다는 이미 존재하는 것을 더욱 완벽하게 개선하고 다듬는다. 이어폰에서 선을 뺀 에어팟, PDA와 휴대전화의 장점을 모은 아이폰, 기존 MP3 플레이어보다 용량을 대폭 늘린 아이팟처럼 말이다. 여하튼 애플은 터치스크린 키보드 개발에 꽤 진심으로 보이는데, 2010년대 후반부터 여러 건의 특허를 매년 등록하고 있다.[5] 터치스크린 키보드는 말 그대로 물리적인 키캡을 없애고 액정으로 만든 키보드다. 대신 액정 아래 터치 센서와 모터를 넣어 타자할 때마다 무언가를 누른다는 감각을 느끼게 해준다. 액정의 두께도 손가락으로 누르는 힘에 따라 조금씩 변형되도록 매우 얇게 설계해 '타건감'을 제대로 선사할 것으로 보인다.

그렇다면 왜 하필 터치스크린 키보드일까. 두 가지 이유가 있는 것으로 보인다. 우선은 사용자 경험의 확장이다. 터치스크린 키보드는 기본적으로 터치스크린이다. 따라서 디스플레이, 키보드, 터치패드 등 사용자가 원하는 무엇이든 될 수 있다. 실제로 최근 들어 비슷한 시도에 나선 제품들이 보인다. 노트북에서 키보드와 터치패드를 아예 없앤 다음, 그 자리까지 플렉서블 디스플레이 패널을 확장하는 식이다. 또는 키보드와 터치패드 자리에 각각 디스플레이를 설치하고, 탈부착이 가능한 작은 키보드를 별도로 두기도 한다. 이보다는 좀 더 단순한 방식으로, 키보드 위에 터치스크린을 부착하는 경우는 꽤 흔해졌다.[6] 아마 애플은 이런 시도들을 유심히 살피며 무엇을 어떻게 개선해야 완성도를 높일 수 있을지 분석하고 있을 것이다.

다음으로는 다른 분야로의 확장이다. 나는 터치스크린 키보드가 자동차에 충분히 적용할 만한 기술이라고 생각한다. 최근 출시되는 자동차들을 살펴보면, 일반적인 내연기관 자동차든, 전기자동차든, 자율주행 자동차든 계기판이 터치스크린으로 바뀌고 있다. 단순히 멋있고 고급스러워 보이기 때문인 걸까. 분명 그런 점도 고려했겠지만, 터치스크린은 소프트웨어만 업데이트하면 사용자가 원하는 어떠한 정보도 무리 없이 전달 가능하다는 장점이 있다. 특히 전기자동차나 자율주행 자동차는 이전 세기의 자동차보다 사용자에게 훨씬 많은 정보를 전달해야 한다. 자동차의 동력이 어느 쪽 바퀴에 어느 정도의 비중으로 전달되고 있는지, 배터리 충전량이나 충전 속도는 어떠한지, 주행거리가 얼마나 남았는지 등을 효과적으로 보여주려면 터치스크린이 필수다.[7] 게다가 이러한 터치스크린에 키보드 기능까지 결합한다면 사용자와의 상호작용성을 한 차원 높여줄 것이다. 한 발 더 나아가 터치스크린 키보드와 아이폰을 연동할 수 있다면? 자동차에서 물리 버튼을 모두 없애는 일도 가능할지 모른다.

## ∘⟋— 자동차 산업에서의 애플다움 —⟍∘

그렇다. 이제부터는 자동차 이야기를 해보려 한다. 실제로 애플은 자동차 오디오나 디스플레이를 아이폰과 연동해주는 애플리케이션인 '카플레이CarPlay'를 개발하는 과정에서 아예 자동차를 만들기로 했다.[8] 바로 환상의 동물 유니콘 같은 존재인 '애플카' 말이다.

지난 10여 년간 전 세계 사람들은 애플카를 갈망했다. 2014년 애플은 전기자동차 개발 프로젝트 '타이탄Titan'에 시동을 걸었다. 개발인원만 1000명에 달했는데, 테슬라의 전직 임직원들까지 포함되어 있었다. 2015년에는 온갖 센서를 달고 주행하는 자동차가 포착되기도 했고(사실 이 때문에 애플카 개발이 알려졌다), 테슬라와 자동차 주행과 관련된 각종 데이터를 구매하는 계약을 논의하기도 했다. 2016년부터는 자율주행 소프트웨어 개발로 프로젝트를 확장했는데, 2017년에는 팀 쿡 애플 CEO가 "자율주행 시스템을 개발 중"임을 선언했다. 그는 '자동차'라는 단어를 쓰지 않았지만, 보통 이때를 애플카가 공식화된 시점으로 본다. 한편 2018년 중국인 산업 스파이를 붙잡아 조사하는 과정에서 애플카의 개발 인원이 5000명에 달한다는 사실이 밝혀지기도 했다(당시 애플 전체 직원의 4퍼센트 규모였다). 2021년 애플은 현대자동차를 포함해 전 세계의 여러 자동차 기업과 애플카의 공동 개발 및 위탁 생산을 위한 협상을 벌였다. 2022년에는 애플 측 인사들이 한국을 찾아 자율주행 자동차에 들어가는 각종 전자장치의 공급을 논의한 사실이 밝혀져 화제가 되었다.[9] 이처럼 애플의 애플카에 대한 의지는 분명하다. 실제로 2014년 이후 매년 10억 달러(약 1조 2900억 원)의 연구·개발비를 쏟아붓고 있고, 여러 건의 애플카 관련 특허를 계속해서 취득 중이다. 혹자는 자율주행 시스템을 갖춘 전기자동차 시장은 이미 테슬라가 선점하지 않았냐고 반문하다. 하지만 애플은 언제나 '최초'보다는 '최고'를 노려왔다. 애플 특유의 완벽주의 때문에 늦춰지고 있을 뿐 2030년이 되기 전에는 애플 로고가 새겨진 자동차가 도로를 주행하게 될지 모른다.*

많은 사람이 애플카의 디자인(또는 감성)을 궁금해할 테지만, 나

---

* 애플카 출시가 늦어진 이유는 자율주행의 수준에 대한 내부 논의가 길어졌기 때문으로 보인다. 원래 애플은 운전대와 브레이크 및 액셀 페달조차 없는 자율주행 자동차를 개발할 계획이었다. 하지만 현재 기술 수준으로는 이것이 불가능하다는 점을 받아들여, 운전대와 브레이크 및 액셀 페달을 설치하되, 고속도로에서는 5단계, 즉 완전한 자율주행을 지원하는 쪽으로 방향을 틀었다. 이렇게 정리되기까지 좌충우돌이 많았던 것으로 보이는데, 여하튼 애플은 2024년까지 디자인 확정과 프로토타입 제작을 마치려 한다. 일정이 틀어지지 않는다면 2026년 공개, 2027년 출시될 것으로 보인다. (임수근, 〈애플카, 완전 자율주행차 포기…출시도 2026년으로 연기〉,《연합뉴스》, 2022.12.07.; 김용원, 〈애플카 '테슬라 천하'에 도전장 내밀까, 2027년 정식 출시 가능성 나와〉,《비즈니스포스트》, 2023.08.11.)

는 소프트웨어와 하드웨어가 보여줄 아름다운 조화에 기대가 크다. 아이폰만 봐도 알 수 있는 사실로, 애플은 소프트웨어와 하드웨어를 직접 개발해 둘 사이의 시너지를 극한까지 끌어올린다. 이로써 기기의 성능을 최고치로 뽑아내고, 사용자 경험을 최적화한다. 사실 애플카 개발 중에 애플 내에서는 자율주행 소프트웨어만 개발해 테슬라나 현대자동차 같은 기존 자동차 기업에 판매하는 것으로 프로젝트를 마무리 짓자는 의견도 있었다. 2021년에 현대자동차와 접촉했을 때는 하드웨어 노하우를 전수받는 대가로 위탁 생산을 맡기겠다는 게 골자였다. 하지만 어떤 이유로든 애플은 결국 '애플다움'을 택했다. 소프트웨어와 하드웨어를 직접 개발해 완벽한 수준으로 통합하겠다는 것이다.

이 책에서는 반도체와 관련되는 애플카의 소프트웨어를 살펴보려 한다. 2018년 구글 출신의 인공지능 전문가 존 지아난드레아John Giannandrea가 애플로 자리를 옮겼다. 지아난드레아는 구글의 검색 알고리즘을 개발 및 개선했고, 인공지능 비서 서비스인 '구글 어시스턴트Google Assistant'를 구축했다. 과장을 약간 보태자면, 지아난드레아가 곧 구글이다. 그런 그가 애플의 '머신러닝 및 인공지능 전략 부문 수석 부사장'이라는 긴 이름의 직함을 받으며 부여받은 특명은 당시 애플에서 가장 강력한 반도체인 A12(아이폰 XS 시리즈에 탑재)보다 최소 네 배 이상 강력한 자율주행용 인공지능 반도체를 개발하는 것이었다.

애플카가 공개되기 전이라 해당 반도체가 어느 정도 성능을 자랑할지 아직 알 수 없다. 다만 2023년 1월 흥미로운 소식이 전해졌다. 세계에서 가장 큰 전자 제품 기업인 타이완의 폭스콘Foxconn이 엔비디아와 손잡고 자율주행 시스템 개발에 뛰어들었다는 것이다. 이것이 애플카, 또는 애플의 자율주행용 인공지능 반도체와 무슨 상관이냐고? 본격적인 이야기에 앞서 폭스콘이 어떤 회사인지부터 알아보자. 폭스콘은 파운드리나 팹리스가 아니다. 반도체 외의 모든 것을 만드는 회사에 가깝다. 폭스콘은 메인보드에 들어가는 소켓과 커넥터 등을 만드는 기업으로 출발했는데, 지금은 각종 전자 제품의 OEMOriginal Equipment Manufacturer을 넘어 ODMOriginal Development Manufacturing으로 활약하고 있다. OEM이 (직접 만들거나 제공받은 부품을) 주문받은 대로 조립해 완성품을 생산한다면, ODM은 개발부터 함께한다. 그렇다면 엔비디아와 폭스콘의 역할은 이렇게 나뉠 것이다. 우선 엔비디아가 자율주행용 인공지능 반도체와 전체 시스템을 설계한다. 폭스콘은 해당 반도체가 놓일 기판과 그 기판의 회로, 이를 지원할 각종 부품을 개발하고 생산한다. 이로써 소프트웨어와 하드웨어가 시너지를 낼 수 있는 하나의 자율주행 시스템이 완성된다.[10]

이때 눈여겨보아야 할 점은 폭스콘이 애플의 최대 협력사라는 사실이다. 폭스콘은 세계에서 아이폰을 가장 많이 만드는 회사다. 전체 생산량의 80퍼센트가 폭스콘의 중국 공장에서 만들어진다(이 때문에 중국 정부가 '정치적인' 이유로 종종 폭스콘을 압박한다).[11] 그런 폭스콘이 2021년, 즉 애플이 애플카 생산을 본격적으로 고민할 시점에 전기자동차도 위탁 생산하겠다고 깜짝 발표했다. 이후 2023년에는 자율주행 시스템의 개발 및 위탁 생산에도 뛰어든다고 밝혔으니, 맥락을 이해하면 폭스콘이 정말 노리는 것이 무엇인지 알 수 있다. 한마디로 폭스콘은 애플카를 위탁 생산하고자 한다. 그렇다면 현재 폭스콘이 엔비디아와 함께 개발 중인 자율주행 시스템의 성능을 알면, 애플이 선보일 자율주행 시스템의 성능 또한 짐작할 수 있을 것이다. 폭스콘에 전자가 훈련이라면 후자는 실전일 테니까 말이다.

엔비디아가 2022년 출시한 자율주행 시스템인 '젯슨 AGX 오린 Jetson AGX Orin'은 1초에 275조 건의 연산을 수행한다. 그렇다면 2023년부터 폭스콘과 엔비디아가 함께 개발하기 시작한 자율주행 시스템은 물론이고, 2026~2027년 출시가 점쳐지는 애플카의 자율주행 시스템은 이보다 훨씬 뛰어난 성능을 자랑할 것이다. 아니, 자랑해야만 한다. 아이폰 15 프로 시리즈에 탑재된 AP인 A17 프로의 경우 1초에 35조 건의 연산을 수행한다.[12] 즉 (연산 속도만 따졌을 경우) 지아난 드레아가 처음 부여받은 '네 배 이상'이라는 목표만으로는 엔비디아를 넘어서기가 쉽지 않다. 단순히 기업 간 경쟁을 떠나, 자율주행 자동차는 기본적으로 매우 많은 연산을 수행할 수밖에 없다. 주변에 어떤 사물이 있는지, 교통 흐름은 어떠한지, 속도는 잘 제어되고 있는지, 경로를 벗어나지는 않았는지 등을 실시간으로 끊임없이 파악해야 하기 때문이다.

잠시 테슬라 이야기를 해보겠다. 사실 테슬라의 자율주행 자동차들은 하드웨어, 특히 내·외장 마감이 가격 대비 좋다고 말할 수 없는 수준이다. 그런데도 사람들이 테슬라에 열광하는 것은 그들이 선보인 '미래' 때문이다. 테슬라는 모두가 비웃을 때 전기자동차 시장을 개척했고, 모두가 운전대를 꽉 붙잡고 있을 때 자율주행 자동차를 선보였다. 이 미래에 남들보다 먼저 올라타려는 사람들에게 손가락이 쑥 들어갈 정도의 단차 따위는 문제 되지 않는다. 이것이 자동차 산업에서도 드디어 빛을 발하기 시작한 소프트웨어의 힘이다. 감성의 애플이 이 도전과 기회를 어떻게 활용할지 기대된다.

## ◦〜— 특허를 통해 미리 만나보는 애플카 —〜◦

애플이 취득한 특허들을 보면 애플카의 모습이 좀 더 선명하게 드러난다. 2022년 기준 애플카 관련 특허는 248개에 달한다. 애플 스스로 개발한 기술도 있지만, 인수·합병을 통해 얻은 기술도 있다. 2019년 당시 기업 가치 2억 달러(약 2300억 원)에 달하던 자율주행 시스템 스타트업 드라이브.ai를 인수한 일이 대표적이다. 여하튼 이 기술들을 분석해보면, 애플카는 방금 면허를 딴 사람도 바로 고속도로를 주행할 수 있도록 편의성을 극대화한 자율주행 자동차로 정의할 수 있다.[13] 특허를 통해 애플카가 선보일 미래를 미리 만나보자.

우선 애플카는 사용자 인터페이스와 경험을 극대화한다. 즉 조작이 쉽고(사용자 인터페이스), 사용이 편리하다는(사용자 경험) 것이다. 손을 좌우로 흔들거나 말하는 것만으로 차선을 바꾸고, 교통 약자가 차에 타고 내릴 때 자동으로 차체가 낮아진다. 눈이나 비가 오면 그에 맞춰 알맞은 속도로 달리고, 외부 기온에 맞춰 차내 온도를 쾌적

한 수준으로 유지하며, 햇빛이 강하면 창을 어둡게 해준다.[14]

관련해 각종 정보를 제공하는 디스플레이가 '아름답게' 배치되는 것도 중요하다. 애플카에서는 터치스크린이 좌석이나 문 등에 감춰져 있다가 필요할 때만 나타날 것으로 보인다. 아예 홀로그램 기술이 접목될 수도 있다.[15]

또한 애플카는 연결성을 강조한다. 도로를 함께 주행 중인 다른 자동차들과 연결되어 정보를 주고받는 것이다. 이를 'V2X Vehicle-to-Everything'라고 하는데, 생각보다 쓸모가 많을 것이다. 내비게이션에 실시간으로 반영되기 어려운 도로 사정이나 교통 흐름을 공유할 수도 있고, 차선 변경이나 합류 시에 미리 경고해줄 수도 있다. 이처럼 안전과 직결되는 기능이 바로 V2X다.

무엇보다 애플카의 핵심은 상황을 최대한 빨리 인지하고 능동적으로 대처하는 기능이 될 것이다. 이는 두 가지로 나뉘는데, 하나는 자율주행이고, 다른 하나는 행동 일체화다. 실제로 애플카와 관련된 대부분의 특허가 여기에 집중되어 있다. 일단 주위 자동차들의 위치와 속도, 움직임 등을 실시간으로 파악하고 분석해 사용자에게 최적의 주행 경로를 안내하거나 스스로 주행한다.[16] 사실 이는 테슬라나 현대자동차가 이미 도입한 수준이라, 앞으로 얼마나 더 개선될지 두고 보아야 한다. 행동 일체화란 자동차의 움직임과 신체의 움직임을 일체화하는 기능인데, 쉽게 말해 '흔들리지 않는 편안함'을 제공하는 것이다. 가령 전방에 과속 방지턱이 있다면, 애플카는 속도나 차체의 높낮이, 서스펜션의 반응을 미세하게 제어해 사용자 신체의 흔들림을 최소화한다. 하드웨어의 완성도에도 꽤 신경 쓴다는 것인데, 역시 애플답다고 하겠다.

마지막으로 애플카는 '확장현실eXtended Reality, XR'을 제공한다.* 도심을 주행하면서도 창밖으로는 합성된 숲의 경치를 보여주고, 산을 관통한 터널에 진입할 때는 앞 유리에 그 너머의 상황을 펼쳐 보여주는 것이다. 특히 사용자가 손끝, 또는 간단한 보조 장치만을 활용해 이렇게 '확장된' 현실과 즉각적으로 상호 작용할 수 있다는 게 핵심이다. 물론 자동차는 계속 흔들리기 때문에 XR에 계속 노출되면 멀미가 날 수 있다. 이 때문에 앞서 설명한 행동 일체화 기능이 꼭 필요한 것이다.

다시 말하지만 애플카 관련 특허만 200개가 넘는다. 이 중 무엇이 적용될지는 애플카가 나와봐야 안다. 확실한 것은 애플카가 나오면 자동차 시장에 격변이 일어나리라는 것이다. 지금 이 순간에도 애플카는 우리와 점점 가까워지고 있다. 2022년에 애플은 본인들이 개발한 자율주행 시스템을 실제 자동차 69대에 탑재해 미국 전역에서 시험 주행을 해보았다. 일단은 기존의 자동차 기업에서 만든 전기자동차나 자율주행 자동차를 활용했다고 한다.[17] 하지만 일정표상으로

---

*　'가상현실(Virtual Reality, VR)'은 말 그대로 실제 세계와 전혀 상관없는, 완전히 새롭게 창조된 세계를 가리킨다. '증강현실(Augmented Reality, AR)'은 실제 세계를 그대로 보여주되, 각종 정보를 시각적으로 덧붙인다. '혼합현실(Mixed Reality, MR)'은 VR과 AR의 장점만을 모은 것이다. 기본적으로 실제 세계를 보여주지만, 가상의 요소들을 배치하며, 사용자는 그것들과 모두 상호 작용할 수 있다. XR은 이 모두를 아우른 가장 넓은 개념이다. (박순찬, 〈VR AR MR XR… 확실히 정리해드립니다〉, 《조선일보》, 2023.03.16.)

2024년이 지나기 전에 애플이 직접 디자인한 애플카를 볼 수 있을 전망이다. 그리고 계획대로라면 2026년이나 2027년이면 애플카가 드디어 출시될 것이다. 그때는 테슬라의 첫 번째 전기자동차 로드스터Roadster가 공개된 2008년과 더불어 자동차 산업에 한 획을 그은 해로 기억되지 않을까.

# 메타버스? 애플버스!

지금까지 아이폰에서 애플카로 이어지는 애플의 혁신을 살펴보았다. 다만 혹자는 아이폰은 이미 온 과거의 혁신이고, 애플카는 아직 오지 않은 미래의 혁신이라 비판할 수 있다. 그런 이를 위해 바로 지금의 혁신을 소개하겠다. 바로 '애플 비전 프로'다.

스키나 스노보드를 탈 때 쓰는 고글처럼 생긴 애플 비전 프로는 AR 기기다. 참고로 애플은 이를 '공간 컴퓨터spatial computer'라고 부른다. 기존의 VR 기기나 메타버스 서비스와 차별화하기 위해서다. 애플 비전 프로는 2023년 6월 깜짝 공개되었는데, 알려지기로만 20년 넘게 준비했다고 한다. 당장 2019년에 초기 형태의 AR 기기를 특허 출원해 화제가 되었고, 멀게는 2008년에도 아이폰과 연동해 VR 콘텐츠를 제공하는 HMD Head Mounted Display를 특허 출원했다. 그 와중에 VR이나 AR 기술 개발에 특화된 스타트업들인 오큘러스 Oculus (2014년 메타에 인수)와 매직 리프 Magic Leap, 심지어 NASA 출신의 인재들을 대거 채용했다.[18]

사실 아이폰에도 AR 기능이 들어가 있다. 자율주행 자동차에나 들어가는 고가의 라이다가 탑재된 덕분인데, 이를 통해 AR 기능을 제공한다. 이를 지원하는 애플리케이션을 구동한 채로 아이폰 카메라를 통해 어떤 사물을 바라보면, 관련해 각종 정보를 제공하거나, 아니면 가상의 무언가를 그 옆에 띄워놓는다. 집에 새로운 가구를 배치하고 싶은데, 잘 어울릴지 고민이라면 이러한 기능이 도움을 줄 것이다.

그렇다면 애플이 이처럼 끈질기게 AR 기기를 개발해온 이유는 무엇일까. 돈이 되기 때문이다. 2022년 기준 전 세계 VR·AR 시장은 330억 달러(약 41조 8800억 원) 규모로, 매년 30퍼센트 가까이 성장할 것으로 예상된다.[19] 물론 아직은 '하이테크'이므로, 일반 소비자가 바로 VR이나 AR 기기를 접할 일은 많지 않을 것이다. 높은 가격도 문제지만, 머리에 무언가를 써야 한다는 것 자체가 어색하기 때문이다. 하지만 그래도 시장이 성장하는 이유는 스마트폰부터 자율주행 자동차까지, 이 기술이 적용될 만한 분야가 워낙 폭넓기 때문이다. 그리고 애플은 아이폰과 애플카를 통해 AR 기술의 시장 안착을 선도

하고 있다. 애플 비전 프로는 그러한 여정의 중요한 이정표가 될 것이다.

애플 비전 프로는 아이폰, 아이패드, 맥북 모두와 연동해 사용하는 AR 기기다. 가령 블루투스 등으로 맥북과 연동한 다음 인터넷에 접속하면, 영화 〈마이너리티 리포트〉의 한 장면처럼 허공에 손을 움직이는 것만으로 온갖 정보를 검색하고 편집할 수 있다. 애플은 AP인 A 시리즈와 M 시리즈를 개발하며 이러한 조합을 염두에 둔 듯하다. 두 AP는 연산과 관련된 기본적인 성능을 높이는 것은 물론이고, 전력 소모를 최소화하면서 애플의 여러 기기를 안정적으로 연결하는 것까지 고려해 설계되었다. 이처럼 강력한 반도체가 뒷받침되어야만, 카메라 기능과 그래픽 처리 등 복잡한 연산을 수행하는 애플 비전 프로를 배터리 걱정 없이 다른 기기들과 함께 사용할 수 있을 것이다.

물론 애플 비전 프로의 최고 강점은 타의 추종을 불허하는 '보는 즐거움'이다. 애플은 OTT 서비스인 애플 TV를 제공하고 있는데, 점유율이 형편없다. '본진'인 미국에서조차 2023년 3분기 기준 OTT 시장의 고작 7퍼센트만을 차지했을 뿐이다.[20] 이유는 간단하다. 다른 OTT 서비스만큼 재미있는 콘텐츠를 만들고 있지 못하기 때문이다. 하지만 여기에 애플 비전 프로가 더해진다면 전혀 새로운 즐거움을 제공할 수 있을 것이다. 머리에 쓰는 것만으로 눈앞에 아이맥스 스크린이 펼쳐진다면 누가 마다할까. 하드웨어를 갖지 못한 다른 OTT 서비스는 절대 줄 수 없는 즐거움이다.

## 초월적인 방식으로 현실을 경험하라

무엇보다 애플 비전 프로는 메타버스의 진정한 시작점이 될 수 있다. 나는 애플이 애플 비전 프로를 부르는 단어인 공간 컴퓨터에 다른 차원의 세계를 보여주겠다는 포부가 담겨 있다고 생각한다.

일단 애플 비전 프로의 디스플레이는 훌륭하다. 왼쪽 눈과 오른쪽 눈을 담당하는 우표만 한 크기의 두 디스플레이에 각각 1150만 개의 픽셀이 조밀하게 들어차 있다. 1인치당 3000개 이상의 픽셀이 박혀 있는 셈인데, 참고로 아이폰 14 프로는 460개, 갤럭시 S23 울트라는 500개다. 이처럼 픽셀 밀도가 높으면 픽셀 간의 경계선이 보이지 않아 정말 자연을 보는 것과 비슷한 감각을 선사하게 된다.[21] 애플은 4K(픽셀 수 830만 개)라고 홍보하나, 이 정도면 사실상 5K(픽셀 수 1500만 개)에 가깝다. 경쟁자인 메타의 최신 VR 기기인 메타 퀘스트 3의 경우, 디스플레이당 픽셀 수가 450만 개에 불과하다. 이처럼 수준 높은 디스플레이를 지원하기 위해 애플 비전 프로에는 맥북 프로와 아이패드 프로에 쓰이는 고성능 AP인 M2가 장착된다.

AR 기기인 만큼 애플 비전 프로에는 내·외부에 총 12개의 카메라와 다섯 개의 센서, 여섯 개의 마이크가 달려 있다. 내부에 달린 카메라는 눈동자의 움직임, 즉 시선을 실시간으로 추적해 선명한 이미지를 제공하고, 외부에 달린 카메라와 센서는 가상 요소가 현실에 더욱 자연스럽게 녹아들도록 돕는다. 무엇보다 애플 비전 프로는 기타 입력 장치가 없다. 메타 퀘스트는 조이스틱이 따로 필요한데, 애플 비전 프로는 오직 손짓과 목소리로만 AR 경험을 누릴 수 있다. 애플의 철학이 분명하게 드러나는 부분이다.[22] 한편 이러한 카메라와 센서, 마이크만을 관장하는 반도체인 R1이 새롭게 개발되어 애플 비전 프로에 장착된다. VR이나 AR 기기를 사용할 때 보고 경험하는 행위가 부드럽게 연동되지 않으면 사용자가 멀미를 일으킬 수밖에 없다. 이를 방지하기 위해서는 M2와 R1이라는 '두 개의 심장'이 모두 필요하다는 게 애플의 판단이다.

한마디로 애플 비전 프로는 단지 무언가를 보여주는 기기가 아니다. 보여주는 것은 기본이고 궁극적으로는 체험하게 하는 기기다. 애플의 목적은 지금까지 인수·합병한 스타트업 목록만 보아도 알 수 있다. 우선 2016년 표정을 읽어 감정을 추측하는 인공지능을 개발한 이모션트Emotient를 인수했다. 2017년에는 안면 인식 기술을 개발한 리얼페이스Realface와 AR 기술을 개발한 버바나Vrvana를 인수했다. 2018년에는 AR 기기용 렌즈를 생산하는 아코니아 홀로그래픽스Akonia Holographics를 인수했다. 2020년에는 VR 콘텐츠를 제작하는 넥스트VR NextVR과 스페이시스Spaces를 인수했다. 이게 끝이 아니다. 세계 최초로 메타버스 ETF를 만들고, 벤처 캐피털 에필리온Epyllion을 운영하며, 세계 최대의 컨설팅 기업 맥킨지 & 컴퍼니McKinsey & Company에 자문하는 '실리콘밸리의 현자' 매튜 볼Matthew Ball에 따르면, 애플은 매년 2000개 정도의 특허를 취득 중인데, 그중 수백 개가 VR과 AR, 신체 추적 기술과 관련된다.[23] 애플은 이것들을 모두 버무려 '애플버스Apple-verse'를 향해 달려가고 있는 것이다.

몇 년 전 메타버스가 크게 화제가 된 적이 있었다. 관련 회사의 주식이 폭등하는 것은 물론이고, 메타버스를 설명하는 책들이 베스트셀러가 될 정도였다. 유튜브에 접속하면 메타버스에 관한 영상을 보지 않을 수 없었고, 정부나 기업에서도 이런저런 명목으로 투자를 아끼지 않았다. 그런데 지금은 어떠한가. 메타버스의 '메'도 들을 일이 없다. 사실 그때도 비판의 목소리가 있었다. 무언가 새로워 보여 돈이 몰릴 뿐 알맹이 없는 허상에 불과하다는 것이었다. 컴퓨터게임이나 온라인 채팅 같은 기존의 서비스와 메타버스의 차이를 명확히 설명하지 못한다는 것도 비판의 주된 이유였다.[24]

이처럼 떠들썩한 상황에서 애플은 조용히 칼을 갈았다. 애플의 철학에 따르면 메타버스란 현실을 초월$_{meta}$하는 세계가 아니다. 초월적인 방식으로 현실을 경험하는 세계다. 가령 애플 비전 프로를 쓰고 의자를 바라보면, 관련된 온갖 정보가 제공되고, 그 의자에 어울리는 가상의 책상을 옆에 놓아볼 수 있으며, 그 의자가 포함된 내 방의 3D 설계도를 만들어 인테리어 전문가에게 보낼 수 있다. 꼭 이런 기능적인 유용성이 아니더라도, 애플 비전 프로는 막강한 성능으로 현실의 한계를 넘어서는 즐거움을 선사한다. 애플 비전 프로를 쓰고 영화를 보는 순간, 당신이 어디에 있든 아이맥스 스크린이 펼쳐진다. 무엇보다 이 모든 일이 아바타로 가득한 가상공간에서가 아니라, 당신이 발 딛고 있는 현실에서 일어난다. 이러한 메타버스라면 꽤 설득력 있지 않은가.

# ○─── 메타버스의 시작 ───○

물론 메타버스는 여전히 걸음마 단계다. 어느 날 갑자기 사람들이 무언가를 머리에 쓰고 돌아다닐 것 같지도 않다. 과연 메타버스의 시대는 올 것인가.

이쯤에서 한 가지 질문을 던져보겠다. 혹시 모바일 인터넷 시대가 언제부터 시작되었다고 생각하는가. 다시 말해 휴대전화로 인터넷에 접속하게 된 때가 언제라고 생각하는가. 많은 사람이 1990년대 후반의 어느 시점이라고 답할 것이다. 이 대답은 반은 맞고 반은 틀리다. 당시 대부분의 피처폰에는 인터넷 접속 버튼이 달려 있었다. 하지만 비용이 무서워 함부로 접속하지 못했으니, 있으나 마나 한 기능이었다. 그러다가 아이폰을 필두로 스마트폰이 대중화되면서 모바일 환경에서도 자유롭게 인터넷을 이용하게 되었다.

비슷한 일이 전기가 대중화될 때도 있었다. 인류 최초의 발전소는 1882년 9월 토머스 에디슨이 세운 펄스트리트Pearl Street 발전소다. 이 발전소는 뉴욕시의 맨해튼 남부에 전기를 공급했는데, 전기로 빛을 밝히는 가로등이 크게 주목받았다고 한다. 그렇다면 이후 미국인들은 전기의 유용성에 곧바로 눈떴을까. 전혀 그렇지 않다. 펄스트리트발전소가 세워지고도 30여 년이 지날 때까지 미국에 있는 기계의 단 5~10퍼센트만 전기로 움직였다. 이 상황을 바꾼 건 헨리 포드였다. 그는 1913년 4월 전기로 구동하는 컨베이어 벨트를 최초로 도입했는데, 이로써 자동차 한 대당 생산 시간을 12시간 30분에서 93분으로 줄였다. 이때야 비로소 사람들은 전기의 힘을 깨달았다.

역사가 증명하듯, 혜성처럼 나타나 모두의 환대를 받으며 세상을 180도로 바꾸는 기술은 없다. 선구자가 씨앗을 심으면 몇 년에서 몇십 년이 지나 싹이 튼다. 물론 이 과정에서 된서리도 많이 맞는다. 2008년 노벨 경제학상을 받은 폴 크루그먼은 1998년 인터넷의 시장성을 이렇게 평했다. "인터넷 시장의 성장은 점차 둔화할 것입니다. 사람들은 사실 서로 나눌 말이 별로 없기 때문이죠. 2005년쯤 되면 인터넷의 영향이 팩스만도 못하다는 것을 깨닫게 될 것입니다." 경제학자라 IT 기술에 무지했기 때문일 것이라고? 2007년 스티브 발머 Steven Ballmer 당시 마이크로소프트 CEO는 아이폰의 성공 가능성을 묻는 기자에게 이렇게 답했다. "아이폰 가격이 500달러라고 했죠? 세상에서 제일 비싼 휴대전화네요. 비즈니스 고객들에게는 별로 매력적이지 않습니다. 키보드가 없잖아요. 이메일 쓰기에 적합한 기계가 아니죠."[25] 대중도 사실 자신들이 무엇을 원하는지 잘 알지 못한다. J. B. 스트라우벨 J. B. Straubel 전 테슬라 CTO Chief Technology Officer (최고기술경영자)는 "대중은 전기자동차 사업이 세상에서 가장 쓸모없는 짓이라고 여겼던 것을 다 잊은 듯하다"라고, 포드는 "대중에게 무엇을 원하냐고 물었다면, 자동차가 아니라 더 빠른 말이라고 답했을 것이다"라고 꼬집었다.

이처럼 열악한 '환경'에서도 혁신의 싹이 굽히지 않고 자라 열매를 맺었을 때 비로소 변화가 시작된다. 우선 대중의 반응이 달라지고, 시장이 바뀌며, 관련 산업의 방향이 틀어진다. 그때 탐스럽게 익은 열매는 누가 알아주지 않아도 씨앗을 심고 열심히 가꿔온 선구자의 몫이다. 메타버스도 정확히 이러한 경로를 밟아나갈 것이다. 그리고 그 시작에 애플 비전 프로가 있다고 나는 생각한다.

사실 메타버스를 준비하는 빅테크 기업은 애플뿐이 아니다. 메타와 마이크로소프트도 관련 기술과 기기를 열심히 개발 중이다. 다만 서로 방향이 다르다. 우선 마이크로소프트는 AR 기술을 활용해 협업의 능률을 올리는 데 초점을 맞췄다. 그렇게 개발한 AR 기기인 '홀로렌즈HoloLens'는 애초에 일반 소비자를 대상으로 하지도 않았다. 가격을 타협하느라 성능을 낮추느니, 기업에만 팔 생각으로 성능과 가격을 모두 높이자는 게 마이크로소프트의 전략이었다. 이 전략이 적중했냐면 결과적으로 '반반'이라고 하겠다. 2019년 공개된 홀로렌즈 2의 성능은 당시 기준으로 매우 높은 편이었고, 또 업무 환경에서 어떻게 쓰일 수 있는지 잘 보여줌으로써, AR 기기의 활용 폭을 넓혔다. 하지만 시장의 반응은 매우 미지근했으니, 2022년까지 총 30만 대가 판매되는 데 그쳤다. 결국 삼성전자가 참여하기로 한 홀로렌즈 3의 개발도 무한 연기되고 말았다(단 홀로렌즈 2의 업데이트는 꾸준히 진행 중이다).[26]

그렇다면 메타는 어떤 전략을 갖고 있을까. 메타는 2014년 오큘러스를 인수했다. 오큘러스는 역사상 가장 성공적인 VR 기기인 '오큘러스 퀘스트'(현재 메타 퀘스트)를 개발한 스타트업이다. 한편 메타는 세계 최대 규모를 자랑하는 동명의 SNS를 운영 중으로, 이는 메타버스의 시작점이 될 수 있다. 한마디로 메타는 곧바로 메타버스 생태계를 꾸릴 만한 하드웨어와 소프트웨어를 모두 갖춘 상태다. 게다가 둘 다 대중성을 확보했다는 점에서 메타버스로 진입하는 문턱을 낮출 수 있다. 그래서 메타는 매우 과감한 전략을 세웠는데, 사용자가 여러 사람과 장시간 메타버스를 즐기도록 하는 것이다. 한마디로 사회적 교류를 강조한다. 이는 가상공간에서의 상호작용에 초점을 맞춘 전통적인 메타버스 개념에 가장 부합한다.[*] 그러려면 최대한 많은 사람이 메타와 메타 퀘스트를 모두 이용해야 한다. 이런 이유로 메타 퀘스트의 성능을 낮춰서라도 가격을 비교적 저렴하게 유지하는 것이다. 이러한 메타의 방향성은 장단이 명확하다. 장점이라면 누구나 참여할 수 있는 너무나 인간적인 활동에 초점을 맞춘다는 것이고, 단점이라면 그 인간적인 활동을 군이 가상공간에서 할 필요가 있냐는 것이다. 메타버스가 이를 어떻게 풀어갈지 지켜볼 만하다.

마지막으로 애플은 메타와 정반대의 전략을 택했다. 앞서 설명한 것처럼 애플은 애플 비전 프로를 공간 컴퓨터로 부른다. 즉 종류가 다른 또 하나의 고성능 컴퓨터로 보는 것이다. 그렇다면 애플 비전 프로가 사용자에게 줄 이점은 명확하다. 기존의 컴퓨터가 주지 못한, AR 기술에서 비롯되는 즐거움과 재미다. 엄청난 해상도와 시야각으

---

[*] 이때 상호작용을 꼭 사람과 하라는 법은 없다. 메타는 관련 반도체를 자체 개발할 정도로 인공지능 기술에 엄청나게 투자 중이다. 이때 메타버스 기술과 인공지능 기술이 결합하게 된다면, 메타버스에서 인공지능이 만든 캐릭터와 이런저런 주제로 대화를 나누는 일도 가능해질 것이다. 이런 이유로 메타는 인공지능 기술에 대한 투자를 늘려가면서도, 메타버스 기술에 대한 투자를 포기하지 않고 있다. (오수환, 〈메타, 대규모 손실에도 메타버스 사업 계속 투자〉, 《코인데스크코리아》, 2023.07.28.)

로 블록버스터 영화를 보거나, AR 기술이 접목된 고사양 컴퓨터게임을 즐기는 것이 좋은 예다. 정리하면 단시간에 질 좋은 AR 콘텐츠를 즐기는 것이 애플의 메타버스다.[27]

이처럼 기업마다 접근 방법이 조금씩 다르기 때문에, 앞으로 어떤 메타버스가 도래할지는 알 수 없다. 다만 지금 단계에서 가장 인상적인 메타버스 경험은 애플이 제공하게 되지 않을까 생각한다. 애플이 만드는 것에는 심장을 뛰게 하는 무언가가 있다. 업무 효율성을 높여주는 것도 중요하고 다른 이들과 소통하는 것도 중요하다. 하지만 일단은 심장이 뛰어야 관심이 생기고, 갖고 싶고, 하고 싶지 않겠는가. 이것이 종합예술가로서 애플이 잘하는 일이다. 애플이 창조할 애플버스가 무척 기대된다.

# 3장

## 압도하는 구글

### 새로운 세계의 신을 꿈꾸다

"인간이 둘 수 없는, 정말 아름다운 수."
○─ 프랑스 바둑 기사 판후이

구글의 진격은 거침이 없다.
인공지능과 양자컴퓨터는 모두
인류가 최초로 가는 길이다.
그 선봉에 구글이 있다.
구글이 새로운 세계를 만들고 있다.

# 인공지능, 신인가 악마인가

1997년 천체물리학자 피트 허트Piet Hut는 《뉴욕 타임스》와의 인터뷰에서 이렇게 말했다. "컴퓨터가 바둑으로 인간을 이기려면 100년쯤 걸릴 겁니다. 어쩌면 더 오래 걸릴지도 모르고요." 이후 20여 년이지난 2016년 3월 구글 딥마인드가 개발한 인공지능 알파고가 인간대표 이세돌을 꺾었다. 5전 4승이라는, 누구도 의심하지 못할 대승이었다. 당시 구글은 대국을 생중계로 본 사람만 전 세계적으로 2억 8000만 명에 달한다고 추산했는데, 그중 대부분이 어떤 위기감을 느꼈을 것이다.[1] 나 또한 그랬다. 알파고가 선보인 '신의 한 수'는 단지 경외감을 불러일으키는 데서 그치지 않았다. 인간이 만든 기계가 인간에게 가르침을 주는 새 시대의 문을 열었다.

그렇다면 알파고의 힘은 어디에서 비롯되었을까. 답은 간단하다. 천문학적인 분량의 데이터다. 옥스퍼드대학교의 수학자 마커스 드 사토이Marcus Du Sautoy가 2019년 출간한 《창조력 코드》에는 흥미로운 내용이 담겨 있다. 세상에 존재하는 모든 데이터의 90퍼센트가 2010년대의 5년 동안 만들어졌다는 것이다. 역산하면, 인류 문명이 시작되었을 때부터 2003년까지 생산된 전체 데이터를 이틀마다 계속해서 만들어낸 꼴이다. 이처럼 우리가 사는 세계는 데이터가 '바다'가 아니라 '우주'를 이룬다. 이 우주 안에서 생각하는 기계가 태어났다. 오늘날 기계는 능동적으로 수많은 데이터를 학습하고 분석해 인간이 미처 생각하지 못한 점을 짚어낸다. 알파고의 수를 알파고의 개발자들조차 제대로 설명하지 못한 것처럼 말이다.

물론 인공지능은 아직 인간의 손바닥 안에 있다. 요즘 빅테크 기업들은 이 인공지능을 활용해 돈을 번다. 인공지능은 수많은 사용자가 부지불식간에 만들어내는 복잡다단한 패턴을 파악할 수 있다. 이를 역으로 이용하면 사용자가 선택할 수밖에 없는 콘텐츠를 제시하거나 만들 수 있다. 바로 이것이 알고리즘이다. 넷플릭스도 유튜브도 알고리즘으로 돈을 번다.

관련해 재미있는 이야기가 있다. 2006년 넷플릭스는 '넷플릭스 프라이즈'라는 대회를 열었다. 사용자가 원할 만한 콘텐츠를 콕 짚어 추천해주는 알고리즘 개발이 목표였는데, 그 정확도가 넷플릭스 자체 알고리즘보다 10퍼센트 더 높으면 100만 달러를 주기로 했다. 여기에 5000팀이 3년간 달려들었다. 돈이 문제가 아니라 데이터 과학의 새 장을 열 수 있는 기회라 생각했기 때문이다. 넷플릭스는 이들에게 48만 명이 영화 1만 편에 매긴 1억 개의 평점만을 제공했다. 심지어 영화 제목이나 장르조차 알려주지 않았다. 이런 조건이라면 아무리 대단한 영화 평론가나 콘텐츠 전문가라도 사용자의 패턴을 알아내지 못할 것이다. 그런데 인공지능은 할 수 있다. 우승팀의 알고리즘은 어떤 사용자가 어떤 기준으로 어떤 영화를 선택하는지, 그 패턴을 20가지로 분류해냈다. 이를 이용하면 사용자별로 정확히 콘텐츠를 추천해줄 수 있다. 그러면 넷플릭스에 대한 사용자의 호감도가 높이질 수밖에 없다.[2]

비슷한 예가 또 있다. 바로 2015년 시작된 '넥스트 렘브란트' 프로젝트다. 네덜란드의 광고 회사가 기획하고 마이크로소프트가 지원한 이 프로젝트의 목표는 명확했다. 바로 렘브란트 판레인의 환생이었다. 300년도 더 전에 죽은 렘브란트를 어떻게 살려낸단 말인가. 마이크로소프트는 생명공학 대신 렘브란트의 작품 346점을 인공지능에 학습시키는 것으로 문제를 해결했다. 18개월간 학습을 마친 인공지능은 거장이 환생한 듯 완벽한 '렘브란트 스타일'로 작품을 그려내 화제가 되었다.[3] 렘브란트가 가능하다면, 루트비히 판 베토벤도, 윌리엄 셰익스피어도 가능할 것이다.

지금까지 그림을 그리고 음악을 작곡하고 이야기를 짜내는 일은 모두 인간만이 할 수 있는 일로 여겨졌다. 그런데 점차 인공지능이 인간의 영역에 발을 들이고 있다. 이것은 침범일까 협업일까. 앞으로 어떻게 될지는 알 수 없지만, 오늘날 많은 연구자는 인공지능을 활용해 여태껏 보지 못하고 생각하지 못했던 것을 밝혀내고 있다. 그리고 이러한 모험을 이끄는 빅테크 기업이 바로 구글이다.

## ∘—— 통찰하는 인공지능 ——∘

2019년 11월 수능이 끝나고 얼마 지나지 않아 한 언론사가 재미있는 실험을 했다. 인공지능에 수능 문제를 풀어보게 시킨 것이다. 결과는 처참했으니, 수학(나형)은 16점, 영어는 12점에 그치고 말았다. 이 정도면 찍는 게 더 도움이 될 듯하다.[4]

그런데 2년 뒤인 2021년 12월 《네이처》를 통해 놀라운 소식이 전해졌다. 인간처럼 직관을 발휘하도록 설계된 인공지능이 수학 문제, 그것도 지난 40년간 아무도 답을 구하지 못한 난제를 푸는 데 성공했다는 것이다.[5] 이 연구의 중심에 구글이 있었다.

수학이란 무엇인가. 수와 수가 관계 맺는 패턴을 찾아 공식으로 만드는 것이다. 그러려면 방대한 데이터와 이를 해석할 추론 능력이 필요하다. 여기에 통찰을 불러일으키는 직관 능력이 더해지면 금상 첨화다. 수학 문제가 어려워질수록 전혀 새로운 접근 방법이 필요해 지는데, 이를 단번에 발견하는 능력이 바로 직관이다. 이러한 직관은 소위 '천재'의 경우 태생적으로, 그 외 '범인'의 경우 오랜 경험에서 비롯된다. 그리고 지금까지는 오직 인간만이 이 모든 조건을 충족했다. 실제로 1960년대부터 컴퓨터를 이용해 수학 문제들을 풀어보려 했으나 큰 성과는 없었다.

그런데 구글이 변화를 만들어냈다. 구글 딥마인드의 인공지능은 난제 해결에 적합한 패턴을 찾기 위해 방대한 양의 관련 데이터를 반복적으로 학습했는데, 그 과정에 직관을 적용해 정확성과 속도를 모두 높였다. 인공지능의 직관이란 쉽게 말해 직관을 흉내 낸 함수라고 할 수 있다. 앞서 딥러닝을 설명하며 은닉층의 노드들이 연산을 수행한다고 했는데, 이때 각 노드는 미리 입력된 특정 함수를 이용한다. 바로 그 함수를 잘 만드는 게 개발자의 역할인데, 구글 딥마인드는 노드들에 인과가 명확한 함수(활성화 함수)와 의외의 결과를 내놓는 함수(비선형 활성화 함수)를 적절한 비율로 배분했다. 그러자 마치 인간이 직관을 발휘하듯 전혀 새로운 접근 방법을 떠올리기 시작했다. 인공지능이 통찰의 경지에 도달하는 순간이었다.

그 결과 구글 딥마인드의 인공지능은 '카즈단 루스티크 다항식'을 풀어내고, '쌍곡선 매듭의 대수적 구조와 기하학적 구조 간의 연결고리'를 찾아냈다. 이 다항식과 연결고리가 무엇인지 몰라도 된다. 사실 나도 잘 모른다. 다만 인공지능이 적어도 이 난제에 관해서는 고등학생 수준을 아득히 뛰어넘었다는 사실만 기억하면 된다.[6] 굳이 한계를 짚자면 수학의 한정된 영역에만 적응할 수 있어 곧바로 다른 난제를 풀 수 없다는 정도인데, 이는 노드들에 입력된 함수를 다듬고 더 많은 데이터를 학습시키는 것으로 충분히 해결될 수 있다.

2021년의 연구는 직관 능력을 갖춘 인공지능을 개발했다는 데 큰 의의가 있다. 인간의 직관 능력에는 한계가 있다. 4차원이나 5차원을 머릿속에서 바로 그려낼 수 있는 사람이 과연 몇 명이나 될까. 거시 세계가 아닌 미시 세계의 물리법칙을 쉽게 이해할 수 있는 사람이 과연 몇 명이나 될까. 이처럼 인간의 직관 능력은 한계가 명확하다. 바로 이때 인공지능이 필요하다. 인간의 머리로 이해하기 어렵고 풀기 어려운 문제를 인공지능은 아무런 제약 없이 이해하고 풀수 있다.[7]

가령 수학에는 248차원 이상의 고차원을 다루는 문제들이 있다. 아무리 훈련된 수학자라도 이를 직관적으로 이해할 순 없다. 그렇기 때문에 복잡한 수학 공식들을 무수히 나열해가며 차근차근 이해해 나간다. 하지만 딥러닝으로 충분히 훈련된 인공지능은 곧바로 이해한다. 인간의 눈에는 쉽게 보이지 않는 수학적 객체 사이의 상호작용과 패턴을 단박에 포착하는 것이다. 이러한 인공지능의 힘을 빌리면 여러 분야에서 한계를 극복할 수 있다. 이것이야말로 진화의 다음 단계가 아닐까.

## 인공지능 반도체를 설계하는 인공지능

지금까지의 이야기가 뜬구름 잡는 소리처럼 느껴질지 모르겠다. 인공지능이 바둑을 두거나 수학 문제를 푸는 일은 놀라울지언정 당장의 우리 삶과 아무런 관련이 없어 보이기 때문이다. 실제로 인간과 구분되지 않을 정도의 인공지능은 아직 먼 미래의 존재다. 그런 인공지능을 《네이처》까지 뒤져가며 벌써 알아볼 필요가 있을까.

나는 그럴 필요가 있다고 단언한다. 이유는 간단하다. 인공지능은 이미 우리 삶에 깊숙이 들어와 있기 때문이다. 유튜브나 SNS의 알고리즘은 물론이거니와 반도체 산업에도 이미 인공지능이 진출했다. 앞서 설명한 인공지능 개발을 돕는 인공지능 반도체의 등장을 말하는 것이 아니다. 그 이상의 일이 벌어지고 있다. 오늘날 인공지능이 반도체를 설계하고 있다.

반도체는 종합예술에 가깝다. 설계부터 양산까지 수많은 과정을 거쳐야 하고, 단계마다 수많은 협력사가 힘을 모아야 한다. 특히 나노 단위의 미세한 회로를 그리고, 또 만드는 일은 웬만한 기술로는 시도조차 할 수 없다. 하나의 반도체 안에는 수백만 개의 소자가 집적되어 있는데, 이를 모두 실수 없이 구현해내야 한다. 무엇보다 소자들을 연결하는 회로의 꼴에 따라 성능이 크게 차이 나는 만큼 창의성이 필수다. 이런 이유로 그동안 반도체 개발, 특히 설계는 오직 인간만이 할 수 있다고 여겨졌다. 인공지능이 연구된 지 50년이 넘었지만, 아무도 반도체 설계에 인공지능을 도입할 생각을 하지 않은 이유다.

그런데 2021년 6월 구글이 《네이처》에 전 세계의 과학자와 공학자 그리고 반도체 기업을 놀라게 한 연구를 발표했다.[8] 자동으로 반도체를 설계하는 인공지능에 관한 내용이었다. 이 인공지능은 단 여섯 시간 만에 반도체를 설계했는데, 검증해보니 거의 모든 부분에서 인간 설계자를 뛰어넘은 것으로 나타났다.

구글은 인공지능에 기존의 반도체 설계도 1만 개를 주어 학습시킨 다음, 수백만 개의 소자를 어떻게 배치해야 최고의 성능을 낼 수 있는지 찾아보게 했다. 흥미로운 점은 구글이 이 일을 인공지능에 게임으로 소개했다는 것이다. 즉 인공지능은 반도체 설계를 소자 배치에 따라 성능이 낮아지거나 높아지는 게임으로 받아들였다.[9] 이처럼 '즐겁게' 설계된 반도체는 전력 소모, 연산 능력, 미세화 등의 항목에서 기존의 몇몇 반도체보다 높은 점수를 받았다.

무엇보다 인공지능은 시간을 아꼈다. 소자 배치를 인간 설계자에게 맡겨놓으면 보통 수천 시간이 걸린다. 몇 달이 걸린다는 말이다. 반도체의 성능을 좌우하는 중요한 과정이기도 하고, 무엇보다 소자의 개수가 보통 수백만 개에 달하기에 어쩔 수 없다. 물리적 공간과 연결성, 호환성, 전기적 특성 등을 두루 고려하며 경우의 수를 따져야 한다. 그러니 시간이 오래 걸린다. 그런데 인공지능은 이를 단 여섯 시간으로 압축했다.

그렇다면 (자존심 상할 수 있지만) 인간 설계자가 인공지능의 설계 방식을 배우면 되지 않을까. 결론적으로 말해 이는 거의 불가능하다. 구글이 밝힌 것처럼, 반도체는 인간과는 전혀 다른 방식으로 반도체를 설계했다. 프랑스 바둑 기사 판후이Fan Hui가 알파고의 수를 보고 "인간이 둘 수 없는, 정말 아름다운 수"라고 평한 것처럼,[10] 인공지능은 '인간이 만들 수 없는' 반도체를 만든다. 구글의 연구를 보면, 인간 설계자는 소자를 아주 깔끔하게 정리해 배치한 반면에 인공지능은 매우 너저분하게 배치했다. 그런데도 오히려 더 효율적이다. 나는 이 점이 두렵다. 단순히 능력의 문제가 아니기 때문이다. '인간성'과 '인공지능성'의 차이다. 그렇다면 인간 설계자만 보유한 다른 반도체 기업들은 죽었다 깨도 구글을 따라잡을 수 없을 것이다.

실제로 구글은 자신들의 인공지능을 꾸준히 개선하는 동시에 이미 실제 현장에 투입한 상태다. 2022년 5월, 《네이처》 발표 한 달 전 세상에 내놓은 인공지능 반도체 'TPU Tensor Processing Unit'의 4세대가 바로 그 인공지능으로 설계되었다.[11] 참고로 이세돌과 붙은 알파고는 초기 버전의 TPU를 사용했는데, 그때보다 더욱 발전된 인공지능 반도체를 인공지능이 설계했다니 놀라운 일이다.

## ∽—— 소통하는 만큼 위험해진다는 역설 ——∾

인공지능 분야에서 구글의 진격은 거침이 없다. 2022년 4월에는 또 한 번의 혁신을 이루었다. 당시 구글은 차세대 인공지능인 '팜 PaLM'을 공개했다. 팜은 'Pathways Language Model'의 약자인데, 이름 그대로 '좁은 길 pathway'과 '언어 모델 Language Model'이 이 인공지능의 핵심이다. 언어 모델이란 인간의 언어(자연어)를 이해할 수 있는 인공지능인데, 텍스트로 구성된 대량의 데이터를 학습해 인간과 소통한다. 그런데 이 데이터의 바다에서 좁은 길을 가는 것, 즉 정말 필요한 데이터 위주로만 학습하는 게 팜이다. 팜은 딥러닝 성능을 크게 높여 빅데이터가 아닌 스몰데이터만으로도 충분한 성능을 발휘하도록 설계되었다. 그 결과 계속해서 새로운 데이터를 넘치게 공급해주지 않아도, 기존에 학습한 데이터들을 응용하고 추론함으로써 알맞은 답을 찾아낸다.[12] 한마디로 더욱 인간다워진 것이다.

인간은 살면서 쌓은 과거의 경험으로 새로운 상황에 알맞게 반응한다. 비행기조차 안 타본 사람이라도 처음으로 지구를 벗어난 우주비행사의 감동에 공감할 수 있고, 아주 생뚱맞은 농담을 듣더라도 의미를 파악할 수 있는 이유다.[13] 이 모든 과정이 계속해서 쌓여 어떤 경지를 이룬 것이 바로 '연륜'이다. 인간으로서의 전문성이 강화되는 것이다. 팜은 바로 이렇게 작동한다. 문제를 하나둘씩 해결해갈 때마다 점점 더 노련해진다. 전혀 새로운 문제와 마주하더라도, 과거에 알게 된 것들을 끌어와 참고하기 때문이다.

이처럼 문제를 해결하는 방식 외에도 팜은 여러 면에서 인간과 닮았다. 팜은 인간이 오감을 통해 세상을 인식하듯, 다양한 형태의 데이터, 가령 텍스트, 이미지, 영상, 음성 등을 종합해 학습한다. 대부분의 인공지능이 텍스트 위주로 학습하는 것과는 차별되는 지점이다. 또한 우리 뇌가 언제나 100퍼센트 활성화되어 있지 않은 것처럼 팜도 필요한 때, 필요한 기능만 활성화된다. 이는 무엇보다 전력 소모를 줄일 수 있다는 큰 장점이 된다.

이러한 팜을 활용할 수 있는 분야는 무궁무진하겠지만, 우선 구글은 '대화'에 초점을 맞추고 있다. 실제로 팜은 오픈AI가 개발한 챗

GPT보다 자연어 처리 능력이 뛰어나다고 평가받기도 한다. 더욱 놀라운 사실은 따로 있다. 팜이 사람보다 똑똑하다는 것이다. 구글이 제시한 똑같은 문제에 대해 팜의 평균 점수(55점)는 사람의 평균 점수(50점)보다 높았다. 수학을 기준으로 9~12세 어린아이 정도의 능력을 보인다고 한다.[14]

한마디로 팜은 우수하다. 하지만 역설적이게도 그토록 우수하기 때문에 우려의 시선도 받는다. 만약 팜이 잘못된 데이터를 학습하면 어떻게 될까. 만약 인종이나 성별에 따라 누군가를 차별해도 된다는 데이터를 학습한다면? 팜은 인간 차별주의자보다 더 확고하게 혐오의 논리를 재생산할 것이다. 구글은 이러한 인공지능의 편향성과 오용 가능성을 잘 알고 있을까.

2018년 구글은 자체적으로 〈구글 인공지능 원칙Artificial Intelligence at Google: Our Principles〉이란 보고서를 채택했다. 인공지능과 관련된 윤리 문제를 적극적으로 다루겠다는 의지의 표명이었다. 하지만 이후 구글이 실제로 보여준 행보는 의문점을 자아낸다. 2020년 구글은 자사 인공지능윤리팀의 대표인 팀닛 게브루Timnit Gebru를 해고했다. 게브루는 인공지능의 편향성 문제를 전 세계에 알린 인물이다. 게브루의 주장에 따르면 구글이 개발 중인 인공지능의 편향성을 경고한 죄로 퇴출당했다고 한다. 실제로 그는 인공지능이 사람처럼 말하게 될수록, 윤리적이지 못한 인공지능에 피해를 보는 것도 사람이라고 강력히 경고해왔다. 이러한 경고를 듣는 둥 마는 둥 2021년 구글은 인공지능윤리팀의 설립자까지 해고했다. 인공지능 개발에 조금이라도 비판적인 목소리를 내는 사람은 일단 해고하고 보는 것 아니냐는 비판이 회사 안팎에서 쏟아지는 이유다. 《MIT 테크놀로지 리뷰》는 "구글이 만든 인공지능은 인종차별, 성차별, 욕설 등에 노출되어 있기에 교육용으로 적합하지 않다"라고 직격했다.[15]

이처럼 뛰어난 인공지능일수록 양날의 검이 될 수 있다. 훌륭한 조리 도구로도, 끔찍한 살해 도구로도 쓰일 수 있는 칼처럼 말이다. 물론 영화 〈터미네이터〉처럼 인공지능 로봇이 사람을 공격하는 일은 아주 먼 미래에나 벌어질 것이다(물론 미래에도 그런 일은 벌어지지 않아야 하겠다). 하지만 인공지능은 바로 이 순간에도 우리에게 어떤 불쾌감을 선사하고 있다. 바로 우리의 선택을 축소하고 강요하는 알고리즘 이야기다.


## ∘⊶— 유튜브 알고리즘의 세 단계 —⊷∘


지금 바로 유튜브에 접속해보라. 존재하는지조차 몰랐지만, 왠지 관심을 끄는 콘텐츠들이 쭉 나열되어 있을 것이다. 그러다 보니 무엇을 볼지 고민하고 찾는 수고를 덜게 된다. 추천된 콘텐츠들을 하나씩 보는 것만으로 족하다. 이를 바꿔 말하면 보지 않아도 될 것들을 보고 있는 셈이기도 하다. 게다가 이것들을 보다 보면 시간 가는 줄 모른다. 무언가에 홀린 것처럼 계속해서 보게 된다. 한마디로 끊을 수가 없다. 도대체 이 개미지옥 같은 알고리즘의 원리는 무엇일까.

사실 유튜브 알고리즘은 업계에서도 가장 뛰어난 편에 속한다. 한국은 물론이고 세계 어느 나라의 플랫폼 서비스도 유튜브처럼 강력한 알고리즘을 제공하고 있지 못하다. 이유는 간단하다. 유튜브 뒤에는 구글이 있기 때문이다. 즉 구글의 탁월한 인공지능이 사용자의 콘텐츠 소비 패턴을 완벽하게 파악해, 그에 맞춰 또 다른 콘텐츠를 추천하는 것이 바로 유튜브 알고리즘이다. 이러한 알고리즘은 10년 넘게 계속해서 발전하고 있다. 구글이 2010년부터 발표한 관련 논문들을 통해 유튜브 알고리즘의 비밀을 낱낱이 파헤쳐보자.[16]

유튜브 알고리즘은 지금까지 세 단계를 거쳐 발전해왔다. 첫 번째 단계는 서비스를 시작한 2005년부터 2011년까지로, 그때는 아주 간단했다. 단순히 사람들이 많이 본 콘텐츠를 추천하는 식이었다. 다른 사람들이 많이 보았다고 해서 내게도 유용하거나 재미있는 것은 아니므로, 당시에는 사실 진정한 의미의 추천 기능이 없었던 셈이다.

두 번째 단계는 2012년부터 2016년까지로, 이때부터 알고리즘다운 알고리즘이 등장하기 시작했다. 그 구체적인 기술로는 사용자의 적극적인 참여를 유도하고 이를 데이터 삼아 소비 패턴을 파악하는 행렬 인수분해가 채택되었다. 행렬 인수분해는 앞서 설명한 넷플릭스 프라이즈의 우승팀이 채택했던 기술과 같다. 우선 콘텐츠의 특징(가령 장르)과 사용자의 취향(가령 평점)을 데이터로 삼는다. 이것들을 분석하면 사용자가 어떤 콘텐츠를 좋아할지 예측할 수 있다. 손에 땀을 쥐게 하는 '긴장감'보다는 일상에서 느낄 법한 소소한 '감동'을 좋아하는 사람에게는, 비록 '현실성'이 떨어지더라도 인물 간의 '감정선'이 살아 있는 애니메이션 〈겨울왕국〉을 추천할 만하다. 이때 따옴표로 강조한 특징들에 점수를 부여해 수치화한 다음 수식에 넣고 결괏값을 구하는 것이 바로 행렬 인수분해인데, 실제 수식은 복잡할지언정 과정 자체는 상식적이다.

문제는 데이터가 많아도 너무 많다는 것이다. 유튜브 사용자가 많아질수록, 또 업로드되는 콘텐츠가 많아질수록 각각의 특징을 수치화하고, 또 수식에 대입하는 것이 비현실적인 일이 되고 말았다. 2017년 기준 유튜브에는 1분마다 400시간 넘는 영상이 업로드되었다. 2019년에는 1분마다 500시간 넘는 영상이 업로드되었다고 하니, 오늘날에는 훨씬 늘어났을 것이다. 사용자 수는 또 어떠한가. 월간 사용자 수가 2021년에 이미 20억 명을 돌파했다.[17] 자, 한번 생각해보자. 앞선 예에서는 사용자와 콘텐츠의 특징을 네 가지(긴장감, 감동, 현실성, 감정선)로만 제한했지만, 실제로는 이보다 훨씬 다양할 것이다. 게다가 한 가지 요소가 더 있다. 바로 '시간'이다. 즉 얼마나 오래 보고 있는지도 함께 계산해야 한다. 이처럼 처리해야 할 데이터의 양이 기하급수적으로 늘어나자, 2017년 유튜브 알고리즘은 세 번째 단계로 도약한다. 바로 인공지능의 도입이다.

결과적으로 이후 유튜브 알고리즘은 크게 개선되었다. 인공지능은 스스로 학습하기 때문에 데이터가 많으면 많을수록 오히려 좋다. 사용자와 콘텐츠의 관계를 다양한 차원에서 살펴보고 정확한 소비 패턴을 추출해낼 수 있기 때문이다. 인공지능 반도체 등 하드웨어의 발달로 이처럼 방대한 작업을 무리 없이 수행하게 된 것도 유튜브 알고리즘에는 반가운 일이다. 현직 유튜버로서 한 가지 흥미로운 사실을 전하자면, 유튜브 알고리즘은 많이 시청된 콘텐츠보다는 오래 시청된 콘텐츠를 추천하는 경향이 있다. 많이 선택된 것이 꼭 좋은 것이 아니라는 사실을 훌륭하게 체화한 셈이다.

## ∘—— 파격적이거나 파국적이거나 ——∘

하지만 바로 이러한 인공지능 때문에 유튜브 알고리즘은 독이 되기도 한다. 유튜브가 2020년 추가한 콘텐츠 형식인 '유튜브 쇼츠'의 '원조 맛집'인 틱톡에서 일어난 일을 먼저 살펴보자. 2023년 3월 미국 의회는 틱톡이 1억 5000만 명에 달하는 미국인 사용자들을 감시하고 통제한다며 서비스 금지를 고려할 것이라고 목소리를 높였다. 한 달 뒤에는 몬테나주 의회가 처음으로 틱톡 사용을 금지하는 법안을 통과시켰다. '표현의 자유'를 신줏단지처럼 떠받드는 미국이 틱톡을 싫어하는 데는 두 가지 이유가 있다. 첫째, 틱톡은 중국 기업 바이트 댄스 ByteDance가 개발한 플랫폼이다. 따라서 중국 정부가 틱톡을 통해 미국인 사용자들의 정보를 불법적으로 취득할 가능성이 있다. 둘째, 틱톡 알고리즘의 편향성이다. 유튜브 알고리즘은 여러 개의 콘텐츠를 목록으로 만들어 추천하지만, 틱톡은 콘텐츠를 바로 재생해버린다. 그 콘텐츠를 넘기면 알고리즘이 준비한 다음 콘텐츠가 또 곧바로 재생된다. 이처럼 능동적으로 선택할 여지가 훨씬 줄어든 탓에, 틱톡 사용자는 유튜브 사용자보다 알고리즘에 영향받을 가능성이 훨씬 크다. 사실 이러한 방식을 옳게 사용한다면 가짜 뉴스 따위에서 사용자를 더 잘 보호할 수 있다. 문제가 있는 콘텐츠의 노출을 아예 막아버릴 수 있기 때문이다. 하지만 현실에서 이는 잘 작동하지 않는다. 중앙에서 통제하기에는 콘텐츠의 양이 너무 많은 탓인데, 실제로 2023년 11월에는 오사마 빈 라덴이 9·11테러를 벌이고 1년 뒤에 쓴 〈미국에 보내는 편지Letter to America〉가 틱톡에서 무분별하게 확산하는 일이 벌어졌다.[18]

유튜브도 이러한 문제에서 자유로울 수 없다. 한국에서도 극단적인 견해를 마구 내뱉는 유튜브 채널들을 맹신하는 사람들이 늘어나 사회적 문제가 되고 있다. 유튜브는 그런 사람들에게 가짜 뉴스를 주의하라고 경고하지 않는다. 다양한 목소리에 귀를 열어보라고 견해가 다른 콘텐츠를 추천하지도 않는다. 단지 보고 싶은 것을 계속해서 보여줄 뿐이다.

구글이라고 인공지능의 이처럼 파격적인, 또는 파국적인 영향력을 모르진 않을 것이다. 그 힘에 취한 것인지, 아니면 정말 인류에 도움이 된다고 생각하는 것인지 알 수 없지만, 한 가지 확실한 사실은 있다. 인공지능은 돈이 된다는 것이다. 전 세계 인공지능 시장은 앞으로 매해 35퍼센트 넘게 성장할 것으로 예상되는데, 2030년에는 그 규모가 1조 3452억 달러(약 1741조 4000억 원)에 이를 것으로 보인다. 2022년 기준 유튜브 광고 매출은 400억 달러(약 50조 7600억 원)였는데, 이 또한 작지 않다.[19]

한편 2023년 4월 구글은 인공지능 개발의 두 축인 구글 딥마인드와 구글 브레인을 전략적으로 합친다고 밝혔다. 그 목표는 명확하다. 인공지능을 더욱 빨리 고도화하겠다는 것으로, 나는 구글이 '윤리'보다는 '발전'에 방점을 찍었다고 생각한다. 이러한 변화는 그 어느 때보다 크게 우리의 일상을 뒤흔들 것이다. 구글의 인공지능은 검색엔진부터 유튜브까지 온갖 곳에 적용되기 때문이다. 참고로 2023년 3분기 기준 전 세계 검색엔진 시장에서 구글의 점유율은 91.56퍼센트에 달했다.[20] 이처럼 전 세계인이 사용하는 검색엔진이 인공지능과 결합한다면 어떤 일이 벌어질까. 사용자의 요구에 부응할까, 아니면 사용자를 가르치려 할까. 새 시대의 신이 되려는 구글의 행보에 많은 사람이 촉각을 곤두세우는 이유다.

# 양자컴퓨터가 온다

2019년 10월 구글의 선언이 전 세계를 뒤흔들었다. 그 내용은 간결하고 명확했으니, 본인들이 개발한 양자 반도체 '시커모어Sycamore'가 세계 최초로 '양자 우월성quantum supremacy'을 달성했다는 것이다. 즉 성능 면에서 기존의 모든 디지털 반도체를 뛰어넘었다는 것인데,* 실제로 시커모어가 탑재된 양자컴퓨터는 IBM이 개발한 당시 최고

---

* 디지털 반도체란 슈퍼컴퓨터를 포함해 우리가 현재 일반적으로 사용하고 있는 디지털 컴퓨터의 반도체를 뜻한다. '1'과 '0'의 이진법으로 구성된 기계어로 작동한다.

의 슈퍼컴퓨터 '서밋Summit'으로 1만 년이 걸릴 계산을 단 200초 만에 끝내버리는 놀라운 성능을 보여주었다.** 0.2세제곱밀리미터 크기의 초전도 소자 53개를 집적한 양자 반도체 하나가 수만 개의 GPU와 CPU, 10페타바이트(1만 240테라바이트)의 메모리 반도체로 구성된 슈퍼컴퓨터를 이기다니! 순다르 피차이Sundar Pichai 구글 CEO는 시커모어를 "우주의 끝에 닿기 위해 지구를 벗어난 최초의 로켓"이라고 자랑스럽게 소개했다. 《네이처》는 시커모어에 대해 라이트형제가 최초로 비행에 성공한 1903년 이후 최고의 과학적 성과라고 평했다.[21]

나는 다른 곳도 아니고 구글이 양자 우월성을 달성했다는 데 주목한다. 구글은 인공지능 분야에서 탁월한 성과를 보여주고 있다. 그런데 인공지능은 성능이 좋아질수록 고도의 연산을 요구하므로, 소프트웨어뿐 아니라 하드웨어의 업그레이드도 필수다. 구글이 TPU를 자체 개발한 것도 더욱 고성능의 인공지능을 지원하기 위해서다. 그런데 디지털 반도체는 아무리 좋아져도 디지털 반도체다. 인공지능이 계속 발전한다면, 언젠가 아예 새로운 차원의 하드웨어가 필요해질 것이다. 그것이 바로 양자 반도체다.

양자 반도체는 말 그대로 양자역학에 영향받는다. 디지털 반도체

---

**    시커모어가 수행한 계산이란 난수를 생성하는 것이었다. 시커모어는 200초간 100만 개의 난수를 생성하는 데 성공했다. 한편 IBM은 해당 계산이 양자컴퓨터에 유리하게 설계되었고, 알고리즘을 개선하면 서밋도 이삼일 안에 완료할 수 있다고 반박했다. 물론 IBM 또한 구글의 양자 우월성 달성을 인정하긴 했다. (김영명, 〈양자컴퓨터, 보안 암호 발전에 있어 어떤 방향성 제시할까〉, 《보안뉴스》, 2023.02.12.)

가 전자의 흐름을 다룬다면, 양자 반도체는 그보다 훨씬 미세한 입자의 흐름을 다루기 때문이다. 비유하자면 거시 세계에서 미시 세계로 미세화된 꼴이다. 한마디로 디지털 반도체와 양자 반도체는 속한 세계가 다르다. 일반적인 디지털 반도체가 처리하는 정보의 최소 단위는 비트bit로, 한 번에 '1', 또는 '0'의 값을 가진다(거시 세계의 논리). 이 두 값의 조합이 곧 정보가 된다. 2비트라면 '0·0', '1·0', '0·1', '1·1' 가운데 한 가지 조합만을 정보로 나타낼 수 있다. 반면에 양자 반도체가 처리하는 정보의 최소 단위인 큐비트qubit는 값이 '1'일 수도 있고 '0'일 수도 있다. 정확히 표현하면 '1'이면서 '0'이다(미시 세계의 논리). 입자의 중첩(양자 얽힘) 현상을 이용하기 때문인데, 이 덕분에 디지털 반도체보다 훨씬 빠르다. 즉 2큐비트라면 '0·0', '1·0', '0·1', '1·1'의 네 가지 조합을 동시에 정보로 나타낼 수 있다. 2비트가 각각 네 번에 걸쳐 나타낼 정보를 단 한 번에 나타낼 수 있는 것이다. 한마디로 N큐비트는 $2^N$개의 정보를 중첩시킨다. 54큐비트인 시커모어는 이론상 $2^{54}$개, 즉 1경 8014조 3985억 개의 정보를 한 번에 나타낼 수 있다.

그렇다면 이처럼 엄청난 성능의 양자 반도체를 우리는 언제 만나볼 수 있을까. 아무래도 꽤 오랜 시간이 걸릴 듯하다. 우선 지금의 양자컴퓨터는 절대 0도(영하 273.15도)의 극저온 상태를 유지하는 일이 중요하다. 입자가 열, 압력, 전기적 작용, 심지어 우주선 등 온갖 '소음'에 취약하기 때문이다. 이러한 소음에 노출되면 입자의 중첩이 풀리고, 이는 곧 연산 실패나 오류로 이어진다. 따라서 소음을 최소화하고자 손톱만 한 양자 반도체를 방만 한 냉각 탱크에 넣어 초저온을 유지하는 것이다, 이 때문에 상온에서도 작동하는 양자 반도체 개발이 한창이지만 소재 단계부터 연구해야 하는 만큼 쉽지 않을 것이다.[22] 따라서 현재는 거대한 연구소 단위에서 양자 반도체를 활용 중이다. 양자 반도체의 엄청난 연산 능력은 수많은 경우의 수를 따져봐야 하는 소재 개발이나 신약 개발에 큰 도움이 될 수 있기 때문이다.

## ○── 양자컴퓨터라는 필연 ──○

좀 더 체감할 만한 예를 들어보겠다. 당신이 꿈에 그리던 구글 본사에 초청받았다고 하자. 그렇다면 수많은 연구실 중 어디를 먼저 가고, 어디를 나중에 갈지 계획을 세워야 하지 않을까. 이때 연구실이 다섯 곳만 되어도 방문 순서에 관한 경우의 수는 120가지나 된다.*
물론 이 정도는 개인용 컴퓨터로도 충분히 계산할 수 있다. 그런데 연구실이 10곳으로 늘면, 경우의 수가 360만 가지로 늘어난다. 개인용 컴퓨터라면 슬슬 달궈지며 이상한 소음을 낼 수준이다. 만약 연구실이 15곳이라면? 경우의 수는 무려 1조 3000억 가지에 달한다. 개인용 컴퓨터는 뻗어버린 지 오래고, 이제부터는 슈퍼컴퓨터의 영역

---

\*      중학교 수학 시간에 배우는 팩토리얼(!)을 이용하면 된다. 다섯 곳일 경우 '5!', 즉 '5×4×3×2×1'로 120가지가 된다.

이다.

　그런데 당신이 언제 구글 본사에 다시 올 수 있을까 싶어 방문할 연구실을 20곳으로 늘리면 경우의 수가 어떻게 될까. 243경 가지가 된다. 1초에 119경 번 계산할 수 있다는 최신·최강의 슈퍼컴퓨터 '프런티어Frontier'라도 2초 약간 넘게 걸릴 테다.[23] 자, 계속해서 연구실을 늘려보자. 30곳이라면 경우의 수가 265,252,859,812,191,058,636,308,480,000,000가지에 이른다. 어떤 단위로 세야 할지조차 모르겠다. 여하튼 프런티어에 계산을 맡겨보자. 놀라지 마시길. 무려 440만 년이 걸린다. 고작 서른 곳의 연구실을 방문하는 경우의 수를 계산하는 데 저만큼의 시간이 걸린다면, 우주나 생명의 비밀을 밝히기 위해서는 도대체 얼마나 많은 시간이 필요하단 말인가. 그런데 같은 계산을 시커모어가 한다면 233시간밖에 걸리지 않는다.* 바로 이런 이유로 양자컴퓨터가 필요하다.

　이와 가장 비슷한 경우가 소재 개발이다. 대부분의 소재는 여러 재료를 뒤섞은 화합물이다. 즉 원하는 특성이 발현될 때까지 이런저런 재료의 비율을 달리해가며 섞어 만든다. 이때 조성 비율의 아주 미세한 차이뿐 아니라, 각 재료를 만드는 방법, 섞는 순서 등에 따라

---

\*　서밋과의 경쟁에서 보여준 성능을 기반으로 시커모어의 1초당 연산 횟수를 역산해 계산한 것으로 실제 성능과 차이가 있을 수 있다. 서밋은 1초당 20경 번의 연산이 가능하다. 이런 서밋이 1만 년 걸릴 연산을 200초 만에 끝냈다면, 시커모어의 1초당 연산 횟수는 315,360,000,000,000,000,000,000,000번에 이른다. 연구실이 30곳일 때 경우의 수인 265,252,859,812,191,058,636,308,480,000,000가지를 시커모어의 1초당 연산 횟수로 나누면 84만 1111초가 된다. 이는 1만 4018분으로, 곧 233시간이다.

서도 소재의 특성이 달라진다. 그래서 실제로 해보기 전까지는 무엇이 만들어질지 알 수 없다. 그렇다고 지름길도 없다. 모든 돌다리(경우의 수)를 두들겨볼 수밖에 없는 것이다. 이런 작업을 컴퓨터에 맡길 수는 없을까. 물론 가능하다. 이러한 일종의 모의실험을 가리키는 유명한 단어가 바로 '시뮬레이션'이다. 그런데 데이터의 양이 많아지면 기존의 컴퓨터, 심지어 슈퍼컴퓨터로도 역부족이다. 역시 양자컴퓨터가 필요하다.

비슷한 이유로 신약 개발에도 양자컴퓨터가 환영받고 있다. 전문가들은 양자컴퓨터의 도움 덕분에 신약 개발의 성공률은 10퍼센트 늘고, 기간은 20퍼센트 단축될 것으로 예상한다. 이런 이유로 세계 굴지의 바이오 기업들이 양자컴퓨터에 눈독을 들이고 있다. 세계 3대 바이오 기업 중 하나인 스위스의 로슈Roche는 이미 2021년부터 양자컴퓨터를 이용해 알츠하이머 치료 물질을 찾는 중이다. 덴마크의 노보 노디스크Novo Nordisk는 2022년 9월 양자컴퓨터 개발에 뛰어들었다. 이 프로젝트에 향후 12년간 2억 달러(약 2600억 원)를 쏟아부을 작정이다. 이러한 '잔치'에 구글이 빠질 수 없다. 구글은 2021년 1월 독일의 바이오 기업 베링거 인겔하임Boehringer Ingelheim과 파트너십을 맺었다. 그 과정에서 철저히 존재를 숨겨오던 구글의 양자인공지능팀이 모습을 드러내 화제가 되기도 했다. 2024년 1월까지 이어지는 이 파트너십을 통해 구글과 베링거 인겔하임은 분자의 구조와 작동 방식을 더욱 세밀히 파악할 계획이다.[24]

이처럼 양자컴퓨터는 쓸모가 많다. 그 결과 2023년에 전 세계 양

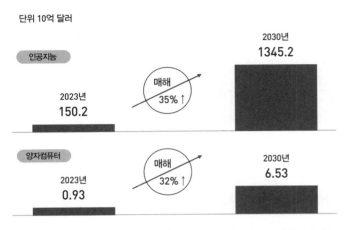

단위 10억 달러

인공지능

2030년
1345.2

매해
35% ↑

2023년
150.2

양자컴퓨터

2030년
6.53

매해
32% ↑

2023년
0.93

자료 MarketsandMarkets, Fortune Business Insights

자컴퓨터 시장의 규모는 9억 2880만 달러(약 1조 2000억 원)에 이를 것으로 보인다. 이제 막 싹튼 시장에서 이 정도 규모면 작지 않다. 더욱 놀라운 것은 기대되는 연평균 성장률로, 32.1퍼센트에 달한다. 그렇다면 2030년에는 시장 규모가 65억 2880만 달러(약 8조 4500억 원)까지 커질 것이다. 이와 함께 눈여겨보아야 할 사실이 있다. 2023년에 전 세계 인공지능 시장은 1502억 달러(약 194조 4400억 원) 규모일 것으로 예상되는데, 매년 35퍼센트 이상 성장해 2030년에는 1조 3452억 달러(약 1741조 4000억 원) 규모에 달할 것으로 보인다. 즉 양자컴퓨터 시장과 인공지능 시장은 비슷한 비율로 함께 성장 중이다. 인공지능 시대를 논하며 양자컴퓨터를 빼놓을 수 없는 이유다.[25]

## ◦— 완벽한 보안을 제공하다 —◦

시뮬레이션 외에 보안과 통신에도 양자컴퓨터가 쓰일 수 있다. 사실 보안은 양자컴퓨터 개념이 등장할 때부터 직관적으로 사람들의 관심을 끈 분야다. 엄청난 연산 능력을 자랑하는 양자컴퓨터라면 아무리 복잡한 암호라도 순식간에 풀 수 있지 않을까. 반대로 어떠한 기술로도 풀 수 없는 암호를 만들 수 있지 않을까. 이처럼 어떠한 방패도 뚫는 창이자, 어떠한 창도 막아내는 방패로서 양자 암호 기술이 한창 개발 중이다.

양자 암호를 설명하기에 앞서 현재 암호화 및 복호화에 가장 많이 쓰이는 RSA 방식을 알아보자.* 이 방식은 소인수분해를 이용한다. 소인수분해란 어떤 수를 소수, 즉 1과 자기 자신으로만 나뉘는 수들의 곱으로 바꾸는 것이다. '27'을 소인수분해로 풀어내면 '3×3×3'이다. 이때 '27'과 '3×3×3'이 암호화와 복호화의 키워드가 된다. 즉 어떤 메시지에 '27'을 부여하면(암호화), '3×3×3'을 제시하기(복호화) 전까지는 확인할 수 없다. 굉장히 간단해 보이는데, 이것만으로 보안이 지켜질까. 결론부터 말하면 매우 잘 지켜진다. 한국을 포함한 세계 각국의 은행 대부분이 RSA 방식을 이용해 인터넷뱅킹 서비스를 제공할 정도다.

---

\*     RSA라는 명칭은 세 명의 개발자, 즉 로널드 리베스트(Ronald Rivest), 아디 샤미르(Adi Shamir), 레너드 애들먼(Leonard Adleman)의 성 앞 글자를 따 만들어졌다.

RSA 방식은 두 가지 이점이 있다. 첫째, 암호화 키워드가 될 수가 소수인지 아닌지 확인하는 것부터 어렵다. 암호화 키워드는 소인수 분해가 가능해야 하므로, 즉 나뉘어져야 하므로 소수면 안 된다. 그런데 수가 커지면 이것을 확인하기가 어렵다. 가령 '6,700,419'는 소수일까, 아닐까. 둘째, 소수가 아님을 확인했더라도, 그 수가 어떤 소수들의 곱인지 확인하는 게 매우 어렵다. 가령 '1,837,100,231,809'는 어떤 소수들의 곱일까.* 물론 실제 암호화에 쓰이는 수는 예로 든 것들보다 훨씬 큰 몇백, 몇천 자리의 수여서 슈퍼컴퓨터로도 복호화하기 어렵다. 정확히 말해 암호를 풀 수는 있으나, 천문학적인 시간이 필요하다. 2000자리 수를 소인수분해로 풀려면, 우주에 존재하는 모든 원자 개수만큼의 슈퍼컴퓨터가 있다고 해도 138억 년이 걸린다.[26]

그런데 앞서 소재 개발과 신약 개발의 예에서 살펴본 것처럼, 양자컴퓨터는 이 정도 계산에도 끄떡없다. 따라서 지금 당장 누군가 양자컴퓨터를 개발해 악용한다면 인터넷뱅킹 암호부터 핵미사일 발사 암호까지, 암호란 암호는 전부 복호화될 것이다. SF 영화에서나 볼 법한 이야기지만, 이에 대해 좀 더 현실적으로 걱정하는 사람들이 있다. 바로 암호화폐 보유자들이다. 암호화폐, 즉 블록체인도 방식이 다를 뿐 수학을 활용한 암호화 및 복호화를 수행하기 때문에 양자컴

---

* '6,700,419'는 소수가 아니다. '1,837,100,231,809'는 두 소수 '274,111'과 '6,700,417'의 곱이다. (이광연, 〈'소인수분해'는 암호화를 위한 최고의 수학적 원리이다?〉, 삼성 디스플레이 뉴스룸, 2021.04.06.)

퓨터 앞에서는 무력화될 수 있다. 비트코인의 경우 양자컴퓨터가 지금 당장 복호화 공격을 퍼부으면 4분의 1이 사라진다는 분석이 있을 정도다.[27]

그런데 양자컴퓨터가 이처럼 복호화 능력이 뛰어나다면, 이를 역으로 이용해 암호화할 수도 있지 않을까. 이것이 바로 양자 암호의 기본적인 개념이다. 어떠한 암호도 풀어내는 양자컴퓨터의 뛰어난 연산 능력은 큐비트의 양자역학적 특성에서 비롯된다. 앞서 설명한 것처럼 큐비트는 '1'이면서 '0'이다. 그래서 여러 경우의 수를 동시에 나타낼 수 있다. 그런데 큐비트는 기본적으로 이러한 중첩 상태를 유지하다가, 역시 양자역학적 특성에 따라 누군가가 관측하는 순간 (양자 얽힘이 풀리며) 무작위적으로 고정된다. 따라서 양자컴퓨터로 만든 암호는 중첩이 풀리는 것으로 누군가가 개입(해킹)했음을 단번에 알 수 있다.

여기서 한발 더 나아간 것이 양자 암호 통신이다. 큐비트를 활용해 암호화한 메시지를 송신자와 수신자가 주고받는다고 하자. 물론 암호는 중첩된 상태인데, 이를 특정한 값으로 확정함으로써 풀 수 있는 '열쇠'를 송·수신자가 각자 하나씩 가지고 있다. 그런데 암호화된 메시지가 송신자에서 수신자로 전달되는 사이에 누군가가 개입한다면, 수신자가 열쇠를 사용하기 전에 이미 암호의 값은 제멋대로 확정된다. 쉽게 말해 암호가 잘못 입력된 꼴이니, 메시지를 복호화할 수 없다. 엉뚱한 값으로 고정되어 고장 난 암호는 폐기하고 새로 만들면 된다. 즉 원천적으로 외부에서 개입할 여지가 없는 구조인 셈이다.[28]

이러한 방식을 '양자 키 분배Quantum Key Distribution, QKD'라고 한다.*

팬데믹을 거치며 디지털 통신이 보편화된 오늘날, 가장 주목받는 데이터 보안 기술이 바로 양자 암호 통신이다. 최근 분석에 따르면, 2030년에 전 세계 양자 암호 통신 시장은 1205억 달러(약 156조 원) 규모에 달할 것으로 보인다. 2016년에는 동 시기의 시장 규모를 230억 달러(약 29조 7700억 원)로 전망했으니, 몇 년 만에 예측치가 다섯 배 넘게 차이 날 정도로 급격히 성장 중임을 알 수 있다. 자연스레 기술 표준을 점하기 위한 경쟁이 치열하다. 5대 지식재산권 선진국으로 꼽히는 한국, 미국, 일본, 유럽, 중국의 경우 2010년부터 2019년까지 출원된 양자 암호 통신 관련 특허만 2711개에 달한다. 구글은 양자 암호 통신보다는 양자컴퓨터 개발에 더욱 집중해왔다. 동 기간에 출원된 양자컴퓨터 관련 특허는 2572개인데, 그중 9.1퍼센트가 구글의 것일 정도다. 이처럼 기본이 탄탄하다 보니 구글이 양자 암호 통신 분야로 진출하는 것은 시간문제일 것으로 보인다. 실제로 2023년 8월에는 양자 암호 통신에 필수적인 열쇠를 한 차원 개선해 발표하

---

*　양자컴퓨터조차 푸는 데 오랜 시간이 걸릴 만큼 아주 복잡하게 암호를 만드는 더욱 직관적인 방법도 있다. 이러한 양자 암호를 '양자 내성 암호(Post-Quantum Cryptography, PQC)'라고 한다. 다만 양자컴퓨터가 점점 강화되면서 양자 내성 암호 또한 어렵지 않게 뚫을 수 있다는 후속 연구들이 계속해서 나오고 있다. 참고로 미국은 PQC를, 중국은 QKD를 기술 표준으로 밀고 있다.(Andrew W. Cross et al., "Quantum learning robust against noise", Physical Review A, 2015.07.27.; Alex B. Grilo et al., "Learning-with-errors problem is easy with quantum samples", Physical Review A, 2019.03.11.; Wooyeong Song et al., "Quantum solvability of noisy linear problems by divide-and-conquer strategy", Quantum Science and Technology, 2022.03.01.)

기도 했다.[29]

## ○─── 누가 먼저 상용화에 성공할 것인가 ───○

이처럼 오늘날 양자컴퓨터는 인공지능 개발, 소재와 신약 개발, 보안과 통신 등에 조금씩 쓰이고 있다. 물론 당장의 일상과는 멀리 떨어진 일들이다. 평범한 우리도 양자컴퓨터의 능력과 위력, 가능성을 피부로 느끼려면 상용화 단계까지 이르러야 할 것이다. 이를 위해 빅테크 기업들이 숨 가쁘게 경쟁 중이다. 크게는 삼파전 양상을 띠고 있는데, 구글과 IBM이 주도하고, 마이크로소프트가 도전장을 내미는 형국이다.

우선 IBM은 양자 반도체의 큐비트를 점차 높여왔는데, 2019년에는 27큐비트의 '팔콘Falcon'을, 2020년에는 65큐비트의 '허밍버드Hummingbird'를, 2021년에는 127큐비트의 '이글Eagle'을, 2022년에는 433큐비트의 '오스프리Osprey'를 선보였다. 이후 2024년까지 1121큐비트의 양자 반도체를, 2025년까지 4000큐비트 이상의 양자 반도체를, 10년 안에 10만 큐비트의 양자 반도체를 개발할 계획이다.[30]

마이크로소프트는 자신들만의 고유한 양자컴퓨터인 '위상 양자컴퓨터'를 개발하고 있다. 일반적인 양자컴퓨터가 입자의 중첩 현상에만 초점을 맞췄다면, 위상 양자컴퓨터는 입자의 안정성까지 신경쓴다. 앞서 설명한 것처럼 입자는 소음에 취약하다. 그런데 위상 양자컴퓨터는 애초에 소음에 강한 '마요라나 페르미온Majorana fermion'이라는 입자를 활용한다. 물론 성능도 뛰어나, 이 입자를 활용하면 1큐비트만으로도 1초당 100만 번의 연산을 수행할 것으로 보인다. 단 아직은 이론적으로만 검증된 수준이라 실제로 구현하려면 시간이 필요하다. 물론 실현만 된다면 거대한 냉각 탱크가 필요 없어지는 것은 물론이고 연산 실패나 오류 가능성도 크게 줄어들 것이다. 이 때문에 마이크로소프트는 자신들이 누구보다 먼저 양자컴퓨터 상용화에 성공할 것으로 자신하고 있다.[31]

물론 선도 기업은 2019년 세계 최초로 양자 우월성을 달성한 구글이다. 2020년 100큐비트 양자 반도체를 선보인 구글의 목표는 2030년까지 100만 큐비트의 양자 반도체를 상용화하는 것이다. 동시에 구글은 양자컴퓨터의 연산 실패 및 오류 가능성을 줄이는 데 집중하고 있다. 일반적인 양자컴퓨터의 경우 100~1000번 연산할 때마다 오류가 발생한다. 소음에 취약한 입자의 특성 때문인데, 같은 이유로 큐비트를 높일수록 오류가 발생할 가능성도 같이 커진다. 이 문제를 해결하기 위해 양자컴퓨터의 오류를 슈퍼컴퓨터가 잡아내는 '하이브리드' 방식이 개발되기도 했으나, 서로 다른 두 시스템을 합친 탓에 몇몇 작업에서는 오히려 효율이 떨어진다고 한다. 이에 구글은 2023년 3월 양자 반도체를 구성하는 큐비트를 두 묶음으로 나눠 서로서로 연산을 검증하는 시스템을 개발했다. 그러자 큐비트를 높일수록 오류가 적게 발생했는데, 실험에서는 오류율을 3퍼센트 아래까지 낮출 수 있었다. 이로써 구글은 양자컴퓨터의 성능을 마음껏 높일 수 있게 되었다. 물론 진정한 상용화까지는 여전히 갈 길이 많이 남았다. 전문가들은 오류율이 1퍼센트 아래로 떨어져야 상용화가 가능하다고 본다. 구글 또한 본인들이 짠 여섯 단계의 상업화 로드맵 중 이제 겨우 두 번째 단계에 도달했을 뿐이라고 밝혔다. 구글의 궁극적인 목표는 오류율을 0.0001퍼센트까지 낮추는 것이다.[32]

그때가 되면 분명 인류 문명은 새로운 전환점을 맞을 것이다. 이렇게 거창하게 말하는 것은 단지 양자컴퓨터의 성능이 뛰어나기 때문이 아니다. 양자컴퓨터가 여전히 베일에 싸여 있기 때문이다. 실제로 전문가들조차 연산 능력이 초월적이라는 것 외에 양자컴퓨터로 정확히 무엇을 할 수 있을지 아직 알지 못한다. 이제 막 하나둘씩 시도해보고 있을 뿐이다. 생각해보라. 1943년의 콜로서스Colossus, 1944년의 하버드 마크 IHarvard Mark I, 1946년의 에니악ENIAC, 1951년의 유니박UNIVAC 같은 거대한 계산기를 보며 100년도 채 지나지 않아 컴퓨터가 이렇게나 많은 일을 하게 될 것이라고 상상한 사람이 과연 몇이나 되었겠는가. 오늘날 우리도 마찬가지다. 양자컴퓨터가 가는 길은 인류가 최초로 가는 길이다. 그 선봉에 구글이 있다. 구글이 새로운 세계를 만들고 있다.

# 4장

## 도전하는 테슬라

### 지구 넘어 화성을 꿈꾸다

"절대 포기하지 않을 것이다. 절대로!"

○— 일론 머스크 테슬라 CEO

테슬라는 인공지능 기업이자 반도체 기업이다.
그들은 자신들의 자율주행 자동차에 들어갈
인공지능(소프트웨어)과
인공지능 반도체(하드웨어)를 모두 개발해냈다.

# 바퀴 이후의 혁신

약 140억 년 전 한 점에 모여 있던 에너지가 대폭발을 일으켰다. 그 결과 지금의 광활하고 아름다운 우주가 탄생했다. 낮에는 태양이, 밤에는 달과 수많은 별이 자리를 지키는 우주를 바라보며 인류는 경이로움과 호기심을 느껴왔다. 우주를 향한 관심은 신앙과 과학을 모두 꽃피웠는데, 멀리서 바라볼 수밖에 없다는 한계는 여전했다. 그러던 중 20세기가 되어 새로운 기회가 찾아왔다. 천체물리학, 항공우주공학 등의 발전에 힘입어 지구 밖으로 나갈 수 있게 된 것이다. 그렇게 인류는 1961년 4월 12일 최초로 우주를 비행했고, 1969년 7월 20

일 달에 발을 디뎠으며, 1998년 11월 20일에는 국제우주정거장 건설의 첫 삽을 떴다.

인류가 천문학적인 비용과 짐작도 할 수 없을 오랜 시간을 들여 우주로 진출하는 이유를 묻는다면 아무도 명확히 답하지 못할 것이다. 물론 과학적 이유, 군사적 이유, 경제적 이유 등이 있겠으나, 이를 위해 꼭 우주까지 나갈 필요는 없지 않은가. 나는 다만 끊임없이 퍼져나가고 확장해온 인류의 오랜 역사에 답이 있다고 본다. 한마디로 우주 진출은 인류의 DNA에 새겨진 본능이다. 스티븐 호킹은 인류가 우주에 매혹되는 이유를 이렇게 설명했다. "우주가 그곳에, 우리 주위에 있기 때문이다."[1]

오늘날 이 낭만 있는 여정을 이끄는 가장 유명한 기업이 바로 테슬라다. 테슬라는 자율주행 시스템이 탑재된 전기자동차를 만드는 일 외에도 다양한 영역에 손을 뻗치고 있다. 여기에는 머스크의 판단이 크게 작용할 테지만, 그에 대한 가치판단은 잠시 미뤄두고, 그래서 테슬라가 과연 무얼 하고 있는지 살펴보자. 우선 우주 진출을 시도하고 있다(스페이스X). 궁극적으로는 화성에 식민지를 세우려 하는데, 경제성을 높이기 위해 재활용 가능한 로켓을 개발 중이다. 그중 가장 성공작인 '팰컨Falcon 9'이 동체를 꼿꼿이 세운 채로 다시 착륙하는 걸 보고 있노라면, SF 영화를 감상하는 기분이다.

다음으로는 BCI 연구다(뉴럴링크Neuralink). 인간의 뇌와 컴퓨터를 연결해 새로운 차원의 지능을 선보이고자 한다. 2023년 5월 미국 식품의약국FDA의 허가를 받아 11월부터 임상 시험 중이다. 이 외에도 일종의 자기부상열차인 하이퍼루프hyperloop를 개발하거나(보링 컴퍼니The Boring Company), SNS 기업을 인수해 운영하거나(X, 옛 트위터), 이들 분야에 도움을 줄 만한 인공지능을 개발하는(xAI) 등 다양한 영역에 손을 뻗치고 있다. 즉 전기자동차나 자율주행 자동차, 연장선에서 로봇을 만드는 일(테슬라)은 이 모든 일 가운데 하나일 뿐이다.

그리고 이 모든 일의 중심에 반도체가 있다. 테슬라는 2019년부터 자사의 전기자동차에 직접 개발한 자율주행 소프트웨어와 인공지능 반도체를 장착하고 있다. 이유는 간단하다. 테슬라는 남들이 가보지 않은 길을 간다. 당연히 다른 기업에서 개발한 범용 소프트웨어와 하드웨어만으로는 대응에 한계가 있을 수밖에 없다. 2014년에 테슬라가 자체 ADAS인 '오토파일럿'을 선보이기 전에는 아무도 자율주행이 어떤 것인지 구체적으로 알지 못했다. 이처럼 '맨땅에 헤딩'하는 상황에서는 소프트웨어와 하드웨어를 함께 독자 개발하는 것이 제품 완성도와 사용자 만족도를 모두 높이는 방법이다. 2021년에는 슈퍼컴퓨터 '도조Dojo'의 개발 계획을 알렸는데, 이 또한 오토파일럿 고도화와 차세대 인공지능 개발을 위해서였다. 도조는 2023년 7월부터 생산, 8월부터 가동을 시작한 상태다.[2]

테슬라의 이러한 노력은 지금도 계속되고 있다. 그들은 탈것에서 바퀴 이후의 혁신을 준비 중인 동시에 지구 밖에서의 인간 삶을 그리고 있다. 테슬라의 비전을 따라가다 보면 우리 세계가 어떻게 달라질지, 그 과정에 어떤 기회와 위기가 있을지 알게 될 것이다.

## ⎯⎯ 전기자동차 이전에 배터리 ⎯⎯

'테슬라' 하면 가장 먼저 떠오르는 전기자동차에서 이야기를 시작해보자. 다만 나는 지금까지 여러 곳에서 이야기된 전기자동차 대신 배터리에 주목할 것이다. 내가 보기에 테슬라는 전기자동차 기업이기 이전에 배터리 기업이다. 실제로 머스크는 대학생 시절부터 태양열 발전이나 슈퍼 축전기 같은 에너지 문제에 관심이 많았다. 그는 대학을 졸업하며 컴퓨터게임 개발자가 될 것인지, 아니면 무언가 인류 문명에 좀 더 큰 영향을 미칠 일을 할 것인지 고민했다고 하는데, 전자의 길을 택했다면 우리는 여전히 내연기관 자동차만을 타고 있을지 모른다.

실제로 테슬라의 전기자동차 개발 역사는 곧 배터리 개발 역사기도 하다. 오늘날 전기자동차 배터리의 표준으로 통하는 원통형 리튬이온 배터리를 처음 채택한 기업이 바로 테슬라다(전기자동차에는 이것을 수백 개 묶어 만든 배터리팩이 장착된다). 최근에는 관련 분야의 최고 권위자로 꼽히는 제프 단Jeff Dahn 달하우지대학교 교수와 협업해 새로운 차원의 리튬 이온 배터리를 선보이고 있다. 단은 2020년 테슬라가 공개한 독자적인 규격의 '4680 배터리' 개발에 결정적인 영향을 미친 인물로, 2022년 6월에는 수명이 100년간 유지되는 배터리를 개발해 세상을 놀라게 했다.[3]

두 배터리를 간단히 설명하면 이렇다. 우선 4680 배터리는 지름 46밀리미터, 길이 80밀리미터의 배터리다. 4680 배터리의 가장 큰 특징은 테슬라가 기존에 사용하던 2170 배터리(지름 21밀리미터, 길이 70밀리미터)보다 크다는 것이다. 동시에 니켈 함량을 높이고 알루미늄을 첨가하는 등 소재 구성에 변화를 줘 2170 배터리보다 에너지 용량은 다섯 배, 출력은 여섯 배, 주행거리는 16퍼센트 높였다. 이처럼 성능을 대폭 개선한 덕분에 아직 기약 없는 전고체 배터리가 개발되기 전까지는 최강의 배터리 자리를 지킬 예정이다. 이 때문에 테슬라 외에도 BMW와 제너럴 모터스가 4680 배터리 도입을 예고했다. 테슬라는 4680 배터리를 공개한 직후부터 자신들의 자동차 및 배터리 공장인 '기가팩토리Gigafactory'에서 소량 생산하며, 성능 개선과 공정 효율화에 집중해왔다. 그러다가 2022년 4월 완공된 '기가 텍사스'를 중심으로 매주 1000대 이상의 전기자동차에 탑재할 만큼의 4680 배터리를 안정적으로 생산하게 되었다. 2023년 1월에는 생산량을 더욱 늘리기 위해 '기가 네바다'를 확장하겠다고 발표했다. 2024년부터는 세계 굴지의 배터리 기업들에 발주해 드디어 대량 생산에 나설 계획이다. 수요와 공급이 모두 늘어나는 만큼 전 세계 전기자동차 배터리 시장에서 4680 배터리의 점유율은 2023년 1.5퍼센트에서 2030년 21.1퍼센트까지 늘어날 것으로 보인다.[4]

이제 막 첫발을 뗀 4680 배터리의 성과가 이 정도인데, 100년 이상 가는 배터리라니! 이 녀석의 이름은 'NMC532 배터리'인데, 핵심 소재인 니켈Ni, 망가니즈Mn, 코발트Co의 구성비(5:3:2)를 나타낸다. NMC532 배터리의 가장 큰 특징은 온도를 25도로, 충전 전압을 3.8볼트로 유지할 시 100년간 쓸 수 있다는 것이다(주행거리로 환산

시 643만 킬로미터다). 현재 테슬라가 사용하고 있는 배터리 중 수명이 가장 긴 것은 리튬Li, 철Fe, 인산Po4을 넣어 만든 'LFP 배터리'다. 그런데 NMC532 배터리의 수명은 LFP 배터리의 수명보다 네 배 더 길 것으로 기대된다.[5] 아직은 이론 단계라 수차례 더 검증을 거쳐야 하겠지만,* 모든 전자장치의 숙원이 배터리 수명 연장인 상황에서 대단한 발견임은 틀림없다.

## ∘⸺ 배터리 독립을 외치다 ⸺∘

테슬라가 이처럼 배터리 개발에 열심인 데는 세 가지 이유가 있다. 첫째, 좀 더 저렴한 전기자동차를 시장에 내놓을 수 있다. 가격 경쟁력을 높일 수 있다는 말이다. 전기자동차의 경우 전체 원가에서 배터리가 차지하는 비율이 40퍼센트 안팎에 달한다. 바꿔 말해 배터리가 싸지면 전기자동차도 싸진다. 배터리가 비싼 이유는 핵심 소재인 리튬의 채굴과 가공이 쉽지 않기 때문인데, 자원 민족주의 등 정치적인 맥락까지 얽히고설킨 탓에 원가를 낮추기 어렵다. 하여 한정된 리

---

* 자동차는 고온의 사막부터 영하의 극지방까지 다양한 환경에서 사용된다. 따라서 온도를 25도로 유지한다는 것부터 비현실적인 조건이다. 또한 스마트폰의 충전 전압도 5볼트인 시대에 3.8볼트로 충전하는 전기자동차는 어불성설이다. 아마 완충하는 데 며칠은 걸릴 것이다. 참고로 테슬라가 운영하는 충전소인 '슈퍼차저(Supercharger)'의 경우 400볼트를 지원한다.

튬으로 배터리 생산량을 늘리고, 수율을 높이며, 성능을 개선하는 게 중요하다. 우선 배터리는 생산량이 두 배 늘 때마다 원가는 20~30퍼센트 저렴해진다. 연장선에서 생산 기술을 고도화해 양품 비율을 높여도 원가 절감에 도움이 된다. 마지막으로 배터리 성능을 높이면, 그만큼 개수를 줄여도 되므로, 역시 전기자동차 가격을 낮출 수 있다. 가령 배터리의 에너지 밀도를 50퍼센트 높이면 배터리의 원가는 45퍼센트 낮아진다.[6]

둘째, 전기자동차의 유지·관리비를 낮출 수 있다. 전기자동차 배터리도 배터리인지라 계속 쓰면 수명이 줄어든다. 이때 배터리 수명을 나타내는 단위로 사이클cycle을 쓰는데, 1사이클은 방전된 배터리를 최대치까지 1회 충전하는 것이다. 이때 일반적인 스마트폰 배터리의 경우 500사이클을 넘어가면 용량이 새 상품 대비 80퍼센트 이하로 떨어진다. 용량이 계속 사라지다가 0퍼센트에 수렴하면 더는 쓸 수 없다. 테슬라가 사용하는 LFP 배터리의 경우 3000사이클까지는 제 성능을 보장한다는 게 공식 사양이다. 주행거리로 환산하면 120만 킬로미터다. 꽤 오래 간다고 생각하겠지만, 사용자의 주행 습관, 배터리 충전 방식, 계절에 따른 온도 변화 같은 변수 때문에 약간이라도 줄어들 수밖에 없다. 그래서 보통 전기자동차 기업은 배터리를 유료로 교체해준다. 테슬라는 경쟁사들보다 20~40퍼센트 정도 싼값으로 교체해주는데, 그래도 1만 달러(약 1300만 원) 중후반이다.[7] 자동차를 새로 하나 사는 수준이다.

셋째, 중국에서 독립하는 것이다. 테슬라는 성능이 뛰어나고 저렴하다는 이유로 LFP 배터리를 애용한다. 전기자동차 생산량의 절반 이상에 LFP 배터리를 탑재할 정도다. 테슬라가 2006년 만들어 꾸준히 갱신 중인 로드맵 〈마스터 플랜〉에 따르면, 전 세계적으로 전기자동차로의 전환이 완료될 경우 LFP 배터리가 모든 2차 전지 수요의 61퍼센트를 차지할 것이라고 한다. 실제로 벤츠, BMW, 아우디, 폭스바겐 같은 내로라하는 자동차 기업들도 전기자동차를 생산할 때 LFP 배터리를 채택하는 추세다. 그런데 LFP 배터리는 대부분이 중국제다. 2022년 기준 전 세계 배터리 시장의 31퍼센트를 LFP 배터리가 차지하는데, LFP 배터리의 90퍼센트 이상이 중국에서 만들어진다.[8] 이런 상황에서 테슬라는 자율주행 소프트웨어와 인공지능 반도체를 독자 개발했던 것처럼, 배터리 독립 또한 꿈꾸고 있다. 참고로 4680 배터리는 니켈$_{Ni}$, 코발트$_{Co}$, 망가니즈$_{Mn}$, 알루미늄$_{Al}$으로 구성된 'NCMA 배터리'다.

배터리 기업으로서 테슬라의 앞날은 밝아 보인다. 배터리 개발의 기본은 소재 개발이다. 원하는 수준의 성능에 도달할 때까지 몇 가지 재료를 비율을 달리해가며 뒤섞어보는 일이다. 심지어 뒤섞는 순서에 따라서도 성능이 달라진다. 당연히 최적의 구성비를 찾을 때까지 시간이 오래 걸리고, 그만큼 연구·개발비도 치솟는다. 자연스레 먼저 정답을 찾고 노하우를 쌓은 기업이 독점적인 지위를 누리게 된다. 전기자동차 기업 이전에 배터리 기업으로서 테슬라는 이러한 과정을 착실히 밟아왔다. 원래 테슬라는 배터리 생산을 일본의 파나소닉에 전적으로 의존했다. 그러다가 2016년 최초의 기가팩토리를 네바다주에 세우며 자체 생산을 꾀하고, 또 공급처를 다변화해 파나소닉의 영향력을 크게 줄였다. 이후 중국의 배터리 기업들에 대한 의존도가 높아졌으나, 4680 배터리 생산을 계기로 다시 한번 판이 뒤집어질 것이다.

## ○─── 테슬라는 왜 인공지능을 개발하는가 ───○

이처럼 전기자동차와 배터리 산업에서 두각을 드러내는 것과 별개로, 앞서 설명한 것처럼 테슬라는 훨씬 더 많은 일을 하고 있다. 그리고 이 모든 일을 아우르는 핵심 기술이 바로 인공지능이다.

사실 완전한 자율주행 자동차 개발 및 그것을 생산할 테슬라 봇 개발에 뛰어든 테슬라로서는 인공지능 개발이 필연과 같다. 테슬라 봇은 말할 것도 없고, 완전한 자율주행 자동차의 경우 사용자의 조작 없이도 운행이 가능해야 한다. 테슬라는 이를 위해 자체 개발한 자율주행 소프트웨어인 오토파일럿을 2014년 선보였다. 눈여겨볼 점은 오토파일럿을 뒷받침할 자율주행 하드웨어인 'FSD Full Self-Driving'(인공지능 반도체)와 'HW Hardware'(컴퓨터)도 함께 개발했다는 것이다. 마치 애플처럼 테슬라 또한 소프트웨어와 하드웨어의 조화로 제품의 성능을 극대화하고 있다. 이 자율주행 시스템의 발전사를 보면 테슬라가 인공지능 개발에 얼마나 진심인지 알 수 있다.

우선 오토파일럿은 세 단계로 구분된다. 가장 기본은 '오토파일럿'으로, 앞 차와의 간격을 인식해 (지정된 최고 속도 내에서) 자동으로 속도를 조절하는 '교통 인식 크루즈 컨트롤Traffic Aware Cruise Control', 차로를 유지하는 '오토스티어Autosteer' 기능을 제공한다. 현재 테슬라의 전기자동차를 구매하면 이 두 가지 기능이 기본으로 탑재되어 있다.*

2015년부터는 유료 옵션인 '향상된 오토파일럿Enhanced Autopilot'의 세부 기능이 하나씩 공개되었다. 이 두 번째 단계부터 사용자는 SF 영화 속으로 들어간다. 센서나 카메라를 활용해 자동으로 차로를 변경하는 '자동 차로 변경Auto Lane Change', 고속도로를 완전 자율주행 수준으로 달리는 '오토파일럿 내비게이션 고속도로Navigation on Autopilot on the highway', 자동으로 주차하는 '오토파크Autopark', 자동으로 주차한 자리에서 벗어나는 '차량 호출Summon', 사용자가 있는 곳까지 찾아오는 '스마트 호출Smart Summon' 기능은 사용자에게 미래를 앞서 경험한다는 만족감을 선사한다.

마지막 세 번째 단계로 역시 유료 옵션인 '완전 자율주행Full Self-Driving'은 말 그대로 자율주행 5단계에 해당하는 기능들을 제공한다. 2016년부터 하나씩 베일을 벗는 중인데, 공개될 때마다 화제를 모으고 있다. 도로의 각종 표지판을 인식하고 알맞게 반응하는 '신호등 및 정지 표지판 인식 및 제어Traffic Light and Stop Sign Recognition/Control', 시내에서 완전 자율주행에 가깝게 달리는 '오토파일럿 내비게이션 시내

---

\*     오토파일럿이 처음 공개되었을 때는 교통 인식 크루즈 컨트롤만 포함되었고, 오토스티어는 뒤이어 소개할 '향상된 오토파일럿'에 포함되어 있었다.

주행Navigation on Autopilot in city streets' 기능이 지금까지 공개되었고, 곧 스스
로 빈자리를 찾아서 주차하는 '스마트 오토파크Smart Autopark' 기능이
공개될 예정이다. 이 정도면 기존 상식에 부합하는 자동차가 아니다.
달리는 컴퓨터, 또는 달리는 인공지능에 가깝다.

오토파일럿의 발전에 대응해 HW도 꾸준히 개선되었다. 아무런
기능이 없었던 2012년의 HW0을 제외하면 지금까지 네 단계를 밟
아왔다. 2014년 공개한 HW1.0은 카메라 두 개(전방과 후방)와 ADAS
기업인 모빌아이Mobileye의 시스템 반도체를 탑재했다. 2016년과 2017
년에 공개한 HW2.0과 HW2.5는 카메라의 개수가 전방 세 개, 후방
한 개, 측방 네 개, 내부 한 개로 대폭 늘어났고, 엔비디아의 시스템
반도체를 탑재했다. 참고로 엔비디아는 물론이고 모빌아이도 시스템
반도체의 최강자로 평가받는다. 하지만 자율주행 소프트웨어와의 궁
합은 별로 좋지 못했고, 이는 몇 번의 인명 사고로 이어졌다. 이에 머
스크는 결심했다. HW를 위한 인공지능 반도체를 직접 만들기로.

## ∘──── 7360개 대 3000개 ────∘

그 결과가 2019년 공개되었으니, 바로 HW3.0이다. HW3.0은 카
메라의 개수를 늘리지는 않았으나, 테슬라가 직접 개발한 14나노
FSD(1세대)를 탑재했다. 2023년에는 7나노 FSD(2세대)를 탑재한
HW4.0을 선보였다. 참고로 FSD는 기본적으로 삼성전자의 엑시노

스를 참고해 설계한 것으로, 양산의 경우 1세대는 삼성전자가, 2세대는 TSMC가 맡았다. 삼성전자로서는 자존심이 상했을 텐데, 문제가 된 수율을 끌어올리며 다시 수주받는 데 성공했다. 삼성전자는 2024년 이후 공개될 HW5.0의 4나노 FSD(3세대)를 양산할 예정이다.[9]

눈썰미 좋은 독자라면 알아차렸겠지만, HW는 사람으로 치면 눈과 뇌로만 구성되어 있다. 오늘날 대부분의 자동차에 달린 전후방 초음파 센서는 물론이거니와 자율주행 자동차라면 필수로 여겨지는 라이다마저 없다.* 테슬라의 자율주행 시스템은 사람처럼 '눈'(카메라)으로만 보고 판단하기 때문이다. 이 기술이 바로 테슬라 비전인데, 카메라로 포착한 이미지의 픽셀을 하나하나 분석해 '깊이'를 측정한 다음, 이를 바탕으로 3D 지도를 만드는 게 핵심이다. 일단 3D 지도가 완성되면 자율주행 자동차는 그 안에서 주행에 필요한 모든 정보를 얻을 수 있다.

이처럼 고도의 연산이 필요한 복잡한 작업을 순식간에 수행하려면, 특히 순간의 실수가 인명 사고로 이어지는 자동차의 특성상 오류 또한 없으려면, 결국 인공지능이 필수다. 테슬라가 슈퍼컴퓨터 도조를 선보인 것도 그 연장선에 있다. 도조에는 테슬라가 개발한 인공지능 반도체 D1이 3000개나 탑재되어 있는데, 사실 도조 전에도 테

---

\* 사실 테슬라 비전 기술이 무르익기 전까지는 HW에 초음파 센서와 전방 레이더가 탑재되었다. 그러다가 2022년 10월부터 초음파 센서를, 2021년 5월부터 전방 레이더를 탑재하지 않고 있다. 이미 탑재되어 판매된 자율주행 자동차의 경우, 소프트웨어 업데이트를 통해 해당 기능을 비활성화했다.

슬라에 슈퍼컴퓨터가 없었던 것은 아니다. 도조 개발 계획을 공개한 2021년만 해도 엔비디아의 고성능 GPU가 무려 5760개 탑재된 슈퍼컴퓨터를 사용 중이었다. 2022년에는 GPU 개수를 7360개로 늘려, 당시 기준으로 세계에서 일곱 번째로 강력한 슈퍼컴퓨터를 보유하기도 했다.[10] 테슬라가 '수집한' GPU에는 엔비디아가 자랑하는 인공지능 반도체 A100이 장착되어 있었는데, 사실 이 정도면 어떠한 작업을 맡겨도 부족함이 없었을 것이다. 다만 A100은 매우 비싼 데다가 언제나 수량이 달리고, 무엇보다 테슬라가 구현하고자 하는 인공지능 기술들에 최적화되지 못했다. 이런 이유로 테슬라는 D1과 도조 개발을 결심했고, 그 결과가 HW와 FSD, 오토파일럿과 테슬라 비전으로, 또 이 모든 것을 조합한 테슬라 봇으로 이어지고 있는 것이다.

과연 테슬라는 어디까지 나아갈 수 있을까. 중간에 멈춰 포기하지는 않을까. 사실 테슬라가 도조 개발 계획을 처음 알렸을 때만 해도 업계의 반응은 차가웠다. 테슬라는 전기자동차 기업이라는 고정관념이 강하게 박혀 있었기 때문이다. 하지만 2년 뒤 테슬라는 정말 해냈다. 이제 자신들만의 독자적인 슈퍼컴퓨터로 자신들만의 고유한 인공지능을 개발하려 한다. 심지어 이렇게 만들어진 인공지능을 판매할 계획도 가지고 있다. 그렇다면 테슬라는 전기자동차 기업인가, 반도체 기업인가, 인공지능 기업인가.

한마디로 테슬라는 한계를 거부한다. 이쯤에서 내가 좋아하는 일화를 하나 소개하겠다. 스페이스X에서 채용 담당자로 일했던 돌리 싱Dolly Singh은 2008년 팰컨 1 로켓 발사가 세 번 연속이나 실패했을 때 머스크가 보여준 인상적인 리더십을 잊지 못한다. 당시 직원들은 머스크의 단 한마디에 지옥 끝까지 그를 따라가겠다고 마음먹었다고 한다. 팰컨 1 로켓이 세 번째로 날지 못하자 머스크는 단지 이렇게 말했다. "절대 포기하지 않을 것이다. 절대로!"[11]

## ⸻ 믿음의 힘 ⸻

마지막으로 여담을 하나만 늘어놓겠다. 2023년 9월 채팅 플랫폼 세이클럽과 한국보다 세계에서 더 유명한 셀피 애플리케이션 B612를 개발한 남세동 대표를 만나 이야기를 나누었다. 그는 컴퓨터게임 배틀그라운드의 제작사 크래프톤의 장병규 의장과 함께 2017년 딥러닝 스타트업 보이저엑스voyagerX를 설립해 지금까지 이끌어오고 있다. 2021년에는 300억 원의 투자금을 유치했을 정도로 한국에서 주목받는 인공지능 기업이다.

남세동 대표는 인공지능, 특히 딥러닝의 장점을 묻는 내게 '알아서 해주는 것'으로 간단하게 답했다. 그의 말처럼 딥러닝은 개발자가 일일이 알고리즘을 짜주지 않아도 알아서 학습하고 결과를 내놓는다. 가령 구겨진 문서를 찍은 이미지가 있다고 하자. 이 이미지를 보정해 문서를 원래의 깨끗한 상태로 되돌리고 싶다면, 어떻게 해야 할까. 기존에는 개발자가 알고리즘을 짜며 어떤 각도로 구겨져 있을 경우 얼마만큼 펼쳐야 한다는 것을 하나하나 설정해주어야 했다. 하지만 딥러닝은 목적을 이룰 때까지 스스로 학습해 결과를 내놓고, 그 결과를 다시 학습하는 과정을 반복한다. 처음에는 실수를 연발하지만 시간이 지날수록, 즉 학습할수록 자연스레 정확도가 높아진다.

이때 흥미로운 점은 딥러닝의 특성상 개발자도 이 녀석의 학습 과정을 정확히 알 수 없다는 것이다. 사실 이는 사람도 마찬가지다. "열 길 물속은 알아도 한 길 사람 속은 모른다"라고 했다. 살면서 내리는 크고 작은 모든 결정의 인과를 정확히 설명할 수 있는 사람이 과연 몇이나 있겠는가. 매순간 쌓이는 수많은 경험과 학습이 우리가 특정한 결정을 내리도록 이끈다. 딥러닝도 정확히 이렇게 작동한다.

테슬라는 딥러닝에 기반을 둔 인공지능으로 자율주행을 실현하고 있다. 자동차 기업 중에서 오직 테슬라만 그렇게 한다. 남세동 대표는 이 점을 높이 샀다. 알고리즘보다 딥러닝을, 즉 인간보다 기계를 믿었다는 것이다. 놀라운 기술이나 번뜩이는 아이디어보다 바로 이 믿음이 지금의 테슬라를 만든 것 아닐까.

# 테슬라가 그리는 인류의 미래

　테슬라는 지금 이 순간에도 또 다른 한계에 도전하고 있다. 가장 최근의 도전은 매우 철학적이고 윤리적인 성격을 띠기도 한다. 인간 존재의 기본 조건인 필멸성에 대한 도전이기 때문이다. 즉 테슬라는 영생을 꿈꾼다.

　다만 테슬라가 생명공학까지 손을 뻗친 것은 아니다. 앞으로는 어떻게 될지 모르겠지만, 일단 지금은 아니다. 대신 기계공학과 인공지능을 활용해 영원한 삶을 실현하려 한다. 즉 기계와 인간을 모종의 방법으로 합일하는 것이다. 테슬라의 목표는 기존의 사이보그 개념

보다 훨씬 급진적이다. 사이보그란 기능적 이점을 얻기 위해 신체의
일부를 기계로 대체한 존재다. 훨씬 빨리 뛰기 위해 타조의 다리처럼
튼튼하고 탄력이 강한 기계 다리를 다는 식이다. 반면에 테슬라의 궁
극적인 목표는 개인의 기억과 인격 같은 '정보'를 로봇에 다운로드하
는 것이다. 이것이 테슬라가 제시하는 영생 개념이다.[*]

　테슬라에서 이를 실현하기 위해 진지하게 노력하는 조직이 바로
뉴럴링크다. 현재 뉴럴링크는 BCI 개발에 박차를 가하고 있다. BCI
는 컴퓨터와 인간의 뇌를 직접 연결하는 기술이다. 이렇게 되면 생각
만으로 컴퓨터를 조작할 수 있다. BCI 장치가 뇌의 전기신호를 강화
하고 해독해 컴퓨터에 전달하기 때문이다. 여기에 인공지능이 더해
지면 인간의 생각을 더욱 정확하게 포착할 수 있는데, 역으로 인간에
게 더 나은 대안을 제시하는 것도 가능하다. 인공지능이 뇌에 말을
거는 것이다. 이때 소통의 수단은 인공지능이 뇌의 어느 부위를 자극
하는지에 따라, 머릿속에 울리는 음성일 수도 있고, 눈앞에 펼쳐지는
텍스트나 이미지일 수도 있다. SF 영화 같은 이야기지만, 이론상 불
가능하지 않다. 결과적으로 인공지능의 힘을 빌려 인간의 지능을 업
그레이드하는 셈이다.

　BCI를 고도화하기 위해서는, 첫째, 뇌의 작동 방식을 깊이 이해

---

[*]　머스크가 인간의 영생에 마냥 찬성하는 것은 아니다. 그는 "생각을 바꾸지 않는 사람
　　들이 죽지 않으면, 사회가 낡은 관념에 갇혀 발전할 수 없다"라며 영생에 신중해야 한
　　다고 밝혔다. (서희원, 〈머스크 "테슬라 봇에 인간 두뇌 다운로드 하면 '영생' 가능"〉, 《전자신문》,
　　2022.04.11.)

해야 하고, 둘째, 뇌와 컴퓨터의 소통 방식을 개발해야 한다. 이때 뇌를 이해하는 방식으로 가장 많이 쓰이는 것이 바로 스캔이다. 뇌는 무언가를 인식하고 생각할 때, 몸에 특정 행동을 명령하고 자극에 반응할 때, 각각의 상황이나 신체 부위와 관련된 곳이 활성화된다. 그러면서 혈류나 뇌파가 달라지는데, 이를 스캔하면 뇌의 활성화 패턴을 알 수 있다. 바로 이 패턴이 뇌를 이해하는 열쇠로, 특정 패턴은 특정 활동과 연결된다. 이를 역으로 이용하면 기억을 저장하는 일이 가능해진다. 어떤 생각을 하고 있을 때의 뇌 활성화 패턴을 컴퓨터에 저장해놓았다가, 훗날 그 패턴 그대로 뇌를 자극한다면 해당 생각이 머릿속에서 반복된다. 바로 이 단계부터 뇌와 컴퓨터의 소통이 시작된다. 그렇다면 정보를 뇌에서 컴퓨터로, 또 컴퓨터에서 뇌로 어떻게 옮길 것인가. 컴퓨터는 뇌의 활성화 패턴을 어떻게 해독할 것인가. 이러한 문제들을 해결할 수 있어야 BCI의 완성은 물론이고, 뇌(정보)를 로봇에 다운로드한다는 궁극적인 목표까지 실현할 수 있다.

뉴럴링크는 과연 어느 단계까지 도달했을까. 2016년 머스크가 아이폰이 느리다고 불평하는 와중에 곧바로 뇌와 연결해버리면 어떻겠냐는 아이디어를 내놓으며 시작된 뉴럴링크는 2017년《월스트리트 저널》의 기사로 존재가 드러난 이후 계속해서 큰 걸음을 내딛고 있다. 실제로 2019년의 쥐 실험, 2020년의 돼지 실험, 2021년의 원숭이 실험에 이어 현재 임상 시험을 앞둔 상태다. 스페이스X가 지구 밖의 미지의 세계로 진출하고 있다면, 뉴럴링크는 인간 내부의 미지의 세계를 파고들고 있다. 테슬라는, 또 우리 인류는 그 여정에서 무엇을 알게 되고, 얻게 될지 살펴보자.

## ○──── 돈이 흐르는 곳 ────○

2019년 7월 뉴럴링크는 쥐의 뇌에 머리카락 4분의 1 굵기의 전극 3000가닥을 심어 컴퓨터와 유선으로 연결하는 데 성공했다. 전극을 심는 과정은 외과 수술과 비슷한데, 쥐의 두피를 벗기고 두개골 일부를 들어낸 다음 'V1'이라는 특수한 재봉기로 뇌에 '바느질'을 한다. 물론 전극이 워낙 얇아 뇌의 혈관이나 신경이 다치진 않는다. 이렇게 이식된 전극 덕분에 뉴럴링크는 세계에서 가장 정확하게 쥐 뇌의 활성화 패턴을 그려내는 데 성공했다. 기존의 실험은 쥐의 뇌에 전극 250개를 심는 게 최대였는데, 뉴럴링크가 심은 전극은 그보다 12배나 많았기 때문이다. 게다가 전극을 통한 뇌 신호 수신율이 85.5퍼센트에 달했으니, 이 정도 양과 질의 정보면 쥐를 이해하는 차원을 넘어 아예 쥐를 복사한 수준이다.[12]

1년 후인 2020년 8월에는 한층 개선된 기술을 공개했다. '링크 Link V0.9'라는 동전만 한 크기의 BCI 장치를 개발한 것이다. 링크 V0.9는 BCI 반도체와 무선 충전이 가능한 배터리, 무선 송수신기로 구성되는데, 그와 같은 크기의 구멍을 두피와 두개골에 뚫은 다음 새로운 재봉기 'V2'로 1024개의 전극을 심는다. 그 위에 링크 V0.9를 꽂고 두피를 덮으면 끝이다. 이후 링크 V0.9가 뇌의 온갖 신호를 수

집해 1초당 1메가바이트의 속도로 컴퓨터에 전송한다. 성능이 뛰어나고 사용하기에 편리하며 두피로 감출 수 있으므로 보기에도 나쁘지 않다. 이 정도 수준에 달한 BCI를 웨어러블 기술을 뛰어넘었다는 의미에서 임플란트 기술이라고도 부른다. 뉴럴링크는 링크 V0.9를 발표하며 실제로 이를 '박아 넣은' 돼지를 공개했는데, 수집한 뇌 활성화 패턴이 얼마나 정확한지, 돼지의 다음 행동을 예측할 수 있을 정도였다.[13]

다시 반년이 지난 2021년 4월 뉴럴링크는 또 한 번 세계를 놀라게 했다. 이번에는 원숭이였다. 링크 V0.9보다 성능이 개선된 'N1 링크' 두 개를 이식받은 원숭이가 생각만으로 컴퓨터게임을 해보인 것이었다. 원숭이가 한 게임은 고전적인 '핑퐁 게임'이었는데, 말 그대로 화면 좌우에 있는 두 개의 작은 탁구채를 움직여 탁구공을 치면 된다. 방심하면 탁구공이 화면 밖으로 나가버리는데 그럼 게임이 끝난다. 원숭이에게는 탁구채로 정확히 탁구공을 칠 때마다 보상으로 과일 음료를 제공해 게임을 가르쳤다고 한다. 그러자 어느 순간부터 원숭이가 두 눈과 생각만으로 게임을 즐기는 경지에 이르렀다. 다시 말해 원숭이는 컴퓨터에 생각만으로 메시지를 송신했고, 컴퓨터는 이를 무선으로 수신해 정확히 이해했다. 이때 컴퓨터를 또 다른 원숭이로 바꿔보자. 이것이 곧 텔레파시 아니겠는가.[14]

뉴럴링크는 2023년 5월 드디어 FDA에 임상 시험을 허가받았다. 11월부터 진행 중이니, 2024년에는 관련해 놀라운 결과들이 속속 발표될 것이다. 뉴럴링크의 활약과는 별개로, 사실 BCI는 인공지능의 손을 잡고 이제 막 걸음마를 떼는 단계다. 뇌가 만들어내는 온갖 신호 중에서 필요한 것만 찾아내 증폭하는 일, 이를 적절히 해석하는 일은 인공지능의 도움이 필수적이다. 이런 점에서 뉴럴링크만큼 BCI 개발에 잘 어울리는 기업이 있을까 싶다. 지금까지 살펴본 것처럼 뉴럴링크의 모체인 테슬라는 인공지능 기업에 가깝다. 자동차도 만들고 로켓도 만들고 배터리도 만들고 SNS도 운영하지만, 이 모든 것의 배후에는 최고의 성능을 끌어내는 인공지능이 버티고 있다. 향후 BCI를 선도할 기업을 논할 때 뉴럴링크가 빠지지 않고 꼽히는 이유다.

그렇다면 BCI는 인간에게 정확히 어떤 혜택을 안겨줄 수 있을까. 머스크는 가장 먼저 장애를 극복하는 데 BCI가 활용될 것으로 본다. 가령 BCI 장치와 카메라의 조합은 시각장애인에게 새로운 눈이 되어줄 수 있다. BCI 장치는 카메라로 입력된 시각 정보를 분석해 뇌가 이해할 수 있는 전기신호로 바꾼 다음, 보는 일을 담당하는 대뇌 후두엽에 전달함으로써, 시각장애인이 볼 수 있게 한다. 눈과 시신경이 하는 일을 카메라와 BCI 장치가 대신해주는 것이다. 비슷하게 BCI 장치와 스피커의 조합은 언어장애인에게, BCI 장치와 마이크의 조합은 청각장애인에게 큰 도움이 될 것이다. 팔이나 다리가 마비된 사람이라면 해당 신체 부위에 모터가 달린 보조 장치를 부착한 다음 BCI 장치를 통해 명령을 내리면 움직일 수 있다. 척수가 끊어진 경우라면, 해당 부분을 BCI 장치로 연결하기만 하면 된다. 알츠하이머 환자에게 BCI 장치는 기억을 '백업'할 수 있는 두 번째 뇌와 다르지 않을 것이다.

더욱 단순하게는 교통카드와 신용카드, 신분증과 출입증 등 결제나 인증과 관련된 온갖 카드를 디지털화해 BCI 장치에 넣어놓고 필요할 때마다 사용할 수도 있다. 여기에 전화 기능까지 추가하면 사실상 스마트폰과 크게 다르지 않다.

　　이처럼 가능성이 무궁무진한 덕분에, BCI 시장의 성장세가 심상치 않다. 2020년 기준 전 세계 BCI 시장은 14억 8000만 달러(약 1조 6100억 원) 규모였다. 아직은 의료 분야에서 아주 제한적으로만 쓰이고 있는 데도 저 정도 규모면 작지 않다. 이후 매년 13.9퍼센트씩 커져 2030년에는 54억 6300만 달러(약 7조 1000억 원) 규모에 이를 것으로 보인다. 다만 나는 지금 단계에서 BCI 시장의 미래를 짐작할 수 있는 사람은 아무도 없다고 생각한다. 구체적으로 어떤 기술이 개발되느냐에 따라 시장 규모가 54억 달러가 아니라 540억 달러까지 커질 수도 있기 때문이다. 실제로 FDA에 임상 시험을 승인받고 세 달 뒤인 2023년 8월 뉴럴링크는 2억 8000만 달러(약 3700억 원)의 투자금을 유치했다. 2023년 상반기에 다른 BCI 스타트업들이 유치한 투자금 총액이 1억 4300만 달러(약 1900억 원)였음을 고려하면, 돈이 어디로 이동하고 있는지가 선명하게 드러난다.[15]

## 뉴럴링크와 메타의 BCI 경쟁

모든 흥미로운 이야기에는 절치부심하는 주인공과 그런 주인공을 극한까지 밀어붙이는 경쟁자가 등장한다. BCI와 관련해서도 마찬가지다. 뉴럴링크의 경쟁자는 바로 메타다.

뉴럴링크와 메타의 길은 비슷하면서도 다르다. 가장 큰 차이는 BCI 장치의 종류다. BCI 장치는 뇌 안에, 또는 뇌와 맞닿게 설치하는 침습형과 뇌 밖에 설치하는 비침습형으로 나뉜다. 뉴럴링크는 전자를, 메타는 후자를 채택한 상황이다. 침습형의 경우 뇌 신호를 훨씬 정확하게 측정할 수 있으나, 수술의 부담과 감염의 위험을 감수해야 한다. 관련해 메타의 창업주이자 CEO인 마크 저커버그는 "컴퓨터와 연결되겠다고 머리에 구멍을 뚫을 사람은 아무도 없을 것"이라고 잘라 말하기도 했다.[16] 이러한 조소에는 의학적인 근거가 있다. 우리 신체는 외부 이물질과 접촉하는 순간부터 해당 부위가 곪기 시작한다. 따라서 침습형은 성능과 별개로 1년 이상 사용하기가 어려운 게 사실이다. 반면에 비침습형은 헤드폰이나 VR 기기처럼 생겨 머리에 쓰기만 하면 되므로, 사용에 큰 부담이 없다. 매번 쓰고 벗어야 하는 불편함은 있겠지만, BCI 장치가 생활필수품이 아닌 이상 큰 단점은 아니다. 진짜 문제는 제일 중요한 뇌 신호를 침습형만큼 포착하지 못한다는 것이다.

현재 뉴럴링크와 메타의 경쟁은 서로 공수를 주고받으며 '스치면 치명상'인 형국이다. 우선 뉴럴링크는 침습형의 안정성을 최대치로 높이는 데 주력하고 있다. 현재 뉴럴링크가 사용하는 전극의 굵기는 5마이크론으로 머리카락의 14분의 1 정도다. 이 정도로 얇으면 뇌에 이식할 때 신경이나 혈관 등을 쉽게 피할 수 있다. 한편 뉴럴링크가

2020년 링크 V0.9를 공개하며 선보인 돼지는 사실 두 마리였는데, 한 마리는 링크 V0.9를 달고 있었지만, 다른 한 마리는 링크 V0.9를 제거한 상태였다. 즉 BCI 장치를 탈착해도 건강상에 아무런 문제가 없음을 보여주고자 한 것이다.

안전성을 이미 확보한 메타의 다음 목표는 뇌 신호를 더욱 민감하게 받아들일 수 있도록 비침습형의 성능을 높이는 것이다. 2021년에는 언어장애인이 머릿속에 생각을 떠올리는 즉시 모니터에 텍스트로 보여주는 BCI 장치를 선보였다. 다만 외과 수술을 통해 언어장애인의 뇌 표면에 전극을 설치한 다음, 머리 바깥에 BCI 장치를 둔 꼴이라 완벽한 비침습형이 아니라는 비판도 있었다. 이에 메타는 2023년 10월 외부 스캐너만으로 포착한 뇌의 신경세포 활동을 분석해 생각을 이미지로 표현해주는 인공지능을 개발하며 비침습형의 새로운 차원을 열었다. 쉽게 말해 머릿속에서 강아지를 떠올리기만 하면, 외부 스캐너로 이를 포착한 인공지능이 굉장히 닮은꼴의 강아지를 그려낸다. 무엇보다 인공지능의 특성상 이 과정을 반복할수록 정확도가 크게 개선된다. 물론 실험에 쓰인 뇌파자기검사 Magnetoencephalography 스캐너의 가격이 보통 1만 달러(약 1300만 원) 정도에 크기는 자동차만 한지라 당장 실용화하기 어려운 기술이지만, 놀라운 수준이 아닐 수 없다.[17] 한편 메타의 궁극적인 목표는 메타버스와 BCI의 결합으로 보인다. 즉 BCI 장치가 포함된 VR 기기를 장착한 채 메타버스에 접속, 다른 조이스틱을 쓰지 않고 생각만으로 다양한 활동을 즐길 수 있게 하겠다는 것이다.

나는 두 기업의 선전을 모두 기원한다. 경쟁이 심화할수록 더욱 좋은 기술이 개발될 테니 말이다. 그러다 보면 완성형의 BCI 장치가 상용화되는 순간이 올 것이다. 사실 뉴럴링크와 메타 외에도 여러 BCI 스타트업이 그 순간을 앞당기기 위해 열심히 노력 중이다. 뉴럴링크보다 1년 앞선 2015년 설립된 패러드로믹스Paradromics, 헬멧형 BCI 장치로 유명한 커널Kernel, 침습형과 비침습형의 장점만을 합친 BCI 장치로 유명한 싱크론Synchron 등이 대표적이다. 이 중에는 뉴럴링크와 메타의 경쟁자가 될 만한 잠재력을 가진 기업이 많다. 가령 블랙록 마이크로시스템스Blackrock Microsystems는 2021년 이미 BCI 장치의 임상 시험을 진행했다. 당시 그들이 개발한 BCI 장치는 침습형인데다가 무선으로, 뉴럴링크의 BCI 장치와 흡사했다. 적어도 2021년에는 블랙록 마이크로시스템스가 뉴럴링크보다 두 단계 정도 앞서 있었다는 뜻이다.

이처럼 지금 이 순간에도 BCI는 진일보하고 있다. 물론 평범한 사람이 보기에는 당장 세상이 바뀔 일이 벌어지는 것도 아니고, 관련 기업들도 뉴럴링크와 메타 외에는 생소할 수 있다. 하지만 진정한 변화는 오래 준비되어 갑자기 찾아온다. 발전 속도가 점점 빨라지기 때문이다. 매일 아침 일어나 BCI 관련 뉴스를 검색해보라. 지난밤 당신이 잠든 사이에 세상이 얼마나 달라졌는지 깜짝 놀랄 순간이 그리 멀지 않았다.

# 5장

## 다크호스

### 또 다른 기회를 꿈꾸다

"경쟁자가 없다."

○── 앤드루 펠드먼 세레브라스 CEO

번뜩이는 아이디어와 포기하지 않는 끈기가
반도체 산업의 '슈퍼 을'을 키웠다.
ASML부터 세레브라스까지,
슈퍼 을은 아무도 막을 수 없다.

# 반도체 시장을 휘어잡은 슈퍼 을
## : ASML과 엔비디아

반도체 산업에서 가장 중요한 것은 무엇일까. 업계 외부인에게 물으면 신에게 선택받은 소수의 천재만이 할 수 있다는 첨단 반도체 설계, 나노 전쟁의 판도를 뒤엎을 초미세 공정, 이 모든 것이 합쳐져 펼쳐낼 상상 이상의 미래 등을 늘어놓을 것이다. 하지만 업계 내부인에게 물으면 한 명도 빠짐없이 단 한 가지만을 꼽는다. 바로 '밸류value', 즉 '가치'다. 이를 한마디로 표현하면 이렇다. '반도체는 미래를 선도하되 지금 돈이 되어야 한다.'

시작부터 첨단의 길을 걸어야 할 숙명을 안고 태어난 것이 반도체 산업이다. 반도체 기업들은 기술의 차원을 높이기 위해 피땀을 흘린다. 그렇게 개발된 반도체는 빅테크 기업들과 만나 인간 삶의 차원을 높이고 있다. 그런즉 지금 우리가 누리고 있는 모든 이기 그리고 미래에 우리가 누리게 될 모든 이기의 핵심은 단언컨대 반도체다. 반도체 산업이 미래를 선도한다는 데는 이견의 여지가 없다.

그렇다면 문제는 돈이 되어야 한다는 것이다. 그런데 반도체 산업의 특성상 성능을 높인다고 해서 무조건 돈이 되지 않는다(그 반대도 마찬가지다). 물리적 한계와 싸울 만큼 기술 경쟁이 치열한 탓에, 막대한 시간과 비용, 거대한 인프라, 무수한 인재를 쏟아부어야 한다. 이런 상황에서는 필살기를 갈고닦는 것만큼이나 낭비와 실수를 줄이는 것 또한 중요하다. 실제로 반도체 기업들은 연구·개발 비용과 시간, 양산 물량과 수율 등을 철저히 계획하고, 그 계획에서 벗어나지 않도록 전 과정을 치밀하게 관리한다. 결국 돈이 될지 안 될지는 이 관리의 영역에서 판가름 나는 것이다. '관리의 삼성'이 괜히 반도체 산업의 최강자 중 하나겠는가.

이 관리의 영역에서 모든 반도체 기업에 러브 콜을 받는 곳이 있다. 이 기업은 반도체를 설계하거나 양산하지는 않는다. 대신 반도체를 양산하는 데 필요한 제조 장비를 만든다. 그런데 그 성능이 어찌나 탁월한지, 요리에 비유하자면 너무나 예리하고 섬세한 회칼이라, 생선회를 뜰 때 낭비하는 살점이 손톱만큼도 없을 정도다. 이처럼 뛰어난 성능으로 전체 공정의 경제성까지 높여주는 덕분에 이 제조 장비가 시장에 풀릴 때마다 파운드리들이 앞 다퉈 쓸어 담는다. 바로

ASML의 이야기다.

ASML은 빛을 쏘아 웨이퍼에 반도체 설계도를 새기는 노광 장비를 만든다. ASML의 노광 장비는 압도적인 성능을 자랑한다. 특히 가장 '예리한' 빛인 EUV를 이용한 노광 장비는 ASML만 만들 수 있다. 이런 이유로 7나노 이하 반도체를 양산할 때는 다른 선택지가 없다고 평가될 정도다. 물론 화웨이의 경우처럼 EUV 노광 장비를 쓰지 않고서도 7나노 반도체를 양산할 수 있고, 꼭 EUV 노광 장비가 아니어도 된다면 ASML 외에 여러 기업이 있다. 하지만 문제는 수율이다.

파운드리뿐 아니라 반도체 산업 전체에서 관리의 핵심은 양품의 비율이다. 아무리 설계가 완벽한 반도체라 할지라도, 양산 과정에서 문제가 생기면 제 성능을 발휘하지 못한다. 이런 불량품은 모두 폐기되므로, 계획된 물량만큼 양품을 만드는 데 시간과 비용이 더 필요해진다. 파운드리로서는 그만큼 이익률이 떨어지고, 팹리스로서는 반도체 출시와 공급 계획이 모두 엉망이 된다. 자연스레 그다음 단계인 전자 제품 조립과 생산에도 차질이 빚어진다. 모든 부문에서 시간과 비용을 손해 보는 것이다. 이를 막고자 팹리스가 복수의 파운드리에 물량을 나눠 발주하기도 하는데, 공급망을 일원화하는 것보다는 당연히 비효율적이다. 이런 이유로 팹리스는 ASML의 노광 장비를 활용해 몇 나노의 반도체건 완벽하게 양산해내는 파운드리를 찾는다.

이런 ASML을 '슈퍼 을'이라고 한다. ASML은 팹리스에서 반도체 양산을 의뢰받는 파운드리에서 반도체 제조 장비를 주문받는 을 중의 을이다. 하지만 이 을이 없으면 전체 반도체 산업이 흔들린다.

그러니 웬만한 갑보다 강력한 을이다. ASML의 슈퍼 을 전략을 살펴보면, 수많은 경쟁자가 분투하는 반도체 산업에서 자기만의 영역을 만들어내고 지키는 비결을 알게 될 것이다.

## 빛을 지배하는 기업, ASML

ASML을 한마디로 정의하면 '빛의 마술사'다. 빛 하나로 지금의 자리에 올랐다고 해도 과언이 아니다. 특히 7나노 이하 반도체를 양산하기 위해서는 ASML의 전매특허인 EUV 노광 장비가 필수다. '전매특허'라는 표현은 과장이나 비유가 아니다. 반도체 제조 장비 기업 중에 EUV라는 특수한 빛을 다룰 수 있는 곳은 ASML밖에 없다. 말 그대로 독점인 셈이다. 이런 이유로 전 세계 반도체 제조 장비 시장에서 2000년대에 일본의 캐논과 니콘을, 2010년대에 미국의 어플라이드 머티리얼스를 꺾은 이후 지금까지 절대 강자로 군림하고 있다.

이러한 ASML의 위용은 당장 매출에서 잘 드러난다. 2020년 140억 유로(약 18조 5400억 원), 2021년 186억 유로(약 25조 1200억 원), 2022년 211억 7300만 유로(약 28조 6500억 원)로 매년 15퍼센트 안팎의 상승률을 기록했다. 반도체 산업이 불경기를 겪던 2023년에도 홀로 30퍼센트 가까이 상승해 272억 3000만 유로(약 38조 9400억 원)에 이를 것으로 예상된다. 참고로 2022년 기준 삼성전자의 전체 매출은 301조 7700억 원, 삼성 파운드리의 매출은 26조 5400억 원이었다.

불황이 찾아온 2023년에는 1~3분기 모두 전년 동기 대비 20퍼센트 안팎의 매출 하락을 겪었다.[1] 이처럼 ASML은 가치 사슬에서 을의 위치에 있을지언정, 체급만큼은 절대 무시할 수 없다.

그렇다면 도대체 EUV가 무엇이길래 ASML을 이렇게 키워냈을까. 앞서 설명한 것처럼 노광 장비는 웨이퍼에 반도체 설계도를 새기는 포토 공정에 사용된다. 포토 공정을 간단히 설명하면 '그림자놀이'라고 할 수 있는데, 감광액을 펴 바른 웨이퍼 위에 회로(또는 회로를 제외한 나머지 부분)가 인쇄된 마스크를 올리고 빛을 쏘면 된다. 그러면 마스크에서 인쇄된 부분은 그림자가 지게 되고, 나머지 부분으로만 빛이 통과해 웨이퍼에 닿는다. 그 빛에 감광액이 반응하며 웨이퍼에 회로가 새겨지는 것이다.

그런데 반도체가 점점 미세화되자, 빛도 점점 예리해질 필요가 생겼다. 이때 예리해진다는 것은 빛의 회절回折 정도를 줄인다는 의미다. 회절은 누구나 경험해본 현상이다. 플래시를 이용해 문틈 사이로 빛을 비춘다고 해보자. 그러면 문틈을 지난 빛이 정확히 한 점에만 맺히지 않고, 주변으로 번지는 것을 볼 수 있다. 빛은 입자인 동시에 파장이기 때문이다. 문틈을 통과한 입자는 직진하지만, 파장은 문틈을 끼고 돌아回 구부러지며折 사방으로 번지듯 나아간다. 포토 공정으로 예를 들면, 마스크의 인쇄된 부분에 가려져 완벽하게 그림자 져야 할 부분까지 빛이 미치는 것이다. 결국 미세한 회로일수록 온갖 곳이 얼룩덜룩해지고 만다.

그렇다면 어떻게 해야 회절 정도를 줄일 수 있을까. 답은 간단하다. 파장이 짧은 빛을 이용하면 된다. 파장이 짧아지면 자연스레 '끼고 돌아 구부러지는' 각도가 작아지기 때문이다. 이때 파장의 길이는 빛의 에너지와 반비례한다. 따라서 노광 장비의 역사는 매우 강력한 에너지의 빛을 쏘기 위한 경쟁으로 가득하다. 그리고 이 경쟁은 가시광선 바로 다음으로 파장이 짧은 자외선UltraViolet, UV 안에서 치밀하게 펼쳐지는 중이다.

초기의 노광 장비는 파장이 400나노미터 안팎인, 가시광선에 가까운 UV를 사용했는데, 반도체가 미세화되며 곧 DUV로 대체되었다. '깊은deep'이란 수식어에서 알 수 있듯이 DUV는 가시광선에서 꽤 멀어진 UV로, 파장이 200나노미터 안팎에 불과하다. DUV의 대표 격인 불화크립톤KrF과 불화아르곤ArF의 파장은 각각 248나노미터와 193나노미터다. 이 둘은 여전히 현역인데, 90나노 반도체까지는 전자를, 이후 20나노 반도체까지는 후자를 사용해 양산한다.

20나노 반도체는 2010년대 초반에 본격적으로 양산되기 시작했다. 그즈음 보도된 기사들에서 삼성전자가 20나노 메모리 반도체를, TSMC가 20나노 AP를 세계 최초로 양산하는 데 성공했다는 내용을 쉽게 찾아볼 수 있다.[2] 당시 파운드리들은 어플라이드 머티리얼스의 DUV 노광 장비를 애용했다. 그런데 20나노 이하 반도체가 개발되면서 상황이 바뀌기 시작했다. ArF만으로는 반도체 미세화를 더는 감당할 수 없었던 것인데, 한마디로 수율이 급격히 떨어지기 시작했다.

이때 마스크와 웨이퍼 사이에 들어가는 렌즈를 보강해 문제를 해결하며 두각을 드러낸 기업이 바로 ASML이다. ASML은 렌즈와 웨이퍼 사이의 빈 공간에 물(또는 용매)을 넣어 빛이 맺히는 각도를 더욱 예리하게 굴절시켜주는 액침 노광 immersion lithography 기술로 승부를 보았다. 이 전략은 제대로 먹혀들었으니, 곧 ArF와 액침 노광 기술을 조합한 ASML의 DUV 노광 장비가 시장을 장악했다.[3]

물론 이러한 호시절은 오래 가지 못했다. 20나노 이하 반도체가 양산되고 5년도 채 지나지 않은 2010년대 중반이 되자 파운드리들이 10나노 이하 반도체 양산을 준비하기 시작했다. 이 수준에서는 ArF를 쓰면 액침 노광 기술을 적용해도 수율이 너무 떨어진다. 사실 10~20나노 반도체를 양산할 때도 ArF는 수율에서 꽤 큰 손해를 봤다. 그 정도 세밀화를 그리기에는 ArF가 기본적으로 너무 큰 붓이었기 때문이다. 즉 마스크에 인쇄된 부분을 피해 그 사이사이로 빛이 통과해야 하는데, 설계도가 너무나 조밀해진지라 긴 파장이 자꾸 인쇄된 부분에 걸려 빛이 나아가지 못했다. 결국 설계도를 조각조각 내는 방법을 택했는데, 눈만 그려진 마스크, 코만 그려진 마스크, 입만 그려진 마스크를 준비해 따로따로 포토 공정을 진행함으로써 초상화를 완성하는 식이었다. 당연히 마스크도 훨씬 많이 만들어야 하고 시간도 오래 걸리는 데다가, 무엇보다 단 하나의 마스크라도 위치가 틀어지는 순간 전체 설계도를 망치므로, 수율이 떨어질 수밖에 없었다. 결국 액침 노광 기술 같은 보조적인 해결책 외에 근본적으로 붓의 크기를 줄여야 할 때가 온 것이었다. 바로 이때 ASML의 EUV가 '게임 체인저'로 등장했다.

## 세상에서 가장 비싼 빛

EUV는 파장이 13.5나노미터에 불과할 정도로 엄청난 에너지를 가진 UV다. ArF보다 열네 배나 짧다. UV 다음인 엑스레이에 가까울 정도다. 한마디로 노광 장비의 정점에 다가선 것이다. 물론 다른 반도체 제조 장비 기업이라고 EUV를 생각하지 않은 것은 아니다. 그런데 EUV 정도로 지나치게 파장이 짧은(사실상 없는) 빛은 자연스레 입자의 성격이 두드러진다. 그리고 이런 빛은 주변 사물에 마구 흡수된다. 심지어 공기에도 흡수된다. 하물며 마스크나 렌즈를 통과할 때는 오죽하겠는가. 결국 웨이퍼에 도달할 때쯤에는 빛이 너무 약해져 포토 공정이 제대로 진행되지 못한다.*

ASML은 액침 노광 기술을 개발했을 때처럼 획기적인 방식으로 이 문제를 해결했다. 우선 EUV가 지나는 공간을 진공 상태로 만들어 빛을 흡수할 사물을 원천 차단했다. 연장선에서 렌즈도 없애고, 대신 EUV를 특수하게 처리된 거울로 반사시켜 웨이퍼에 닿게 했다. ASML이 해당 기술을 개발한 것은 2006년이었다. 하지만 기술 난도가 워낙 높아 실제로는 잘 구현되지 않았으니, 처음에는 웨이퍼 한 장을 처리하는 데 한 시간도 넘게 걸렸다고 한다. 하지만 ASML

---

\* 빛의 흡수와 관련해 가장 쉬운 예가 엑스레이다. 엑스레이로 신체를 찍으면 뼈나 장기가 하얗게 나온다. 보통 이를 보고 빛이 뚫지 못한다고 표현하는데, 정확하게는 빛이 뼈나 장기에 흡수되는 것이다.

은 포기하지 않았고, 시간당 웨이퍼 처리량을 2013년에는 50장까지, 2017년에는 125장까지 끌어올렸다. 그때서야 비로소 실제 공정에 투입할 수 있었다. 그 결과가 바로 7나노 반도체다.** 물론 이후로도 ASML의 EUV 노광 장비는 계속해서 개선되고 있다. 2023년에는 시간당 웨이퍼 처리량이 150장에 달하는 EXE:5000을 출시했고, 2024년에는 220장까지 끌어올린 EXE:5200을 선보일 예정이다. 특히 EXE:5000부터는 'High-NA' 기술을 적용해 3나노 이하 반도체 양산에도 대응하고 있다.[4] 이때 'NA'란 'Numerical Aperture'의 줄임 말로 '개구수開口數'를 의미하는데, 거울이나 렌즈가 빛을 모으는 정도를 가리킨다. 즉 High-NA란 빛을 더 많이 모아 웨이퍼 위에 더 정확히(선명히) 맺히게 하는 기술이다. ASML은 EUV를 반사하는 거울의 크기를 키움으로써 High-NA 기술 개발에 성공했다. 거울의 크기가 커지면 반사되는 빛 또한 더 넓게 퍼지게 되므로, 그만큼 더 많은 빛을 모을 수 있게 되는 것이다.

지금까지 살펴본 것처럼 ASML은 번뜩이는 아이디어와 이를 포기하지 않고 밀어붙이는 끈기로 반도체 산업에서 기술 초격차의 한 축을 담당해왔다. 특히 EUV 노광 장비를 개발해 반도체 미세화는 물론이고, 안정적인 수율 관리에도 큰 역할을 하고 있다. 가령 7나노

---

** 7나노 반도체는 2019년 4월 삼성전자가 세계 최초로 양산했다. 즉 ASML의 EUV 노광 장비가 파운드리에 인도되어 전체 공정을 다시 설계하고 실제로 작동해 결과물을 내놓기까지 2년이 더 필요했던 셈이다. 〈장은지, 〈삼성전자, 세계 최초 EUV 7나노 AP 출하…文대통령 격려〉, 《뉴스1》, 2019.04.30.〉

반도체의 경우 포토 공정 시 DUV 노광 장비를 사용하면 작업을 54번이나 반복해야 한다. 반면에 EUV 노광 장비를 사용하면 작업을 28번만 반복하면 된다. 이 차이만으로 전체 공정에 들어가는 비용을 12퍼센트나 아낄 수 있다. EUV 노광 장비가 수율의 '끝판왕'으로 불리는 이유다.*[5]

이런 이유로 파운드리라면 ASML의 EUV 노광 장비에 군침을 흘릴 수밖에 없다. 인공지능 기술이 점점 고도화되며 자연스레 반도체 미세화 경쟁이 심화하고 있는데, 이는 역사상 유례없는 수준의 고부가가치를 낳을 것이다. 그 기회를 잡으려면 팹리스의 요구에 맞춰 3나노, 2나노, 궁극적으로는 1나노 이하 반도체를 안정적으로 양산할 수 있어야 한다. 실제로 EUV 노광 장비를 둘러싼 파운드리들의 경쟁이 날로 격화되고 있다. 원래는 삼성전자와 TSMC의 이파전이었는데, 2021년에는 SK하이닉스가, 2022년에는 인텔이 참전했다.[6]

문제는 수요에 비해 공급이 달린다는 것이다. ASML이라고 가장 첨단의 광학 기술이 집약된 EUV 노광 장비를 마구 만들 수는 없다.

---

\* 주의해야 할 점은 EUV 노광 장비가 DUV 노광 장비를 완전히 대체하지 않았다는 사실이다. EUV 노광 장비는 10나노(특히 7나노) 이하 반도체의 포토 공정에만 투입되므로, 아직은 그 쓰임이 제한적이다. 2020년 기준 TSMC는 매출의 60퍼센트가 EUV 노광 장비가 전혀 필요 없는 10나노 이전 반도체에서 발생했다. 16나노 반도체가 전체 매출의 16퍼센트를 차지했을 정도다. 삼성전자도 마찬가지다. 동 기간 삼성전자는 매달 23만 장의 웨이퍼를 투입했는데, 이 중 EUV 노광 장비를 거치는 것은 2만 장에 불과했다. 이런 이유로 ASML은 더욱 개선된 DUV 노광 장비를 꾸준히 선보이고 있다. (안석현, 〈EUV 시대에도 DUV 발전은 계속된다〉, 《키포스트》, 2020.11.24.)

매년 조금씩 늘고는 있지만 2022년 기준 54대를 출하했을 뿐이다. 만들기 어려울 뿐 아니라, 수요가 공급을 초과하는 만큼 가격이 천문학적이다. 가장 최근 출시된 EXE:5000은 2억 7000만 유로(약 3900억 원)인데, 이후 출시될 EXE:5200은 3억 유로(약 4300억 원) 이상일 것으로 예상된다. 그런데도 파운드리들은 돈다발을 싸 들고 ASML을 찾아간다. 한국만 해도 2020년과 2022년에는 이재용 당시 삼성전자 부회장이, 2023년에는 윤석열 대통령이 직접 네덜란드로 날아가 ASML을 방문했다. 이러한 노력이 모여 한국은 네덜란드와 공급망 강화를 골자로 한 '반도체 동맹'을 맺는 데 성공했다. 연장선에서 삼성전자와 ASML이 총 1조 원을 투입해 한국에 연구·개발 시설을 설립하기로 했고, SK하이닉스 또한 ASML과 EUV 노광 장비 관련 기술을 공동 개발하기로 했다.[7] 구체적인 성과가 이어져야 하겠지만, ASML과 전략적 관계를 맺었다는 것은 큰 성과임이 틀림없다. 오늘날 반도체 산업의 가치, 즉 수율을 논할 때 ASML 외의 다른 선택지를 찾을 수 없기 때문이다.**

---

**     2나노 이하 반도체를 양산하기 위해서는 High-NA 기술이 필수다. High-NA 기술이 처음으로 접목된 EXE:5000의 경우, 첫 번째 제품은 인텔이, 두 번째 제품은 유럽에서 가장 큰 반도체 연구소인 벨기에의 IMEC(Interuniversity MicroElectronics Center)이 차지하게 되었다(인텔의 경우 EXE:5200의 첫 여섯 대도 납품받을 예정이다). 삼성전자와 SK하이닉스도 EXE:5000과 EXE:5200에 큰 관심을 보이는 중이다. 그나마 다행인 점은 미국의 반도체법 때문에 중국이 EXE:5000과 EXE:5200을 손에 넣을 일은 없어 보인다는 것이다. (이광영, 〈ASML 韓서 첫삽 뜬날, 인텔 '대당 6000억' 차세대 EUV 장비 싹쓸이〉, 《IT조선》, 2022.11.16.; 이나리, 〈이재용 "네덜란드 출장 성과는 반도체가 90%"…하이 NA EUV 기술선점 우위〉, 《지디넷코리아》, 2023.12.15.)

지금까지 ASML의 이야기를 쭉 살펴보았다. 나는 ASML이 두 가지 교훈을 준다고 생각한다. 첫째, 반도체 산업의 시작과 끝은 결국 기술력이라는 것이고, 둘째, 그 기술력은 하루아침에 만들어지지 않는다는 것이다. 오늘의 영광에 가려 잘 안 보이지만, ASML도 많은 부침을 겪었다. 엄청난 시간과 비용을 들여 개발한 EUV 노광 장비가 한 시간에 웨이퍼 한 장도 제대로 처리하지 못하는 것을 보며 기술을 사장시켜야 할지, 그래서 남들처럼 DUV 노광 장비에만 몰두해야 할지 고민하지 않았겠는가. 하지만 ASML은 과감하게 10년을 더 투자했고, 그 결과 오늘날 슈퍼 을의 자리에 오르게 되었다. 슈퍼 을은 아무도 막을 수 없다. ASML의 다음 행보가 기대되는 이유다.

## 엔비디아 GPU의 진정한 가치

ASML 다음으로 소개할 슈퍼 을은 엔비디아다. 잠깐, 엔비디아가 을이라고? 인공지능부터 슈퍼컴퓨터와 암호화폐까지, 첨단 기술과 시장, 산업을 뒷받침하는 천하의 엔비디아가? 그 결과 시가총액 1조 달러(약 1300조 원)를 넘어선 빅테크 기업을 을이라고 하다니, 크게 의아할 것이다.

하지만 2000년대까지만 해도 반도체 산업에서 엔비디아의 역할은 제한적이었다. 1993년 설립된 엔비디아는 원래 CPU 개발을 목표로 했으나, 기술적 한계를 느끼고 곧 GPU 개발로 방향을 틀었다. 하지만 1995년 처음 출시한 'NV1'이 비싼 가격과 저조한 성능으로 시장에서 철저히 실패한 것을 보면, 엔비디아가 시작부터 기술력이 뛰어난 기업은 아니었던 듯싶다. 게다가 1990년대의 GPU는 CPU의 명령을 받아 그래픽을 처리해주는 보조 장치에 불과했다. (잠시 뒤에 설명하겠지만, 지금처럼 GPU로 데이터를 연산할 수 있는 기술은 2000년대 중반에 개발되었다.) 이런 상황에서 당시 반도체 시장을 주름잡던 인텔이 내장형 GPU가 달린 CPU를 개발, 생산한 탓에 평범한 사용자라면 굳이 GPU를 따로 구매해 컴퓨터에 장착할 필요가 없었다. 한마디로 시장 구조 자체가 엔비디아는 물론이고 GPU에 호의적이지 않았던 셈이다. 절치부심하며 뛰어난 성능의 제품을 연속으로 출시해 경쟁자들을 물리치고, 결국 AMD와 함께 유이하게 살아남은 GPU 기업이 된 2000년대 초반에도 엔비디아의 상황은 크게 달라지지 않았다.

하지만 이후 기회가 찾아왔다. 바로 컴퓨터게임의 발전이었다. 1990년대 개발된 3D 그래픽 기술은 영화부터 건축설계까지 다양한 분야에 적용되었는데, 특히 컴퓨터게임과 만나 굉장한 시너지를 발휘했다. 무엇보다 대중의 눈길을 사로잡는 데 성공했다. 자연스레 일반 사용자도 인텔의 내장형 GPU보다 그래픽 처리 능력이 뛰어난 엔비디아나 AMD의 GPU를 원하게 되었다. 이로써 GPU 시장이 커졌는데, 마침 엔비디아는 '지포스GeForce'라는 GPU 시리즈를 성공시키며 AMD를 따돌리는 데 성공했다.

사실 지금부터가 '엔비디아 사가'의 본론이다. 엔비디아는 GPU

시장 석권에 안주하지 않았다. 그들은 막 도달한 극점을 다시 한번 돌파하고자 했다. 그리하여 2006년 GPU의 가치를 극대화할 소프트웨어 'CUDACompute Unified Device Architecture'를 개발했다. 이름에 포함된 'unified'라는 단어가 잘 드러내듯 CUDA는 GPU와 컴퓨터를 좀 더 밀접하게 '통합'했다. 즉 GPU가 그래픽 외에 일반적인 데이터의 연산도 수행할 수 있게 해준 것인데, 이로써 엔비디아는 자신들도 모르는 사이에 인공지능 시대의 씨앗을 심었다.

앞서 설명한 것처럼 CPU는 문제 해결 능력은 뛰어나도 한 번에 한 문제만 처리할 수 있지만, GPU는 문제 해결 능력이 CPU보다는 떨어져도 여러 문제를 동시에 처리할 수 있다. 이런 이유로 GPU는 빅데이터를 처리해야 하는 딥러닝에 알맞다. 하지만 GPU란 원래 그래픽 관련 기계어로만 다룰 수 있어, 다른 목적으로 쓰기엔 어려움이 많았다. 그런데 CUDA가 등장하며 상황이 급반전되었다. CUDA는 C언어 같은 더욱 일반적인 기계어로도 GPU를 활용한 알고리즘을 짤 수 있게 해준다. 코끼리 발목에 감겨 있던 쇠사슬을 풀어준 셈이다. 실제로 2010년에는 인공지능을 개발할 때 CPU보다 CUDA와 GPU의 조합을 사용하는 게 더 낫다는 점이 입증되었다. 이때부터 GPU의 막강한 연산 능력이 그래픽을 넘어 로봇, 인공지능, 자율주행 등 온갖 분야에서 활용되기 시작했다. 구글의 알파고 개발이나 테슬라의 오토파일럿 개발의 주역도 모두 GPU였다. 이에 대해 2020년 젠슨 황 엔비디아 CEO는 "반도체 기업이 아니라 인공지능 기업"이라며 엔비디아의 정체성을 다시 정의했다.[8]

이 과정에서 눈여겨보아야 할 점은 엔비디아가 다양한 분야의 개발
자들에게 CUDA를 무료로 제공했다는 사실이다. CUDA는 개발 단
계에만 100억 달러(약 13조 원) 이상이 투입된 것으로 알려졌다. 엔
비디아가 이처럼 귀중한 자산을 돈 한 푼 받지 않고 뿌린 데는 그
럴 만한 이유가 있었다. 바로 하드웨어와 소프트웨어를 아우르는 엔
비디아의 생태계를 구축하기 위해서였다. 사실 CUDA는 엔비디아
의 GPU에서만 제대로 작동한다. 다른 기업의 GPU를 써도 되지만,
CUDA를 활용한 대부분의 알고리즘이나 소프트웨어가 이미 엔비디
아의 GPU에 최적화되어 있다. 즉 무엇을 개발하든 GPU의 뛰어난
연산 능력을 활용하고자 CUDA를 쓰는 순간, 자연스레 엔비디아의

▼ 전 세계 GPU(외장형) 시장 점유율 추이

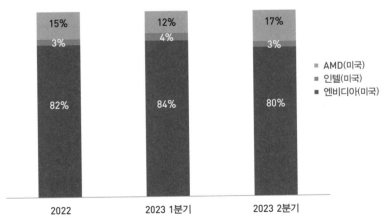

자료 Jon Peddie Research

GPU를 쓸 수밖에 없는 것이다. 바로 이렇게 해서 엔비디아는 자신들의 생태계에 반도체 산업 전체를 종속시키고 있다. 오늘날 인텔과 AMD가 치열하게 경쟁하는 CPU 시장과 달리, GPU 시장만큼은 엔비디아가 독점하는 이유다.[*][9]

적어도 당분간은 엔비디아의 독주가 멈출 것 같지 않다. 점점 더 많은 연산을 요구하는 암호화폐 채굴, 점점 더 현실과 구분되지 않는 컴퓨터게임과 VR 기술, 점점 더 사람을 닮아가는 인공지능 등 GPU의 쓸모가 점점 더 많아지고 있기 때문이다. 실제로 많은 전문가가 엔비디아의 장기 집권을 예상한다. 현재 엔비디아는 전체 GPU 시장의 70퍼센트, GPU를 기반으로 한 인공지능 반도체 시장의 90퍼센트를 차지하고 있는데, 이보다 더 늘어나리라는 분석이 있을 정도다. 앞서 설명한 강력한 생태계 외에도 엔비디아의 천문학적인 연구·개발비가 그 근거다. 엔비디아의 2023년 예상 매출은 445억 4000만 달러(약 57조 6600억 원)로 예상되는데, 그중 20퍼센트 이상을 연구·개발비로 지출했을 것으로 보인다. 그 결과 뛰어난 인공지능 반도체를 연이어 출시되고 있다. 2022년 10월 공개된 H100은 직전 제품으로 챗GPT 개발에 쓰인 A100과 비교해 기능에 따라 40~450퍼센트 향상된 성능을 보여주었다. 이후 1년도 채 지나지 않은 2023년 8월에는 H100보다 뛰어난 GH200을 공개해 세상을 놀라게 했다.[10]

*    이러한 상황에서 벗어나고자 구글과 테슬라 모두 TPU와 FSD라는 자체적인 인공지능 반도체를 개발한 것이다.

20년 전만 해도 엔비디아가 반도체 산업의 핵심 기업이 될 것이라고 생각한 사람은 아무도 없었다. 하지만 바로 그때부터 엔비디아는 미래를 준비해왔다. 반도체 산업은 선견지명이 빛을 발하는 분야다. 하지만 그 선견지명은 1년, 2년, 3년 뒤를 바라보지 않는다. 10년, 20년, 30년 뒤를 바라본다. ASML이 EUV 노광 장비를, 엔비디아가 CUDA를 개발한 때는 모두 공교롭게도 2000년대 중반이었다. 많은 사람이 20세기의 방식대로 21세기를 살고 있을 바로 그때, ASML과 엔비디아는 인공지능 시대가 곧 시작될 것임을 알았고, 또 믿었다. 그렇다면 2030년, 2040년, 2050년의 세계가 어떤 모습일지 궁금한 사람은 저 두 기업의 오늘에 주목하면 되지 않을까. 그곳에 분명 미래의 실마리가 있을 것이다.

# 새로운 시대, 새로운 기회
## : 오픈AI와 세레브라스

과학기술의 정점에서 인류 문명의 차원을 높여가고 있는 반도체 산업에는 천재들이 즐비하다. 그들의 활약으로 반도체 산업은 매번 중요한 분기를 맞는다. 반도체가 막 연구되기 시작한 20세기 중반에는 존 바딘John Bardeen이 있었다. 그는 1947년 벨연구소에서 트랜지스터를 개발했는데, 그 공로를 인정받아 1956년 노벨물리학상을 받았다. 일리노이주립대학교 전자공학과 교수로 자리를 옮긴 후인 1957년에는 초전도 현상을 설명한 최초의 이론을 제시해 1972년 노벨물리학상을 또 받았다. 반도체 산업의 역사에는 이러한 '괴물'들의 활약이 가득하다.

　최근 가장 주목받는 천재는 안드레 카파시Andrej Karpathy다. 1986년 슬로바키아에서 태어나 15세에 가족과 함께 캐나다로 이민한 카파시는 2006년 스탠퍼드대학교에서 컴퓨터공학으로 박사학위를 땄다. 이후 2015년 어느 인공지능 기업의 창립 멤버가 되어 2년간 연구자로 일하다가, 2017년 '인공지능 담당 이사'로 테슬라에 합류하게 되었다. 당시 머스크가 직접 그를 스카우트했는데, 테슬라의 인공지능 역량을 키우는 동시에, 테슬라 비전을 완성할 인재로 보았기 때문이다. 실제로 카파시의 박사학위논문 주제는 컴퓨터 비전이었다. 컴퓨터 비전이란 말 그대로 컴퓨터(인공지능)가 시각적으로 주변 환경을 인식하는 기술이다. 그리고 이 논문을 지도한 교수가 해당 분야의 최고 권위자이자 이미지넷의 창시자인 페이페이 리Fei-Fei Li였다. 천재와 천재가 스승과 제자로 만났던 셈인데, 이를 꿰뚫어 본 머스크의 안목이 놀랍다.

　당시 머스크는 자율주행 자동차나 로봇이 센서나 라이다 없이도 카메라만을 이용해 인간처럼 볼 수 있는 수준에 이르길 바랐는데, 기술 난도가 워낙 높아 완벽하게 구현하는 데 어려움을 겪고 있었다. 특히 자율주행 자동차에 적용할 시 조금이라도 오류가 나면 바로 안전사고로 이어질 수 있어 테슬라는 어쩔 수 없이 센서를 장착할 수밖에 없었다. 그런데 카파시가 합류하자마자 문제가 해결되기 시작했다. 곧 테슬라 비전의 완성도가 몰라보게 높아졌고, 2021년 이후 테슬라의 자율주행 자동차에서는 카메라를 제외한 센서들이 자취를 감추었다.

소기의 목적을 달성했기 때문일까. 2023년 카파시는 본인이 과거 2년간 이끌었던 인공지능 기업으로의 복귀를 결정했다. 테슬라에서는 아무래도 관리자의 역할까지 맡아야 했으므로, 다시 순수하게 인공지능 연구에만 집중하고 싶다는 게 이유였다. 카파시 같은 천재가 설립하고, 잠시 떠났더라도 결국 다시 돌아온 인공지능 기업이라니, 도대체 그곳이 어디일까. 바로 2023년 세계를 떠들썩하게 한 챗GPT의 개발사 오픈AI다.

오픈AI는 카파시처럼 컴퓨터공학을 공부(스탠퍼드대학교 자퇴) 했으나 투자자로 더 유명한 새뮤얼 올트먼Samuel Altman이 2015년 머스크와 의기투합해 설립한 인공지능 기업이다. 당시에는 구글이 인공지능 개발의 압도적인 선두 주자였는데, 그들은 자신들의 기술을 공개하지 않았다(폐쇄형 인공지능). 인공지능의 특성상 이는 곧 인류 전체에 대한 위협이 된다고 생각한 올트먼과 머스크는 오픈AI에서 개발되는 기술을 모두 공개했다(개방형 인공지능).* 이후 오픈AI는 'LLMLarge Language Model' 연구에 주력했고, 그 결과 탄생한 것이 바로 'GPT Generative Pre-trained Transformer'다. 2018년 GPT-1이 개발된 후 꾸

---

* 머스크는 인공지능 개발 속도를 둘러싼 갈등 탓에 2018년 2월 오픈AI를 떠났다. 한편 2019년부터 마이크로소프트에 전략적으로 투자를 받아온 오픈AI도 기술을 공개하지 않는 쪽으로 방향을 돌렸다. 챗GPT의 바탕을 이루는 GPT-4는 폐쇄형 인공지능이다. 머스크는 오픈AI의 이러한 행보를 열심히 비판하고 있다. (정병일, 〈일론 머스크, 오픈AI에 맞설 '엑스AI' 공식 설립〉, 《AI타임스》, 2023.07.13.)

준히 업그레이드되고 있는데, 현재는 GPT-5가 개발 중이다. 이 중 2022년 11월 공개된 GPT-3.5와 2023년 3월 공개된 GPT-4를 기반으로 만들어진 것이 바로 챗GPT다.

## LLM과 생성형 인공지능

오픈AI 이야기를 좀 더 살펴보기에 앞서 LLM이 무엇인지 간단히 설명하겠다. LLM을 우리말로 옮기면 '대형언어모델'인데, 말 그대로 LM(언어모델)을 확장한 개념이다. 이때 LM이란 이름 그대로 인간의 언어language를 이해하고 대화를 나눌 수 있는 인공지능을 말한다. 이 인공지능의 성능은 당연히 얼마나 많은 언어생활의 용례를 학습하는지에 따라 달라질 것이다. 이때 빅데이터와 딥러닝을 이용해 학습량을 늘린large 것이 바로 LLM이다. GPT처럼 고도화된 LLM은 단어의 뜻을 정확히 이해하는 것은 기본이요, 단어와 단어, 문장과 문장의 관계를 정확히 파악하고, 주변 지식과 대화의 맥락 등을 모두 고려해 정말 인간처럼 언어를 구사할 수 있다.

LLM은 그 자체로 놀랍기도 하지만, 무엇보다 돈이 된다. 인간의 언어를 이해하고 인간처럼 구사하므로, 사실상 시간문제일 뿐 대부분의 서비스직에서 인간을 대체할 수 있다. 게다가 인간보다 더 뛰어날 수도 있다. 고객에게 전자 제품을 추천해주는 일을 LLM이 맡았다고 해보자. LLM은 고객과 대화하는 중에 그에게 가장 필요한 기능이 무엇인지, 그의 예산은 어느 정도인지, 그의 취향은 어떠한지 등을 순식간에, 또 완벽하게 파악해 가장 최적의 전자 제품을 추천할 수 있다. 인간이라면 평생을 바쳐도 쌓을 수 없는 양의 데이터를 제공받아 학습한 덕분이다.

물론 이는 좀 더 먼 미래의 일이 될 것이다. 하지만 온라인에서는 바로 지금 일어나고 있는 일이다. 가장 먼저 LLM이 진출한 분야는 검색엔진 서비스다. 전 세계 검색엔진 시장의 90퍼센트 이상을 차지하는 구글의 경우, 매초에 9만 9000회 이상의 검색이 수행되고 있다. 하루로 치면 85억 회 이상이다.[11] 한마디로 검색엔진은 빅데이터 그 자체다. 만약 LLM이 이를 학습한다면 대화하듯 정보를 주고받는 검색엔진을 만들 수 있지 않을까. 그렇게 해서 탄생한 대표적인 서비스가 바로 구글의 '생성형 검색 경험Search Generative Experience'과 마이크로소프트의 '뉴 빙New Bing'이다. 이 서비스들은 단지 검색한 단어가 제목이나 본문에 들어가 있는 웹페이지들을 찾아주는 차원을 넘어선다. 사용자의 의도를 파악해 그에 알맞은 정보만을 수집한 다음 하나의 완결된 글로 재구성해 전달한다. 이 정도면 훌륭한 개인 비서라 할 만하다.

정확히 같은 원리로 LLM은 '생성형 인공지능Generative AI'의 시작점이다. 생성형 인공지능이란 인간의 요구에 맞춰 독창적인 콘텐츠를 생성하는 인공지능이다. 인간의 요구에 맞춘다는 점에서 LLM의 흔적이 보이는데, 사용자가 무엇을 요구하든 그 의도와 의미, 맥락을 정확히 파악해 결과물을 선보인다. 가장 대표적인 예가 바로 챗

GPT다. 챗GPT의 기본이 되는 GPT를 우리말로 옮기면 '사전 학습된 생성형 변환기'다. 말 그대로 사전에 빅데이터를 학습해놓고pre-trained, 사용자가 원하는 정보를 생성하며generative, 원하는 형태로 변환해transformer 제시하는 LLM이다. 따라서 챗GPT를 활용하면 웬만한 검색엔진보다 정확하게 정보를 얻을 수 있을 뿐 아니라, 소설이나 각본 등을 함께 창작할 수도 있고, 심지어 농담을 주고받을 수도 있다.

물론 꼭 텍스트가 아니어도 된다. 2021년 1월 오픈AI가 처음 선보인 이미지 생성형 인공지능인 '달리DALL-E'는 사용자가 글로 묘사한 대로 이미지를 만들어낸다. 놀라운 점은 그 글이 아무리 허무맹랑하더라도 그럴듯하게 그려낸다는 것이다. '다른 차원으로 향하는 김치찌개와 이를 뒤쫓는 티라노사우루스' 같은 설명이라도 달리는 당황해하지 않는다. LLM과 마찬가지로 각 요소의 의미와 관계, 맥락을 파악하기 때문이다. 가령 달리는 '티라노사우르스'는 '포식자'고, '김치찌개'는 '음식'이라는 의미를 파악한 다음, 포식자가 주린 배를 채우기 위해 음식을 뒤쫓는다는, 둘 사이의 관계를 만들어낼 수 있다. 더불어 사용자가 이 그림을 원하는 맥락, 가령 보고 재미를 느끼기 위해서인지, 아니면 기획 중인 어떤 창작물에 관한 진지한 영감을 얻기 위해서인지 등을 파악해 적절한 양식을 차용한다. 물론 처음부터 완벽할 수는 없으므로, 사용자에게 여러 개의 시안을 보여주고 몇 개를 고르게 한다. 그럼 이를 다시 한번 학습해 점점 완성도를 높여간다. 그러다 보면 어느 순간 사용자는 화면 속에서 익명의 예술가와 만나게 된다.

이처럼 놀라운 서비스인 달리는 수많은 '아마추어 예술가'의 사랑을 받으며 계속 업그레이드되고 있다. 2023년 9월 공개된 '달리3'는 챗GPT와 통합된 덕분에 원하는 바를 글로 자세히 쓸 필요가 사라졌다. 단지 몇 가지 키워드만 입력해도 챗GPT가 사용자의 의도가 반영된 글로 재구성해 달리3에 전달한다. 정말 '손가락만 까딱'하면 마법 같은 일이 벌어지는 세상이 된 것이다.

이런 생성형 인공지능은 좀 더 직접적으로 돈 버는 일에 적용될 만하다. 가령 각각의 사용자에게 최적화된 맞춤형 광고나 유튜브 콘텐츠 따위를 만드는 데 쓸 수 있다. 이는 그리 먼 미래의 일이 아닐 것이다. 실제로 나는 콘텐츠를 기획할 때 관련 논문의 요약 및 정리에 뉴 빙을 비롯한 몇몇 생성형 인공지능 서비스를 활용 중인데, 체감상 작업 시간이 50퍼센트 이상 줄어들었다. 물론 종종 거짓을 진실처럼 제시하는 '할루시네이션hallucination' 현상 때문에 재검토는 필수지만, 전반적으로 굉장히 만족스럽다. 좀 더 성능이 좋아진다면 돈을 주고서라도 쓰지 않을 이유가 없다.

## 오픈AI와 마이크로소프트의 역습

오늘날 LLM, 또는 생성형 인공지능의 선두 주자는 분명 오픈AI다. 물론 기술력만 따지자면 구글도 못지않다. 2023년 5월 구글은 챗GPT에 대항하는 생성형 인공지능 '바드Bard'를 내놓았는데, 바드의

LLM인 '팜 2'는 파라미터parameter가 5300억 개에 이른다.* 파라미터의 원래 의미는 '변수'인데, 인공지능과 관련해서는 학습량의 단위로 쓰인다. 인간의 뇌로 치면 뉴런과 뉴런을 연결하는 시냅스가 바로 파라미터다. 즉 파라미터가 많아질수록 인공지능은 더욱 효과적으로 정보를 처리할 수 있다. 참고로 인간 뇌의 시냅스는 1000억 개다. 챗GPT에 쓰인 GPT-3.5와 GPT-4는 폐쇄형 인공지능이라 파라미터가 정확히 알려지지 않았으나, 직전 모델인 GPT-3의 파라미터는 1750억 개였다.**[12]

이런 상황에서 오픈AI가 주목받게 된 데는 두 가지 이유가 있다. 첫 번째 이유는 구글의 방심이다. 구글은 빅테크 기업 중에서도 절대 강자다. 시가총액의 경우 2023년 12월 기준 1조 7555억 달러(약 2272조 5500억 원)로 전 세계 모든 기업 가운데 네 번째로 높고, 검색엔진 시장의 점유율은 90퍼센트를 넘어 적수가 없으며, 네이처 인덱스의 평가 방법을 차용해 분석한 인공지능 연구 순위 또한 2022년 기준 압도적 1위다(200.2점으로, 2위인 매사추세츠공과대학교MIT는 107.1점이다).[13] 그런데 천하의 구글이 위기에 빠졌다는 목소리가 점점 커지고

---

\*   2021년 공개된 구글의 LLM인 '스위치 트랜스포머(Switch Transformer)'의 파라미터는 무려 1조 6000억 개에 달한다. 다만 스위치 트랜스포머는 아직 논문 수준으로 챗GPT나 바드와 비교하기에는 무리가 있다. (임민철, 〈한번에 100개국어 배우고 그림까지 그리는 '빅테크 AI'〉, 《아주경제》, 2021.01.19.)

\*\*  파라미터 개수와 인공지능 성능이 무조건 비례하는 것은 아니다. 인공지능 성능은 투입된 데이터의 양과 질, 학습 모델 등에도 크게 영향받는다. 따라서 바드가 인간 뇌보다 다섯 배, GPT-3보다 세 배 똑똑하다고 생각해선 안 된다.

있다. 2022년 기준 구글의 매출은 2828억 달러(약 358조 8800억 원)였는데, 이 중 57퍼센트가 검색 광고에서 나왔다. 유튜브 광고와 기타 배너 광고까지 합치면 광고가 차지하는 비중이 79퍼센트까지 높아진다. 한마디로 구글은 광고로 먹고사는 것이다. 그런데 검색 광고의 성장률이 점점 둔화되고 있다. 최근 3년간의 검색 광고 매출을 살펴보면 명확히 드러나는데, 2020년에는 1040억 달러(약 112조 7800억 원), 2021년에는 1490억 달러(약 177조 원), 2022년에는 1625억 달러(약 206조 2200억 원)였다.[14]

나는 이러한 흐름이 아주 명확한 메시지를 드러낸다고 본다. 즉 소비자가 구글의 검색 광고를 외면하고 있다는 것이다. 처음 한두 번은 나의 관심사를 잘 반영해 제품을 추천해주는 검색 광고 알고리즘이 신기할 수 있다. 하지만 그러한 경험이 쌓이고 쌓이면 흥미로움은 순식간에 사라진다. 대신에 화면을 어지럽혀 가독성을 떨어뜨리는 광고들에 짜증이 나고, 내 개인 정보가 함부로 이용되는 듯해 불쾌하기까지 하다. 쉽게 말해 '비호감'이 되는 것이다.

이런 상황에서 등장한 챗GPT와 이것이 적용된 뉴 빙은 광고를 보지 않고도 원하는 정보를 얻을 수 있다는 사용자의 단순한 요구를 충족시켰다. 물론 그렇다고 해서 모든 사용자가 하루아침에 구글 대신 챗GPT나 뉴 빙을 쓰는 일은 발생하지 않을 것이다. 다만 이로써 오픈AI가 구글이라는 거대한 댐에 작은 구멍을 뚫었다는 데 의의가 있다.

오픈AI가 주목받은 두 번째 이유는 마이크로소프트의 든든한 후

원이다. 마이크로소프트의 통 큰 후원 덕분에 오픈AI는 누구보다 빨리 챗GPT라는 생성형 인공지능 서비스를 선보일 수 있었다. 마이크로소프트는 머스크가 오픈AI를 떠난 이듬해인 2019년부터 두 차례 걸쳐 총 130억 달러(약 16조 8300억 원)를 투자했다. 사실 이는 단순한 투자가 아니다. 두 기업이 고도로 밀착하기 위한 연결 고리에 가깝다. 실제로 마이크로소프트는 오픈AI의 지분 49퍼센트와 함께 오픈AI가 개발한 LLM의 지적재산권 및 상용화에 대한 독점적 권한을 확보했다.* 그 결과 2023년 2월 마이크로소프트는 자사의 검색엔진

---

\* 마이크로소프트가 오픈AI의 개발 방향이나 운영에 직접적인 영향을 미치지 못하도록 하는 단서들도 존재한다. 우선 오픈AI의 이사회에 마이크로소프트 측 인사는 참여할 수 없다. 연장선에서 마이크로소프트는 의결권이 없다. 또한 마이크로소프트는 투자 원금의 100배가 될 때까지 오픈AI의 수익 가운데 75퍼센트를 가져가지만, 오픈AI 이사회가 진정한 '범용 인공지능(Artificial General Intelligence, AGI)'이 개발되었다고 판단하는 순간 상용화에 관한 마이크로소프트의 독점적 권한은 효력을 잃는다. 한편 지적재산권을 얻어놓은 덕분에 마이크로소프트는 2023년 11월 17일 의사회의 결정으로 갑작스레 해임된 오픈AI의 CEO 올트먼에게 손을 내밀 수 있었다. 오픈AI의 LLM을 개발한 사람 또한 해당 LLM의 지적재산권에 포함된다고 보았기 때문이다. 여하튼 올트먼이 해임되자 오픈AI의 직원 770명 중 700명이 그를 복직시키지 않으면 모두 마이크로소프트로 이직하겠다고 엄포를 놓는 등 사태가 심각해졌다. 이 갈등은 인공지능을 바라보는 시각 차이에서 비롯되었다. 이사회는 인공지능이 위협적인 존재가 될 수 있으므로 엄격히 규제해야 한다는 규제론자였고, 올트먼을 비롯한 대다수의 직원은 인공지능의 잠재력을 못 본 척할 수 없으므로 더욱 빨리 개발해야 한다는 개발론자였다. 구글의 폐쇄형 인공지능 개발의 위험성을 꼬집으며 시작된 오픈AI였기에, 이러한 갈등은 예상된 일이었다.
결론적으로 이사회가 백기 투항하며 11월 21일 올트먼은 오픈AI로 복귀할 수 있었다. 눈여겨볼 점은 올트먼을 적극적으로 지지한 마이크로소프트가 이번 일을 계기로 이사회에 참여할 수 있게 되었다는 것이다. 이로써 오픈AI의 LLM이 더욱 빠르게 상용화될 것으로 예상된다.

인 빙에 챗GPT를 접목한 뉴 빙을 선보였다. '빙 챗Bing Chat'은 뉴 빙에서 가장 눈에 띄는 서비스인데, 말 그대로 채팅하듯 인공지능에 궁금한 것을 물어보고 답을 구할 수 있다.

이러한 오픈AI와 마이크로소프트 연합의 독주를 막고자 구글도 발길을 재촉하고 있다. 2023년에만 팜 2를 바탕으로 개발한 생성형 인공지능 서비스를 20개 넘게 공개했다. 그 분야나 종류도 다양한데, 앞서 소개한 바드 외에도 인공지능이 엑스레이 같은 의료용 이미지를 판독하는 '메드-팜 2Med-PaLM 2', 문서나 메일 초안을 작성하는 '듀엣 AIDuet AI' 등이 대표적이다. 여기에 2023년 3월 메타의 LLM인 '라마LLaMa'가 공개되며 경쟁은 삼파전 양상을 띠고 있다. 메타는 7월 GPT-3 수준의 '라마 2'를 공개했는데, 앞의 두 진영과 달리 완전 무료의 오픈소스인 데다가 상업적 이용까지 가능해 판도를 뒤흔들 다크호스로 평가받고 있다.[15]

오늘날 우리는 인공지능을 피부로 느끼는 시대를 살고 있다. 특히 LLM과 생성형 인공지능은 SF 영화 속에나 있던 인공지능을 바로 우리 곁으로 불러냈다. 그 개발 속도가 워낙 빨라 1, 2년 뒤를 예측하

---

한편 인공지능이 인류에게 위협이 된다는 주장에는 아무런 과학적 근거가 없으며, 오픈AI 이사회의 '쿠데타'에는 다른 목적이 있었다는 분석도 있다. 즉 다른 인공지능 스타트업과 이해관계가 있는 일부 이사가 오픈AI의 독주를 막기 위해 벌인 일이었다는 것이다. 오로라, (〈막강 권력 쥐고 돌아온 올트먼… 해임 밀어붙인 이사들 대숙청〉, 《조선일보》, 2023.11.23.; 금준경·박서연, 〈오픈AI '쿠데타' 반전에 반전 또 반전… 승자는 MS?〉, 《미디어오늘》, 2023.11.22.; 이경전, 〈[이경전의 행복한 AI 읽기](3)잘나가던 오픈AI의 샘 알트먼 해고 시도, 뭘 말하는 걸까〉, 《주간경향》, 제1556호, 2023.12.11.)

기초차 힘들지만, 생성형 인공지능 분야를 선점한 오픈AI와 마이크로소프트가 당분간 앞서 나갈 것으로 보인다. 반도체 기업들도 함께 재미를 보고 있다. 챗GPT 개발에 A100이 쓰인 것으로 확인되자 엔비디아의 주가가 두 배나 급등하기도 했다.[16] 연장선에서 생성형 인공지능의 고도화는 HBM과 PIM을 꽉 쥐고 있는 삼성전자와 SK하이닉스에도 호재다. 이 정도면 인공지능 시대를 거부할 이유가 없어 보인다.

한편 나는 인공지능 시대의 그림자도 본다. 오픈AI가 챗GPT를 선보이기 한참 전부터 구글도 비슷한 개념의 LLM과 생성형 인공지능을 개발하고 있었다. 당시 이를 이끌었던 이가 딥러닝의 최고 권위자 중 한 명이자, 인공지능의 아버지로 불리는 힌턴이다. 구글은 힌턴이 개발하던 생성형 인공지능이 챗GPT보다 몇 배는 우월했다고 주장한다. 여하튼 힌턴은 2023년 5월 구글을 떠나며 의미심장한 말을 남겼다. "인공지능 개발을 후회한다. 앞으로 인류는 인공지능 때문에 엄청난 대가를 치를 것이다." 힌턴은 과연 어떤 미래를 보았던 걸까. 우리는 과연 어떤 미래를 선택하게 될까.[17]

## ○── 상식을 깨다 ──○

인공지능이 고도화될수록 인공지능 반도체 개발도 열기를 더해가고 있다. 앞서 살펴본 것처럼 반도체의 발전은 곧 미세화를 의미한다.

한정된 면적의 웨이퍼에서 더 많은 반도체를 얻기 위해, 점점 작아지는 전자 제품의 크기에 맞추기 위해, 배터리 용량을 무한정 늘릴 수 없는 상황에서 전력 소모를 줄이기 위해 반도체는 끊임없이 작아져 왔다. 물론 인공지능 반도체라고 이러한 흐름에서 벗어나지 않는다.

그런데 이러한 상식을 깨는 기업이 나타났다. 이들이 만드는 인공지능 반도체는 엄청난 크기를 자랑한다. 가로와 세로 길이가 각각 21.5센티미터에 달하는데, 아이패드 프로 11인치형과 비슷한 크기다. 그 크기 때문에 인공지능 반도체의 이름도 'WSE Wafer Scale Engine'다. 말 그대로 웨이퍼만 하다는 것이다. 오늘날 반도체 양산에 가장 일반적으로 쓰이는 웨이퍼의 지름이 12인치(300밀리미터)니, 과장이 아니다. 이토록 큰 인공지능 반도체를 개발한 이유는 간단하다. 더 강력한 성능을 얻기 위해서다. 이처럼 극단적인 '선택과 집중'에 나선 기업이 바로 세레브라스 시스템스 Cerebras Systems (이하 세레브라스)다.

WSE의 성능을 살펴보기에 앞서, 크기 이야기를 계속해보자. 사실 전력 소모나 발열 등을 신경 쓰지 않는다면, 적어도 인공지능을 개발할 때 크기는 결정적인 문제가 아니다. 당장 구글이나 테슬라만 해도 인공지능을 개발할 때 GPU나 인공지능 반도체를 수백, 수천 개 사용한다. 슈퍼컴퓨터도 비슷한 방식으로 구성된다. 앞서 설명한 것처럼 테슬라는 슈퍼컴퓨터 도조를 만들며 자체 개발한 인공지능 반도체 D1을 3000개나 장착했다. 이처럼 어차피 수많은 인공지능 반도체가 필요하다면, 성능을 위해 그 반도체의 크기를 키우는 게 그리 단점은 아닐 것이다. 게다가 성능이 좋아진 만큼 인공지능 반도체의 개수를 줄일 수도 있다.

그렇다면 크기는 어떻게 성능을 높일까. 원리는 생각보다 간단하다. 인공지능 반도체를 포함해 대부분의 반도체는 기판을 통해 다른 반도체나 부품과 연결된다. 바로 이 기판 그리고 기판과 반도체를 연결하는 접합부에서 전기신호 지연의 50퍼센트가 발생한다. 즉 기판만 없애도 성능을 50퍼센트 높일 수 있는 것이다.[18] 연장선에서 전력 소모도 크게 줄일 수 있다.

이처럼 반도체를 크게 만든다는 것은 어찌 보면 너무나 상식적인 결론이다. 하지만 기존의 반도체 기업들은 미세화라는 목표에만 매몰되어 이를 시도하지 못했다. 그런데 2015년 혜성같이 등장한 세레브라스가 그 길을 개척하고 있다. 너무 무모한 시도 아니냐고? 이미 걱정할 단계는 지난 듯싶다. 오늘날 세레브라스는 엔비디아를 뛰어넘을 수 있는 다크호스로 평가받는다. 지금까지 받은 투자금만 7억 4000만 달러(약 9600억 원)에 달한다.[19]

세레브라스가 2019년 8월 공개한 WSE의 성능을 보면 이러한 기대가 분명 근거 있음을 알게 된다. TSMC의 16나노 공정으로 생산된 WSE에는 1조 2000억 개의 트랜지스터가 집적되어 있다. 앞서 소개한 엔비디아의 최신 인공지능 반도체인 GH200의 경우 집적된 트랜지스터의 수가 2000억 개 안팎으로 알려졌다. 무려 여섯 배 차이인데, 4년의 시차를 생각하면 더욱 놀랍다. 물론 WSE의 크기를 생각하면 당연한 결과일 수 있다. 하지만 세레브라스만이 그 당연한 결과를 내놓았다. 세레브라스의 설립자이자 CEO인 앤드루 펠드먼Andrew

Feldman은 어느 인터뷰에서 "세레브라스의 거대한 반도체가 경쟁자들의 것보다 나은가?"라는 질문에 "경쟁자가 없다"라고 답했다.[20]

## ○──── 괴물 같은 크기, 괴물 같은 성능 ────○

물론 성능이 아무리 괴물 같아도 실제로 사용하기 어렵다면 무용지물이다. 이에 세레브라스는 WSE가 탑재된 슈퍼컴퓨터 'CS-1'을 함께 개발했다. CS-1은 2020년 미국에서 가장 오래된 국립연구소로 다양한 에너지를 연구하는 아르곤국립연구소Argonne National Laboratory와 미국의 3대 핵무기 연구소 중 하나인 로렌스리버모어국립연구소Lawrence Livermore National Laboratory에 납품되며 실제 사용에도 아무런 문제가 없음을 증명했다.[21] 그리고 1년 뒤인 2021년 4월 세레브라스는 'WSE-2'를 내놓으며 거대한 인공지능 반도체의 힘을 다시 한번 보여주었다. TSMC의 7나노 공정으로 생산된 WSE-2에는 2조 6000억 개의 트랜지스터가 집적되어 있다. 좀 더 자세히 살펴보면, CPU 역할을 하는 코어는 85만 개가 달려 있고, 메모리 용량은 40기가바이트다. 반도체 안에서의 데이터 전송 속도를 나타내는 메모리 대역폭은 1초당 20페타바이트(2만 480테라바이트)고, 기기와 기기, 가령 WSE-2가 장착된 여러 슈퍼컴퓨터 사이의 데이터 전송 속도를 나타내는 패브릭fabric 대역폭은 1초당 220페타바이트(22만 5280테라바이트)다. 이는 경이로운 수준인데, 다시 한번 엔비디아와 비교해보자면, GH200의 코어 수는 72개, 메모리 용량은 141기가바이트, 메모리 대역폭은 1초당 5테라바이트다. 메모리 용량을 제외하면 WSE-2가 GH200을 압도한다.*

이처럼 막강한 성능을 앞세워 WSE-2는 인공지능 개발에 새로운 차원을 열어줄 것으로 기대된다. WSE-2가 단 하나 들어가는 슈퍼컴퓨터 'CS-2'는 파라미터를 최대 200억 개까지 지원한다. 단 한 대의 슈퍼컴퓨터로는 경이로운 수준이다. 이론상 CS-2를 192대 연결하면 파라미터를 120조 개까지 지원할 수 있다는데, 참고로 인간 뇌의 시냅스가 100조 개다. 세레브라스가 자신들의 거대한 반도체를 활용하면 인공지능을 최소 100배에서 최대 1000배까지 빠르게 학습시킬 수 있다고 자신하는 이유다. 실제로 2023년 3월 세레브라스는 챗GPT 같은 생성형 인공지능을 일곱 개나 공개했다. 모두 자체 개발한 것으로, 파라미터가 1억 1100만 개인 것부터 130억 개인 것까지 쓰임에 따라 성능을 다양화했다. 중요한 것은 각 생성형 인공지능의 학습 기간이 일주일 안팎에 불과했다는 것이다. 보통 이 정도 파라미터를 가진 생성형 인공지능이라면 학습 기간만 몇 달에 이른다.[22] 세레브라스가 괜히 엔비디아를 꺾을 기대주로 주목받는 것이 아니다.

---

*  물론 두 반도체를 단순 비교할 수는 없다. 기본적으로 GH200은 GPU에 쓰이는 것을 상정해 개발되었다. 즉 병렬 연산에 특화된 만큼, 여러 개를 묶으면 성능이 기하급수적으로 늘어난다. 관련해 엔비디아는 이렇게 다수의 GPU를 효과적으로 연결하는 'NV링크(NVLink)'라는 기술을 보유하고 있다. 반면에 반도체들이 연결되는 과정에서 발생하는 전기신호 지연을 원천 차단하고자 개발된 WSE-2의 원래 목표는 홀로 모든 것을 처리하는 것이다.

WSE는 심지어 수율도 좋다. 정확히 말해 극단적인데, 양품의 비율이 100퍼센트 아니면 0퍼센트다. 일반적인 반도체 양산의 경우 패키징 공정에서 웨이퍼에 설치된 소자 중 불량품을 걸러낸다. 그런데 WSE는 웨이퍼를 통으로 쓰는 데다가, 회로 일부에 문제가 생겼을 경우를 대비해 1.5퍼센트의 코어(1만 2750개)를 처음부터 더 설치한다. 불량 소자의 수가 이 범위 안이라면 수율은 100퍼센트지만, 그보다 많으면 수율은 0퍼센트가 된다.[23] 안전장치가 있지만, 기본적으로 모 아니면 도인 셈이다. 참고로 WSE의 파운드리는 10나노 이하 반도체 양산의 절대 강자인 TSMC다. 수율과 관련된 위험을 최소화하기 위한 선택으로 보인다. (물론 아예 생산 방법을 바꿀 여지도 있다.)

마지막 남은 문제는 발열이다. 개인용 컴퓨터의 CPU도 일반적인 작업을 할 때 보통 60도 안팎까지 뜨거워지는데, 인공지능 연산에 쓰이는 반도체는 오죽할까. 게다가 크기마저 웨이퍼만 하다면? 아마 100도는 우습게 넘어갈 것이다. 이러한 문제를 세레브라스도 잘 알기 때문에 냉각 장치 개발에도 열심이다.

2023년 7월 세레브라스는 아랍에미리트의 인공지능 기업으로 '중동의 오픈AI'라 불리는 G42에 64개의 CS-2를 수출하며 또 한 번의 쾌거를 달성했다. G42는 전 세계에 걸쳐 '콘도르 갤럭시Condor Galaxy'라고 하는 슈퍼컴퓨터 네트워크를 구축 중인데, 64개의 CS-2를 하나의 거대한 슈퍼컴퓨터로 엮은 뒤, 이를 최대 아홉 대까지 배치할 계획이다. 1대당 가격이 1억 달러(약 1300억 원)인 만큼, 세레브라스의 투자자들에게는 호재가 아닐 수 없다.[24]

이처럼 반도체 산업에는 이름도 생소한 다크호스들이 많다. 그들은 획기적인 발상으로, 또는 독보적인 기술력으로 산업의 판도를 뒤흔들고 있다. 어쩌면 엔비디아와 인텔, TSMC와 삼성전자가 가장 두려워해야 할 상대는 비슷한 체급의 반도체 기업들이 아닐지 모른다. 오히려 작은 창고나 사무실에서 반도체 산업의 새로운 미래를 구상하는 스타트업들일 수 있다. 밀레니엄을 2년 앞둔 1998년 빌 게이츠는 가장 두려운 장애물이 무엇이냐는 기자의 질문에 이렇게 답했다. "누군가 차고에서 전혀 새로운 무언가를 개발하고 있진 않을까 두렵군요."[25]

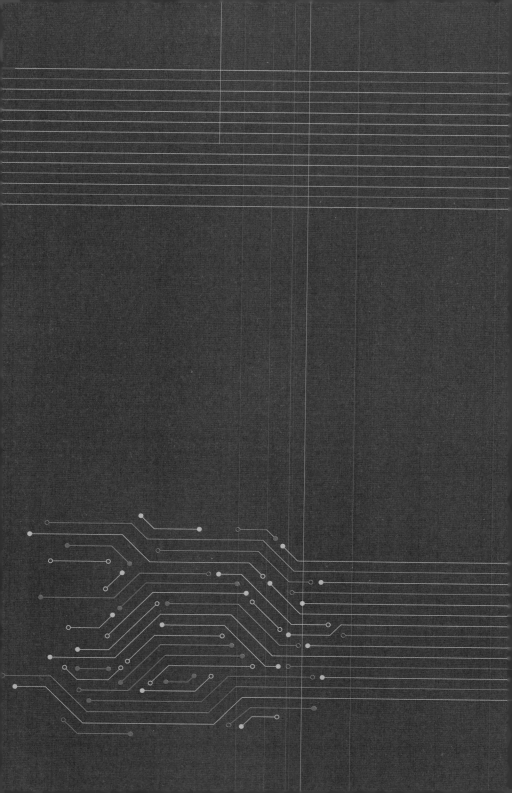

4부

# 남겨진 과제

# 1장

# 위기와 기회는 공존한다

"한국 반도체 산업은 집행유예 상태다."
○—《이코노미스트》

삼성전자와 SK하이닉스의 상승 추세가 뚜렷하다.
그렇다면 한국의 반도체 산업에,
한발 더 나아가 한국 경제에
아직 희망의 불씨는 꺼지지 않았는가.

# 업턴은 가능할 것인가

2023년 11월 어느 언론사의 한국 경제 분석 기사가 큰 관심을 받았다. 기사 제목에 들어간 "한국은 끝났다"라는 표현이 사람들의 위기감을 자극했기 때문이다. 너무나 직설적인 표현이라 부담스러웠는지, 기사 제목은 일주일 정도 지나 수정되었다.[1]

한국의 경제 상황도 기사 제목처럼 쉽게 바꿀 수 있다면 좋겠지만, 안타깝게도 고전이 예상된다. 국제통화기금IMF에 따르면 한국의 2023년 경제성장률은 1.4퍼센트로, 2024년 경제성장률은 2.2퍼센트로 예상된다. 경제협력개발기구OECD의 전망도 비슷한데, 다만 2024

년 경제성장률을 2.3퍼센트로 IMF보다 0.1퍼센트 후하게 쳐주었다.[2] 사실 2퍼센트 아래의 수치는 정말 큰 위기가 닥쳤을 때나 볼 수 있는 경제성장률이다. 역사적으로 팬데믹을 앓은 2020년(-0.7퍼센트), 미국발 경제위기가 닥친 2009년(0.8퍼센트), 외환 위기로 대혼란을 맞은 1998년(-5.1퍼센트), 제2차 오일쇼크를 겪은 1980년(-1.6퍼센트), 미국이 원조를 축소한 1956년(0.6퍼센트)이 유일하다. 이 정도면 "한국은 끝났다"라는 말이 절로 나올 만하다.

그렇다면 한국은 왜 위기를 겪을까. 이유는 간단하다. 파티가 끝났기 때문이다. 파티의 주최자는 '왕관'(라틴어 코로나 corona) 모양의 바이러스였다. 이 바이러스가 2019년 12월을 기점으로 급속히 퍼져 나가자, 이듬해 3월 세계보건기구 WHO는 팬데믹을 선언했다. 그 탓에 사람들이 경제활동과 소비활동을 제대로 하지 못하며 경기가 크게 후퇴했고, 각국 정부는 이를 부양하기 위해 막대한 돈을 풀고 제로 금리 정책을 채택했다. 기업부터 개인까지 이 '유동성 파티'를 진탕 즐겼다. 그런데 3년여가 지나 팬데믹이 종식되며 경제가 제대로 돌아가기 시작하고, 그간의 과도한 유동성 때문에 인플레이션이 고개를 들자, 분위기가 달라졌다. 이번에는 각국 정부가 돈줄을 조이고 금리를 올리기 시작했다. 그렇게 '유동성 위기'가 닥쳐왔으니, 파티는 끝났고 누군가는 값을 치러야 하는 상황이 되었다. 2023년 3분기 기준 국내총생산 GDP 대비 가계 부채 비율은 100.2퍼센트, 기업 부채 비율은 126.1퍼센트로 소위 '펀더멘털'이 약한 한국으로서는 이러한 상황이 더욱 큰 위기로 이어질까 봐 전전긍긍할 수밖에 없다.[3]

불행 중 다행인 점은 한국 경제의 핵심이라고 할 수 있는 반도체 기업들의 실적이 암울했던 2023년 1~3분기를 지나며 4분기에 이르러서는 점점 좋아지고 있다는 사실이다. 2022년 기준 한국의 수출액은 6839억 달러(약 867조 8900억 원)였는데, 그중 18퍼센트가 넘는 1292억 달러(약 163조 9600억 원)가 반도체에서 나왔다.[4] 한마디로 반도체 산업을 빼면 한국 경제를 논할 수 없다. 그런데 2023년에 한국의 반도체 기업들은 큰 위기를 겪었다. 그들이 무언가를 잘못했거나, 기술력이 떨어져서가 아니다. 세계적인 추세가 그러했다. 팬데믹이 끝나며 사람들이 직접 만나기 시작했고, 무엇보다 유동성 위기로 지갑이 닫히자, 스마트폰부터 전기자동차까지 반도체가 들어가는 온갖 제품이 팔리지 않게 되었다. 특히 한국의 주력 종목인 메모리 반도체의 경우 그 타격이 더 컸다. 삼성전자와 SK하이닉스가 파운드리 부문에서의 경쟁력을 키우기 위해 막대한 설비 투자를 감행한 상태였던 데다가, 시장 점유율을 지키기 위해 제품을 워낙 많이 만들어놓았던 탓이다. 한마디로 공급이 수요를 초과한 상태였다.

그 결과 두 기업의 2023년 1~3분기 실적은 사상 최악이었다. 삼성전자의 경우 2023년 1분기 매출은 63조 7500억 원, 2분기 매출은 60조 100억 원, 3분기 매출은 67조 4000억 원으로, 전년 동 기간 대비 각각 18.05퍼센트, 22.28퍼센트, 12.21퍼센트 하락했다. SK하이닉스의 경우 더 극적인데, 2023년 1분기 매출은 5조 900억 원, 2분기 매출은 7조 3100억 원, 3분기 매출은 9조 700억 원으로, 전년 동 기간 대비 각각 58.14퍼센트, 47.1퍼센트, 17.45퍼센트 하락했다.

그런데 이 수치들을 자세히 보면, 2023년 2분기에 바닥을 친 삼성전자와 SK하이닉스의 매출이 3분기에 이르러 크게 회복된 것을 알 수 있다. 두 기업의 4분기 매출은 각각 67조 원과 10조 164억 원으로 예상되는데, 전년 동 기간 대비 삼성전자는 5.1퍼센트 하락, SK하이닉스는 30.5퍼센트 상승한 것으로, 상승 추세가 뚜렷하다.[5]

## ∘—— 감산만으로 충분한가 ——∘

혹자는 삼성전자와 SK하이닉스의 매출이 개선된 이유를 감산에서 찾는다. 우선 SK하이닉스는 2023년 내내 감산 기조를 유지했다. D램과 낸드플래시 모두 20퍼센트 정도 감산했고, 특히 후자의 경우 7월부터 감산 규모를 5~10퍼센트 더 늘렸다. 낸드플래시는 첨단 기기보다는 일반적인 전자 제품에 주로 쓰여 철저히 박리다매로 수익을 내는 구조라 과감한 감산이 필요했기 때문이다.[6]

한편 삼성전자는 반도체 시장의 불황이 예상되던 2022년 말과 2023년 초만 해도 감산은 절대 없다고 밝혔다.* 그런데 2023년 1분

---

\*    당시 삼성전자는 어려워진 시장 상황을 오히려 기회로 보았다. 경쟁자들이 감산을 택하거나 심지어 망할 때 치킨게임으로 승부를 본다면, 즉 더 저렴하게 메모리 반도체를 공급한다면 점유율을 높일 수 있다는 계산 때문이었다. 하지만 2022년 기준 사내 유보금이 145조 원을 넘은 삼성전자조차 2023년의 불황을 견뎌내기에는 역부족이었다. (정용철 〈삼성전자, 사내 유보금 140조 넘어 '사상 최대'〉, 《전자신문》, 2023.02.20.)

기 이후 14년 만에 최악의 성적표를 받아들고는 계획을 변경했다. 당시 삼성전자의 영업이익은 6402억 원이었는데, 분기 영업이익이 1조 원 아래로 내려간 것은 2009년 1분기 이후 처음이었다. 삼성전자가 휘청거린 이유는 분명했다. 파운드리를 포함한 반도체 부문에서 4조 5800억 원의 적자를 기록한 탓이었다. 삼성전자의 영업이익에서 반도체 부문이 차지하는 비율이 보통 60~70퍼센트이므로, 이는 굉장한 타격이었을 것이다. 결국 2023년 4월 삼성전자도 감산을 공식화했다.[7]

삼성전자는 재고가 많았기 때문에 감산 규모도 컸다. 일단 생산 라인을 업그레이드하고 초미세 공정으로 전환하는 '자연적 감산'으로만 20~30퍼센트를 줄였다. 물론 이것만으로는 부족하기 때문에 '인위적 감산'을 할 수밖에 없었는데, 웨이퍼를 적게 투입하거나, 난도가 높아 시간이 오래 걸리는 반도체만 만드는 식으로 10~20퍼센트를 추가로 줄였다. 그런 식으로 D램은 30퍼센트까지, 낸드플래시는 50퍼센트까지 감산 규모를 확대했다.[8]

이처럼 전 세계 메모리 반도체 시장의 과반을 차지하는 두 기업이 감산 규모를 40퍼센트 안팎까지 높였으니, 자연스레 가격이 상승했다. 실제로 2023년 3분기를 넘어가며 감산의 효과가 매출에 긍정적으로 반영되고 있다는 기사들이 쏟아지기 시작했다. 실제로 당시 삼성전자의 영업이익은 2조 4000억 원이었는데, 2023년 들어 처음 1조 원을 넘겼다. 모두의 예상을 깬 '어닝 서프라이즈'였다. SK하이닉스의 영업이익은 여전히 적자였지만, 개선 흐름이 뚜렷했다. 이에 대

해 어느 전문가는 "눈물겨운 감산을 이어가고 있다"라고 평했다.[9]

나 또한 이 의견에 동의한다. 하지만 절반만 동의한다. 삼성전자와 SK하이닉스의 '업턴upturn'은* 단순히 생산량을 줄이는 수동적인 대응 외에 과감한 연구·개발로 미래를 준비하는 적극적인 대응이 함께한 결과다. 그렇다면 두 기업은 어떤 미래를 준비했는가. 바로 인공지능 시대다. 물론 우리 시대를 정의할 만큼 인공지능이 대세인지를 묻는다면 사람마다 생각이 다를 것이다. 다만 나는 관련 기술이 어느 정도 숙성되어 산업과 경제에 뚜렷한 영향을 미칠 정도가 되었다는 데서 드디어 인공지능 시대가 시작되었다고 본다. 가령 2023년 3분기 기준 반도체 기업 중에 영업이익이 가장 높은 곳은 104억 달러(약 14조 1000억 원)를 기록한 엔비디아였다. 2위 TSMC의 영업이익은 72억 달러(약 9조 7600억 원)에 그쳤다. 이로써 엔비디아는 2022년부터 TSMC가 한 번도 내주지 않은 1위를 탈환하는 데 성공했다. 이 역전극의 중심에 인공지능 반도체가 있었다.[10]

지금까지 살펴본 것처럼 최근 10년간 빅테크 기업들은 어디 한 곳 빠지지 않고 인공지능 반도체에 손을 댔다. 설계 기술이나 양산 공정의 수준을 높이고, 관련 소프트웨어를 개발하며, 또 이를 상용화했다. 오토파일럿을 장착한 테슬라의 자율주행 자동차부터 생성형 인공지능의 새 시대를 연 오픈AI의 챗GPT까지, 인공지능 반도체

---

\* 업턴은 스키가 눈에 처박히지 않도록 앞쪽 끝을 위로 굽힌 것을 의미하는데, 시장이 이와 비슷한 꼴로 급격히 상승하는 것을 가리키기도 한다.

와 관련되지 않은 것이 없다. 심지어 애플이 아이폰을 위해 자체 설계한 AP처럼 인공지능 반도체와 무관해 보이는 것조차 성능을 높이기 위해 딥러닝 기능이 탑재되어 있다. 오픈AI를 필두로 인공지능의 상업화가 첫발을 뗀 만큼 이러한 흐름은 해가 갈수록 강해질 것이고, 당연히 관련 반도체 수요가 폭발적으로 증가할 것이다. 전 세계 인공지능 반도체 시장은 2022년 기준 442억 달러(약 56조 1000억 원)에서 2023년에는 534억 달러(약 69조 1300억 원)로, 2024년에는 671억 달러(약 86조 8600억 원)로, 2027년에는 1194억 달러(약 154조 5700억 원)로 가파르게 성장할 전망이다.[11]

삼성전자와 SK하이닉스는 이러한 미래를 대비하며 오래전부터 비장의 무기를 준비해왔다. 좀 더 정확히 말해 그 무기로 이러한 미래가 도래하는 데 이바지했다. 두 기업의 매출이 업턴의 흐름을 보이는 것은 HBM과 PIM이라는 인공지능 반도체의 원천 기술을 가지고 있기 때문이다. 오늘날 인공지능 개발은 이 두 반도체를 빼놓고는 불가능하다. 실제로 엔비디아의 GH200은 SK하이닉스의 HBM과 세트로 구성된다. 이런 점에서 한국의 두 반도체 기업은 인공지능 시대의 수혜자인 동시에, 개척자인 셈이다. 이러한 지위에 오르기까지 뼈를 깎는 노력이 있었을 것이다. 삼성전자는 역대 최악의 실적을 기록한 2023년 2분기에 연구·개발비와 시설 투자비로 역대 최대 규모인 7조 1985억 원과 14조 5000억 원을 쏟아부었다(그중 대부분이 반도체 부문에 투입되었다).[12] 미래를 만들어나간다는 신념 없이는 불가능한 일이다.

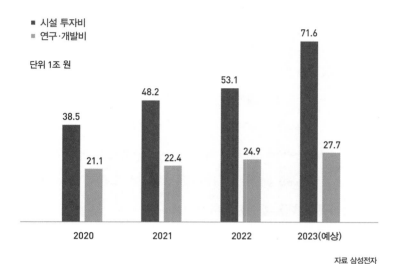

▼ 삼성전자 시설 투자비 및 연구·개발비 추이

■ 시설 투자비
■ 연구·개발비

단위 1조 원

## 적에게 배우다

삼성전자와 SK하이닉스 앞에 놓인 기회를 좀 더 살펴보기에 앞서, 잠시 중국 이야기를 해보자. 중국은 반도체 굴기에 진심이다. 반도체 산업을 장악한다면, 국가 운영을 위한 미래 먹거리를 확보하고, 제조업부터 첨단 산업까지 세계경제의 전 분야에 막강한 영향력을 미칠 수 있을 뿐 아니라, 타이완 문제를 더욱 과감하게 처리할 수 있기 때문이다. 한마디로 반도체 굴기는 중국의 미래 비전 그 자체다. 그런데 애초 상정한 것보다 미국의 기술력, 경제력, 외교력이 뛰어났기 때문인지 오히려 중국의 반도체 산업이 궁지에 몰린 형국이다. 전 세계 반도체 산업에서 '왕따' 신세가 된 이 난국을 중국은 어떻게 헤쳐 나가고 있을까.

2023년 11월 《네이처》에 그 실마리를 찾을 수 있는 논문이 한 편 실렸다.[13] 이 논문은 중국 칭화대학교 연구팀이 개발한 'ACCEL All-analog Chip Combining Electronics and Light'이라는 이름의 아날로그 광전자 반도체를 다룬다. 일반적인 아날로그 반도체는 핵심 소자인 '컨버터 converter'(변환기)를 통해 현실의 아날로그 신호를 컴퓨터가 다룰 전기신호로 바꿔준다. 그런데 ACCEL에는 컨버터가 없다. 대신 아날로그 신호를 일단 받아들인 다음, 그 자체로 전류나 전압을 발생시키는 '포토다이오드 photodiode'가 들어간다. 그래서 '광전자'라는 용어가 추가된 것이다.

ACCEL은 아날로그 신호를 해석하고 그에 알맞은 전기신호로 바꿔주는 과정이 없다 보니, 기존의 아날로그 반도체보다 뛰어난 성능을 자랑한다. 여러 번의 검증을 거친 끝에 오늘날 인공지능 개발에 제일 많이 쓰이는 엔비디아의 A100보다 연산 속도는 3000배 빠르고, 전력 소모는 400만 배 적다는 것을 증명해냈다. 심지어 발열도 거의 없다. 고성능 반도체가 발열이 심한 이유는 간단하다. 엄청난 속도로 이동하는 무수한 전자를 제어하는 와중에 발생하는 저항 때문이다. 그런데 ACCEL은 기존의 아날로그 반도체와 비교해 연산을 거의 하지 않는다. 아날로그 신호를 디지털 신호로 변환(연산)하는 대신 그 자체로 다루기 때문이다. 그래서 발열을 걱정하지 않아도 된다.

ACCEL의 가장 무서운 점은 미세화할 필요가 없다는 것이다. 전자의 흐름을 제어함으로써 각종 작업을 수행하는 보통의 반도체는 크기가 작아질수록 성능이 좋아진다. (속도가 같다는 전제하에) 1킬로미터를 달릴 때보다 100미터를 달릴 때 10배 더 빨리 결승선에 닿는 것과 똑같은 이치다. 이런 이유로 지금도 전 세계의 반도체 기업들이 미세화에 매달리는 것이다. 하지만 애초에 연산을 거의 하지 않는 ACCEL은 미세화가 불필요하다. 실제로 ACCEL은 회로에서 폭이 가장 얇은 곳조차 100나노미터에 달한다. 이는 적어도 중국에 큰 이점이 될 수 있다. 미국의 제재로 첨단 반도체뿐 아니라, 그 첨단 반도체를 만들 수 있는 제조 장비까지 구할 수 없게 된 중국으로서는 전혀 다른 방법으로 반도체 성능을 높여야 하기 때문이다. 실제로 ACCEL은 20년 전의 구식 제조 장비로 만들어졌다고 한다. 그런데도 A100을 아득히 뛰어넘는 성능을 발휘한 것이다.[14]

내가 갑자기 ACCEL을 길게 소개하는 것은 중국을 칭찬하기 위해서가 아니다. 나는 중국을 우리의 강력한 경쟁자로 본다. 천인계획과 관련해서는 약탈자라고까지 생각한다. 하지만 그런 중국일지라도 배울 점이 있다면 거리끼지 말고 배워야 한다. 중국은 미국의 견제에 아랑곳하지 않고 첨단 반도체 개발에 열심이다. 갑자기 미국이 화해의 손길을 내민다거나, 다른 나라들이 모두 중국 편을 든다거나 하는 일이 벌어질 때까지 기다리지 않는다. 그럴 시간에 열심히 씨앗을 뿌린다. 가령 ACCEL은 그 성능이 놀랍기는 하지만, 곧바로 상용화하기에는 빛 처리만 가능하다는 한계가 있다. 하지만 개량을 거쳐 폭넓게 활용할 날이 올지 모른다. 정말 그렇게만 된다면 엄청난 연산 능력을 고려했을 때 인공지능 분야에서 새로운 혁신을 일으킬 것이 분명하다. 무엇보다 중국으로서는 아날로그 광전자 반도체라는 새로운 표준을 쥐게 되는 셈이다. 나는 그때가 10년 뒤가 될지, 20년 뒤가 될지는 모른다. 하지만 그때가 반드시 온다는 것은 안다. 나만 그렇게 생각하는 것은 아니다. 《네이처》는 ACCEL에 대해 이렇게 평했다. "중국이 만든 새로운 방식의 컴퓨터 구조architecture가 예상보다 훨씬 빨리 일상에 접목될 것이다."[15]

## ◦── 한국 반도체 산업의 새로운 기회 ──◦

한국도 중국처럼 쉬지 않고 새로운 기회를 찾아나서야 한다. 계속해서 강조하지만 반도체 산업은 기술력이 모든 것을 좌우한다. 그리고 이 기술력은 누가 떠 먹여주지 않는다. 이를 잘 알고 있던 삼성전자와 SK하이닉스는 HBM과 PIM 개발로 기회를 거머쥐는 데 성공했다. 그들은 지금 이 순간에도 또 다른 기회를 찾기 위해 애쓰고 있을 것이다. 물론 한국에 삼성전자와 SK하이닉스만 있는 것은 아니다. 앞서 소개한 퓨리오사AI처럼 촉망받는 스타트업들이 나름의 길을 개척해나가고 있다. 여기에서는 그중 리벨리온Rebellions을 소개하고 싶다. 2020년 9월 문을 연 리벨리온은 퓨리오사AI처럼 인공지능 반도체를 설계하는 팹리스로, 2022년 920억 원을 투자받았고, 2023년 12월에는 1700억 원의 추가 투자금을 유치했다.[16] 이 정도면 모든 스타트업 중에서도 독보적인 수준이다.

리벨리온이 주목받는 데는 이유가 있다. 퓨리오사AI가 워보이로 자신들의 가치를 증명했듯이 리벨리온은 '아이온ION'과 '아톰ATOM' 으로 인공지능 반도체의 새 장을 열고 있다. 아이온은 2021년 11월 출시되었는데, 금융 거래에 최적화된 인공지능 반도체다. 특히 해당 분야를 주름잡고 있는 인텔의 인공지능 반도체 '고야Goya'의 성능을 뛰어넘으며 전 세계적으로 주목받았다.* 아이온은 고야보다 연산 속도가 30퍼센트 빠르고, 전력 소모는 절반 수준이다. 엔비디아의 A100과 비교한다면, 금융 거래로만 한정했을 시 연산 속도가 10배 이상 빠르다. 이 때문에 JP모건 같은 세계적인 금융사가 아이온을 사용하기로 했다.[17]

이후 2023년 2월 공개한 아톰은 가장 공신력 높은 벤치마크 benchmark(성능 측정 애플리케이션)인 '엠엘퍼프MLPerf' 기준으로 퀄컴과 엔비디아의 인공지능 반도체를 따돌리며 다시 한번 이름을 높였다. 아톰은 엠엘퍼프가 측정하는 다양한 부문 중 핵심이라 할 수 있는 언어 모델과 비전 모델 모두에서 좋은 평가를 받았다. 이때 언어 모델은 LLM이나 생성형 인공지능과, 비전 모델은 오토파일럿 같은 자

---

* 고야는 이스라엘의 인공지능 반도체 전문 팹리스인 하바나 랩스(Habana labs)가 개발한 것이다. 인텔은 원래 자체 개발한 인공지능 반도체인 '너바나(Nervana)'를 생산 중이었는데, 2019년 12월 하바나 랩스를 20억 달러(약 2조 3100억 원)에 인수하며 고야의 생산에 집중했다. (김민수, 〈인텔, 첫 'AI 신경망 프로세서' 2개월만에 양산 중단〉, 《노컷뉴스》, 2020.02.06.)

율주행 소프트웨어와 연결되므로, 사실상 인공지능 시대에 가장 쓸 만한 반도체로 아톰이 꼽혔다는 뜻이다. 현재 KT가 클라우드 서비스를 제공하는 데 아톰을 쓰고 있다.[18]

무엇보다 TSMC의 7나노 공정으로 만들어진 아이온과 달리, 아톰은 삼성전자의 5나노 공정으로 만들어졌다. 이로써 아톰은 한국의 반도체 생태계가 더욱 강화되는 계기가 되었다. 현재 리벨리온은 삼성전자와 함께 후속 인공지능 반도체인 '리벨REBEL'을 개발 중이다. 두 기업은 리벨을 LLM 연산에 특화된 반도체로 개발할 방침인데, 이를 위해 삼성전자의 HBM을 탑재하고, 4나노 공정으로 양산하려 한다. 이 정도면 한국에서 설계하고 양산한 최강의 인공지능 반도체라 불러도 부족함이 없다.[19] 앞서 설명한 것처럼 타이완이 반도체 강국인 것은 세계에서 내로라하는 파운드리(TSMC)와 팹리스(미디어텍)를 모두 가지고 있기 때문이다. 이제 한국도 리벨리온의 등장을 계기로 타이완 못지않은 튼튼한 반도체 생태계를 가지게 될 것이다.

이 엄청난 변화를 이끌고 있는 박성현 리벨리온 대표를 2023년 10월 직접 만나 이야기를 나누었다. 그는 매우 진지한 사람이었다. 과묵한 사람이라는 뜻이 아니다. 그의 활발한 제스처와 톡톡 튀는 말솜씨 뒤에 한국의 반도체 산업을 향한 진지함이 느껴졌다. 대부분의 스타트업 대표는 소위 '엑싯exit'이 목표다. 말 그대로 탈출, 즉 대기업에 거액을 받고 회사를 팔아버리는 것이다. 하지만 박성현 대표는 한국 반도체 산업의 미래만을 바라보고 있었다. 한국 반도체 산업에도 다음 기회가 있다면, 그래서 삼성전자와 SK하이닉스의 뒤를 잇는 기업이 나온다면, 바로 박성현 대표가 이끄는 리벨리온 같은 곳이지 않을까. 아니, 반대로 그런 곳이야말로 한국 반도체 산업의 다음 기회 그 자체가 아닐까.

# 발목을 잡는 내부의 적

"대한민국 완전히 망했네요. 와!Korea is so screwed. Wow!" 2023년 여름을
강타한 유행어다. 한 방송사에서 한국의 저출산 문제를 놓고 세계적
인 석학들과 인터뷰를 진행했는데, 그중 한 명이 자기도 모르게 내뱉
은 말이다. 그가 머리를 움켜쥔 채 얼굴을 잔뜩 찡그리며 저 말을 내
뱉는 장면은 온라인상에서 순식간에 밈이 되어 퍼져나갔다. 당시 방
송사가 보여준 지표는 2022년 한국의 합계출산율로 0.78명이었다.
이후 상황은 점점 악화해 2023년 3분기에는 0.7명까지 떨어졌다. 사
실 합계출산율이 0.8명대를, 또 0.7명대를 기록한 국가는 역사상 한

국이 유일한데, 0.6명대로 내려가는 것도 사실상 시간문제로 보인다.[20]

상황이 이렇다 보니 2023년 12월에는 한국의 인구 감소가 흑사병으로 초토화된 중세 유럽보다 심각하다는 분석도 나왔다. 《뉴욕 타임스》는 지금 수준이면 한국의 인구가 두 세대 만에 10분의 1로 줄어들 것으로 계산했다. 한 세대를 보통 30년 정도로 보니, 2080년쯤 되면 한국의 인구가 1000만 명도 남지 않는다는 것이다. 이 정도면 국가 기능이 유지될 수 없다. 《뉴욕 타임스》의 경고처럼 북한의 침공까지 걱정해야 할 상황이다.[21]

반도체 산업에 관한 이야기를 하다가 어째서 갑자기 인구 문제를 거론하는지 의아할 것이다. 이유는 간단하다. 인구가 줄면 인재도 줄 수밖에 없는데, 이는 반도체 산업의 경쟁력을 지키고 키우는 데 굉장한 장애물이기 때문이다. 앞서 살펴본 테슬라와 카파시의 예처럼 반도체 산업에서 인재의 역할은 굉장히 중요하다. 박성현 리벨리온 대표만 해도 KAIST와 MIT에서 공부하고, 인텔과 스페이스X, 모건 스탠리에서 경력을 쌓았다.* 그가 리벨리온을 만들며 가장 먼저 한 일

---

\* 반도체 개발자가 왜 금융사인 모건 스탠리에서 일했는지 궁금한 사람도 있겠으나, 최근에는 전혀 이상한 일이 아니다. 금융사들은 각종 지표를 분석해 가치를 매기는 정성적인 투자 외에 수학 공식이나 통계를 이용한 정량적인 투자, 즉 '퀀트(quant) 투자'도 활용한다. 그런데 알고리즘과 인공지능의 발달로 퀀트 투자의 활용도가 크게 높아졌다. 이 때문에 금융사들이 개발자를 대거 구인하는 중이다. 규모가 매우 큰 금융사라면 아예 퀀트 투자에 적합한 하드웨어, 즉 인공지능 반도체까지 직접 설계하기도 하는데, 박성현 대표가 모건 스탠리에서 부사장으로 일하며 맡은 업무가 바로 이것이다.

도 인재들을 모으는 것이었다.[22] 그런 점에서 악화 일로인 저출산 문제는 한국의 반도체 산업에 암울한 그림자를 드리우고 있다.

물론 나는 저출산 문제 전문가도 아니고, 또 이 짧은 글에서 그 원인과 결과, 해결책을 모두 제시할 수 있다고 생각하지도 않는다. 따라서 인구 감소 문제보다는 초점을 좀 더 좁혀 인재 감소 문제만을 다뤄보려 한다. 이것만으로도 기회를 찾아 달려 나가려는 한국 반도체 산업의 발목을 무엇이 붙잡고 있는지 뚜렷이 드러날 것이다.

## ─○ ── 반도체 대신 메스를 잡는 인재들 ── ○─

이 세상의 모든 인재가 예외 없이 거치는 과정이 있다. 바로 '학생'이다. 그들은 학생 때의 경험을 바탕으로 진로를 정하고 한 발 한 발 나아간다. 즉 인재를 잡으려면 학생들에게 인기를 끌면 된다. 그런데 한국의 학생들이 보기에 반도체 산업은 그리 매력적인 선택지가 아니다.

그 이유는 여러 가지가 있겠으나, 우선 일자리가 부족하다. 오히려 학위가 높아질수록 취직하기가 더 어렵다. 이는 반도체 산업에만 한정되지 않는다. 우선 석·박사학위 취득자는 매년 늘어나는 추세다. 2022년에만 석사 8만 3869명, 박사 1만 7760명이 배출되어 역대 최고치를 기록했다. 특히 박사학위 취득자 중 4688명이 공학 계열로 가장 많았다. 이 수치만 보면 한국의 반도체 산업은 인력 수급에 문제가 없어 보인다. 그런데 현실은 다르다. 전체 박사학위 취득자 중 4분의 1이 실업자 신세로, 공학 계열로만 좁혀보면 실업률이 28.8퍼센트에 달한다.[23] 한마디로 학생들에게 공학 계열은 멋진 미래가 아닌 것이다.

그 결과 나타나는 고질병이 바로 '의대 쏠림 현상'이다. 2022년 6월 한국 정부는 '10년간 15만 명의 반도체 인력 양성'을 목표로 주요 대학의 반도체학과를 아낌없이 지원한다는 계획을 발표했다. 그런데 2023년 대학수학능력시험이 끝나고 정부의 의지가 무색해지는 결과가 나왔다. 반도체학과의 정시 1차 합격자들이 대거 등록을 포기한 것이었다. 고려대학교의 반도체학과와 서강대학교의 시스템반도체공학과는 등록 포기율이 각각 72.7퍼센트와 80퍼센트에 달했다. 이 두 곳은 SK하이닉스와 연계되어 있는데도 이 정도였다. 기타 학교, 가령 연세대학교의 시스템반도체공학과와 한양대학교의 반도체공학과는 그 비율이 각각 130퍼센트와 275퍼센트나 되어, 소위 '한 바퀴'를 돌았다. 전국의 모든 반도체학과를 평균 내보니 155.3퍼센트였다. 이렇게 반도체학과 등록을 포기한 학생들은 대부분 의대나 약대로 발길을 돌린 것으로 보인다.[24]

누가 이 학생들을 비난할 수 있을까. 그들은 단지 불안정하고 돈도 못 버는 길 대신 안정적이고 돈도 많이 벌 수 있는 길을 택했을 뿐이다. 만약 그들이 반도체학과에 지원했다고 해보자. 한국의 반도체 산업을 이끌 인재로 성장하려면 (정말 천재가 아닌 한) 대학원에 진학해 좀 더 수련할 필요가 있다. 그렇게 고생해 석사학위나 박사학위를 따더라도 안정적으로 연구를 지속할 수 있는 정부출연연구기관에 들어가거나 교수로 임용되는 건 정말 어려운 일이다. 설사 그 바늘구멍을 뚫더라도, 상위권에 들지 못하는 한 경제적인 처우가 썩 좋지 못하다. 따라서 대부분이 대기업에 입사한다. 물론 대기업이 나쁜 선택지는 아니다. 하지만 긴 호흡의 연구보다는 당장 성과를 내는 일이 중요할 때가 많다. 이에 비례해 업무 강도가 높아지는데, 그렇다고 해외의 이름난 빅테크 기업들처럼 파격적인 보상을 해주지도 않는다. 이래저래 한국에서 반도체 산업에 투신한다는 건 굉장한 신념이 필요한 일인 것이다.

사실 취직은 둘째 치고 대학원 생활을 견뎌내는 것부터 고생스럽다. 2022년 8월 과학기술정보통신부는 2023년부터 '국가연구개발사업'에 참여하는 학생 연구원의 인건비 한도를 올리기로 했다. 무려 14년 만의 상향 조정이었는데, 석사과정 학생은 180만 원에서 220만 원으로, 박사과정 학생은 250만 원에서 300만 원으로 올렸다. 물론 저 금액을 다 주는 것은 아니다. 저 안에서 얼마를 줄지는 전적으로 교수의 재량이다.[25]

상황이 이렇다 보니 아예 한국에서 대학원 과정을 밟지 않는 학생이 늘고 있다. 그런데 그중 대부분이 한국으로 돌아오지 않는다. 2022년 기준 외국에서 박사학위를 취득한 학생 중 3분의 2가 현지에서 취업해 머무는 것으로 나타났다. 특히 공학 계열 박사학위 취득자가 많은 북미의 경우 절반 이상인 52.74퍼센트가 한국으로 돌아오지 않았다. 그들이 북미에 남는 이유는 간단하다. 훨씬 좋은 대우를 보장하는 일자리가 있기 때문이다. 특히 반도체 관련 박사학위 취득자는 더욱 귀하게 대접받는다. 천하의 미국이라도 이들에게는 쉽게 시민권을 내줄 정도다. 반면에 한국은 이처럼 빠져나가는 고급 인력의 규모가 어느 정도인지조차 제대로 파악하지 못하고 있다.[26] 한마디로 무관심한 것이다.

## ○── 축소 지향의 정부 지원 ──○

반도체 산업으로만 한정해 본다면, 이러한 문제를 해결하는 방법은 그리 복잡하지 않다. 정부가 의지를 품고 적극적으로 지원하면 된다. 어차피 반도체 산업은 막대한 비용과 시간을 쏟아부어야 하는 분야다. 그런 만큼 굵직굵직한 프로젝트를 꾸리고 자원을 투입하는 것이 절대 낭비가 아니다. 물론 개중에는 아무런 성과를 내지 못하는 것도 있겠지만, 과학과 공학 분야에서 실패는 실패가 아니다. 더 큰 성공을 위한 마중물이 될 수 있다.

사실 이는 전 세계적인 '상식'이다. 반도체 강국들은 정부 차원에서 반도체 산업에 아낌없이 투자한다. 우선 미국은 2021년 1월 발효한 '국방수권법National Defense Authorization Act'을 통해 연방정부가 반도체 산업에 자금을 직접 투입할 수 있는 법적 근거를 마련했다. 실제로 4월이 되자 향후 8년간 500억 달러(약 55조 8600억 원)를 지원하기로 했다. 2022년에는 반도체법을 발효하며 자국 반도체 산업의 기술적 우위를 유지하는 데 쓸 예산으로 무려 2800억 달러(약 365조 7200억 원)를 책정했다. 한국 정부 1년 예산의 절반과 맞먹는 수준이다(한국 정부의 2023년 본예산은 638조 7276억 원이다). 더욱 놀라운 사실은 반도체 산업과 관련된 주들이 자기 나름의 반도체법을 만들어 예산이 계속 늘어나고 있다는 것이다. 가령 텍사스주는 2023년 6월 '텍사스 반도체법Texas CHIPS Act'을 제정하며 14억 달러(약 1조 8400억 원)의 예산을 배정했다.[27]

중국은 2014년과 2019년에 각각 1387억 위안(약 24조 4500억 원)과 2000억 위안(약 33조 1800억 원) 규모의 펀드를 조성해 자국 반도체 기업들을 지원해왔다. 이와 별개로 지급하는 보조금의 경우 2022년 한 해에만 121억 위안(약 2조 2300억 원)에 달했다. 이 모든 것을 합쳐 2025년까지 1조 위안(약 182조 4100억 원)을 투입할 계획이었다. 그런데 2023년 9월 미국의 반도체법에 대응하고자 3000억 위안(약 55조 7000억 원) 규모의 펀드를 추가 조성하기로 했다. 사실 1월까지만 해도 펀드의 추가 조성을 반대하는 목소리가 있었다.[28] 중국의 정치체제상 이런 소식이 들려온다는 것 자체가 매우 이례적인 일인데, 어찌 되었든 중국은 반도체 굴기를 포기하지 않기로 한 듯싶다.

한편 일본은 2023년 10월 반도체 산업 육성 기금으로 이미 책정된 2조 엔(약 18조 원) 외에 3조 4000억 엔(약 30조 6200억 원)의 추가 출연을 검토한다고 밝혔는데, 이 중 5900억 엔(약 5조 3100억 원)을 자국의 반도체 연합인 라피더스에 지원할 계획이다. 참고로 라피더스는 불과 1년여 전인 설립 당시에 이미 700억 엔(약 6800억 원)을 지원받았고, 2023년 4월에는 추가로 2600억 엔(약 2조 5400억 원)의 보조금을 받은 상태였다.[29]

미국과 중국, 일본이 이렇게나 국운을 걸고 '머니 레이스money race'를 펼치고 있는데, 한국의 사정은 어떨까. 우선 상대적으로 나라의 규모가 작으니, 직접 투입할 수 있는 자금 또한 작을 수밖에 없다. 그런데 작아도 너무 작다. 초라할 정도다. 반도체 전쟁이 가장 치열했던 최근 3년간으로 좁혀보면 3조 원을 겨우 넘는다. 우선 2020년에 향후 10년간 1조 원을 투입하기로 했고, 2021년에 2400억 원을 투입하기로 했다가 2800억 원을 추가했다(다만 추가된 2800억 원 중 500억 원을 제외하고는 전부 민간에서 조달하기로 해 크게 비판받았다). 이후 2022년에 2023년 예산안을 짜며 1조 원을 투입하기로 했는데, 이후 연구·개발 예산을 대폭 삭감하며 김이 빠졌다. 특히 시스템 반도체에 직결되는 팹리스 관련 연구·개발 예산을 91.5퍼센트나 삭감해 논란이 일었다.[30]

이런 이유로 한국은 반도체 기업이 자기 자신에게 엄청난 규모의 자금을 투자한다. 2019년 4월 삼성전자는 2030년까지 시스템 반도체 개발에 133조 원을 투입한다고 밝혔다(2021년 5월 자금 규모를 171조 원으로 확대했다). 2023년 3월에는 한발 더 나아가 2042년까지 첨단 반도체 인프라 구축에 300조 원을 투입하기로 했다. 이러한 자금을 마련하기 위해 삼성전자는 유보금을 사용하는 것은 물론이고, 보유하고 있던 다른 기업의 주식까지 처분하고 있다.[31] 정부의 역할을 기업 스스로 하고 있는 셈이다.

# 과학기술계 카르텔이라는 유령

이런 상황에서 2023년 8월 모두를 충격에 빠뜨린 일이 벌어졌다. 정부가 2024년 예산안을 짜며 연구·개발 예산을 전년 대비 16.6퍼센트나 삭감해 25조 9000억 원만 편성한 것이다.[*] 연구·개발 예산이 줄어든 건 33년 만의 일인데, 그 결과 연구·개발 사업의 66퍼센트가 예산을 칼질당했다. 가령 기초연구 사업은 6.2퍼센트의 예산을, 정부 출연연구기관들은 10.8퍼센트의 예산을 잃었다. 흥미로운 사실은 전체 예산안에서 연구·개발 예산의 비중을 5퍼센트 수준으로 유지하겠다는 것이 윤석열 정부의 국정과제였다는 것이다. 한편 정부에서 콕 짚은 '12대 국가전략기술'의 연구·개발 예산은 전년 대비 6.4퍼센트 늘어났는데, 반도체는 그 혜택을 누리게 되었다(물론 그러면서도 팹리스 관련 예산은 삭감하는 등 갈팡질팡하는 모습을 보였다). 하지만 기초연구 예산이 삭감된 상황에서 얼마나 성과를 낼 수 있을지 의문이다. 첨단 반도체의 바탕에는 물리학, 화학, 수학 등의 기초과학이 있다. 우리가 지금까지 살펴본 '소재', '전자', 'EUV', '양자' 등의 주제는 공학 이전에 기초과학에 속한다. 실제로 많은 전문가가 한국 반도체 산업의 질적 성장이 미국이나 중국보다 느린 이유를 부실한 기초과

---

[*] 어떤 항목을 포함하고 빼는지에 따라 삭감 폭을 16.6퍼센트가 아니라 10.9퍼센트로 보기도 한다. 정부가 계속해서 현장의 목소리를 경청하고 있는 만큼, 관련 예산이 다시 조정될 여지가 남아 있다.

학 연구에서 찾는다.[32]

내가 특히 문제라고 생각하는 것은 따로 있다. 이제부터는 연구·개발 사업들을 평가해 하위 20퍼센트에 대해 구조 조정을 실시하겠다는 대목이다. 세상에 어느 연구자가 단기간에 성과를 내놓을 수 있는 연구, 성공이 확실한 연구만 진행하는가. 청색 LED는 정말 별거 아닌 듯 보이지만 개발에만 10년 넘게 걸렸다. '고작' 청색으로 빛나는 LED 하나를 개발하는 데 말이다. 그런데 그 결과는 얼마나 환하게 빛나는가. 개발자들은 노벨물리학상을 받았고, 그 경제 효과는 가늠할 수조차 없다. 청색 LED의 개발로 비로소 LED의 상품화가 가능해졌기 때문이다. 개발자 중 한 명인 나카무라는 청색 LED를 개발할 수 있었던 비결을 이렇게 설명했다. "제가 청색 LED를 만든다고 하니 모두 '미친 짓'이라고 했어요. 하지만 노벨상을 받으려면 말도 안 되는 연구를 자유롭게 해야 합니다. 새로운 연구를 시작할 때마다 윗사람의 승인을 받는다면 노벨상을 받기 어려울 겁니다."[33]

그런데 한국에는 '미친 짓'을 하는 사람이 없다. 정부에서 예산을 집행하는 연구·개발의 경우 성공률이 얼마인지 아는가. 무려 99퍼센트에 달한다. 한마디로 무조건 성공하는 연구·개발만 한다는 것이다. 혹시라도 실패한다면 세금을 '낭비'했다는 이유로 추궁당하고 질책당한다. 그렇게 되면 다음 예산에도 영향을 미칠지 모른다. 그러니어느 연구자가 실패를 감수하겠는가.[34]

정말로 세금을 아끼고 싶다면 연구자들을 괴롭힐 게 아니라 숟가락을 얹는 이들을 솎아내야 한다. 정부출연연구기관에서 일해본 사람으로서 내 경험담을 짧게 이야기하겠다. 한국에서 정부의 지원을 받아 무언가를 연구하려면 수많은 관료를 상대해야 한다. 연구·개발 주제부터 관료의 입맛에 맞춰야 예산을 탈 수 있다. 그 결과 산업에, 국가에 정말 필요한 아이디어가 아니라 겉보기에만 번지르르한 아이디어가 채택되는 일이 비일비재하다. 그런 식으로 예산이 집행되다 보니 중요한 연구·개발일수록 오히려 뒷전으로 밀려나는 경우가 많다. 최소한 연구·개발 주제를 선정하는 단계에서만큼은 관료들을 배제해야 한다. 미국의 경우 학계와 산업계의 전문가들로 구성된 독립된 기관이 그 일을 담당한다. 경쟁력은 그런 부분에서부터 갖춰지는 것이다.

오래된 자료긴 하지만, 2016년 기준 정부의 연구·개발 예산 투자 현황을 보면 관계 기관 22곳의 운영비로만 2조 400억 원이 쓰였다. 10년 전보다 71퍼센트나 증가한 것인데, 무엇보다 인력이 37퍼센트 늘어 5518명에 육박했기 때문이다. 쉽게 말해 연구원들이 아니라 연구원들을 관리하는 관료들의 인건비로만 2조 원이 넘게 쓰였다는 것이다. 참고로 당시 기초연구 예산은 2조 707억 원이었다.[35]

이쯤 되면 진짜 비효율이 무엇인지 보이지 않는가. 정부는 연구·개발 예산을 삭감하며 '비효율'을 바로잡고, '과학기술계 카르텔'을 뿌리 뽑겠다고 했다. 나도 정부의 말 자체에는 동의한다. 다만 조준을 엉뚱한 곳에 하는 듯해 우려스럽다. 묵묵히 새로운 기회를 찾아 미래를 개척해나가는 한국 반도체 산업의 발목을 잡는 결과가 나오지 않기만을 바랄 뿐이다.

# 2장

# K반도체의 활로를 찾아서

"국민경제의 건전한 발전에 이바지함을 목적으로 한다."
— K칩스법(조세특례제한법 개정안)

한국 정부와 반도체 기업들의
이인삼각 달리기가
세계를 놀라게 할 순간이
다시 한번 찾아올 것이다.

# 이인삼각 달리기

비록 앞 장에서 정부 비판에 초점을 맞추었지만, 그렇다고 해서 반도체 기업들로만 난국을 헤쳐나갈 수 있다는 뜻은 아니다. 정부는 법과 정책, 예산을 활용해 거시경제의 큰 틀을 짜고, 그럼으로써 개별 기업에 이런저런 도움을 줄 수 있다(물론 법을 잘 지키는지도 감독해야 한다). 이에 기업들이 적절히 호응하고, 자체적인 연구·개발에도 힘을 쏟으면 산업의 경쟁력이 자연스레 높아지게 된다. 한마디로 반도체 산업은 정부와 기업의 이인삼각 달리기인 셈이다.

언론 보도는 온갖 정쟁 소식으로 가득하고, 반도체 기업들은 각자도생의 생존 게임을 벌이고 있는 오늘날 한국에서 이런 이야기는 꿈만 같다. 가령 K칩스법은 발의된 지 8개월 만인 2023년 3월에야 간신히 국회 문턱을 넘을 수 있었다. 미국이 반도체법을 발효한 2022년 8월부터 반년 넘게 지난 시점이었다. 위기의 반도체 시장에서 기업들이 고군분투하고 있을 때 국회는 삼성전자에 세제 혜택을 주는 게 재벌 특혜인지 아닌지를 두고 입씨름을 벌였다. 가치판단을 떠나, 정부와 기업의 보조가 잘 맞지 않았던 것이다.

하지만 한국도 이인삼각 달리기를 잘하던 시절이 있었으니, 바로 삼성전자가 본격적으로 반도체 사업에 뛰어든 1980년대다. 《칩 워》를 쓴 밀러는 당시 삼성전자의 활약을 이렇게 설명한다. "이병철은 미국의 반도체 산업과 한국의 정부라는 두 강력한 동맹을 끼고 삼성을 엄청난 기업으로 키워냈다."[1]

삼성의 창업주이자 초대 총수인 이병철은 1970년대 말 일본의 반도체 기업들이 엄청난 기세로 세계시장을 석권하는 것을 보고 충격을 받았다. 그는 반도체가 '미래의 쌀'이라는 것을 깨닫고, 또 일본이 할 수 있으면 우리도 할 수 있다는 생각에 반도체 개발을 결심했다. 마침 당시 한국은 1966년 설립한 한국과학기술원을 중심으로 각종 과학 및 공학 연구가 활발히 진행 중이었다. 외국에서 공부를 마친 인재들도 하나둘 돌아오고 있었다. 이에 1974년 삼성전자공업이 한국반도체를 인수하며 반도체 산업에 진출했다. 당시 한국반도체는 미국 자본이 투입된 반도체 생산 기업이었는데, 주요 부품을 외국에서 수입해 조립하는 수준이었다. 삼성전자공업은 여기에서 한발 더 나아가 웨이퍼를 가공하고 LED와 트랜지스터 등을 개발하는 데 성공했다.

1982년 미국을 방문해 반도체 산업의 최전선에서 어떤 일들이 벌어지고 있는지 두 눈으로 확인한 이병철은 이듬해 2월 '도쿄 구상'을 발표했다. 그 요지는 명확했으니, 반도체 산업에 대대적으로 투자하겠다는 것이었다. 이에 대한 반응은 걱정 반 비웃음 반이었다. 기술 제휴 중이었던 일본은 너무나 막대한 비용이 들어가는지라 삼성이 망할 수 있다며 우려를 표했고, 국내 언론사들은 신발을 만드는 게 차라리 낫다는 조롱 섞인 분석을 쏟아냈다. 하지만 삼성은 굴하지 않고 메모리 반도체, 특히 D램에 주력하겠다는 전략적인 판단을 신속히 내린 후 9월 용인시 기흥에 반도체 공장을 짓기 시작했다. 공장이 어느 정도 모습을 드러낸 1984년 2월 삼성전자공업이 삼성전자로 이름을 바꾸며 본격적인 반도체 개발의 신호탄을 쏘았다.

이병철 한 개인의 결단과 이를 실현한 삼성전자의 이야기는 들을 때마다 매번 새롭고 경이로운데, 사실 여기에는 숨은 조연이 있었다. 바로 한국 정부다. 당시 정부는 삼성전자에 지원을 아끼지 않았다. 특히 1981년에는 '전자공업 육성 방안'을, 1985년에는 '반도체산업 종합육성대책'을 수립하며 저리 대출부터 세금 감면까지 포괄적 지원을 약속했다. 구체적으로 수도권에 반도체 공장을 짓게 허가해주었고, 용수와 전력을 사용하는 데도 많은 편의를 제공했으며, 반도체 양산을 위해 수입한 각종 재료와 장비의 관세도 감면해주었다. 한마디로 삼성전자 맞춤형 지원이었던 셈이다.

여기에 운까지 따라주었다. 미국이 일본 반도체 산업의 기세를 꺾기 위해 D램 개발에 필요한 핵심 기술을 삼성전자에 이전해주었다. 그렇게 1986년 7월 1메가바이트 D램을 양산하는 데 성공한 삼성전자는 40여 년이 지난 오늘날 한국을 대표하는 반도체 기업으로 우뚝 섰다. 그러면서 한국의 수출액 중 20퍼센트 안팎을 담당하고 있으니, 정부로서도 성공한 투자였던 셈이다.[2] 이처럼 빛나는 이인삼각 달리기를 다시 볼 순 없을까.

◦────── **패권의 사용법** ──────◦

사실 반도체 산업 육성을 위한 이인삼각 달리기는 소위 '글로벌 스탠더드'다. 아낌없이 지원하는 정부와 끊임없이 혁신하는 기업은 오늘날 반도체 강국들을 지탱하는 두 축이다. 이 중 특히 중요한 것은 정부의 역할이다. 사실 반도체 기업들은 알아서 잘한다. 수익 창출과 시장에서의 생존이라는 명확한 목표가 기업들의 DNA에 새겨져 있기 때문이다. 반면에 정부는 시장뿐 아니라 정치와 외교, 안보 등을 두루 신경 써야 한다. 그러다 보면 반도체 기업들에 필요한 것을 주지 못하거나, 주더라도 때를 놓칠 수 있다. 반도체 전쟁이라 불릴 만큼 산업의 패권을 둘러싼 경쟁이 치열한 오늘날 이러한 헛발질은 반도체 기업들에도, 정부에도 치명적이다.

그렇다면 각국 정부는 어떻게 반도체 기업들을 지원하고 있는가.

큰 축은 보조금 지급과 세제 혜택이다. 우선 보조금의 원조라고 할 수 있는 중국은 예로부터 막대한 돈을 뿌려왔다. 2022년 한 해에만 자국 반도체 기업 190곳에 121억 위안(약 2조 2300억 원)을 지급했다. 이러한 보조금 외에도 반도체 산업 육성을 위한 펀드를 여러 번 조성했는데, 계획된 것까지 모두 합치면 그 규모가 6387억 위안(약 116조 5000억 원)에 달한다. 이런 식으로 반도체 산업에 2025년까지 1조 위안(약 182조 4100억 원) 이상을 쏟아부으려 한다. 중국이 이렇게까지 돈의 힘에 기대는 데는 이유가 있다. 2023년 11월 6년 만에 미국을 찾은 시진핑은 구글부터 테슬라까지 내로라하는 빅테크 기업들의 CEO를 만나 중국 투자의 청사진을 제시했다. 하지만 대부분의 CEO가 시큰둥한 반응을 보였다고 한다. 미·중 경쟁에 괜히 휘말리고 싶지 않았기 때문이다.[3] 이처럼 현실적으로 외국 기업들을 유치하기 어려운 상황에서 중국에 남은 선택지는 자국 기업들에 돈을 뿌리는 것뿐이다.

미국은 중국과 달리 반도체 산업의 핵심 국가라는 지위를 제대로 누리고 있다. 우선 미국의 반도체법은 자국에 반도체 공장, 반도체 소재 공장, 연구·개발 시설을 건설하는 반도체 기업들에 투자액의 5~15퍼센트를 보조금으로 지급할 뿐 아니라, 법인세를 25퍼센트나 감면해준다. 다만 이는 인텔 같은 미국의 반도체 기업들도 똑같이 받는 혜택이기 때문에 외국 기업들은 후 순위로 밀릴 수 있다는 우려가 있다. 실제로 2023년 11월 미국 정부가 인텔에 가장 먼저 40억 달러(약 5조 2000억 원)의 보조금을 지급할 것이라는 보도가 나오며, 이러한 우려는 현실이 되고 있다. 지난 30여 년간 미국에 470억 달러(약 60조 8400억 원)를 투자한 삼성전자의 경우 테일러시에 짓고 있는 반도체 공장에 대한 보조금을 언제 받을 수 있을지 기약조차 없는 상태다. 우여곡절 끝에 보조금을 받는다고 해도 반도체법의 몇몇 독소 조항 때문에 달갑지 않을 수 있다. 우선 미국 정부에서 받은 보조금은 다른 국가에서 사용할 수 없다. 또한 미국이 지정한 기업이나 단체와는 어떠한 형식으로도 협력해선 안 된다. 마지막으로 보조금을 받은 후로 10년간 미국이 지정한 국가(중국)에서는 반도체 생산 능력을 늘려선 안 된다(첨단 반도체는 5퍼센트 이하, 범용 반도체는 10퍼센트 이하로 제한한다). 이를 어길 시 보조금을 모두 환수당한다. 이 모든 조건을 받아들인다고 해도, 애초에 보조금을 신청할 때 영업 기밀에 해당하는 수율과 가동률 등을 제출하게 하는 것 자체가 '갑질'이라는 지적이 많다.[4] 패권국인 미국만이 내걸 수 있는 조건들인 셈이다.

## ○⟋── 보조금과 세제 혜택 ──⟍○

미국의 반도체법을 잘 벤치마킹한 것이 바로 타이완의 '산업혁신조례수정안'이다. 2023년 1월 1일 발효된 이 법은 자국 반도체 산업의 경쟁력을 지키는 데 방점을 찍는다. TSMC부터 미디어텍까지 완벽에 가까운 생태계를 자랑하는 타이완의 반도체 수출액은 2022년 기준 1841억 달러(약 233조 6300억 원)에 달했다. 3년 전보다 두 배 가까이 늘어난 것으로, 이 추세를 잘 이어가기만 해도 웬만한 경쟁자들은 전부 따돌릴 수 있다는 계산이 산업혁신조례수정안에 깔려 있다. 2022년의 반도체 수출액만 보아도 한국의 1292억 달러(약 163조 9600억 원)보다 이미 42.5퍼센트나 많았으니 말이다. 다만 정부 예산이 작은 데다가 그중 15퍼센트 안팎을 국방에 쓰는 타이완의 특성상 미국의 반도체법처럼 보조금을 크게 주지는 못하고, 세제 혜택에 집중한다. 연구·개발비의 25퍼센트를, 설비 투자비의 5퍼센트를 법인세에서 감면해준다. 이는 타이완 역사상 가장 높은 수준의 연구·개발 관련 혜택이다. 실제로 TSMC의 2023년 연구·개발비는 전년 대비 20퍼센트나 늘어난 2000억 신타이완달러(약 8조 4400억 원)로 예상된다. 바로 효과가 나타나고 있는 것이다. 특이한 점은 산업혁신조례수정안과 연계해 수립 중인 '국가반도체발전전략'의 핵심 내용이 인재 양성이라는 사실이다. 타이완의 이 시도가 어떤 결과를 낳을지 두고 볼만하다.[5]

뒤처졌다고 평가받는 일본도 정부 지원을 크게 늘리고 있다. 특히 일본은 2021년 제시한 '반도체전략'과 2022년 제정한 '경제안보추진보장법'을 바탕으로 전체적인 반도체 산업 구조를 혁신 중이다. 설계부터 양산까지 각 부문의 경쟁력 강화를 위한 세부 방안을 마련하는 한편, 이것이 실현될 수 있도록 '정부-기업-학교(연구소)' 간의 협력을 강화할 각종 제도를 마련하고 있다. 도요타, 소니, 소프트뱅크 등 일본을 대표하는 여덟 개 기업이 2022년 11월 공동으로 설립한 반도체 기업 라피더스 또한 그 결과물 중 하나다. 또한 일본은 반도체 산업에 보조금을 쏟아붓고 있다. 최근 2년간의 보조금만 2조 엔(약 18조 원)에 달하는데, 2023년 10월에는 3조 4000억 엔(약 30조 6200억 원)의 추가 출연을 추진 중이라고 밝혔다. 이 중 5900억 엔(약 5조 3100억 원)이 라피더스에 흘러갈 텐데, 흥미롭게도 TSMC의 몫 또한 9000억 엔(약 8조 1000억 원)이나 된다. 일본은 TSMC가 2022년 4월부터 구마모토현에 짓고 있는 제1공장에만 4760억 엔(약 4조 2900억 원)을 지원했는데, 제2공장까지 짓기로 하자 추가로 보조금을 책정한 것이다.[6]

마지막으로 EU도 이러한 흐름을 따라잡기 위해 안간힘을 쓰고 있다. 사실 반도체 산업에서 EU의 존재감은 미국이나 중국, 한국이나 타이완, 심지어 일본에도 미치지 못한다. 연합의 특성상 일반적인 국가들처럼 빠르고 과감하게 움직이지 못하기 때문이기도 하고, 연장선에서 각자도생보다는 연합으로의 공존을 중시하기 때문이기도 하다. 하지만 EU는 절대 무시할 수 없는 시장이다. 전 세계 반도체 시장의 20퍼센트를 차지하는데, 미국과 중국 다음이다. 특히 인피니언, NXP, 보쉬, ST마이크로 등 전장 반도체 분야의 절대 강자들이 포진해 있다. 이 때문에 EU의 움직임이 반도체 산업의 역동성을 더욱 강화하리라는 전망이 우세하다. EU의 가장 큰 목표는 생산량 확대다. 전 세계 반도체 생산량 중 EU의 점유율은 10퍼센트 안팎인데, 2030년까지 두 배로 늘리려 한다. 이러한 내용을 담은 'EU반도체법'이 2023년 9월 발효되었는데, 책정된 보조금만 430억 유로(약 61조 3700억 원)에 달한다. 유럽 기업과 외국 기업 모두 이 보조금을 받기 위해 유럽에 적극적으로 투자 중이다. 2022년 ST마이크로는 이탈리아에서, 미국의 글로벌파운드리GlobalFoundries는 프랑스에서 첫 삽을 떴고, 2023년에는 인텔이 독일과 폴란드에, 인피니언이 독일에 반도체 공장을 짓기로 했다. 이러한 보조금 외에도 EU는 인재 양성을 위해 33억 유로(약 4조 7100억 원)를, 공급망 강화를 위해 81억 유로(약 11조 5600억 원)를 추가 투입할 계획이다.[7]

## 특혜는 없다

이처럼 세계 각지에서 이인삼각 달리기가 벌어지고 있는 오늘날, 한국 또한 다시 한번 출발선에 섰다. 그 스타팅블록이 바로 K칩스법이다. K칩스법은 미국의 반도체법이 구체화되는 등 반도체 전쟁이 한층 격화되던 2022년 8월 발의되었다. K칩스법의 원래 취지는 기존의 조세특례제한법을 과감하게 개정해 세제 혜택 수준을 크게 높임으로써, 반도체 기업들에 실질적인 도움을 주는 것이었다. 기존 법은 대기업에 6퍼센트, 중견기업에 8퍼센트, 중소기업에 16퍼센트의 세제 혜택을 주도록 했다.* 이를 20퍼센트, 25퍼센트, 30퍼센트까지 늘

---

\* 법에 따라 구분이 약간 달라질 수 있지만, 보통 자산을 기준으로 10조 원 이상은 대기업, 5000억 원 이상, 1조 원 미만은 중견기업, 5000억 원 미만은 중소기업으로 분류한다. (〈중소기업, 중견기업, 대기업의 분류 기준에 대해 알아보자〉, 청년재단, 2022.03.12.)

리는 것이 K칩스법의 주요 내용이었다. 그런데 대기업의 세제 혜택 규모를 둘러싸고 정쟁이 벌어졌다. 한쪽에서는 다른 나라들의 예에 비춰 전혀 과하지 않다고 주장했고, 다른 한쪽에서는 대기업 특혜라고 비판을 쏟아냈다.

나는 20퍼센트가 전혀 과하지 않다고 생각한다. 앞서 살펴본 것처럼 타이완은 25퍼센트의 세제 혜택을 제공한다. 무엇보다 반도체 산업은 기본적으로 막대한 비용과 시간을 감당할 수 있는 기업들을 중심으로 돌아갈 수밖에 없다. 한국처럼 파운드리 중심의 국가에서는 특히 그렇다. 엄청난 규모의 인프라, 쉽게 말해 공장을 운영해야 하기 때문이다. 따라서 삼성전자나 SK하이닉스에 20퍼센트의 세제 혜택을 제공한다고 해서 대기업 특혜라고 비판하는 것은 적절하지 않다. 그들은 이미 그 이상으로 설비와 연구·개발에 투자하고 있다. 한편 재정 적자가 늘어나는 상황인 만큼 대기업에 세제 혜택을 주면 안 된다는 주장도 있다. 개인적으로 이는 근시안적인 논리라고 감히 생각한다. 일본처럼 세제 혜택을 당근 삼아 외국 기업들을 유치해 전체 세수를 늘리면 될 일이다. 엔비디아가, 구글이, 테슬라가 한국에 연구·개발 시설을 짓고, 거기에서 설계된 반도체를 곧바로 삼성전자와 SK하이닉스가 양산한다면? 전체 반도체 산업에서 한국의 위상은 단숨에 높아질 것이다. 이 모든 상황을 고려한 후에도 대기업의 방만이나 횡포가 걱정된다면, 그것을 견제할 다른 법적·제도적 장치를 마련하면 된다. 가령 타이완의 경우 세제 혜택을 누리려면 순 매출 대비 연구·개발비 비율이 5~7퍼센트 이상인 동시에, 70억 신타이완

달러(약 3000억 원) 이상이어야만 한다.*

　여하튼 K칩스법을 둘러싼 정쟁이 수그러들지 않자 결국 기획재정부의 조정안을 받아들여 대기업에 대한 세제 혜택만 2퍼센트 늘리는 것으로 2022년 12월 개정되었다.** 그런데 대통령의 '질타'로 개정 후 불과 3일 만에 기획재정부가 대기업과 중견기업에 15퍼센트, 중소기업에 25퍼센트의 세제 혜택을 주는 새로운 조정안을 내놓았다. 국정 운영이 굉장히 '역동적'이지만, 여하튼 반도체 기업들은 가슴을 쓸어내렸고, 한편 미국이 보조금을 빌미로 영업 기밀을 빼내려 한다는 소식이 들려오며 위기감이 고조된 덕분에 2023년 3월 새 조정안이 국회를 통과했다. 특히 2023년에 한해 최근 3년 대비 투자 증가분에 대해서도 10퍼센트의 세제 혜택을 제공해, 대기업과 중견기업은 최대 25퍼센트, 중소기업은 최대 30퍼센트의 세액을 공제받게 되었다.[8]

　K칩스법의 통과를 환영하는 한편, 그 과정을 보며 많은 생각을

---

\* 　자세한 수치는 아직 논의 중인 것으로 알려졌다. 참고로 타이완에서 순 매출 대비 연구·개발비의 전체 제조업 평균은 3.2퍼센트다. (〈2023년 대만 반도체 산업 정보〉, 코트라, 2023.04.14.)

\*\* 　기획재정부가 조정안을 낸 것은 어떤 타협점을 찾기 위해서가 아니었다. 당시 기획재정부는 세수가 준다는 아주 단순한 논리로 K칩스법의 원래 취지를 무색하게 하는 조정안을 냈다. 심지어 이 조정안에는 수도권 대학들의 반도체학과를 지원하는 내용마저 빠져 있었다. 지역 균형 발전이 깨질 수 있다는 국토교통부의 의견과 대학 입학 정원을 건드는 것은 바람직하지 못하다는 교육부의 의견이 반영된 결과였다. (해당 내용은 추후 새로운 조정안을 짜며 다시 삽입되었다.) (박예나·박진용, 〈[단독]巨野 반대에…'K칩스법'서 수도권대 정원 확대 결국 빠졌다〉, 《아시아경제》, 2022.11.29.)

했다. 정책이 정쟁에 흔들리거나 결정권자의 말 한마디에 좌우되는 후진적인 모습이야 이미 수많은 곳에서 짚었으니 굳이 부언하지 않겠다. 다만 반도체 산업과 관련된 법과 정책을 다루는 사람들이 정작 반도체 산업을 잘 이해하지 못하는 듯해 머릿속이 복잡했다.

그래도 희망을 품는 것은 최종 확정된 K칩스법의 내용이 그리 나쁘지 않기 때문이다. 세제 혜택뿐 아니라 인재 양성부터 산업 단지 조성까지 다양한 지원안이 담겼다. 특히 후자가 중요한데, 그간 한국에서는 반도체 공장을 짓기가 매우 어려웠다. 삼성전자는 '평택 나노 시티Nano City'에 연결할 고압송전선로의 인허가를 받는 데 5년이 걸렸고,* SK하이닉스는 '용인 반도체 클러스트'에 필요한 공업용수 시설의 인허가를 받는 데 1년 6개월이 걸렸다.** 반도체 공장이 워낙 거

---

*     삼성전자는 반도체 생산과 관련된 시설을 '캠퍼스'라 부른다. 그중에서도 첨단 반도체를 생산하는 곳은 '나노 시티'로 구분한다. 평택 나노 시티는 현존하는 가장 거대한 반도체 공장이다. 2015년 5월 첫 삽을 뜬 후 2017년 6월 양산을 시작한 제1라인을 시작으로, 현재 제3라인까지 완공되어 돌아가고 있으며, 추후 제6라인까지 늘릴 계획이다. 따라서 필요한 전력량도 계속 늘어나는데, 이를 안정적으로 공급하려면 고압송전선로가 필수다. 삼성전자는 이 고압송전선로 건설을 2013년 8월부터 추진했는데, 주민과 지방자치단체의 반대에 부딪혀 원래 계획보다 2년 늦은 2023년 9월 완공할 수 있었다. 삼성전자는 논란이 된 구역의 고압송전선로를 지중화하기로 하며 3900억 원을 추가로 부담했다. (박한신, 〈삼성전자 평택캠퍼스 전력공급 '숨통'…10년 걸린 송전선로 준공〉, 《한국경제》, 2023.09.12.)

**    용인에는 두 개의 반도체 클러스트가 들어설 예정이다. 하나는 문재인 정부의 'K 반도체 벨트' 계획에 따른 것으로, SK하이닉스가 착공 시부터 10년간 120조 원을 투자하기로 했다. 2019년 2월 부지가 용인으로 선정되었으나 공업용수 공급, 환경영향평가, 산업 단지 지정, 토지 보상 등의 문제가 얽히고설켜 실제 착공은 예상보다 3년 늦은 2025년에나 가능할 것으로 보인다. 또 다른 하나는 윤석열 정부의 '국가첨단산업벨트 조성계획'에 따른 것으로, 2023년 3월 삼성전자가 향후 20년간 300조 원을 투자하기로 했다. SK하이닉스

대하므로 조율할 것이 그만큼 많다지만, 사실 다른 국가들에서는 상상하기 어려운 일이다. 삼성전자는 오스틴시에 반도체 공장을 지을 때 부지 선정부터 가동까지 1년 11개월밖에 걸리지 않았다. 타이완은 TSMC의 반도체 공장에 전력을 공급하기 위한 댐을 따로 지어줄 정도다. K칩스법이 한국의 반도체 기업들을 당장 이 정도로 지원하지는 못하겠지만, 최소한 그 기본 틀을 마련했다는 데 의의가 있다. 실제로 삼성전자가 또 다른 '용인 반도체 클러스터'에 300조 원 투자를 결정하는 데 K칩스법이 영향을 미쳤다는 분석이 있다.[***] 투자 규모를 고려했을 때 K칩스법으로 얻게 되는 세제 혜택이 45조 원에 달하기 때문이다. 이 돈이면 생산 라인을 하나 더 만들 수 있으니, 삼성전자에도 정부에도 모두 이득인 셈이다. 한편 착공은 2026년으로 예

---

의 경우와 다르게 시작부터 K칩스법으로 다양한 지원을 받게 된 삼성전자는 훨씬 빠르게 클러스터 조성을 마칠 것으로 보인다. (김지헌·김민지, 〈120조 초대형 사업 4년간 땅조차 못 구해…SK만 발목 잡혔다 [속 터지는 반도체]〉, 《헤럴드경제》, 2023.02.11. ; 김병채·이예린, 〈K-칩스법 통과땐 삼성 '용인 반도체 클러스터' 45조 세제혜택〉, 《문화일보》, 2023.03.23.)

[***] 정부는 2022년부터 삼성전자를 설득했다고 한다. 그해 12월 대통령이 K칩스법과 관련해 기획재정부를 질타한 배경이다. 삼성전자에 당근을 제시해도 모자랄 판에 K칩스법이 누더기가 되었으니 말이다. 이로써 K칩스법은 구사일생하고 삼성전자도 300조 원 투자를 결정하니, 이는 전 세계 반도체 산업을 뒤흔들 만한 사건이었다. TSMC의 생산량을 넘어서겠다는 의지를 보여준 것인 데다가, 미국에 굳이 공장을 안 지어도(즉 투자하지 않아도) 충분하다는 자신감을 보여준 것이기 때문이다. 경제 논리로만 따진다면, 삼성전자로서는 한국에 투자해도 충분히 지원받을 수 있는데, 굳이 반도체법에 얽매이면서까지 미국에 투자할 필요가 없다. 실제로 이를 의식한 미국이 중국에 10년간 투자를 금지한다는 반도체법의 독소 조항을 일부 완화해주었다. (박순찬, 〈美, 中투자 금지案 완화… 한국 반도체 10년 유예기간 확보〉, 《조선일보》, 2023.03.22. ; 황정수, 〈"삼성 큰일 났다" 잇단 경고…'용인 300조 투자' 속내는? [황정수의 반도체 이슈 짚어보기]〉, 《한국경제》, 2023.03.18.)

정되어 있는데, 역시 클러스터 조성을 진행 중인 SK하이닉스의 경우와 비교해 매우 빠르다는 것을 알 수 있다. 전체 공사 기간도 7년에서 5년으로 앞당겼다. 이 또한 K칩스법 덕분이다.[9]

한국의 반도체 기업들은 이미 세계 최고 수준이다. 그렇다면 정부 또한 반도체 강국이라는 타이틀에 걸맞은 세계 최고 수준의 지원을 보장해줄 필요가 있다. 그래야만 점점 치열해지는 반도체 전쟁에서 살아남을 수 있다. 반갑게도 2023년 12월 더욱 강력한 내용을 담은 두 번째 K칩스법이 발의되었다는 소식이 전해졌다.[10] 이러한 노력이 계속된다면 한국 정부와 반도체 기업들의 이인삼각 달리기가 세계를 놀라게 할 순간이 다시 한번 찾아올 것이다.

# 반도체 산업의 단순한 진실

정부의 지원이 탄탄하다면, 이제 남은 것은 기업들의 선전뿐이다. 후방의 든든한 보급에 힘입어 최전방에 선 그들은 누구보다 먼저 최신 기술을 차지하기 위해 치열하게 경쟁 중이다. 계속해서 강조하지만 반도체 산업의 핵심은 결국 기술력이다. 그렇다면 오늘날 삼성전자와 SK하이닉스의 손에는 어떤 기술이 들려 있을까. 상황이 썩좋지 못했던 2023년을 뒤로 하고, 빛나는 2024년을 맞이하기 위해 그들은 무엇을 준비하고 있을까.

자세한 이야기에 앞서 2023년을 돌아보자. 2023년은 삼성전자

에 매우 의미 있는 해였다. 우선 굉장히 힘든 시기를 보냈다. 1분기
기준 삼성전자의 매출은 전년 동 기간 대비 18.1퍼센트 줄어든 63조
7454억 원으로, 영업이익은 95.5퍼센트 급감해 6402억 원에 머물렀
다. 반도체 부문만 살펴보아도, 매출이 48.9퍼센트 감소해 13조 7300
억 원에 불과했고, 그 결과 영업이익은커녕 영업적자만 4조 5800억
을 기록하며 14년 만에 최악의 성적표를 받아 들었다. 2분기와 3분
기의 경우 매출과 영업이익을 조금씩 회복하며 업턴의 발판을 마련
했지만,* 2023년만 놓고 보면 암울한 해였음이 분명하다. 실제로 파
운드리 시장에서 TSMC와의 점유율 격차를 좁히지 못했다. TSMC
의 점유율은 1분기 60.1퍼센트, 2분기 56.4퍼센트, 3분기 57.9퍼센트
고, 삼성전자의 점유율은 1분기 12.4퍼센트, 2분기 11.7퍼센트, 3분
기 12.4퍼센트로, 45퍼센트포인트 안팎의 격차가 유지되고 있다.[11]

동시에 2023년은 삼성전자에 도광양회韜光養晦의 시기였다. 도광
양회란 숨어서 힘을 모은다는 뜻으로, 물론 삼성전자가 숨지는 않았
으나 힘을 모은 것은 분명하다. 매출과 영업이익을 끌어올리기 위해

---

\*   2분기에 삼성전자의 매출은 60조 100억 원으로 더 줄어들었지만, 영업이익은 6700억 원
을 기록하며 소폭 상승했다. 반도체 부문은 매출 14조 7300억 원, 영업적자 4조 4600억
원을 기록해 역시 소폭 상승했다. 3분기부터는 상승 폭이 커져 매출 67조 4000억 원, 영
업이익 2조 4300억 원을 달성했다. 반도체 부문은 매출 16조 4400억 원, 영업적자 3조
7500억 원을 기록하며 역시 상황이 크게 개선되었다. 업계에서는 2024년 상반기에 반도
체 부문이 흑자 전환에 성공할 것으로 보고 있다. (정용철, 〈삼성전자, 2분기 영업익 6700억
원···반도체 적자 폭 줄여〉, 《전자신문》, 2023.07.27.; 나병현, 〈삼성전자 3분기 영업이익 올해 첫 조
단위, 반도체 영업손실 3조 규모로 감소〉, 《비즈니스포스트》, 2023.10.31.; 김익환·황정수, 〈삼성전
자, 올 첫 兆단위 영업이익···D램 흑자전환 '신호탄' 쐈다〉, 《한국경제》, 2023.10.11.)

감산을 택한 것은 차치하고, 연구·개발과 시설 투자에 사활을 걸었다. 연구·개발비로는 3분기까지 20조 8000억 원을 쏟아부었는데, 매출 대비 비중이 10.9퍼센트로 2022년의 8.2퍼센트보다 높았다. 시설 투자비 또한 3분기까지 53조 7000억 원을 들여 신기록을 세웠다. 연구·개발비와 시설 투자비는 보통 90퍼센트 가까이 반도체 부문에 투입되므로, 삼성전자가 무엇으로 역전을 노리는지는 명확하다.[12]

SK하이닉스의 2023년 상황도 삼성전자와 비슷했다. SK하이닉스의 1분기 매출은 5조 881억 원으로, 전년 동 기간에 기록한 12조 1557억 원의 절반에도 못 미쳤다. 그런데도 연구·개발비로 1조 896억 원을 지출해 매출 대비 비중이 21.4퍼센트에 달하는 기염을 토했다. 2분기와 3분기에도 연구·개발비를 비슷한 수준으로 유지해, 3분기까지 총 3조 1355억 원을 투입했다. 이로써 매출 대비 비중을 14.6퍼센트까지 높이며 삼성전자를 뛰어넘었다. 같은 기간 시설 투자비로는 4조 1980억 원을 쏟아부었다.[13]

한마디로 한국의 반도체 기업들은 위기에 강하다. 어렵고 힘든 상황일수록 자기 자신을 단련해 역전의 발판을 마련할 줄 안다. 이 때문에 많은 전문가가 2024년을 기대한다. 우선 감산으로 메모리 반도체 가격이 계속해서 상승 중이고, 인공지능 반도체를 필두로 반도체 시장 자체가 커질 것이기 때문이다. 전 세계 반도체 시장의 규모는 2023년 5265억 달러(약 681조 5700억 원), 2024년 6328억 달러(약 819조 1800억 원)로 예상되는데, 그중 10퍼센트 정도를 인공지능 반도체가 차지할 것으로 보인다.[14] 그리고 삼성전자와 SK하이닉스는 대체할 수 없는 인공지능 반도체를 가지고 있다. 이미 10년도 훨씬 전에 개발해 꾸준히 기술 수준을 높여온 터라 지금 당장 다른 경쟁자들이 따라잡을 수도 없다. 바로 HBM과 PIM이다.

## ○── SK하이닉스의 HBM ──○

우선 HBM부터 자세히 알아보자. HBM의 구조는 생각보다 간단하다. D램들을 위로 쌓아 구멍을 뚫은 다음 구리를 충전함으로써 연결한다. D램 여러 개를 펼쳐놓는 기존의 방식과 비교해 공간을 크게 아낄 수 있는 것은 물론이고, TSV라는 '초고속 엘리베이터'를 이용한 연결 방식 덕분에 대역폭, 즉 데이터 전송 속도를 극대화할 수 있다. 심지어 전력 소모도 적다. 단점으로는 발열과 D램의 층수 제한 정도가 있으나, 처음 개발된 이후 계속 개선되어 거의 극복된 상태다. 기술 난도가 상당해 가격이 비싸다는 단점은 여전하지만, 이 기술을 가지고 있는 반도체 기업으로서는 오히려 큰 장점이다. 이런 이유로 HBM은 오늘날 메모리 반도체 시장에서 D램과 낸드플래시의 뒤를 이을 새로운 주인공으로 평가받고 있다. 다른 어떤 메모리 반도체보다 많은 양의 데이터를 저장할 수 있고(빅데이터), 이를 매우 빠른 속도로 입출력할 수 있어(딥러닝), 인공지능을 개발할 때 꼭 필요한 데다가 수익성마저 좋기 때문이다.

그리고 가장 중요한 사실은 HBM이 메모리 반도체 강국 한국에서 태어났다는 것이다. 2013년 12월 SK하이닉스는 20나노 D램 네 개를 쌓은 HBM을 세계 최초로 선보였다. 4년 만의 성과로, 사실 처음 개발을 시작한 곳은 SK 그룹에 합병되기 전의 하이닉스 반도체였다. 하이닉스 반도체는 2009년 TSV 기술 개발을 위한 'TSV기술개발팀'을 만들고, 2010년 AMD와 함께 HBM 개발에 뛰어들었다. 처음에는 기업 내부에서도 반신반의하는 분위기가 팽배했다고 한다. 당시 상황에서 HBM은 배보다 큰 배꼽이었다. 만들기 어렵고 너무 비싼 데다가 쓸데없이 고성능이라 상식적으로 생각했을 때 시장성을 기대하기 어려웠다. 그런데 2012년 SK 그룹이 하이닉스 반도체를 인수하며 상품화가 급물살을 타게 되었다. 그렇게 탄생한 HBM은 당시 가장 좋은 성능의 D램보다 속도는 네 배 이상 빠르고, 전력 소모는 40퍼센트 이상 적었다. 2015년에는 AMD가 개발한 GPU에 HBM이 쓰이며 처음으로 시장에 진출했다. 같은 해 삼성전자는 D램을 8층까지 쌓을 수 있는 HBM2를 개발하는 데 성공했고, SK하이닉스는 2016년에 AMD와 엔비디아에 HBM2를 납품했다.[15]

흥미로운 점은 AMD는 게임용 GPU에, 엔비디아는 서버용 GPU에 HBM을 썼다는 것이다. SK하이닉스의 HBM2는 너무 급히 개발된 탓에 성능이 기대 이하고 양산 일정도 늦어져 시장에서 반응이 좋지 않았다. 거기다가 비싸기까지 해 AMD는 이후 HBM을 포기했다. 게임용 GPU는 일반 사용자에게 파는 것인데, 너무 비싸면 가격 경쟁력이 떨어지기 때문이다. 그런데 엔비디아는 서버용 GPU에 장착함으로써, HBM의 진가를 알게 되었다. 서버는 대규모 데이터를 빠르게 전송해야 한다. 이런 점에서 병렬 연산에 특화된 GPU로 서버를 구성하는데, 연장선에서 HBM과의 상성이 매우 좋았다. 무엇보다 서버의 경우와 정확히 같은 이유로 엔비디아는 인공지능 연산에도 GPU와 HBM의 조합을 적용했다. 이처럼 비록 HBM2는 시장에서 실패했지만, 역설적으로 HBM이 어떤 가치를 품고 있는지 정확히 알려준 계기가 되었다.[16]

이후 SK하이닉스는 2019년 8월 3세대인 HBM2E를, 2021년 10월 4세대인 HBM3를, 2023년 8월에는 5세대인 HBM3E를 세계 최초로 개발하는 데 성공했다. 그 와중인 2023년 4월에는 세계 최초로 D램을 12층까지 쌓는 놀라운 기술력을 뽐냈다. 적어도 HBM에 한해서는 SK하이닉스가 삼성전자보다 한발 빨랐던 것이다. 현재 가장 많이 쓰이는 HBM3의 경우 SK하이닉스는 2022년 6월 양산을 시작했지만, 삼성전자는 2023년 8월에야 양산을 시작했다. 이 덕분에 지금까지 SK하이닉스는 엔비디아의 HBM 수요를 독점해왔다.* (다만 2024년에는 삼성전자가 HBM3 수요의 30퍼센트를 공급할 예정이다.)

---

*  다만 SK하이닉스와 삼성전자의 기술 격차는 점점 줄어들고 있다. SK하이닉스가 2023년 8월 공개한 HBM3E를 삼성전자는 10월에 공개했다. 참고로 엔비디아는 2024년 2분기에 신형 인공지능 반도체인 B100을 출시하려 하는데, 여기에 장착되는 HBM3E는 전량 SK하이닉스가 납품하기로 했다. 삼성전자는 HBM3E의 고객사를 확보하는 중이다. 여담이지만 삼성전자는 5세대 HBM의 이름을 HBM3P로 정해 차별화를 시도했으나, HBM3E로 통일하라는 엔비디아의 요청을 따를 수밖에 없었다. 인공지능 반도체 시장에서 엔비디아의 지위를 가늠케 하는 일화다. (한지연, 〈[단독]SK하이닉스, 엔비디아 또 뚫었다…HBM3E도 독점 공급〉, 《머니투데이》, 2023.10.15. ; 황민규, 〈"HBM 5세대 제품 이름 바꿔라"… '큰 손' 엔비디아 요구에 고심하는 삼성전자〉, 《조선비즈》, 2023.10.06. )

# 삼성전자의 PIM

현재 전 세계 HBM 시장은 SK하이닉스와 삼성전자가 양분하고 있다. 10퍼센트 안팎을 뒤늦게 HBM 개발에 뛰어든 마이크론이 차지하고 있지만, 기술 수준이 낮아 큰 위협이 되지 못한다. 전 세계 HBM 시장 규모는 2022년 기준 11억 달러(약 1조 4000억 원)였는데, 2023년만 해도 수요가 전년 대비 80퍼센트 가까이 늘어 시장 규모는 20억 4186만 달러(약 2조 6400억 원)에 달할 것으로 보인다. 이 정도 성장세면 2028년에는 63억 2150만 달러(약 8조 1800억 원)까지 커질 것이다. 인공지능의 성능이 강화되고 쓰임이 많아질수록 HBM의 수요는 늘어날 수밖에 없다. 게다가 HBM은 수익성이 일반적인 D램보다 몇 배는 높다. SK하이닉스의 경우 HBM의 생산량 비중은 1퍼센트에 불과하지만, 매출 비중은 10퍼센트나 된다고 한다.** 인공지능 시대가 본격적으로 시작된 상황을 고려하면 공급량에 따라 가격이 더 오를 가능성도 크다. 실제로 HBM 수요가 갑작스레 폭발한 덕분에 2023년에는 수요가 공급보다 13퍼센트 더 많았을 것으로 예상된다. 2024년과 2025년에는 15센트까지 늘어날 전망이다.[17] 정말이지 '엔비디아가 놀라고 구글이 경악하며 테슬라가 무릎 꿇는' 사태가

---

** 2023년 삼성전자는 반도체 부문 매출의 6퍼센트를 HBM3에서 얻은 것으로 보인다. 이 수치를 2024년에는 18퍼센트까지 높인다는 게 삼성전자의 목표다. (원충희, 〈HBM3 치고 나간 SK, 삼성도 움직였다〉, 《더벨》, 2023.07.19.)

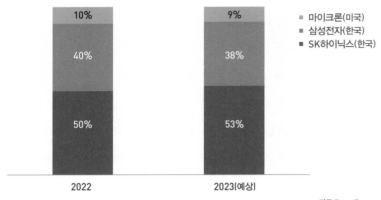

자료 TrendForce

올지도 모르겠다.* SK하이닉스와 삼성전자로서는 10년 전에 뿌려놓은 씨앗의 열매를 지금 수확하고 있는 셈이다.

당분간은 그 누구도 두 기업의 독주를 멈추게 할 수 없을 성싶다. 기본적으로 SK하이닉스와 삼성전자는 메모리 반도체에 워낙 강하다. 즉 원체 뛰어난 재료(D램)를 쓰다 보니 음식(HBM)이 좋지 않

---

\* 구글, 마이크로소프트, 아마존, 메타, 테슬라, 애플 등 빅테크 기업들은 인공지능 개발을 위해 엔비디아(와 AMD)의 GPU를 쓸어 담고 있다. 그러다 보니 늘 GPU 수량이 부족해 비싼 값을 주고 살 수밖에 없다. 또한 인공지능이 고도화될수록 하드웨어와의 호환성도 중요해져, 결국 자체적으로 시스템 반도체를 개발하게 된다. 이는 삼성전자와 SK하이닉스에 새로운 기회다. 파운드리 시장이 커질 뿐 아니라, 엔비디아와 AMD 외에 다른 빅테크 기업들에도 곧바로 HBM을 팔 수 있기 때문이다. (노우리, 〈테슬라 슈퍼컴 '도조'에 HBM 탑재…K반도체 시장 다변화〉, 《아시아경제》, 2023.09.12.)

을 수 없다. 가령 SK하이닉스의 최신작인 HBM3E의 경우 HBM3보다 속도가 1.3배 빨라졌다. 그 결과 1초당 1.15테라바이트의 데이터를 전송할 수 있는데, 1테라바이트를 넘어선 것은 세계 최초다.** 용량은 1.4배 늘어 8층까지만 쌓을 수 있어도 12층까지 쌓은 HBM3와 같다. 발열 제어 성능도 10퍼센트 이상 높였고, 호환성을 강화해 HBM3에 맞춰 설계된 시스템에도 사용할 수 있다. 이 정도면 세계 최고라고 해도 무방하다. 당연히 수요가 급증해 SK하이닉스는 이미 2024년분 HBM 주문을 마감한 상태다. 수요가 공급을 두세 배 초과했다는 후문이다. 삼성전자의 사정도 비슷해, 2024년에는 HBM 생산 능력을 2.5배 이상 늘릴 계획이다.[18]

한편 삼성전자는 PIM이라는 비장의 무기를 준비해놓은 상태다. PIM은 CPU나 GPU처럼 연산이 가능한 메모리 반도체다. 물론 아직은 고성능의 연산은 할 수 없지만, 데이터를 어느 정도 연산한 다음 CPU나 GPU로 보내기 때문에 전체적인 성능 향상에 큰 도움을 준다. 즉 PIM은 완전히 새로운 차원의 메모리 반도체다. 삼성전자는 이 PIM에 큰 기대를 품고 있다.

삼성전자의 HBM 개발 시간표를 살펴보면 HBM2E 개발(2020년 2월)과 HBM3 개발(2022년) 사이에 시간이 꽤 비는 것을 알 수 있다.

---

** 삼성전자가 2023년 10월 공개한 HBM3E는 1초당 1.2테라바이트의 데이터를 전송할 수 있다. (이나리, 〈삼성전자, AI 겨냥한 'HBM3E' 첫 공개…"1000단 낸드 준비중"〉, 《지디넷코리아》, 2023.10.21.)

정확하게 말하면, 삼성전자는 HBM3를 언제 개발했는지 정확히 알리지 않았다. 다만 2021년 2월 HBM2를 이용한 HBM-PIM을, 2022년 12월 HBM3를 이용한 HBM-PIM을 공개했다. 즉 삼성전자는 HBM2E를 개발하고 3년여간 SK하이닉스를 단번에 뛰어넘을 기술 초격차로서 PIM 개발과 HBM3 개발, 무엇보다 둘을 접목한 HBM-PIM 개발에 몰두하고 있었던 것이다.

앞으로 삼성전자의 전략은 명확하다. SK하이닉스보다 HBM 개발 속도가 몇 개월 정도 늦더라도, 결과적으로 더 뛰어난 메모리 반도체를 선보이고, 연장선에서 PIM의 성능을 더욱 극대화하겠다는 것이다. 지금 수준에서도 PIM 기능이 더해진 HBM은 홀로 쓰일 때보다 성능은 두세 배 높아지고 전력 소모는 두세 배 줄어든다.[19] 물론 SK하이닉스라고 가만히 보고만 있지는 않다. 2022년 2월 SK하이닉스도 자체 개발한 PIM을 공개했으니, HBM 시장이 더욱 뜨겁게 달아오를 것으로 보인다.

## K 대전략의 시작

결국 'K 반도체 대전략'은 간단명료하다. 인류가 처음으로 맞이하는 인공지능 시대에 맞춰 새롭게 요구되는 반도체 기술을 손에 넣는 기업, 범정부적 차원에서 이를 지원하는 국가가 승리한다는 것이다. 혹시 싱겁다고 느끼는 사람이라면 방금 문장의 행간을 읽어보길 바란다. 무엇이 보이는가. 나는 상상 그 이상을 보여주는 인공지능 시대의 가능성을 본다.

빅데이터와 딥러닝을 필두로 인공지능이 고도화될수록 가장 먼저 그 수혜를 누리는 건 반도체 산업이다. 실제로 전 세계 인공지능 반도체 시장의 성장세가 심상치 않은데, 2022년 기준 442억 달러(약 56조 1000억 원) 규모였던 것이 2023년에는 534억 달러(약 69조 1300억 원), 2024년에는 671억 달러(약 88조 8600억 원), 2027년에는 1194억 달러(약 154조 5700억 원) 규모까지 커질 것으로 보인다.[20]

그런데 나는 적어도 인공지능 시장, 또는 인공지능 반도체 시장에 대한 전망은 아무리 공신력 있는 시장조사 업체에서 발표했더라도 믿지 않는다. 이유는 간단하다. 지금 지구상에서 인공지능의 가능성을 완벽하게 아는 사람은 단 한 명도 없기 때문이다. 이는 인공지능을 개발하고 있는 기업인과 연구자들도 마찬가지다. 그들조차 광대한 신대륙의 해변에 막 첫발을 내디딘 선발대일 뿐이다.

앞서 설명한 것처럼 전기가 미국에서 확산하는 데는 처음 도입된 후로 30년이 더 필요했다. 당시 사람들은 전기가 매우 쓸 만하고 안정적이며 안전한 에너지임을 모두 알고 있었다. 그런데도 사용하지 않았다. 처음에 전기를 쓰기 시작한 것도 엄청난 생산성 증대 등을 기대해서가 아니었다. 당시에는 불을 밝힐 때 등유를 많이 썼는데, 이 비용을 좀 아껴보고자 전구를 설치한 것이 계기였다. 그런데 막상 전기를 써보니 너무나 편하고, 또 성능이 좋았다. 곧 공장의 모든 장비의 동력원이 전기로 바뀌게 되었다. 여기까지 오는 데 30년 가까이 걸렸고, 이후 전기를 사용하는 시설이나 사람이 기하급수적으로 늘며 오늘에 이르게 되었다.

인공지능도 마찬가지다. 오늘날 우리가 인공지능에 대해 아는 것은 '스스로 학습하는 기계'라는 것이 전부다. 이 녀석이 처음에는 바둑을 두더니, 이제는 번역도 해주고, 글도 써주고, 그림도 그려준다. 그다음에 등장할 인공지능은 이 모든 기능을 통합함으로써, '멀티 모달리티Multi Modality'를 구현할 것이다. 멀티 모달리티를 우리말로 옮기면 '여러 양식' 정도가 되는데, 말 그대로 텍스트와 이미지, 영상과 소리 등을 종합적으로 사용해 소통한다는 것이다. 마치 인간처럼 말이다.*

---

\*   2013년 12월 구글은 새로운 LLM인 '제미나이(Gemini)'를 공개하며, 최초로 멀티 모달리티를 구현했다고 설명했다. 구글 브레인을 흡수한 구글 딥마인드의 첫 번째 작품인 제미나이는 성능에 따라 '울트라', '프로', '나노'로 나뉘며, 울트라의 경우 GPT-4보다 뛰어난 것은 물론이고 몇몇 문제 풀이에서는 인간 전문가마저 능가했다고 한다. 구글이 제시한 성능을 기준으로 한다면, 다른 LLM들은 아직 도달하지 못한 경지임이 확실해 보인다. 다만 시연 영상에 등장한 것은 프로와 나노뿐인 데다가, 이마저도 좀 더 그럴듯하게 편집된 영상임이 밝혀져 논란이 되고 있다. 이런 이유로 제미나이가 다양한 생성형 인공지능에 실제로 쓰여 그 성능이 검증될 때까지 기다릴 필요가 있다는 의견이 강하다. 개인적으로는 구글이 성급하게 공개했을지언정 제미나이가 완전히 허풍은 아닐 것으로 생각한다. 이제는 유명한 일화지만, 2007년 1월 스티브 잡스가 아이폰을 최초로 공개하며 시현했을 때도 그는 청중 몰래 여러 대의 아이폰을 준비해 각각의 기능을 보여주었다. 당시 아이폰은 여러 성능을 시현하기에 여전히 불안정한 상태였기 때문이다. 제미나이도 비슷한 경우라고 본다. 따라서 (제미나이가 완벽한 상태에 이를) 2024년에는 평범한 사람들도 멀티 모달리티를 구현한 인공지능 서비스를 이용하게 될 것이다. (박지영, 〈"눈 달린 인간과 실시간 대화하듯"…구글, AI '제미나이' 공개〉,《한겨레》, 2023.12.07.; 임대준, 〈구글, '제미나이' 시연 영상 조작 논란…"편집한 것 맞아"〉,《AI타임스》, 2023.12.09.; 김우용, 〈제미나이가 GPT-4 이겼다고?…마이크로소프트의 반격〉,《지디넷코리아》, 2023.12.15.)

동시에 이러한 인공지능을 좀 더 가까이에, 바로 손안에 두려는 시도가 본격화하고 있다. 도시 괴담처럼 손목에 반도체를 이식하는 것은 물론 아니다. 대신 스마트폰에 인공지능을 이식하는데, 이를 '온디바이스On-Device AI'라고 한다. 우리가 지금 바로 쓸 수 있는 대부분의 생성형 인공지능 서비스는 클라우드 기반으로, 네트워크 연결이 필수다. 방대한 빅데이터에 연결되어 고도의 연산 과정인 딥러닝을 진행하려면 '혼자'보다는 '여럿'인 편이 낫기 때문이다. 그런데 이를 독립된 전자 제품 홀로 담당할 수 있다면? 무선전화기 개발에 버금가는 혁신이 될 것이다. 바로 이것이 온디바이스 AI인데, 삼성전자는 2024년 출시할 갤럭시 S24에 이 기능을 탑재할 예정이다. 실제로 이를 지원할 차세대 AP인 엑시노스 2400은 인공지능 연산에 뛰어난 것으로 알려졌다. 애플의 경우 공식적으로 발표하지는 않았지만, 많은 전문가가 2024년에 출시될 아이폰 16 또한 온디바이스 AI를 지원할 것으로 예측하고 있다.[21]

이 수준에 도달하면 남은 단계는 단 하나다. 바로 범용 인공지능 Artificial General Intelligence, AGI의 개발이다. '범용general'이라는 단어에서 알 수 있듯이 AGI는 모든 일을 할 수 있는 인공지능이다. 심지어 인간의 지시와 지도 없이도 스스로 학습하고 발전하며 창조한다. 이런 점에서 자율적이고, 또한 인간을 뛰어넘는다. 즉 AGI는 '인공'지능이라기보다는 새로운 '지능' 자체다. 혹자는 지나친 상상 아니냐고 반문할지 모른다. 하지만 오픈AI는 10년 안에 AGI가 등장할 것으로 보고 그 활용 및 통제 방안을 벌써 마련 중이다.[22]

한편 대부분의 사람이 모르는 사실이지만, 도요타에서 LLM을 뛰어넘는 'LBM Large Behavior Mode', 즉 '대형행동모델'이 개발되고 있다. LBM의 기본적인 개념은 LLM과 똑같다. LLM이 텍스트로 구성된 빅데이터를 학습해 화면 '안'에서 다양한 기능을 제공한다면, LBM 은 행동으로 구성된 빅데이터를 학습해 화면 '밖'에서 다양한 기능을 제공한다. 이런 점 때문에 로봇과 연결되면 굉장한 시너지를 발휘할 것으로 보인다. 우리가 이미 쓰고 있는 로봇, 즉 산업용 로봇을 예로 들자면, 지금까지 로봇에 무언가를 가르친다는 것은 무수한 경우의 수를 하나하나 입력하는 것과 다르지 않았다. 그런데 LBM이 탑재된 로봇은 인간의 다양한 행동이 기록된 빅데이터를 학습함으로써, 상 황에 알맞은 행동이 무엇인지 스스로 판단하고 적절히 수행한다. 현 재 도요타의 목표는 2024년 말까지 1000가지 행동을 자연스럽게 수 행하는 LBM을 개발하는 것이다.[23]

알파고가 인간 바둑 기사를 꺾을 때만 해도 이 정도 수준의 LLM 이나 LBM, 생성형 인공지능이 수년 내 등장할 것이라고 예상한 사 람은 아무도 없었다. 이유는 간단하다. 스스로 학습하는 기계를 인류 역사상 처음 보았기 때문이다. 누구도 이 녀석의 가능성을 알지 못한 다. 마치 봉우리가 구름에 가려진 거대한 산 같다. 지금껏 아무도 오 르지 못한 그 산 정상에 서면 우리는 분명 더욱 멀리, 더욱 많이 보 게 될 것이다. 반도체 강국으로서, 특히 HBM과 PIM으로 대표되는 인공지능 반도체를 선점한 덕분에 한국은 그 여정의 제일 선두 그룹 에 속해 있다. 이런 점에서 'K 반도체 대전략'은 반도체에만 국한되지 않는다. 반도체 산업에서의 생존을 넘어 새로운 시대를 이끄는 'K 대전략'의 시작점이다. 다음 10년, 한층 더 높아질 한국의 위상이 기대되는 이유다.

# 주

## 머리말 | 새로운 전쟁과 새로운 전략

1  박수현, 〈美, 반도체 제조에 56조원 투자 발표…"한국·대만과 손잡아라"〉, 《조선비즈》, 2021.04.01.

2  박형기·신기림, 〈인텔 200억달러 투자, 삼성 1% 하락하는데 TSMC는 4% 급락〉, 《뉴스1》, 2021.03.24.; "Department of Defense Announces $197.2 Million for Microelectronics", U.S. Department of Defense, 2020.10.15.; 임한솔, 〈인텔 미국 국방부와 반도체 위탁생산 계약 맺어, 1.8나노 공정 제공〉, 《비즈니스포스트》, 2021.08.24.

3  박현영, 〈바이든 "미래는 미국에서 만들어질 것"…366조원 규모 반도체·과학법 서명〉, 《중앙일보》, 2022.08.10.

4  노유정, 〈美 반도체법 최대 수혜자로 떠오른 인텔…"보조금 5조2000억 받을 수도"〉, 《한국경제》, 2023.11.07.; 이광영, 〈인텔, 대당 5000억 '한정판' EUV 장비 싹쓸이…삼성·TSMC 2025년까지 대기〉, 《IT조선》, 2022.06.02.

5  박성현, 〈[특별기획] 대한민국 심장이 식어가고 있다〉, 《미래한국》, 2023.03.14.

6  김수언, 〈'평균 38세' 전국서 가장 젊다… 화성, 인구 100만 눈앞〉, 《조선일보》, 2023.12.01.; 최명신, 〈[경기] 화성시, 인구 100만 명 돌파…전국 기초자치단체 5번째〉, YTN, 2023.12.18.; 손대선, 〈'글로벌 반도체 장비기업' 네덜란드 ASM, 1350억 투자해 '화성 제2제조연구혁신센터' 설립〉, 《서울경제》, 2023.05.24.

## 1부 | 위기의 K 반도체

### 1장  절대 강자 미국의 귀환: 진격의 반도체법

1  곽노필, 〈중국, 자연과학 논문서 미국 제치고 첫 1위〉, 《한겨레》, 2023.05.23.

2  장경윤, 〈SK하이닉스, 3분기 D램 이어 낸드도 삼성전자와 격차 축소〉, 《지디넷코리

아》, 2023.12.05.

3  이소아·고석현, 〈글로벌 AI 반도체 쑥쑥 성장하는데…토종 업체들 "뭉치면 기회의 문"〉, 《중앙일보》, 2023.10.04.; 경희권·김상훈, 〈세계 비메모리 시장 현황과 우리나라의 현주소는?〉, 산업연구원 블로그, 2023.09.11.

4  나병현, 〈삼성전자 3분기 TSMC와 파운드리 시장점유율 더 벌어져, 매출은 14% 증가〉, 《비즈니스포스트》, 2023.12.06.

5  이승엽, 〈[인터뷰] '칩 워' 저자가 말하는 '중국 반도체가 성공할 수 없는 이유'〉, 《한국일보》, 2023.06.21.

6  황민규, 〈올해 中 반도체 설비투자 65% 급감… 韓 장비사 판로 좁아져〉, 《조선비즈》, 2023.07.14.; 김회승, 〈반도체 중국 생산 '숨통'만 유지…"첨단장비 도입 못하면 고사"〉, 《한겨레》, 2023.03.23.

7  배준희, 〈부활 노리는 日 반도체 재도전 현장 가보니…〉, 《매경이코노미》, 2023.07.21.

8  서재창, 〈'美 버거운데 EU까지 합세하나' 中 반도체 굴기 난관 봉착〉, 《헬로티》, 2023.04.20.; 이승엽, 〈[인터뷰] '칩 워' 저자가 말하는 '중국 반도체가 성공할 수 없는 이유'〉, 《한국일보》, 2023.06.21.

9  〈美 상무부, 반도체지원법 인센티브 세부계획 발표〉, 산업통상자원부, 2023.03.02.

10  한애란, 〈미국의 '반도체 문샷'은 성공할 수 있을까[딥다이브]〉, 《동아일보》, 2023.03.08.

11  문병기 외, 〈美 "반도체 이익 나눠야 보조금" 삼성-SK 압박〉, 《동아일보》, 2023.03.02.; 오로라, 〈삼성·SK하이닉스, 68조 투자한 中공장 무용지물 되나〉, 《조선일보》, 2023.03.08.

12  김수민, 〈'미 반도체 지원금 안 받아도 그만인데'…삼성·SK, '독소조항'에 고심〉, 《블로터》, 2023.03.04.

13  〈전세계 기업 시총 TOP20〉, 2023.12.13., top.hibuz.com.; 정낙영, 〈SK하이닉스 주가 하락은 화웨이 탓? 복병은 中 아이폰 금지령…삼성전자도 타격〉, 《인베스트조선》, 2023.09.11.

14  서재창, 〈美, 삼성·SK 中 현지 공장에 반도체 반입 규제 사실상 유예〉, 《헬로티》,

2023.10.10.

15  이상렬, 〈반도체 전쟁엔 우방이 없다〉, 《중앙일보》, 2023.03.09.

16  한애란, 〈메모리 반도체에 AI 수호천사 떴다? HBM이 뭐길래[딥다이브]〉, 《동아일보》, 2023.06.17.

17  나병현, 〈D램 중 HBM 매출 비중 내년 18%로 상승 전망, 올해보다 2배 높아져〉, 《비즈니스포스트》, 2023.11.06.

18  김나은, 〈중국, AI 연구서 미국 추월⋯품질·양·인재 모두 세계 선두〉, 《이투데이》, 2021.08.08.; 김상진, 〈AI 연구 중국 독주 시대⋯"논문 양과 질 모두 미국 압도"〉, 《중앙일보》, 2023.01.16.; 〈글로벌 AI 지수로 본 한국 AI 산업 시사점〉, 한국경제인협회, 2023.10.12.

19  김진용, 〈중국의 인공지능 역량 강화와 안보 위협〉, 《동아연구》 제41권 제1호, 2022.02.; 송복규, 〈[우주산업 리포트] 北 무기거래 잡고 中 정찰풍선 쫓고⋯우주안보 지키는 고해상도 위성〉, 《조선비즈》, 2023.10.16.

20  송경재, 〈엔비디아, 내년 中 수출 50억달러 날리나⋯중 AI 굴기 차질〉, 《파이낸셜뉴스》, 2023.11.01.

21  김혁중·연원호, 〈미국 반도체 수출통제 확대조치의 영향과 시사점〉, 《KIEP 세계경제 포커스》 제6권 제41호, 2023.11.06.

22  최은경, 〈생산량은 1%인데 가격은 10%⋯삼성·SK하이닉스, HBM서 '한판'〉, 《중앙일보》, 2023.07.16.

23  김양희, 〈미 인플레이션감축법과 한미일 삼각협력의 미래〉, 《한겨레》, 2023.08.23.; 김혁중·연원호, 〈미국 반도체 수출통제 확대조치의 영향과 시사점〉, 《KIEP 세계경제 포커스》 제6권 제41호, 2023.11.06.

**2장 기술 굴기에 목숨 건 중국: 기술 및 인재 독주**

1  석혜원, 〈전고체 전지 세계 첫 상용화 목표⋯2030년까지 20조 원 투자〉, KBS, 2023.04.20.

2  성호철, 〈차세대 배터리戰 ⋯특허 1~3위 일본이 싹쓸이, 삼성·LG는?〉, 《조선일보》,

2022.07.07.

3   양재원, 〈2022년 글로벌 전기차 판매 실적 분석〉,《산업동향》제112호, 한국자동차연
    구원, 2023.02.20.; 변국영, 〈중국 BYD, 테슬라 제치고 전기차 1위 등극했다〉,《에너
    지데일리》, 2023.02.14.; 박준호, 〈도요타, '전고체 배터리' 전기차 실용화…"10분 충
    전·1000㎞ 주행"〉,《뉴시스》, 2023.06.13.

4   〈중국, 차세대 배터리 개발 경쟁 미국 일본 제치고 선두 질주〉, S&T GPS, 2023.01.04.

5   경희권·김상훈, 〈세계 비메모리반도체 시장 지형과 정책 시사점〉,《KIET 산업경제》,
    2023.09.09.; 〈메모리 반도체 세계 1위, 종합 반도체 세계 2위기록〉, 인베스트코리아.

6   박규찬, 〈[한장TECH] 한국 비메모리 점유율 '꼴찌'…3.3%로 중국 절반〉,《테크월드뉴
    스》, 2023.09.05.; 윤경환 외, 〈시스템반도체 '차이나 경보'…팹리스 점유 韓의 9배〉,
    《서울경제》, 2022.06.24.

7   노우리, 〈韓中 낸드 기술격차 2년으로…"메모리도 안심 못해"〉,《서울경제》,
    2023.11.20.; 〈중국 메모리 반도체 시장동향〉, 코트라, 2023.04.07.; 양태훈, 〈삼성전
    자, 시스템반도체에 2030년까지 171조원 투자〉,《지디넷코리아》, 2021.05.13.; 황정수,
    〈삼성 시스템반도체 수주 100조 넘었다〉,《한국경제》, 2023.04.30.

8   한웅용 외, 〈2021년 우리나라와 주요국의 연구개발인력 현황〉, 한국과학기술기획평
    가원, 2022.12.23.

9   오세정, 〈R&D 예산 삭감을 둘러싼 논란〉,《중앙일보》, 2023.11.10.

10  권영은, 〈현대차·기아차, 미국 전기차 보조금 못 받는다…"미국 차만 수혜"〉,《한국일
    보》, 2023.04.18.

11  이진석, 〈반도체 기술 美·中에 빼돌린 삼성 연구원 덜미…檢 "기술유출 엄단"〉,《서울
    경제》, 2022.10.27.; 홍정표, 〈"연봉 3배"…중국에 반도체 핵심기술 넘기고 취업〉, KBS,
    2023.01.26.; 이현호, 〈유출기술 70%가 中으로…조선·車 이어 반도체·2차전지 '타깃'
    [경제안보 흔드는 산업스파이]〉,《서울경제》, 2023.09.24.

12  김민성, 〈"중국이 다 빼간다" 공허한 비판…'기술 인재' 떠나는 이유 살펴야〉,《뉴스1》,
    2023.06.13.

13  홍성범, 〈중국의 해외핵심인력 영입전략, '천인계획(千人計劃)'〉,《과학기술정책》제

183호, 2011.06.

14  정상은, 〈'천인(千人)계획'으로 인재 강국 꿈꾸는 중국〉, 《Chindia Journal》 제48호, 2010.08.; 한세현, 〈"연봉 9배 보장"…중국 가는 인재들 '비상'〉, SBS, 2016.01.15.

15  고일환, 〈중국에 협력한 美 저명 과학자, 6개월 가택연금에 벌금까지 선고〉, 《연합뉴스》, 2023.04.27.

16  황정수, 〈'39년 삼성맨'은 왜 중국기업으로 가게 됐나〉, 《한국경제》, 2020.06.12.

17  차대운, 〈中 반도체 추격 본격화…YMTC "64단 낸드 양산 시작"〉, 《연합뉴스》, 2019.09.02.; 한주엽, 〈SK하이닉스, 72단 3D 낸드 시대 열었다… '박성욱 매직' 통했다〉, 《전자신문》, 2017.07.03.; 유혜진, 〈삼성·SK하이닉스, 6개월새 최고층 낸드 양산 신기록 경쟁〉, 《지디넷코리아》, 2023.06.09.

18  박솔잎, 〈[단독] 삼성전자 반도체기술 또 중국 유출…"단순 피해만 '수조 원대'"〉, KBS, 2023.12.13.

19  이강수·박지민, 〈이공계 인력의 두뇌 유출(Brain Drain)에 관한 설문조사〉, BRIC, 2016.07.12.

20  주재현, 〈반도체 지원 한시가 급한데…'K칩스법' 2월 처리 사실상 무산〉, 《서울경제》, 2023.02.15.; 임경업, 〈한국 반도체는 정치에 발목… 특별법도 '누더기'〉, 《조선일보》, 2023.06.19.; 최기원, 〈부끄러운 '숟가락 얹기'로 대미를 장식한 K칩스법〉, 《오마이뉴스》, 2023.03.18.

21  〈일본 기술자 해외유출 현황〉, 한국무역협회, 2013.07.30.

## 3장 순순히 몰락하지 않는 일본: 소부장 국산화의 현실

1  Dennis Normile, "Japan tries again to revitalize its research", Science, 2022.05.25.; Nicky Phillips, "Q&A: Japan's road to recovery", Nature, 2016.03.18.

2  장원재, 〈스승-제자 30년 넘게 '代물림 연구'… 日정부는 전폭 지원〉, 《동아일보》, 2015.10.08.

3  김지헌, 〈韓 vs 日 사활 건 '반도체 100년 전쟁' [이슈&뷰]〉, 《헤럴드경제》, 2023.07.14.; Saif M. Khan et al., "The Semiconductor Supply Chain: Assessing National

Competitiveness", CSET Issue Brief, 2021.01.

4  김지헌, 〈韓 vs 日 사활 건 '반도체 100년 전쟁' [이슈&뷰]〉, 《헤럴드경제》, 2023.07.14.

5  김병욱, 〈반도체 패키징 공정기술의 이해와 전망〉, 《이슈앤테크》 제42호, 2015.

6  정민성 외, 〈저융점 Sn-Bi 솔더의 신뢰성 개선 연구〉, 《마이크로전자 및 패키징학회지》 제29권 제2호, 2022.06.; 홍태영 외, 〈갈륨 및 갈륨 합금을 이용한 저온접합 기술 동향〉, 《마이크로전자 및 패키징학회지》 제29권 제2호, 2022.06.; 이우진 외, 〈플렉시블 전자소자의 유연전도성 접합 기술〉, 《마이크로전자 및 패키징학회지》 제29권 제2호, 2022.06.

7  김종석, 〈일본 수출규제 이후 소재·부품의 경쟁력 변화에 관한 연구〉, 《지역산업연구》 제45권 제1호, 2022.; 진동영, 〈[단독] 반도체 불화수소 수입량, 한일 훈풍에 1000톤 회복〉, 《서울경제》, 2023.06.21.; 성호철·김성민, 〈−59% 대 74%… 국산화 늘었지만 핵심소재 日 의존은 여전〉, 《조선일보》, 2020.06.26.; 김경훈 외, 〈2020년 수출입 평가 및 2021년 전망〉, 한국무역협회, 2020.12.02.; 김종구·윤현기, 〈초고순도 불산(HF)의 제조방법〉(출원번호 10-2011-0070116), 2013.09.12.

8  이나리·유혜리, 〈日 반도체 규제 해제 '속빈 강정'…韓 "대부분 국산화"〉, 《지디넷코리아》, 2023.03.17.; 조상록, 〈부품·소재 R&D 투자, 반도체 분야에만 치중돼…일본, 한국보다 1.6배 높아〉, 《헬로티》, 2019.08.28.

## 2부 | K 반도체의 극점 돌파

### 1장 기술 초격차

1  최원석, 〈[최원석의 디코드] 엔비디아 젠슨 황이 보여준 AI 트렌드 5가지〉, 《조선일보》, 2020.11.17.

2  이해성, 〈유럽에 쫓기는 韓, 반도체 특허 4위도 '간당'〉, 《한국경제》, 2022.06.23.; 나병현, 〈삼성전자 2022년 미국 특허 취득 수 1위, IBM 인텔 애플 화웨이 제쳐〉, 《비즈니스포스트》, 2023.01.15.

3  이호길, 〈[현장] 삼성전자, 미래 먹거리 'HBM-PIM' 강화 속도〉, 《시사저널》,

2021.11.26.

4 서재창, 〈[AI TECH+ 2023] 스킨케어 시장에 등장한 피부 타입 판별하는 AI〉, 《헬로
티》, 2023.09.01.

5 S. Ghose et al., "Processing-in-memory: A workload-driven perspective", IBM Journal of
Research and Development Vol.63, 2019.08.08.; 곽도영, 〈16배 빠른 차세대 지능형 메
모리 첫 선〉, 《동아일보》, 2023.02.28.

6 Sangjin Kim, et al., "DynaPlasia: An eDRAM In-Memory-Computing-Based
Reconfigurable Spatial Accelerator with Triple-Mode Cell for Dynamic Resource
Switching", 2023 ISSCC, 2023.02.19.~23.; 최현석, 〈정부, AI반도체 기술 연구에 5년
간 1조원 투입…인력 7천명 양성〉, 《연합뉴스》, 2022.06.27.

7 최인준, 〈삼성전자 SK하이닉스가 벼르고 벼른 'DDR5의 시간'이 온다〉, 《조선일보》,
2023.10.16.; 원충희, 〈DDR5는 늦었지만 그래픽 DDR은 선공〉, 《더벨》, 2023.07.27.

8 유혜진, 〈삼성·SK하이닉스, 6개월새 최고층 낸드 양산 신기록 경쟁〉, 《지디넷코리아》,
2023.06.09.

9 나병현, 〈3분기 글로벌 낸드플래시 매출 2.9% 증가, SK하이닉스 점유율 20%대〉, 《비
즈니스포스트》, 2023.12.05.; 나병현, 〈'키오시아-WD' 합병 무산에 SK하이닉스 '안
도', 박정호 낸드 수익성 개선 기회〉, 《비즈니스포스트》, 2023.10.27.; 장경윤, 〈키옥시
아·WD, 218단 3D 낸드 샘플 출하 시작〉, 《디일렉》, 2023.04.03.

10 안준형, 〈낸드플래시, 위로 쌓아 올리는 이유〉, 《비즈와치》, 2022.08.07.; 장하
나, 〈SK하이닉스, '세계 최고층' 321단 낸드 쌓았다…"2025년 양산"〉, 《연합뉴스》,
2023.08.09.

11 이나리, 〈삼성전자 "2030년 1000단 낸드 개발…단수보다 제품 적기 출시 중요"〉, 《지
디넷코리아》, 2023.03.10.; 이나리, 〈최고층 낸드 300단 시대, 무엇을 의미하나〉, 《지디
넷코리아》, 2023.08.09.

12 김아람, 〈3분기 글로벌 낸드 매출, 前분기보다 2.9%↑…삼성 1위·SK 2위〉, 《연합뉴
스》, 2023.12.05.; 나병현, 〈삼성전자 SK하이닉스 3분기 낸드 매출 급락, 4분기 전망도
어두워〉, 《비즈니스포스트》, 2022.11.24.; 이서영, 〈삼성·SK, 낸드플래시 추가 감산에

도…"올해 8~10조 적자 불가피"〉, 《서울파이낸스》, 2023.08.01.

13 나병현, 〈시장조사기관 "D램과 낸드플래시 수요, 내년에 각각 13% 16% 증가 전망"〉, 《비즈니스포스트》, 2023.08.31.; 박종진, 〈"서버 판매 늘면 메모리도 산다"…2024년 반도체 업턴 본격화〉, 《전자신문》, 2023.10.11.

14 김진희, 〈한국 비메모리 반도체 점유율 3.3%…시스템 반도체 분야 국가 전략 수립 필요〉, 《헬로티》, 2023.09.03.

15 이서규, 〈[ET단상]시스템반도체 문제점과 대안〉, 《전자신문》, 2021.05.03.

16 권동준, 〈퓨리오사AI, 국제 대회서 엔비디아보다 추론 뛰어난 AI 칩 인정받아〉, 《전자신문》, 2021.09.23.; 전미준, 〈[이슈] AI 반도체 스타트업 '퓨리오사AI', 800억원 시리즈 B 투자유치 성공… 국내 AI스타트업 중 최대 규모〉, 《인공지능신문》, 2021.06.01.; 조윤희, 〈[단독]사피온 이어 퓨리오사AI도…인공지능 반도체에 돈 몰린다〉, 《매일경제》, 2023.06.30.

17 김영문, 〈['초격차' 기술 주도할 10인] 백준호 퓨리오사AI 대표〉, 《포브스》 제202103호, 2021.02.23.; 김진원, 〈'반도체 전문가' 과기장관, 전공 살린 첫 행보〉, 《한국경제》, 2022.05.24.; 이동환, 〈尹대통령 "복합위기…민간·시장 주도로 경제체질 확 바꿔야"〉, 《연합뉴스》, 2022.06.16.

18 오로라·임경업, 〈AI 반도체 90% 장악한 엔비디아, 누가 독주 막을까〉, 《조선일보》, 2023.09.11.; "MLPerf Inference: Edge Benchmark Suite Results", MLCommons, https://mlcommons.org/benchmarks/inference-edge/.; 남시현, 〈생성형 AI로 위상 높아진 CVPR, 그 자리를 빛낸 국내 스타트업 세 곳은?〉, 《IT동아》, 2023.07.14.

19 오찬종·정유정, 〈한국, 팹리스 세계 시장 점유율 1%대 불과〉, 《매일경제》, 2022.06.29.

20 한아름 외, 〈유기반도체 기반 트랜지스터 기술 동향〉, 《NEWS & INFORMATION FOR CHEMICAL ENGINEERS》 제33권 제4호, 2015.

21 신성장동력산업정보기술연구회, 《2023 국내외 유/무기화학·섬유·복합소재 및 차세대 핵심소재 분야 소·부·장 시장분석과 해외진출 전략》, 산업경제리서치, 2023.

22 양윤정, 〈전하이동도 높은 고성능 2차원 유기반도체 소재 개발!〉, UNIST, 2021.01.26.; Javeed Mahmood et al., "Fused Aromatic Network with Exceptionally High Carrier

Mobility", Advanced Materials, 2021.01.20.

23  고명훈, 〈삼성전자 "패키징 원가절감할 신소재 개발중"〉, 《시사저널e》, 2023.08.30.

24  이기철, 〈"그래핀, 실리콘처럼 꿈의 플랫폼 소재… 글로벌 시장 장악하겠다"〉, 《서울신
    문》, 2022.01.18.

25  홍석륜, 〈'그래핀을 넘어' 2차원 물질에 대한 연구 동향〉, 《물리학과 첨단기술》 제25권
    제7/8호, 2016.; 민혜정, 〈"우리가 최초"…삼성·TSMC·인텔, 나노 기술 격전〉, 《아이
    뉴스24》, 2023.06.12.

26  Seokmo Hong et al, "Ultralow-dielectric-constant amorphous boron nitride", Nature,
    2020.06.24.

27  한동현, 〈"반도체 차세대 기술은 한국에서"…2차원 반도체 핵심소재 기술 개발〉, 《서
    울와이어》, 2022.06.02.; 김진희, 〈UNIST, 2차원 물질 기반 고성능 p형 반도체 소자 개
    발〉, 《헬로티》, 2023.08.25.

28  김미란, 〈'적자 신세' 당근마켓, 중고나라… 남는 게 없는 장사란 꼬리표〉, 《더스쿠프》,
    2023.07.24.

29  전무익, 〈당근마켓에서 딥러닝 활용하기〉, 《Medium》, 2017.12.22.

30  Kaifeng Bi et al., "Accurate medium-range global weather forecasting with 3D neural
    networks", Nature, 2023.07.05.

31  김달훈, 〈"AI 시장 2030년까지 연간 36.8% 초고속 성장" 마켓앤마켓〉, 《CIO Korea》,
    2023.09.13.; 한국국제교류재단, 〈한국, 세계 AI 경쟁력 7위〉, 《KF NEWSLETTER》 제
    235호, 2023.07.

32  "Science's 2021 Breakthrough of the Year: AIbrings protein structures to all", YouTube,
    uploaded by Science Magazine, 2021.12.18.

33  박성은, 〈딥마인드 "50년 묵은 과제 해결했다"…알파폴드2로 코로나19 바이러스 단백
    질 구조 예측〉, 《AI타임스》, 2020.12.02.

34  Ian R. Humphreys et al., "Computed structures of core eukaryotic protein complexes",
    Science, 2021.11.11.; 김봉수, 〈구글 콧대 꺾은 한국의 女과학자…"AI 결합해 생명공학
    판도 바꿔"[과학을읽다]〉, 《아시아경제》, 2022.08.09.

35  〈생명연, 「2023년 10대 바이오 미래유망기술」 발표〉, 한국생명공학연구원, 2023.03.08.

36  Joseph G. Makin et al., "Machine translation of cortical activity to text with an encoder – decoder framework", Nature Neuroscience, 2020.03.30.

37  Henri Lorach et al., "Walking naturally after spinal cord injury using a brain – spine interface", Nature, 2023.05.24.

38  Jerry Tang et al., "Semantic reconstruction of continuous language from non-invasive brain recordings", Nature Neuroscience, 2023.05.01.

39  조영임, 〈인공지능과 BCI(Brain Computer Interface)기술〉, 《AI타임스》, 2023.01.03.; 배성철, 〈쓰임 많은 뇌컴퓨터 인터페이스, AI 날개 달고 급성장〉, 《지티티코리아》, 2023.06.26.

40  박승혁, 〈2029년이면 인간처럼 느끼고 생각… 2045년엔 '포스트 휴먼' 탄생할 것〉, 《조선일보》, 2016.03.11.; 이지용, 〈[2024 산업 전망] 반도체 터널 끝이 보인다…다시 업턴 시작〉, 《뉴스핌》, 2023.12.01.

## 2장 시장 선점

1  박순봉, 〈10대 중 1대는 순수 전기차…점유율 9.9%〉, 《경향신문》, 2023.02.21.

2  이재덕, 〈삼성전자, 레인보우로보틱스 지분 또 매입…부쩍 로봇에 진심인 이유〉, 《경향신문》, 2023.03.16.; 신영빈, 〈윤준오 삼성전자 부사장, 레인보우로보틱스 합류〉, 《지디넷코리아》, 2023.04.01.

3  정낙영, 〈현대차그룹, 보스턴다이내믹스 지분 80% 9500억원에 인수〉, 《인베스트조선》, 2020.12.11.

4  신윤오, 〈[그래픽 뉴스] 로봇 산업의 글로벌 시장규모 전망 외〉, 《전자과학》, 2023.05.18.; 장소희, 〈삼성전자, 반도체 '무인화' 추진… '오토너머스 팹' TF 신설〉, 《뉴데일리 경제》, 2023.07.11.; 김동원, 〈SK하이닉스 "반도체 공장 완전 자동화 목표"〉, 《디일렉》, 2021.02.04.; 신지수, 〈한국 '로봇 밀도' 세계 최고…제조업 인력난 해소〉, KBS, 2023.04.16.

5   배준희·최창원, 〈산업용·협동 로봇, 대기업 계열 두각 135조 서비스 로봇, '푸드테크' 주도 [커버]〉, 《매경이코노미》, 2023.03.24.

6   "Industrial Robot Reducer Market New Report and Industrial Overview till 2031", Industry Research Co, 2023.07.07.; 양승윤, 〈日 하모닉 드라이브 시스템스, 로봇 소형화 최고 수혜주[글로벌 핫스톡]〉, 《서울경제》, 2022.11.10.

7   이영호, 〈국산 산업용 로봇 단가, 수입로봇 5분의 1 수준…품목 고급화 절실〉, 《전자신문》, 2017.11.12.

8   〈"부품 역량 꼴찌"…한국 로봇산업 경쟁력, 中에도 뒤진다〉, 한국무역협회, 2022.09.15.

9   김병근, 〈제우스 "로봇·반도체로 매출 1조시대 연다"〉, 《한국경제》, 2023.02.13.

10  안준형, 〈'삼성 봇'에 탑재된 기술 2가지는?〉, 《비즈와치》, 2022.01.09.

11  〈"그 많은 데이터, 어디에서 어떻게 올까?" 세계의 모든 데이터가 우리에게 오기까지〉, 《ETRI Webzine》 제108호, 2018.05.25.

12  이재형, 〈메타·구글, 데이터센터에만 매년 수십억 달러 투자〉, 《주간한국》, 2022.10.24.

13  〈클라우드 서버〉, VMware, https://www.vmware.com/kr/topics/glossary/content/cloud-server.html.

14  정수진, 〈IDC, "전 세계 퍼블릭 클라우드 시장 규모 700조 원 넘어"〉, 《캐드앤그래픽스》, 2023.07.12.

15  선한결, 〈"GPU 뛰어넘자"…구글·애플·아마존 'AI 반도체' 직접 만든다〉, 《한국경제》, 2023.02.12.; 김우용, 〈AWS, 차세대 자체 설계 칩 그래비톤4·트레이니움2 공개〉, 《지디넷코리아》, 2023.11.29.

16  강두순·조윤희, 〈[단독] 국민연금, 메가존클라우드 1000억 투자〉, 《매일경제》, 2022.09.27.; 홍준기, 〈2억6000만달러 더 벌 수 있었는데, 테슬라 180만주 판 국민연금… 왜?〉, 《조선일보》, 2022.01.29.

17  박현진, 〈과기정통부, AI반도체 Team Korea…. 'K-클라우드 프로젝트' 1단계 본격 착수!〉, 《인공지능신문》, 2023.06.27.; 노태민, 〈한국 AI반도체 발명건수는 세계 3위…기술경쟁력은 평균 이하〉, 《디일렉》, 2023.09.25.

18  이우성, 〈2022년 국내 퍼블릭 클라우드 시장 급성장… 2026년 3조 목표〉,《한국클라우드신문》, 2023.02.22.; 이유승·김형조, 〈데이터 폭증, 늘어난 클라우드 수요…국내 플레이어의 시장 전략은?〉,《IT비즈뉴스》, 2023.06.27.; 서정윤, 〈박윤규 "남은 과제는 뉴욕구상 이행…민관 힘 모아야 한다"〉,《지디넷코리아》, 2022.09.26.

19  임지선, 〈5G 이동통신 가입률… 한국이 세계 1위〉,《한겨레》, 2023.09.03.; 박준호, 〈한국 5G 속도 세계 1위…주요국 평균대비 4배 빨라〉,《전자신문》, 2023.09.18.

20  정환수, 〈디지털 시대의 핵심 인프라, 차세대 무선통신 산업 동향〉, KDB미래전략연구소, 2023.04.; 김디모데, 〈삼성전자 5G표준특허 점유율 19%로 1위, LG전자는 5위〉,《비즈니스포스트》, 2021.03.11.; 고재원, 〈5G 표준특허 리더는 中 화웨이…뒤이어 美 퀄컴, 韓 삼성〉,《매일경제》, 2023.10.10.

21  배성수, 〈年 30% 성장하는 5G 모뎀칩, 퀄컴 독주…삼성전자 맹추격〉,《한국경제》, 2023.03.28.; 권봉석, 〈퀄컴 "애플, 5G 모뎀 공급 계약 2026년까지 연장"〉,《지디넷코리아》, 2023.09.12.

22  강태우, 〈'시총 1위' 애플도 못했는데…삼성전자가 해낸 '이 기술'〉,《뉴스1》, 2023.09.30.

23  오승혁, 〈삼성전자 AP 점유율 4%로 '절반' 떨어져〉,《아시아타임즈》, 2023.07.13.

24  오찬종, 〈[단독] "남들 5G 쓸 때 우린 6G 선점"…삼성전자 '초격차' 더 벌린다〉,《매일경제》, 2023.10.18.

25  김소연, 〈[편집장 레터] 우리가 몰랐던 현대차? 우리만 몰랐던!〉,《매경이코노미》, 2022.07.29.

26  Kyle Stock, "Sorry Elon Musk. Hyundai Is Quietly Dominating the EV Race", Bloomberg, 2022.06.25.; 문광민, 〈현대차·기아 美서 최대실적 올 상반기 신차판매 16% '쑥'〉,《매일경제》, 2023.07.02.; 우수연, 〈현대차, 역대 3분기 최대 실적…美·유럽 시장서 '씽씽'(종합)〉,《아시아경제》, 2023.10.26.; 홍준기, 〈미국 전기차 시장에서 현대차 순위는?〉,《조선일보》, 2023.10.29.

27  반진욱, 〈현대차그룹 과제…자율주행·전기차 기술 경쟁서 승리할 수 있을까〉,《매경이코노미》, 2022.07.29.; 장하나, 《현대차, 13대 글로벌 車기업 중 매출 4위인데 R&D

투자는 10위〉, 《연합뉴스》, 2021.07.07.; 양승민, 〈[자율주행 특허전쟁 서막]완성차·IT·
부품기업 기술확보 치열한 3파전〉, 《전자신문》, 2021.11.11.; 성호철, 〈차세대 배터리
戰 …특허 1~3위 일본이 싹쓸이, 삼성·LG는?〉, 《조선일보》, 2022.07.07.

28  이재일, 〈차량용 반도체 수급 차질과 가격 지수〉, 유진투자증권, 2021.09.28.

29  박재영, 〈차량용 반도체 품귀에 8인치 파운드리 '재조명'[MK위클리반도체]〉, 《매일경
제》, 2021.11.27.; 이태웅, 〈삼성전자, 차량용 전장 반도체 생태계 강화〉, 《딜사이트》,
2023.10.20.; 김창수, 〈차량용 반도체, 삼성·인텔이 TSMC 못 따라잡는 이유는?〉, 《테
크월드뉴스》, 2023.05.09.

30  정영효·강현우, 〈日 르네사스 악재까지…車반도체 빅3 '공급 쇼크'〉, 《한국경제》,
2021.03.22.

31  서재창, 〈[11월의 반도체 ②] 차량용 반도체 '터닝포인트'는 시장 확대와 생태계 구축〉,
《헬로티》, 2023.11.02.

32  노우리, 〈'車에 진심' 삼성전자, 엑시노스 '전장 영토' 확보도 속도〉, 《서울경제》,
2023.10.06.

33  장유미, 〈"진작 못 알아봤네"…獨 모터쇼 가는 삼성전자, 車 반도체 시장 어떻길래 [유
미의 시선들]〉, 《아이뉴스24》, 2023.08.29.

34  김명현, 〈[기획]SK, 차량용 반도체로 전장사업 '시동'〉, 《매일일보》, 2023.07.05.

35  박용인, 〈이제는 아날로그 반도체다〉, 《Semiconductor Insight》, 2010.

36  권동준, 〈[이슈분석]요동치는 아날로그 반도체 시장, 관통 키워드는 '자동차'〉, 《전자신
문》, 2021.08.30.; 조미덥, 〈SK하이닉스가 8인치 파운드리에 뛰어든 이유는〉, 《경향신
문》, 2021.05.18.

37  노우리, 〈'팹리스 톱 50' 중 국내업체 1곳뿐…'3중고'에 우는 토종 팹리스〉, 《서울경
제》, 2023.09.08.; 이서영, 〈LX세미콘, 1분기도 춥다…방열판·전장 등 사업다각화 시
작단계〉, 《서울파이낸스》, 2023.03.31.

38  강해령, 〈年 30% 성장한 '아날로그 반도체' 시장, 미국이 점령했다〉, 《서울경제》,
2022.06.07.

39  〈복합 반도체 시장 규모 및 점유율 분석 – 성장 동향 및 예측(2023-2028)〉, Mordor

Intelligence.

40    이나리, 〈화합물 전력반도체 기술강국 도약 시동…국내 유망 기업은〉, 《지디넷코리

아》, 2023.07.14.; 이진솔, 〈삼성도 한다…화합물반도체 시장 확 커지는 이유는〉, 《블로

터》, 2023.07.20.; 장경윤, 〈SiC 전력반도체 시장 올해 '40%' 高성장…전기차가 주도〉,

《디일렉》, 2023.03.10.

41    강승현 외, 〈보행사고 줄이는 자동제동장치… "100% 안전하진 않아 과신 금물"〉, 《동

아일보》, 2022.08.11.

42    〈자동차 센서 시장 규모 및 점유율 분석 - 성장 동향 및 예측(2023-2028)〉, Mordor

Intelligence.

43    장경윤, 〈'고성장' 車 이미지센서 잡아라…삼성·소니 차세대 제품 각축전〉, 《지디넷코

리아》, 2023.09.15.; 김바램, 〈삼성전자 차량용 이미지센서 기술력 세계 최고, 박용인

소니 추격 자신〉, 《비즈니스포스트》, 2023.05.31.; 장경윤, 〈SK하이닉스, AI 연산기능

갖춘 차세대 이미지센서 개발한다〉, 《디일렉》, 2022.11.11.

44    이향선, 〈2025년 스마트센서 1조 시대 열려〉, 《지티티코리아》, 2023.01.30.

45    조창현, 〈진일보한 스마트 센서, 제조 현장 인식은 '제자리걸음'… K-센서, '신뢰도 확

보' 필수〉, 《인더스트리뉴스》, 2023.03.07.

46    강다영, 〈[레이더M] 국내 유일 MEMS업체 투자유치 성공〉, 《매일경제》, 2014.07.04.;

강동원, 〈마이크로투나노, 코스닥 도전…"MEMS 기술력 자신"〉, 《딜사이트》,

2023.04.10.

## 3부 | 2035년을 이끌 반도체 기업들

### 1장 위기에 강한 삼성전자: 반도체의 절대 강자를 꿈꾸다

1    김창수, 〈'수율 저하·경쟁사 약진'…잇단 악재에 '삼성 파운드리'가 내놓은 비책〉, 《아

시아타임즈》, 2022.03.22.

2    서영민, 〈'삼성의 기술 우위는 끝나버렸다' GOS 사태의 본질〉, KBS, 2022.03.19.

3    최혜령, 〈지난해 역대 최대수출에도…무역적자 472억 달러 사상최대〉, 《동아일보》,

2023.01.01.; 정지은, 〈삼성전자, 반도체·스마트폰·가전…한국 수출의 17.7% 담당〉, 《한국경제》, 2022.12.04.; 김철오, 〈'시총 420조' 코스피 1위 삼성전자 6% 급등… "왜?"〉, 《국민일보》, 2023.09.01.

4 안하늘, 〈[단독] "아이폰 인기는 10대들 막연한 선망" 삼성전자 임원진 위기 진단 두고 회사 내부 비판 커져〉, 《한국일보》, 2023.08.11.; 김철오, 〈[이건희 회장 별세] 불량 휴대 폰 15만대 불태운 이건희 '애니콜 화형식'〉, 《디일렉》, 2020.10.25.

5 장경윤, 〈삼성 첨단 파운드리의 자존심 '3nm GAA' 상용칩 실체 첫 확인〉, 《지디넷코 리아》, 2023.07.19.

6 권동준, 〈[3나노 GAA 시대]핀펫 시대 종언…트랜지스터 패러다임 바꼈다〉, 《전자신 문》, 2022.06.30.; 이서희, 〈삼성, 2나노 양산 로드맵 공개… "TSMC와 경쟁, 2025년부 터가 진짜 시작"〉, 《한국일보》, 2023.06.28.

7 오로라, 〈AI·반도체 판도 뒤집을 400조 시장… 스타트업·빅테크 글로벌 대전〉, 《조선 일보》, 2023.09.11.

8 민혜정, 〈AI 반도체 특허경쟁 美 우위 속 韓도 저력 입증〉, 《아이뉴스24》, 2022.12.19.

9 Donhee Ham et al., "Neuromorphic electronics based on copying and pasting the brain", Nature, 2021.09.23.

10 김영배, 〈한국의 나라별 수출 비중, 중국은 줄고 미국은 늘었다〉, 《한겨레》, 2023.01.02.

11 한여진, 〈워런 버핏 매수한 TSMC 하룻밤 새 10%↑〉, 《동아일보》, 2022.11.26.

12 나병현, 〈삼성전자 3분기 TSMC와 파운드리 시장점유율 더 벌어져, 매출은 14% 증 가〉, 《비즈니스포스트》, 2023.12.06.; 양희동, 〈주가 상승률 '삼성전자'보다 3배 높은 'TSMC'…새해 반도체 왕좌는?〉, 《이데일리》, 2023.01.14.

13 이나리, 〈내년 세계 반도체시장 20% 성장…바닥 찍고 반등〉, 《지디넷코리아》, 2023.11.15.; 〈ICT/정보통신 2023~2024년 세계/미국 반도체 시장 동향과 전망〉, IRS 글로벌, 2023.09.15.

14 황민규, 〈삼성전자·TSMC, 3나노 수율 안정화 '고군분투'… 내년 수주 경쟁에 영향 미 칠 듯〉, 《조선비즈》, 2023.10.04.

15 이인준, 〈TSMC도 장비 납품 연기…반도체 수요 심상치 않다〉,《뉴시스》, 2023.09.18.;
나병현, 〈하이투자 "삼성전자 파운드리 수율 개선, 엔비디아 수주 가능성 높아져"〉,
《비즈니스포스트》, 2023.07.11.; 김재현, 〈삼성전자의 TSMC 추월, 난이도 높아지는
이유 [차이나는 중국]〉,《머니투데이》, 2022.07.10.; 이나리, 〈TSMC는 어떻게 파운드리
1등이 됐나…삼성전자, 추격 고삐〉,《지디넷코리아》, 2023.03.14.

16 〈'대만형 칩스법' 본격 시행〉, 코트라, 2023.08.18.

17 백종민, 〈애플의 선택은 또 TSMC…기업 역학 관계도 이유〉,《아시아경제》,
2022.12.12.; 박해리, 〈엔비디아 CEO "AI는 대만에 황금 기회"…TSMC 들썩, 삼성전
자는〉,《중앙일보》, 2023.05.28.; 김제림, 〈애플, 삼성 핵심칩마저 안 쓴다…아이폰 AP
자체 개발〉,《매일경제》, 2012.10.08.

18 나병현, 〈삼성전자 3분기 TSMC와 파운드리 시장점유율 더 벌어져, 매출은 14% 증
가〉,《비즈니스포스트》, 2023.12.06.; 서제창, 〈TSMC와 격차 좁히려는 삼성, 초미세공
정 수율 개선이 '관건'〉,《헬로티》, 2023.07.11.; 서기열, 〈엔비디아, 장중 시총 1조달러
돌파…눈물 나는 '돈나무 언니'〉,《한국경제》, 2023.05.31.; 이희권, 〈삼성 먼저 '3나노'
꺼냈는데…TSMC에 매달리는 글로벌거물, 왜〉,《중앙일보》, 2023.07.02.

19 배준희, 〈동학개미 떨게 한 삼성 파운드리 분사說〉,《매경이코노미》, 2022.07.22.

20 차유채, 〈[더차트] 엔비디아 1조달러·TSMC 5450억달러…삼성 시가총액은?〉,《머니
투데이》, 2023.06.17.

21 류은주, 〈삼성전자, 사상 첫 年매출 300조 돌파…영업익 16%↓〉,《지디넷코리아》,
2023.01.06.; 이나리, 〈삼성전자 파운드리, 출범 5년만에 연매출 200억달러 첫 돌파〉,
《지디넷코리아》, 2023.05.08.

22 김동현, 〈삼성전자, 2025년 모바일 중심 '나노 반도체' 양산〉,《포춘코리아》,
2023.06.28.

23 Pin-Chun Shen et al., "Ultralow contact resistance between semimetal and monolayer
semiconductors", Nature, 2021.05.12.

24 배진솔, 〈TSMC, 1나노 반도체 기술 난제 해결…"삼성에 또 앞섰다"〉,《이데일리》,
2021.05.20.; 백성원, 〈TSMC, 1nm 칩 핵심 소재 개발 및 제조공정 구체화〉,《조세일

보》, 2022.11.07.

25  이정훈, 〈삼성전자 "2025년 2나노, 2027년 1.4나노 반도체 공정 도입"〉, 《한겨레》, 2022.10.04.; 김지헌, 〈"1나노 2029년 등장"…삼성-TSMC 승자는〉, 《헤럴드경제》, 2022.11.21.

26  권동준, 〈[테크코리아 우리가 이끈다]네패스〉, 《전자신문》, 2022.09.18.

27  류은주, 〈기대이하 구글 텐서 G3 칩 성능 "설계탓 vs 공정탓"〉, 《지디넷코리아》, 2023.10.17.

28  나병현, 〈삼성전자 파운드리 패키징 투자 성과 임박, 경계현 TSMC와 기술격차 좁힌다〉, 《비즈니스포스트》, 2023.09.12.; 김기훈, 〈삼성전자 강문수 부사장 "첨단 패키지로 반도체 한계 넘는다"〉, 《연합뉴스》, 2023.03.23.; 권동준, 〈'FO-PLP' 꺼낸 삼성, TSMC 추격 고삐〉, 《전자신문》, 2023.09.13.

29  장경윤, 〈SK하이닉스, 3분기 D램 이어 낸드도 삼성전자와 격차 축소〉, 《지디넷코리아》, 2023.12.05.; 이민조, 〈글로벌 TV 시장 실적 발표…삼성전자는 프리미엄 1위, LG전자는 OLED 1위〉, 《디일렉》, 2023.11.21.

30  이나리, 〈내년 세계 반도체시장 20% 성장…바닥 찍고 반등〉, 《지디넷코리아》, 2023.11.15.; 권동준, 〈반도체 산업 2030년에 1조달러 돌파…"자동차·데이터센터 주도〉, 《전자신문》, 2022.05.01.; 장민권, 〈"TSMC 앞설 수 있다" 삼성 파운드리 출범 5년만에 매출 200억弗 돌파〉, 《파이낸셜뉴스》, 2023.05.07.

31  크리스 밀러, 노정태 옮김, 《칩 워: 누가 반도체 전쟁의 최후 승자가 될 것인가》, 부키, 2023.

32  김종학, 〈엔비디아도 탐낸 그 회사…86조 기업 상장 초읽기〉, 《한국경제》, 2023.08.20.

33  옥기원, 〈인텔, Arm과 깜짝 '파운드리 동맹'…빼앗긴 영광 되찾을까〉, 《한겨레》, 2022.04.13.

## 2장 창조하는 애플: 첨단 기술의 종합예술을 꿈꾸다

1  〈전세계 기업 시총 TOP20〉, 2023.12.13., top.hibuz.com.; 박진우, 〈구글-삼성, 애플-TSMC 동맹 맞서 통합칩 함께 만들고 생산까지〉, 《조선비즈》, 2021.08.13.

2  김대은, 〈올 상반기 전 세계 스마트폰 판매량 1~4위 모두 아이폰〉, 《매일경제》, 2023.08.29.

3  이재덕, 〈그래도 아직은…"애플 너만 믿는다"〉, 《경향신문》, 2022.10.02.; 김남영, 〈애플에 올라탄 K기업…아이폰 부품 30%가 한국산〉, 《한국경제》, 2022.05.05.

4  이희권, 〈다음 달 3나노가 온다…애플 아이폰15가 스타트. 삼성·인텔도 출격〉, 《중앙일보》, 2023.08.08.

5  이강욱, 〈[IP노믹스]애플, 주목해온 '가상 키보드' 특허를 품 안에…〉, 《전자신문》, 2016.11.10.; David, 〈애플 터치센서 통합 유리 키보드 맥북 특허〉, 《사이언스모니터》, 2022.11.21.

6  권봉석, 〈레노버, 폴더블 PC '씽크패드 X1 폴드 2세대' 공개〉, 《지디넷코리아》, 2022.09.01.; Matthew S. Smith, 〈레노버 요가 북 9i 리뷰 | 특이하지만 '꽤 괜찮은' 듀얼 스크린 투인원 노트북〉, 《ITWorld Korea》, 2023.06.27.; 김성환, 〈키보드 윗부분에 터치스크린 장착..멀티태스킹 최적화된 괴물 노트북 [김성환의 IT템 리뷰]〉, 《파이낸셜뉴스》, 2020.01.20.

7  〈미래형 자동차를 완성하는 '이것'은? 첨단 디스플레이를 탑재한 최신 자동차들〉, 삼성디스플레이 뉴스룸, 2021.03.24.

8  유민호, 〈특허만 248건… 2025년 출시 소문 떠도는 '애플카'의 모든 것〉, 《조선일보》, 2022.09.12.

9  "2026 Apple Electric Car: What To Expect", YouTube, uploaded by TopSpeed, 2023.10.05.; Rick Hurd, "Former Apple employee charged with stealing company trade secrets", The Mercury News, 2018.07.10.; 조재환, 〈[조재환의 카테크] 현대차·애플 협력 기대와 우려 사이〉, 《지디넷코리아》, 2021.01.14.; 남호영, 〈[단독] 한국 차부품업체들, '애플카 TF' 구성〉, 《글로벌이코노믹》, 2022.01.13.

10  김용원, 〈애플 최대 협력사 폭스콘 자율주행 시스템 개발, '애플카 생산' 힌트일까〉, 《비즈니스포스트》, 2023.01.04.; 양대규, 〈폭스콘, 엔비디아와 자율주행 전기차 생산'AI 공장' 설립한다〉, 《스마트투데이》, 2023.10.18.

11  김기용, 〈中, '아이폰 생산' 대만 폭스콘 세무조사… "총통선거 개입 속내"〉, 《동아일

보》, 2023.10.24.

12  김예지, 〈엔비디아, 엣지 AI·로보틱스용 '젯슨 AGX 오린' 출시〉, 《e4ds 뉴스》, 2022.08.11.; 권봉석, 〈애플, 트랜지스터 190억 개 내장 'A17 프로' 칩 공개〉, 《지디넷코리아》, 2023.09.13.

13  유민호, 〈특허만 248건… 2025년 출시 소문 떠도는 '애플카'의 모든 것〉, 《조선일보》, 2022.09.12.

14  Derek A. Faust et al., "Climate control", US Patent 10875380 B2, 2020.12.29.; Clarisse Mazuir et al., "System and method for dynamic privacy and window tinting", US Patent 10843535 B1, 2020.11.24.

15  Catherine N. Boulanger et al., "Concealed user interfaces", US Patent 10656777 B1, 2020.05.19.; Arthur Y. Zhang et al., "System with holographic head-up display", US Patent 10866414 B2, 2020.12.15.

16  Devrim Varoglu et al., "Wireless vehicle system for enhancing situational awareness", US Patent 10878699 B2, 2020.12.29.

17  박종원, 〈애플카 25년, 샤오미카 24년? 글로벌IT 전기차 개발 속도전〉, 《파이낸셜뉴스》, 2022.10.02.

18  Anton Fedosov et al., "Method for representing points of interest in a view of a real environment on a mobile device and mobile device therefor", US Patent 10217288 B2, 2019.02.26.; Quin C. Hoellwarth, "Head-mounted display apparatus for retaining a portable electronic device with display", US Patent 8957835 B2, 2015.02.17.; 안하늘, 〈애플, VR·AR 전문가 영입…"수백명이 기술 개발 중"〉, 《아시아경제》, 2016.09.19.

19  정진옥, 〈확장 현실 시장은 '확장 중', 2031년 4466억 달러 전망〉, 《지티티코리아》, 2023.10.13.

20  AI리포터, 〈천하의 애플도 OTT 시장에선 고전 "쉽지 않네"〉, 《디지털투데이》, 2023.10.13.

21  이재덕, 〈애플 '비전 프로' 덕에 주목받는 '마이크로 OLED'〉, 《경향신문》, 2023.06.15.

22  최호섭, 〈[현장] 애플의 원 모어 띵 '비전 프로'에 비친 컴퓨팅의 미래〉, 《비즈한국》,

2023.06.06.

23 손경호, 〈애플, 사람 표정 읽는 스타트업 이모션트 인수〉, 《지디넷코리아》, 2016.01.08.; 손경호, 〈애플, 이스라엘 얼굴인식 스타트업 인수…왜?〉, 《지디넷코리아》, 2017.02.20.; 권유정, 〈애플, 캐나다 AR 개발업체 '버바나' 3000만달러에 인수〉, 《조선일보》, 2017.11.22.; 김현재, 〈애플, 증강현실 안경 스타트업 아코니아 인수〉, 《연합뉴스》, 2018.08.30.; 최용석, 〈애플 '넥스트VR' 인수 마무리, 자체 VR·AR 개발 속도 붙나〉, 《IT조선》, 2020.05.15.; 윤영주, 〈애플, VR 스타트업 '스페이시스' 인수〉, 《AI타임스》, 2020.08.26.; 매튜 볼, 송이루 옮김, 《메타버스 모든 것의 혁명》, 다산북스, 2023.

24 선담은, 〈"메타버스는 헛소리"…과도한 띄우기가 '회의론' 불렀나〉, 《한겨레》, 2021.11.15.

25 "Why most economists' predictions are wrong", Red Herring Online, 1998.06.10.; "Microsoft's Ballmer Not Impressed with Apple iPhone", CNBC, 2007.01.17.

26 변희원, 〈MS 홀로렌즈 사업 보류, 메타는 손실 눈덩이… 메타버스 잿빛으로〉, 《조선일보》, 2022.11.07.

27 이근호, 〈저커버그가 꿈꾸는 '메타버스' 애플과 다르다, 사업 방향성 뚜렷한 차이 보여〉, 《비즈니스포스트》, 2023.06.09.

## 3장 압도하는 구글: 새로운 세계의 신을 꿈꾸다

1 Emily Matchar, "Google's New AI Can Beat Human Champions at the Game of Go", Smithsonian Magazine, 2016.01.27.; 한창규, 〈[神의 한 수]'미생' '응팔' 바람에 '이세돌 태풍'… 바둑, 이제 대세가 되다〉, 《동아일보》, 2016.04.20.

2 심재석, 〈넷플릭스는 어떻게 최고의 추천시스템을 만들었나〉, 《동아사이언스》, 2016.03.24.

3 윤희훈, 〈[AD Live] 알파고, 칸 광고제서 혁신 그랑프리 수상〉, 《조선비즈》, 2016.06.24.

4 신다은, 〈AI '2019 수능' 풀었다…영어 12점·수학 16점〉, 《서울경제》, 2018.11.16.

5 Alex Davies et al., "Advancing mathematics by guiding human intuition with AI", Nature, 2012.12.01.

6   이정아, 〈[표지로 읽는 과학]구글 딥마인드는 왜 수학을 연구하는 인공지능을 개발했을까〉, 《동아사이언스》, 2021.12.04.

7   "Geordie Williamson: Using AI models to solve mathematical problems", YouTube, uploaded by Faculty of Science, University of Sydney, 2021.12.02.

8   Azalia Mirhoseini et al., "A graph placement methodology for fast chip design", Nature, 2021.06.09.

9   이영완, 〈AI가 자신이 쓸 반도체 직접 설계한다, 그것도 6시간 만에〉, 《조선일보》, 2021.06.10.; 조승한, 〈AI 스스로 진화하는 능력을 터득하다〉, 《동아사이언스》, 2021.06.14.

10  최인영·윤보람, 〈〈인터뷰〉 판후이 "0 대 8 상황에서 인간 첫승…정말 좋았다"〉, 《연합뉴스》, 2016.03.14.

11  김동원, 〈LG와 카카오 '초거대 AI' 뒤에 구글 'TPU v4' 있다〉, 《AI타임스》, 2022.06.02.

12  Sharan Narang·Aakanksha Chowdhery, "Pathways Language Model (PaLM): Scaling to 540 Billion Parameters for Breakthrough Performance", Google Research Blog, 2022.04.04.

13  김나래, 〈[여기는 실밸] "헤이 구글, 웃긴 이유 설명해줘"…유머 학습하는 구글 AI〉, 《뉴스핌》, 2022.04.29.

14  박찬, 〈구글, 5400억 매개변수 초대형 언어 모델 'PaLM' 공개〉, 《AI타임스》, 2022.04.06.; 박성은, 〈구글 'PaLM', 최고 성능·최대 크기 초거대 AI 등극〉, 《바이라인네트워크》, 2022.04.07.

15  김미정, 〈[단독인터뷰] 팀닛 게브루 박사가 한국에 던진 질문 "한국 빅테크 기업 개발자는 자신의 소신을 밝힐 수 있는가"〉, 《AI타임스》, 2022.02.11.; 이하나, 〈구글 AI 책임자 제프 딘, 새 AI 시스템 '패스웨이' 발표…초지능형AI 개발 목표 제시〉, 《AI타임스》, 2021.08.09.

16  Paul Covington et al., "Deep Neural Networks for YouTube Recommendations", RecSys, 2016.09.07.; James Davidson et al., "The YouTube video recommendation system", RecSys, 2010.09.26.; Zhe Zhao et al., "Recommending what video to watch next: a

multitask ranking system", RecSys, 2019.09.10.

17 James Loke Hale, "More Than 500 Hours Of Content Are Now Being Uploaded To YouTube Every Minute", TubeFilter, 2019.05.07.; 이윤정, 〈틱톡 따라하기 전략 먹혔나…유튜브 숏츠 시청자, 틱톡 넘었다?〉, 《경향신문》, 2022.06.16.

18 김수진, 〈"미국이 조종당한다" '틱톡' 금지 논의〉, MBC, 2023.03.24.; 정시행, 〈美 몬태나, 50개주 최초로 틱톡 전면 금지〉, 《조선일보》, 2023.04.17.; 곽현수, 〈틱톡에 퍼지는 '9·11 테러' 주범 빈 라덴의 편지〉, YTN, 2023.11.17.

19 김달훈, 〈"AI 시장 2030년까지 연간 36.8% 초고속 성장" 마켓앤마켓〉, 《CIO Korea》, 2023.09.13.; AI리포터, 〈유튜브 작년 매출 53조원…안정권 들어섰다〉, 《디지털투데이》, 2023.05.19.

20 김미정, 〈구글, 딥마인드·브레인 합친다…"AI·검색엔진 경쟁력 확보"〉, 《지디넷코리아》, 2023.04.21.; 이경탁, 〈"GPT 달아도 소용 없네"… 검색 시장서 '구글 천하' 못 넘는 MS '빙'〉, 《조선비즈》, 2023.11.27.

21 Frank Arute et al., "Quantum supremacy using a programmable superconducting processor", Nature, 2019.10.23.; 김경진, 〈수퍼컴도 1만년 걸리는 난제…2cm 구글칩, 3분 만에 풀었다〉, 《중앙일보》, 2019.11.01.; 권현주, 〈[초점] 구글 양자컴퓨터의 진짜 위력은?〉, 《인공지능신문》, 2019.12.31.; Alex Knapp, "Google Announces 'Quantum Supremacy' As Samsung-Backed Rival Raises $55 Million", Forbes, 2019.10.23.; Sundar Pichai, "What our quantum computing milestone means", Google Blog, 2019.10.23.; 강석기, 〈양자컴퓨터 '양자 우월성' 구현 성공의 의미〉, 《신동아》, 2019.11.22.

22 지민구, 〈"상온서 양자컴퓨터 구현 가능성"… 원자력연구원 등 후보 물질 확인〉, 《동아일보》, 2023.08.24.

23 남혜정, 〈세계 1위 美슈퍼컴, 1초에 119경번 연산… 韓 '세종'은 세계 22위 그쳐[인사이드&인사이트]〉, 《동아일보》, 2023.11.27.

24 이병철, 〈오류 확 낮춘 양자컴퓨터로 신약공정 만든다〉, 《조선비즈》, 2023.04.21.; Florian Budde·Daniel Volz "The next big thing? Quantum computing's potential impact on chemicals", McKinsey&Company, 2019.07.12.; 최성훈, 〈양자 컴퓨터에 열광하는 글

로벌 빅파마들, 신약 개발 앞당긴다〉,《메디파나 뉴스》, 2023.04.25.

25  최인준, 〈전세계 '양자컴' 기술경쟁… AI·신약·우주·군사 패권 쥘 게임체인저〉,《조선 일보》, 2023.09.12.

26  최준호, "양자컴퓨터 일반화되면 암호화폐 무력화될 수 있다", 중앙일보, 2021

27  최준호, "양자컴퓨터 일반화되면 암호화폐 무력화될 수 있다", 중앙일보, 2021; Itan Barmes·Bram Bosch, "Quantum computers and the Bitcoin blockchain", Deloitte, 2020.12.25.

28  〈꿈의 보안, 양자통신 [다큐S프라임]〉, YouTube, uploaded by YTN 사이언스, 2018.08.17.

29  양승민, 〈양자정보기술 시대 온다…IP5 특허출원 10년간 4배 '껑충'〉,《전자신문》, 2021.04.01.; 정홍규·차정인, 〈[180회] 도청 불가능 '양자암호통신' 어디까지 왔나?〉, KBS, 2016.04.01.; 최용석, 〈구글, 미래 '양자 공격' 막는 하이브리드 양자 보안키 발표〉,《글로벌이코노믹》, 2023.08.19.

30  김우용, 〈IBM, 127큐비트 양자 프로세서 공개〉,《지디넷코리아》, 2021.11.17.; 김 우용, 〈IBM, 433큐비트 양자 프로세서 공개〉,《지디넷코리아》, 2022.11.10.; 최인 준, 〈전세계 '양자컴' 기술경쟁… AI·신약·우주·군사 패권 쥘 게임체인저〉,《조선 일보》, 2023.09.12.; Michael Brooks, "IBM wants to build a 100,000-qubit quantum computer", MIT Technology Review, 2023.06.01.

31  박찬, 〈양자 슈퍼컴퓨터 10년 내에 나온다〉,《AI타임스》, 2023.06.22.

32  Phalgun Lolur et al., "Reference-State Error Mitigation: A Strategy for High Accuracy Quantum Computation of Chemistry", Journal of Chemical Theory and Computation, 2023.01.27.; 김형자, 〈'양자컴퓨터 오류율' 수정 기술 찾았다〉,《주간조선》, 2023.03.16.

## 4장 도전하는 테슬라: 지구 넘어 화성을 꿈꾸다

1  "Stephen Hawking - Why We Should Go Into Space", YouTube, uploaded by National Space Society, 2011.04.28.

2  김용석, 〈애플과 테슬라가 시스템반도체를 자체 개발하는 이유〉,《이코노미조선》,

2022.06.13.; 김상윤, 〈'도조'가 뭐길래.. "테슬라 가치 5천억달러 오를수도"[빅테크in]〉, 《이데일리》, 2023.09.12.

3   박한나, 〈'수명 100년' 전기차 배터리 개발한 테슬라〉, 《디지털타임스》, 2022.05.29.

4   백유진, 〈4680 원통형 배터리, K-배터리 미래 책임질까〉, 《비즈워치》, 2023.09.17.; 구동완, 〈테슬라, 美네바다주에 4조 규모 세미트럭 생산 공장 건립 발표〉, 《뉴시스》, 2023.01.25.; 김훈기, 〈[EV 트렌드] 테슬라, 지난주 86만 8000개 '4680 배터리셀' 생산… 모델 Y 1000대 분량〉, 《오토헤럴드》, 2022.12.27.

5   박한나, 〈'수명 100년' 전기차 배터리 개발한 테슬라〉, 《디지털타임스》, 2022.05.29.

6   박민, 〈송호성 기아 사장 "전기차 배터리 원가 2030년까지 40% 감축"〉, 《이데일리》, 2023.04.05.; 이동재, 〈2차전지 산업 이끄는 전기차 배터리, 시장 변수는?〉, 《헬로티》, 2023.06.29.; 함정선, 〈배터리 업계, 공장 '수율' 높이고 'AI'로 고도화…원가절감 나섰다〉, 《이데일리》, 2022.08.23.; 박민, 〈송호성 기아 사장 "전기차 배터리 원가 2030년까지 40% 감축"〉, 《이데일리》, 2023.04.05.

7   채영석, 〈LFP 배터리 탑재한 테슬라, 테슬라 모델Y RWD 시승기〉, 《글로벌오토뉴스》, 2023.10.18.; 박낙희, 〈배터리 교체 3만불…친환경차 수리 공포〉, 《중앙일보》, 2023.02.06.; 조재완, 〈"교체 싸게 해줘요"…돈되는 '폐배터리' 가져가며 생색내는 테슬라〉, 《뉴스핌》, 2022.10.09.

8   송민근, 〈배터리 시장 대세는 '가성비'… LFP 배터리 점유율 사상 최대〉, 《매일경제》, 2023.02.21.; 김재현, 〈전 세계가 전기차 타면…테슬라 "LFP 배터리가 61% 차지할 것"〉, 《머니투데이》, 2023.04.10.; 김용원, 〈테슬라 이어 아우디 BMW도 LFP배터리 '대세', LG 삼성 SK 대응 서둘러〉, 《비즈니스포스트》, 2022.04.28.; 변상이, 〈대세 떠오른 'LFP 배터리'… K-배터리, '中 추격' 속도〉, 《뉴데일리》, 2023.08.13.

9   이나리, 〈4나노 수율 높인 삼성전자, 잇단 수주…TSMC와 경쟁서 우위〉, 《지디넷코리아》, 2023.11.16.

10   이정현, 〈테슬라는 슈퍼컴 강자…"GPU 기준 세계 7위"〉, 《지디넷코리아》, 2022.08.18.

11   애슐리 반스, 안기순 옮김, 《일론 머스크, 미래의 설계자: 지구상에서 가장 먼저 미래에 도착한 남자, 일론 머스크가 제시하는 미래의 프레임》, 김영사, 2015.

12  양모듬, 〈[Tech & BIZ] 실보다 얇은 전극을 두뇌에 이식… '전자두뇌' 실현되나〉, 《조선비즈》, 2019.07.25.

13  곽창렬, 〈"시각 장애인이 보게 될 것" 몸에 칩 심는 '휴먼 혁명' 온다〉, 《조선일보》, 2023.06.18.; 정민모, 〈인간의 뇌와 컴퓨터를 연결하는 뉴럴링크의 도전〉, KT 엔터프라이즈, 2021.03.08.

14  이정현, 〈원숭이 뇌에 컴퓨터 칩 이식…"게임 잘하네"〉, 《지디넷코리아》, 2021.04.09.

15  변희원, 〈사기 같다 비난받던 '뇌 임플란트' 사업도 3700억원 투자 유치〉, 《조선일보》, 2023.08.21.

16  안상현, 〈생각만으로 컴퓨터 조작, 머스크·저커버그 누가 먼저냐〉, 《조선일보》, 2023.02.24.

17  남혁우, 〈메타, 생각을 이미지로 구현하는 AI 공개〉, 《지디넷코리아》, 2023.10.19.

## 5장 다크호스: 또 다른 기회를 꿈꾸다

1   장경윤, 〈ASML, 3분기 매출 9.5조원…"올해 연매출 전년比 30% 성장"〉, 《지디넷코리아》, 2023.10.19.; 류은주, 〈삼성전자, 사상 첫 年매출 300조 돌파…영업익 16%↓〉, 《지디넷코리아》, 2023.01.06.; 이나리, 〈삼성전자 파운드리, 출범 5년만에 연매출 200억달러 첫 돌파〉, 《지디넷코리아》, 2023.05.08.; 임동욱 외, 〈삼성전자, 3분기 영업이익 2.4조…올들어 첫 兆단위 복귀〉, 《머니투데이》, 2023.10.11.

2   김재섭, 〈삼성, 그래도 반도체…세계 첫 '20나노' D램 양산〉, 《한겨레》, 2011.09.22.; 한동희, 〈"20나노 모바일AP, 누가 원조?"…삼성·TSMC '세계 최초' 논란〉, 《조선비즈》, 2014.08.19.

3   이공흠, 〈ASML 'New Campus', 화성에 세우다〉, 《반도체네트워크》, 2022.12.05.

4   전동엽, 〈[이슈] 반도체 초미세 상징 EUV, 생산량 늘리기 위한 4대 과제는〉, 《전자과학》, 2019.06.28.; Mark Lapedus, "Gearing Up For High-NA EUV", Semiconductor Engineering, 2021.10.21.

5   안석현, 〈EUV 시대에도 DUV 발전은 계속된다〉, 《키포스트》, 2020.11.24.

6   황정수·이수빈, 〈SK하이닉스, 4조8000억 들여 EUV 장비 20대 확보〉, 《한국경제》,

2021.02.25.; 이광영, 〈인텔, 대당 5000억 '한정판' EUV 장비 싹쓸이…삼성·TSMC 2025년까지 대기〉, 《아이티조선》, 2022.06.02.

7   김용원, 〈ASML 올해 EUV 장비 공급부족 지속 전망, 삼성전자 TSMC 투자에 변수〉, 《비즈니스포스트》, 2023.01.26.; Paul van Gerven, "Intel first to place order for ASML's high-NA production system", Bits&Chips, 2022.01.20.; 이승훈·이지용, 〈이재용 반도체 총력전…네덜란드 총리·ASML 경영진 만났다〉, 《매일경제》, 2022.06.15.; 오형주, 〈尹, 11~14일 네덜란드 국빈 방문…"ASML과 반도체 공급망 협력"〉, 《한국경제》, 2023.12.01.; 김기태, 〈한-네덜란드 '반도체 동맹' 선언…삼성·ASML 합작 센터 설립〉, SBS, 2023.12.13.

8   황정수, 〈"GPU, 게임 넘어 全산업에 쓰일 것"…젠슨 황의 선견지명〉, 《한국경제》, 2023.02.12.

9   박선미, 〈[칩톡]엔비디아는 어떻게 GPU 독점 구도를 갖추게 됐나〉, 《아시아경제》, 2023.06.19.

10  박혜리, 〈'챗GPT 대박' 엔비디아 게 섯거라…AI 반도체 뛰어든 기업들〉, 《중앙일보》, 2023.05.25.; 박찬, 〈엔비디아, AI 칩 시장 90% 이상 점유할 것〉, 《AI타임스》, 2023.07.11.; 박신영, 〈엔비디아, 1000달러 돌파 기대도…반도체주 끌어올릴 것〉, 《한국경제》, 2023.08.24.; 성상훈, 〈'AI 시대' 최대 수혜 기업?…최종 승자는 이미 정해졌다 [성상훈의 해외주식학개론]〉, 《한국경제》, 2023.03.18.; 이서영, 〈챗GPT 열풍 속 품귀 '엔비디아 GPU' 개당 6000만원…AI칩 독점〉, 《서울파이낸스》, 2023.04.20.; 박찬, 〈엔비디아, 차세대 AI 슈퍼칩 'GH200' 공개…"AI 시간·비용 대폭 절감"〉, 《AI타임스》, 2023.08.09.

11  한수경, 〈2022년에 알아야 할 10가지 구글 검색 통계〉, 《매드타임스》, 2022.02.17.

12  김지선, 〈"챗GPT와 다르다" 구글 '바드' 180개국 오픈〉, 《전자신문》, 2023.05.11.

13  〈전세계 기업 시총 TOP20〉, 2023.12.13., top.hibuz.com.; Thundermark Capital, "AI Research Rankings 2022: Sputnik Moment for China?", Medium, 2022.05.19.

14  〈[영상] ⑤구글(알파벳) 창사 후 첫 검색 위기, 구글의 미래는?〉, YouTube, uploaded by 투자직감GAM, 2023.06.07.; 이은주, 〈'검색 광고' 아마존 추격에 떠는 구글, 유튜브로

돌파구 찾나〉, 《아이티조선》, 2021.06.01.

15 김성민, 〈MS에 뒤처진 구글, 25개 AI 서비스 대거 공개 '파상공세'〉, 《조선일보》, 2023.05.11.; 박찬, 〈메타, 상업용 오픈소스 LLM '라마2' 공개〉, 《AI타임스》, 2023.07.19.

16 박기록, 〈"결국 '챗GPT'가 공매도 세력 박살"… 엔비디아 주가의 극적인 나비효과〉, 《디지털데일리》, 2023.05.04.

17 이진명, 〈AI의 아버지도 돌연 구글에 사표 던졌다…인공지능 통제노력 지속돼야 [매경테스크]〉, 《매일경제》, 2023.12.01.

18 김병욱, 〈반도체 패키징 공정기술의 이해와 전망〉, 《이슈앤테크》 제42호, 2015.

19 김태종, 〈엔비디아에 도전장…美스타트업, 자체 AI칩 이용 슈퍼컴 개발〉, 《연합뉴스》, 2023.07.21.

20 박해리, 〈엔비디아 신형 슈퍼컴 "코끼리 4마리 무게, 첫 고객은 메타·구글"〉, 《중앙일보》, 2023.05.30.; Tristan Greene, "Cerebras Systems' dinner plate-sized chips are revolutionizing the field of AI", TNW, 2022.04.28.

21 김동원, 〈세레브라스 AI 칩 WSE, TSMC 7나노 공정서 생산…1세대보다 성능 두 배↑〉, 《AI타임스》, 2021.04.26.

22 박찬, 〈세레브라스, 단일 장치에서 200억 매개변수의 AI 모델 훈련 성공〉, 《AI타임스》, 2022.06.24.; 박혜섭, 〈세레브라스가 여는 120조(兆)개 신경망 파라미터 세상…"인간의 뇌 수준급 시스템"〉, 《AI타임스》, 2021.08.26.; 양모듬, 〈[Tech & BIZ] 인공지능을 1000배 빠르게 학습시킬 '거대 컴퓨터칩' 등장〉, 《조선비즈》, 2019.08.29.; 서재창, 〈美 AI 반도체 스타트업 세레브라스, 챗봇 7개 모델 선보여〉, 《헬로티》, 2023.03.29.

23 Ian Cutress, "Cerebras Unveils Wafer Scale Engine Two (WSE2): 2.6 Trillion Transistors, 100% Yield", AnandTech, 2021.04.20.

24 오로라·임경업, 〈AI 반도체 90% 장악한 엔비디아, 누가 독주 막을까〉, 《조선일보》, 2023.09.11.

25 이재구, 〈[이재구코너] 빌 게이츠가 두려워 한 차고창업자〉, 《지디넷코리아》, 2010.08.12.

## 1장 위기와 기회는 공존한다

1   유승호, 〈한국은 끝났다… 0%대 추락은 시간 문제 암울한 전망〉, 《한국경제》, 2023.11.06.; 유승호, 〈연 1%대 성장률도 아슬아슬…우울한 '피크 코리아' 예언〉, 《한국경제》, 2023.11.14.

2   이민후, 〈IMF, 내년 한국 경제성장률 2.4%→2.2%로 하향〉, SBS, 2023.10.11.; 박원희, 〈OECD, 올해 韓 성장률 1.5→1.4% 하향…내년은 2.1→2.3% 올려〉, 《연합뉴스》, 2023.11.29.

3   김우보, 〈빚더미 내몰리는 韓기업…부채 증가속도 '세계 2위'〉, 《서울경제》, 2023.11.19.

4   최혜령, 〈지난해 역대 최대수출에도…무역적자 472억 달러 사상최대〉, 《동아일보》, 2023.01.01.

5   백지연, 〈삼성전자, 4분기 영업이익 3조4000억원…큰 폭의 수익성 개선〉, 《매일경제》, 2023.09.15.; 나병현, 〈SK증권 "SK하이닉스 4분기 실적 회복 가속화, 낸드 전략 수익성 위주로 전환"〉, 《비즈니스포스트》, 2023.10.27.

6   〈SK하이닉스 "낸드 추가 감산…HBM 수주공백 없다"〉, 《키포스트》, 2023.07.26.; 한보라, 〈SK하이닉스, 낸드 감산 유지…적자 탈출 '사활'〉, 《딜사이트》, 2023.10.30.

7   김회승, 〈삼성전자 "메모리 감산" 공식화…반도체 수조원대 적자〉, 《한겨레》, 2023.04.07.

8   유수진, 〈결국 삼성전자도 생산량 조절…'자연적 감산'으론 역부족〉, 《연합인포맥스》, 2023.04.07.; 강해령, 〈삼성전자 메모리 감산, 어디서 어떻게 하는걸까 [강해령의 하이엔드 테크]〉, 《서울경제》, 2023.04.10.; 김경림, 〈삼성전자, 감산 규모 늘린다…낸드 최대 50%로 확대〉, 《연합인포맥스》, 2023.09.20.

9   옥기원, 〈'어닝 서프라이즈' 삼성전자… "반도체 감산 효과 이제 시작"〉, 《한겨레》, 2023.09.20.; 한보라, 〈SK하이닉스, 낸드 감산 유지…적자 탈출 '사활'〉, 《딜사이트》, 2023.10.30.; 주대영, 〈반도체 경기, 언제 회복 가능한가?〉, 국가미래연구원,

2023.11.05.

10 김용원, 〈엔비디아 TSMC 넘고 '세계 반도체 영업익 1위' 등극, 삼성전자는 인텔에 밀려〉, 《비즈니스포스트》, 2023.11.27.

11 이지용, 〈[2024 산업 전망] 반도체 터널 끝이 보인다…다시 업턴 시작〉, 《뉴스핌》, 2023.12.01.

12 박종진, 〈엔비디아, HBM3E 탑재한 '슈퍼 GPU' 내년 2분기 양산〉, 《전자신문》, 2023.08.09.; 장경윤, 〈삼성전자, 경기 침체에도 시설투자 역대급…2분기만 14.5조원〉, 《지디넷코리아》, 2023.07.27.

13 Yitong Chen et al., "All-analog photoelectronic chip for high-speed vision tasks", Nature, 2023.11.25.

14 박찬, 〈중국, 엔비디아 'A100'보다 3000배 빠른 AI 칩 개발…사용은 제한적〉, 《AI타임스》, 2023.11.02.

15 최창현, 〈[AI 리뷰] 세계 최고 성능의 AI 반도체?… 中 칭화대 연구팀, 엔비디아 A100보다 3000배 빠른 AI 수행하는 광전자 칩 개발〉, 《인공지능신문》, 2023.11.03.

16 류석, 〈AI 반도체 스타트업 리벨리온…1000억 투자유치 추진[시그널]〉, 《서울경제》, 2023.10.04.

17 이덕연, 〈[VC 투자 ABC] 리벨리온·지바이크·메이아이 등 투자 유치〉, 《서울경제》, 2023.12.14.

18 최광민, 〈토종 AI 반도체, 리벨리온 '아톰'…글로벌 벤치마크 'MLPerf'서 퀄컴·엔비디아도 눌렀다!〉, 《인공지능신문》, 2023.04.07.; 최광민, 〈kt cloud, 국내 첫 클라우드 기반 NPU 인프라, 리벨리온 고성능 NPU '아톰' 탑재〉, 《인공지능신문》, 2023.06.27.

19 정두용, 〈韓 반도체 '스타 기업' 뭉쳤다…리벨리온, 삼성전자와 차세대 AI칩 개발〉, 《이코노미스트》, 2023.10.05.

20 김성모, 〈3분기 출산율 0.7명으로 '역대 최저'…47개월째 인구 자연 감소〉, 《조선일보》, 2023.11.29.; 최형석, 〈부부 200명이 78명 낳는 나라… 한국이 사라져간다〉, 《조선일보》, 2023.02.23.

21 윤주헌, 〈한국 인구감소, 흑사병 때보다 빨라…45년후엔 3500만명〉, 《조선일보》,

2023.12.03.

22 김현아, 〈"AI반도체로 넥스트 삼성전자 되겠다"는 이 회사, 무기는 '글로벌팀'〉,《이데일리》, 2023.07.02.

23 서한샘, 〈석·박사학위자 10만1629명 '역대 최다'…박사는 20년 만에 3배로〉,《뉴스1》, 2023.03.16.; 이대희, 〈작년 박사학위 딴 4명 중 1명 '실업자'…고액연봉 비율 소폭↑〉, 《연합뉴스》, 2020.02.12.

24 정석준, 〈반도체 인재 '15만 양성론' 무색… 1차 합격자 무더기 의대로〉,《디지털타임스》, 2023.02.21.; 박기범, 〈이공계의 질적 위기, 우수인재의 의학계열 선호 현상 가속화 시켜〉,《과학기술정책 Brief》제7호, 2023.04.03.

25 최상국, 〈학사 130, 석사 220, 박사 300…학생연구원 인건비 기준 14년 만에 상향〉, 《아이뉴스24》, 2022.08.26.

26 김봉수, 〈[과학을읽다]그 많던 한국의 천재들은 다 어디로 갔을까?〉,《아시아경제》, 2023.02.05.

27 박수현, 〈美, 반도체 제조에 56조원 투자 발표…"한국·대만과 손잡아라"〉,《조선비즈》, 2021.04.01.; 채민석, 〈美 상원, 2800억 달러 규모 '반도체 산업 육성 법안' 통과〉,《조선비즈》, 2022.07.28.; 〈텍사스주, 미국 반도체 제조 중심지로 부상〉, 코트라, 2023.08.14.

28 서재창, 〈中, 반도체 자립 위해 자국 기업 190곳에 2조3000억 원 지원〉,《헬로티》, 2023.05.08.; 김용원, 〈중국 반도체 육성 위한 3천억 위안 정부펀드 조성, 미국 수출규제 극복 의도〉,《비즈니스포스트》, 2023.09.05.; 전설리, 〈수십조 퍼부어도 결실 없자…中, 반도체 지원 중단 검토〉,《한국경제》, 2023.01.05.

29 윤세미, 〈'반도체 부활' 선언 日정부, 라피더스에 2.6조원 특급 지원〉,《머니투데이》, 2023.04.25.; 백주연, 〈반도체 육성 사활 日, 관련 기금 30조원 증액 추진〉,《서울경제》, 2023.10.12.

30 곽도영 외, 〈[단독]한국, 말로만 '반도체 총력전'… 美는 56조, 中은 173조 통큰 투자〉, 《동아일보》, 2021.05.11.; 반기웅, 〈수출 '하락세' 반전 어렵다…정부, 반도체 1조원 재정 투입〉,《경향신문》, 2022.11.01.; 조은정, 〈또 헛공약? 반도체 미래 '팹리스' 키운다

주    397

더니 예산 91% 깎았다〉,《노컷뉴스》, 2023.10.27.

31  유지한,〈삼성전자 ASML 지분 매각⋯ 올해만 4조 확보〉,《조선일보》, 2023.11.15.

32  이정호,〈연구·개발, 카르텔이니⋯'싹둑' 잘랐다〉,《경향신문》, 2023.08.30.; 이종현,
〈33년만에 R&D 예산 줄인다⋯내년 13.9% 삭감 하위 20%사업 구조조정〉,《조선
비즈》, 2023.08.22.; 최하얀,〈R&D 칼바람⋯내년 사업 66%가 예산 삭감〉,《한겨레》,
2023.09.06.; 김인한,〈'5% 투자' 무너졌다⋯내년 국가 R&D예산 25.9조, 총지출의
3.9%〉,《머니투데이》, 2023.08.29.; 임현식,〈[기고] 첨단 반도체 시대, 장기적 경쟁력
위해선 기초과학부터 튼튼해야〉,《아시아투데이》, 2023.05.31.; 신지하,〈[기획]한국 반
도체 질적 성장 더뎌⋯기초과학·국제협력 우선〉,《매일일보》, 2023.02.20.

33  성현희,〈'청색 LED' 개발로 노벨물리학상 수상한 나카무라 교수, "중소기업에서 꿈을
펼쳐라"〉,《전자신문》, 2014.10.22.

34  염한웅,〈'연구·개발 과제 성공률 99%'라는 우상〉,《경향신문》, 2022.04.11.

35  이근영,〈정부 R&D예산, 연구보다 관리비로 '펑펑'〉,《한겨레》, 2016.10.07.

## 2장  K 반도체의 활로를 찾아서

1  크리스 밀러, 노정태 옮김,《칩 워: 누가 반도체 전쟁의 최후 승자가 될 것인가》, 부키,
2023.

2  정지은,〈삼성전자, 반도체·스마트폰·가전⋯한국 수출의 17.7% 담당〉,《한국경제》,
2022.12.04.

3  〈시진핑 "친구되자" 美 기업에 손짓⋯CEO들 "현실과 달라" 시큰둥〉, 한국무역협회,
2023.11.20.

4  진동영,〈수십조 쌓아났다던 보조금은 다 어디에⋯美 반도체 지원 이상 기류에 '비상'
[biz-플러스]〉,《서울경제》, 2023.12.05.; 이민조,〈[전문] 미국 반도체지원법 가드레일
최종안 살펴보니⋯〉,《디일렉》, 2023.10.10.; 문병기,〈삼성, 美 반도체법 보조금 의향
서 제출⋯ 기밀유출 논란 협의할 듯〉,《동아일보》, 2023.04.19.

5  〈2023년 대만 반도체 산업 정보〉, 코트라, 2023.04.14.; 이종섭,〈대만 내년 국방예
산 18조 육박, 사상 최대⋯차이잉원 집권기 38% 증가〉,《경향신문》, 2023.07.31.;

〈대만 TSMC 올해 연구개발비 8조5천억원…작년보다 20% 늘려〉, 한국무역협회, 2023.03.21.; 최혜령, 〈지난해 역대 최대수출에도…무역적자 472억 달러 사상최대〉, 《동아일보》, 2023.01.01.

6  김현정, 〈일본의 반도체 산업 정책 및 전략 : 반도체 패권 변화에 관한 역사적 경험을 중심으로〉, 《한국과 국제사회》 제6권 제6호, 2022.06.06.; 신승진, 〈TSMC 구마모토공장 인가, 日 정부서 최대 4760억엔 지원〉, 《테크튜브》, 2022.06.17.; 성호철, 〈日, 반도체 기금 30조 증액 추진 "TSMC 일본 공장에 8조 더 지원"〉, 《조선일보》, 2023.12.05.

7  이정아·도원빈, 〈미국과 EU의 반도체 산업 육성 전략과 시사점〉, 《KITA 통상 리포트》 제8호, 2023.08.30.; 서재창, 〈[8월 반도체 동향 ③] 유럽 내 완전한 반도체 밸류체인 구축하는 EU〉, 《헬로티》, 2023.08.09.; 장경윤, 〈EU, 반도체법 21일 발효…"2030년 점유율 20% 달성"〉, 《지디넷코리아》, 2023.09.22.

8  김윤희·서종민, 〈윤 '이래서 반도체 초강대국 되겠나' 질타… K-칩스법 재추진한다〉, 《문화일보》, 2022.12.30.; 차지연·류미나, 〈대기업 반도체 세액공제 최대 25%로…'K칩스법' 국회 최종 통과(종합)〉, 《연합뉴스》, 2023.03.30.

9  김병채·이예린, 〈K-칩스법 통과땜 삼성 '용인 반도체 클러스터' 45조 세제혜택〉, 《문화일보》, 2023.03.23.; 홍석호·이축복, 〈삼성 용인 반도체클러스터… 2026년 착공 목표 속도전〉, 《동아일보》, 2023.06.28.

10  문채석, 〈반도체 중고장비도 세액공제…'제2 K-칩스법' 입법 추진〉, 《아시아경제》, 2023.08.30.

11  김회승, 〈삼성전자 14년 만의 최악 실적… "반도체는 바닥 쳤다"〉, 《한겨레》, 2023.07.07.; 한지연, 〈1분기 파운드리 점유율 TSMC 60%·삼성전자 12%…격차 더 확대〉, 《머니투데이》, 2023.06.12.; 한예주, 〈삼성-TSMC 파운드리 격차 더 커졌다…3Q 매출 늘어도 점유율 45.5%P差〉, 《아시아경제》, 2023.12.06.

12  황민규, 〈삼성전자·SK하이닉스, 3분기 재고자산 48조원…2년만에 두배 증가〉, 《조선비즈》, 2023.11.14.; 김바램, 〈삼성전자 올해 반도체와 디스플레이 위주 총 53조7천억 투자, '사상 최대'〉, 《비즈니스포스트》, 2023.10.31.

13  한지연, 〈초거대 AI, 반도체 업사이클 기대감 솔솔…삼전·SK하닉, 공격적 투자로 초

격차 폐달〉,《아주경제》, 2023.11.16.

14 김달훈, 〈가트너 "2024년 반도체 시장, 16.8% 성장… 메모리 영역은 66.3%"〉,《ITWorld Korea》, 2023.12.06.; 최은경, 〈메타버스·자율주행에 필수…AI반도체 90조 시장 잡아라〉,《중앙일보》, 2022.05.23.

15 박해리·고석현, 〈하이닉스 황금알 HBM…그 뒤엔 '10년 뚝심' 있었다〉,《중앙일보》, 2023.10.27.

16 〈D램 우등생 삼성은 언제 HBM 주도권을 SK하이닉스에 빼앗겼나〉,《키포스트》, 2023.07.10.

17 최은경, 〈생산량은 1%인데 가격은 10%…삼성·SK하이닉스, HBM서 '한판'〉,《중앙일보》, 2023.07.16.; 노우리, 〈삼성·SK 공격 증설에도…HBM 공급 부족 3년 더 간다 [Biz-플러스]〉,《서울경제》, 2023.10.30.

18 윤상호, 〈SK하이닉스 'HBM3E', HBM 첫 초당 테라바이트 돌파…비결은?〉,《디일렉》, 2023.09.19.; 장하나, 〈"'반도체의 시간' 왔다" HBM 속도 내는 삼성·SK…문제는 낸드〉,《연합뉴스》, 2023.11.05.

19 노태민, 〈삼성전자가 선보인 AI용 차세대 메모리...기존 HBM 대비 성능 2배↑〉,《디일렉》, 2023.08.29.

20 이지용, 〈[2024 산업 전망] 반도체 터널 끝이 보인다…다시 업턴 시작〉,《뉴스핌》, 2023.12.01.

21 최지웅, 〈삼성전자 '온디바이스 AI'에 꽂혔다〉,《딜사이트》, 2023.12.13.; 이광영, 〈2024년은 인공지능 개인화 시대… '갤S24 vs 아이폰16' AI폰 대결〉,《IT조선》, 2023.11.12.

22 정병일, 〈범용인공지능(AGI)의 공포〉,《AI타임스》, 2023.05.18.; 정병일, 〈'초지능 10년 안에 도래한다'…오픈AI 대응팀 구성〉,《AI타임스》, 2023.07.06.

23 배성철, 〈로봇, 대규모 언어 모델에서 '대규모 행동 모델'로〉,《지티티코리아》, 2023.09.21.

# 찾아보기

오토파일럿 98, 251, 257~259, 261, 288, 318, 324
~ 옵티머스(테슬라 봇) 124~126, 257, 260, 261
~ 비전 124, 125, 260, 293
텍사스 인스트루먼트(미국) 28
트랜지스터 34, 160, 292, 305, 306, 341
　모스펫(핀펫) 160, 161, 173
TSV(Through Silicon Via) 44, 164, 183, 356, 357
TSMC(타이완) 28, 31, 32, 73, 74, 87, 98, 103, 139, 157, 161, 167~174, 176, 178~181, 183, 184, 186, 188, 190, 191, 193, 260, 280, 284, 305, 306, 308, 309, 318, 325, 344~346, 351, 354
　FOWLP(Fan-Out Wafer-Level Packaging) 179~182

## ㅍ

파운드리 26~28, 31, 34, 38, 98, 99, 101, 103, 139, 157, 158, 162, 167, 168, 170~172, 176~179, 181, 183~186, 188, 199, 276, 277, 280, 281, 283~285, 308, 315, 317, 325, 348, 354, 360
　수율 43, 54, 80, 157, 169, 170, 193, 255, 260, 276, 277, 280, 281, 283, 284, 285, 308, 344

패키징 32, 176~183, 308
　이종 집적 패키징 183
팹리스 26~28, 31, 34, 97~99, 145, 157, 162, 168~172, 177, 181, 184, 186~188, 190, 199, 277, 284
폭스콘(타이완) 199, 200
퓨리오사AI(한국) 97~99, 130, 323, 324
　레니게이드 98
　워보이 97, 98, 324
PIM(Processing In Memory) 87~91, 97, 101, 125, 129, 130, 160, 165, 183, 303, 319, 323, 356, 359, 361, 362, 366

## ㅎ

한국과학기술원(KAIST) 90, 328
현대자동차(한국) 58, 119, 135~138, 141, 197, 198, 202
　보스턴 다이내믹스(미국) 119, 124, 125
화웨이(중국) 34, 42, 43, 107, 108, 133
　기린9000s 34, 35, 42, 48

# K반도체 대전략

위기와 기회가 공존하는 다음 10년,
대한민국은 어떻게 반도체 초강국이 될 것인가

**초판 1쇄 인쇄** 2024년 1월 5일
**초판 1쇄 발행** 2024년 1월 17일

**지은이** 권순용
**펴낸이** 이승현

**출판2 본부장** 박태근
**지적인 독자 팀장** 송두나
**편집** 김광연
**디자인** 조은덕

**펴낸곳** ㈜위즈덤하우스 **출판등록** 2000년 5월 23일 제13-1071호
**주소** 서울특별시 마포구 양화로 19 합정오피스빌딩 17층
**전화** 02) 2179-5600 **홈페이지** www.wisdomhouse.co.kr

ⓒ 권순용, 2024

ISBN 979-11-7171-107-9 03320

- 이 책의 전부 또는 일부 내용을 재사용하려면 반드시 사전에 저작권자와 ㈜위즈덤하우스의 동의를 받아야 합니다.
- 인쇄·제작 및 유통상의 파본 도서는 구입하신 서점에서 바꿔드립니다.
- 책값은 뒤표지에 있습니다.